3-vallin kara: Ylä-ja alaspäin vuoren kuvioita

Esimerkkejä ammattilaisurheilun turnauksista

Testaa itsesi vastaan ammattilaisjoukkueita

Allan P. Sand
PBIA Sertifioitu biljardin ohjaaja

ISBN 978-1-62505-279-7
PRINT 7x10

ISBN 978-1-62505-433-3
PRINT 8.5x11

First edition

Copyright © 2019 Allan P. Sand

All rights reserved under International and Pan-American Copyright Conventions.

Published by Billiard Gods Productions.
Santa Clara, CA 95051
U.S.A.

For the latest information about books and videos, go to: http://www.billiardgods.com

Acknowledgements
Wei Chao created the software that was used to create these graphics.

Sisällysluettelo

Käyttöönotto 1
   Tietoja taulukon asetteluista 1
   Taulukon asennusohjeet 2
   Asettelujen tarkoitus 2
A: Alas mäkeä, pieni kulmakoukku 3
   A: Ryhmä 1 3
   A: Ryhmä 2 8
   A: Ryhmä 3 13
   A: Ryhmä 4 18
B: Alas mäkeä, iso kulmakoukku 23
   B: Ryhmä 1 23
   B: Ryhmä 2 28
   B: Ryhmä 3 33
   B: Ryhmä 4 38
C: Täysi pöytä (lyhyt vallin) 43
   C: Ryhmä 1 43
   C: Ryhmä 2 48
   C: Ryhmä 3 53
D: Perussulun paluu (pitkä vallin) 58
   D: Ryhmä 1 58
   D: Ryhmä 2 63
   D: Ryhmä 3 68
   D: Ryhmä 4 73
E: Laajennettu kulma paluu (pitkä vallin) 78
   E: Ryhmä 1 78
   E: Ryhmä 2 83
   E: Ryhmä 3 88
F: Matala kulma jalka, alas mäkeä 93
   F: Ryhmä 1 93
   F: Ryhmä 2 98
   F: Ryhmä 3 103
   F: Ryhmä 4 108
G: Nurkkaan (lyhyt vallin) 113
   G: Ryhmä 1 113
   G: Ryhmä 2 118
   G: Ryhmä 3 123
H: Perus kaksinkertainen koukku 128
   H: Ryhmä 1 128
   H: Ryhmä 2 133
   H: Ryhmä 3 138
I: Laajennettu kaksinkertainen koukku 143
   I: Ryhmä 1 143
   I: Ryhmä 2 148

 I: Ryhmä 3..153
 I: Ryhmä 4..158
J: Kaksoiskiila (paluuvirtauksella) 163
 J: Ryhmä 1..163
 J: Ryhmä 2..168
 J: Ryhmä 3..173
 J: Ryhmä 4..178
K: Kaksinkertainen mäki 183
 K: Ryhmä 1...183
L: Ulkopuolinen koukku 188
 L: Ryhmä 1..188
 L: Ryhmä 2..193
M: Ulkokulman paluu (lyhyt vallin) 198
 M: Ryhmä 1...198

Other books by the author ...
- 3 Cushion Billiards Championship Shots (a series)
- Carom Billiards: Some Riddles & Puzzles
- Carom Billiards: MORE Riddles & Puzzles
- Why Pool Hustlers Win
- Table Map Library
- Safety Toolbox
- Cue Ball Control Cheat Sheets
- Advanced Cue Ball Control Self-Testing Program
- Drills & Exercises for Pool & Pocket Billiards
- The Art of War versus The Art of Pool
- The Psychology of Losing – Tricks, Traps & Sharks
- The Art of Team Coaching
- The Art of Personal Competition
- The Art of Politics & Campaigning
- The Art of Marketing & Promotion
- Kitchen God's Guide for Single Guys

Käyttöönotto

Tämä on yksi sarjasta 3 tyyny biljardi -kirjoja, jotka osoittavat, kuinka ammattimaiset pelaajat tekevät päätöksiä, jotka perustuvat taulukon asetteluun. Kaikki nämä ulkoasut ovat kansainvälisiltä kilpailuilta.

Nämä asettelut asettavat sinut pelaajan päähän, alkaen pallojen paikoista (ensimmäisessä taulukossa). Toisen taulukon asettelun mukaan pelaaja päätti tehdä.

Tietoja taulukon asetteluista

Nämä ovat pöydän kolme palloa:

Ⓐ (CB) (sinun biljardipallo)

⊙ (OB) (vastustaja biljardipallo)

● (OB) (punainen biljardipallo)

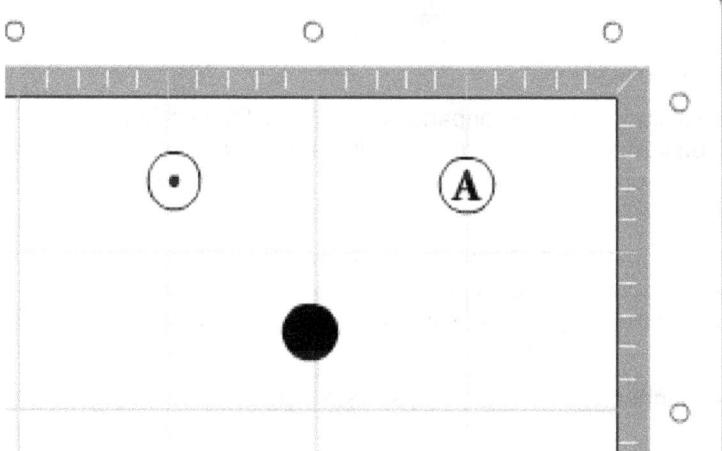

Jokaisessa konfiguraatiossa on kaksi taulukon ulkoasua. Ensimmäinen taulukko on pallopisteitä. Toinen taulukko on, kuinka pallot liikkuvat pöydällä.

Taulukon asennusohjeet

Käytä paperin vahvistusrenkaita merkitsemään pallopisteitä (ostakaa missä tahansa toimistotarvikkeiden myymälässä).

Aseta kolikko jokaiseen pöytätyynyyn, jonka (CB) koskettaa.

Vertaa (CB) polkuasi toisen taulukkon kokoonpanon kanssa. Jos haluat oppia, saatat tarvita useita yrityksiä. Jokaisen vian jälkeen tee säätö ja yritä uudelleen, kunnes olet onnistunut.

Asettelujen tarkoitus

Nämä asettelut on tarkoitettu kahteen tarkoitukseen.

- Analyysisi - Kotona voit pohtia, kuinka pelata kokoonpanoa ensimmäisellä pöydällä. Vertaa ideoita toisen taulukon todelliseen kuvioon. Ajattele ratkaisua ja harkitse vaihtoehtoja. Toisesta taulukosta voit myös analysoida, miten ohjeita noudatetaan. Henkisesti pelata laukaus ja päättää, miten voit onnistua.

- Käytä pöydän kokoonpanoa - Aseta pallot paikoilleen ensimmäisen pöydän kokoonpanon mukaisesti. Yritä kuvata samalla tavoin kuin toinen taulukkokaavio. Saatat tarvita useita yrityksiä ennen kuin löydät oikean tavan pelata. Näin voit oppia ja pelata näitä laukauksia kilpailujen ja turnausten aikana.

Henkisen analyysin ja käytännön käytännön yhdistelmä tekee sinusta älykkäämpää pelaajaa.

A: Alas mäkeä, pieni kulmakoukku

(CB) irtoaa ensimmäisestä (OB) ja menee keskipitkän pitkän vallin keskelle. (CB) kulkee kauas kulmaan - lyhyt vallin ja pitkä vallin.

(A) (CB) (sinun biljardipallo) – (·) (OB) (vastustaja biljardipallo) – ● (OB) (punainen biljardipallo)

A: Ryhmä 1

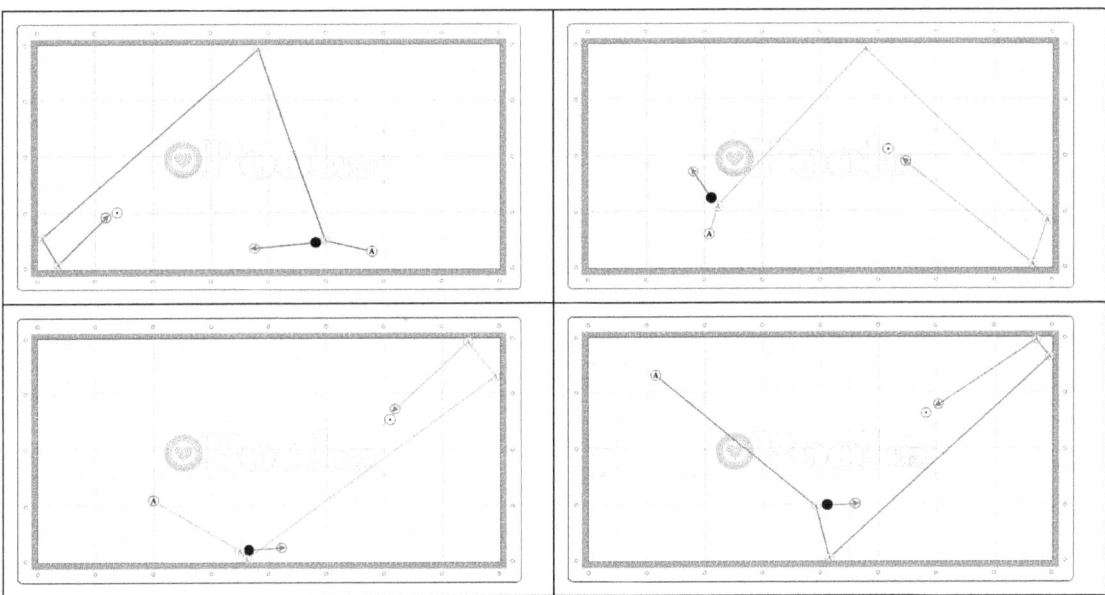

Analyysi:

A:1a. _____

A:1b. _____

A:1c. _____

A:1d. _____

A:1a – Piirustus

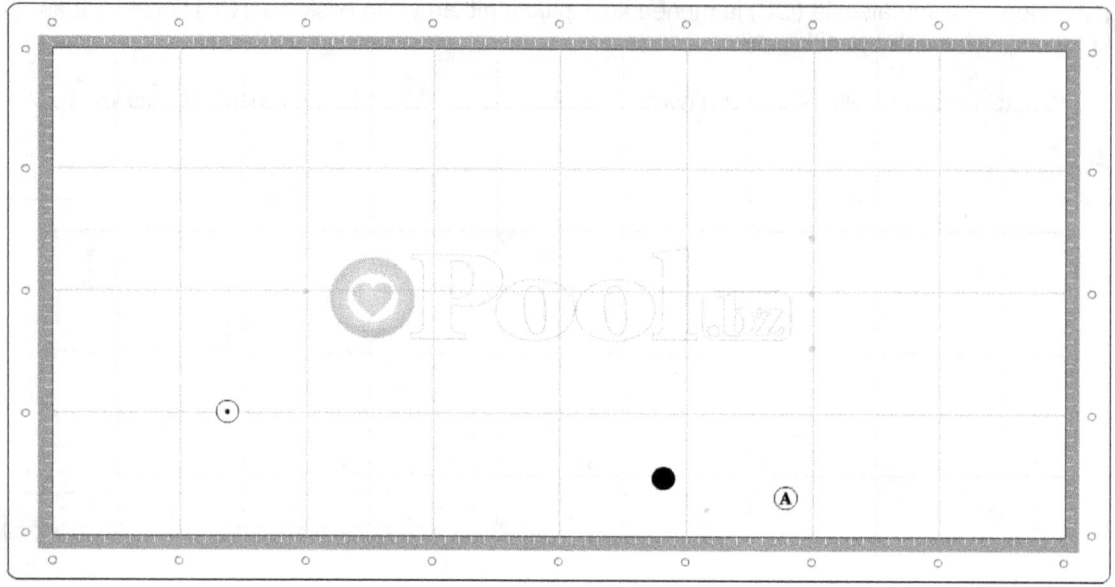

Huomautuksia ja ideoita:

Pallokuviota

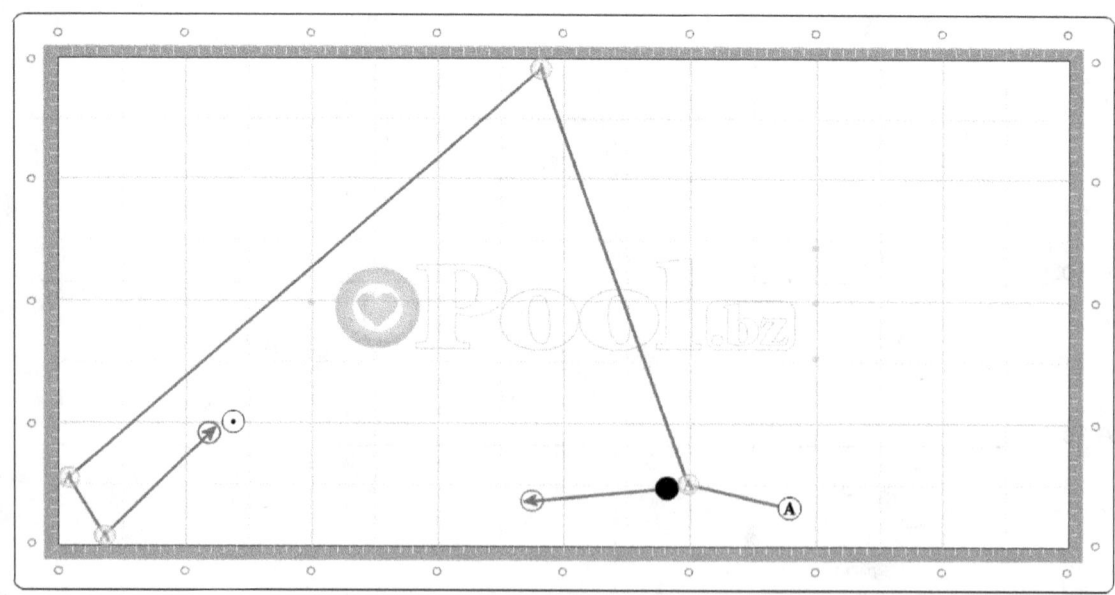

A:1b – Piirustus

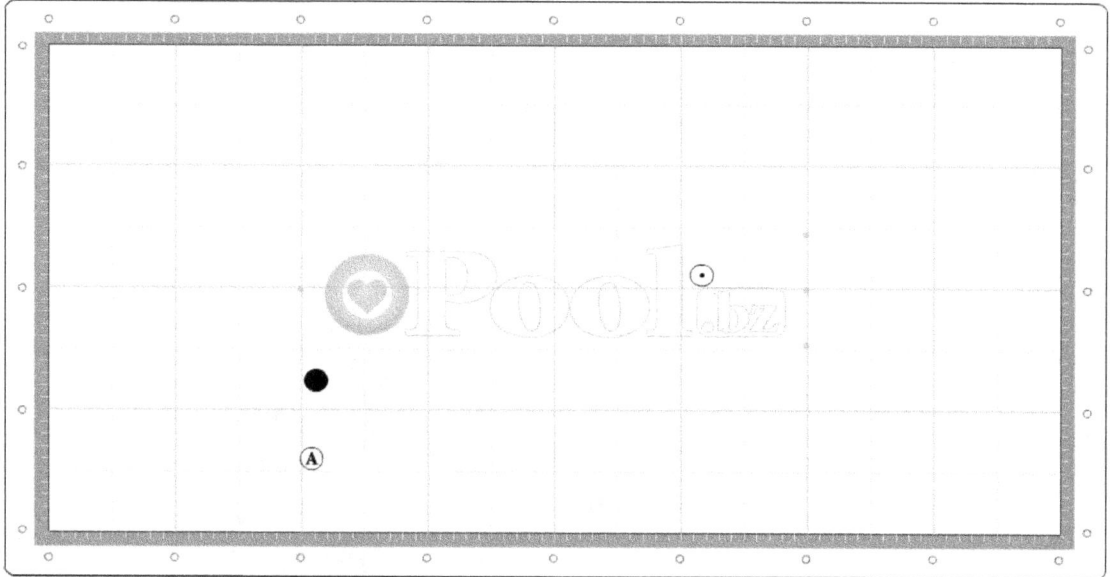

Huomautuksia ja ideoita:

Pallokuviota

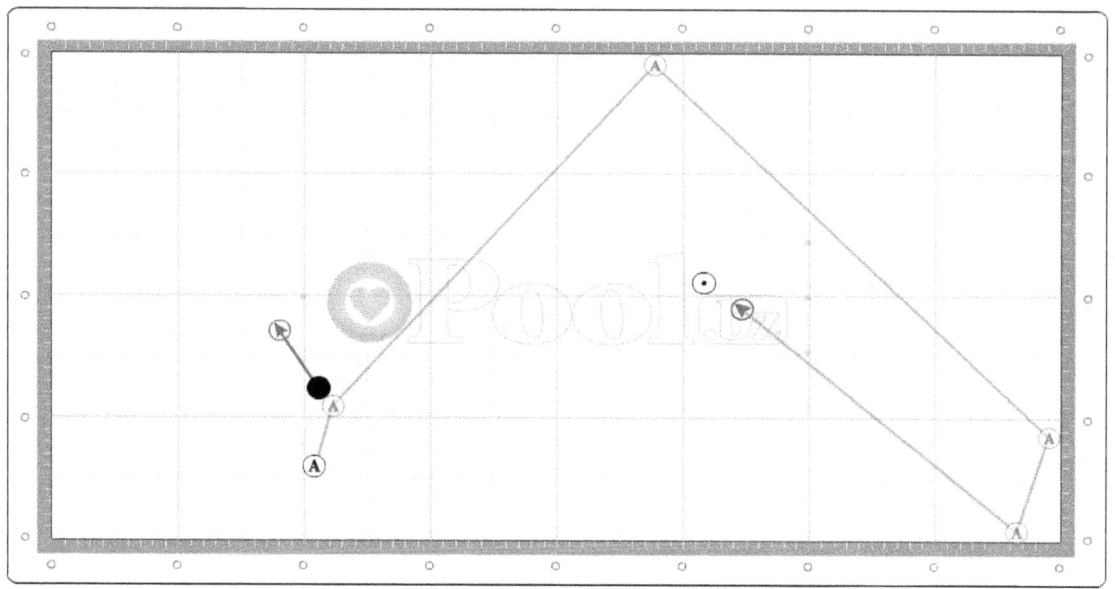

A:1c – Piirustus

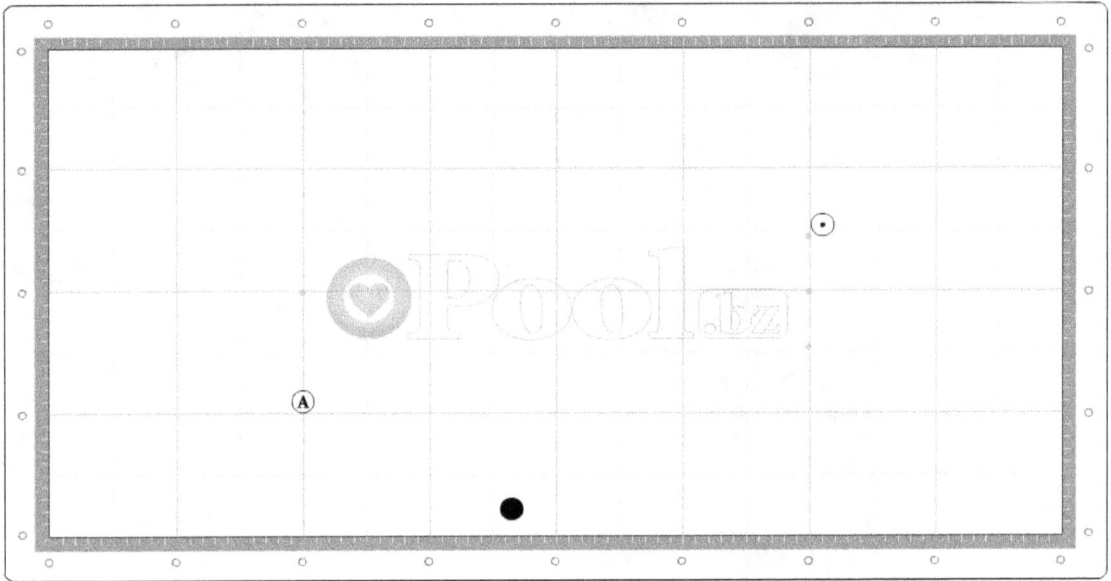

Huomautuksia ja ideoita:

Pallokuviota

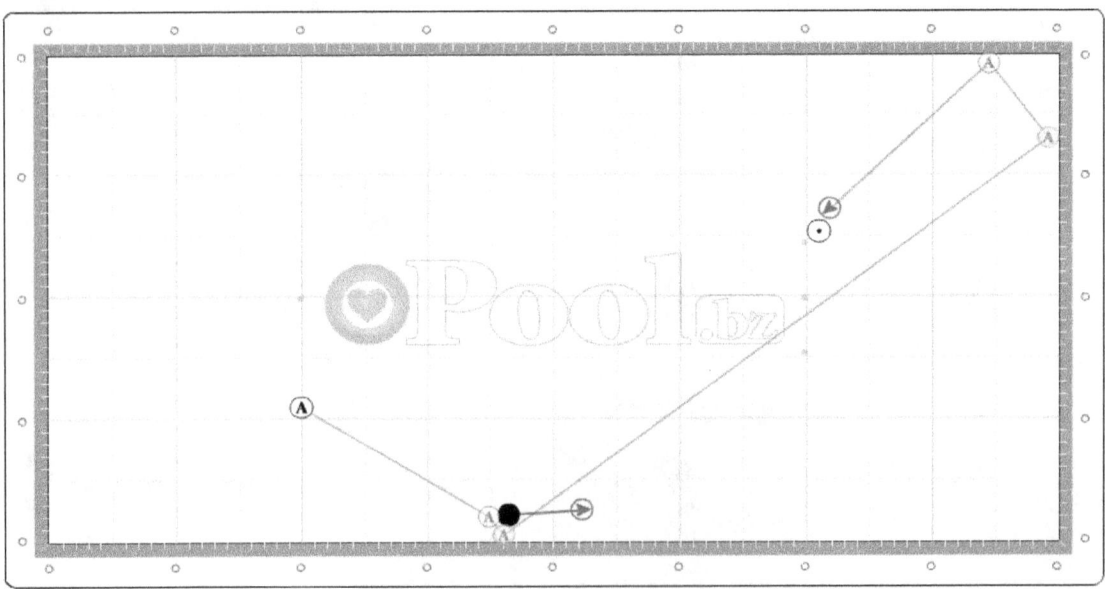

A:1d – Piirustus

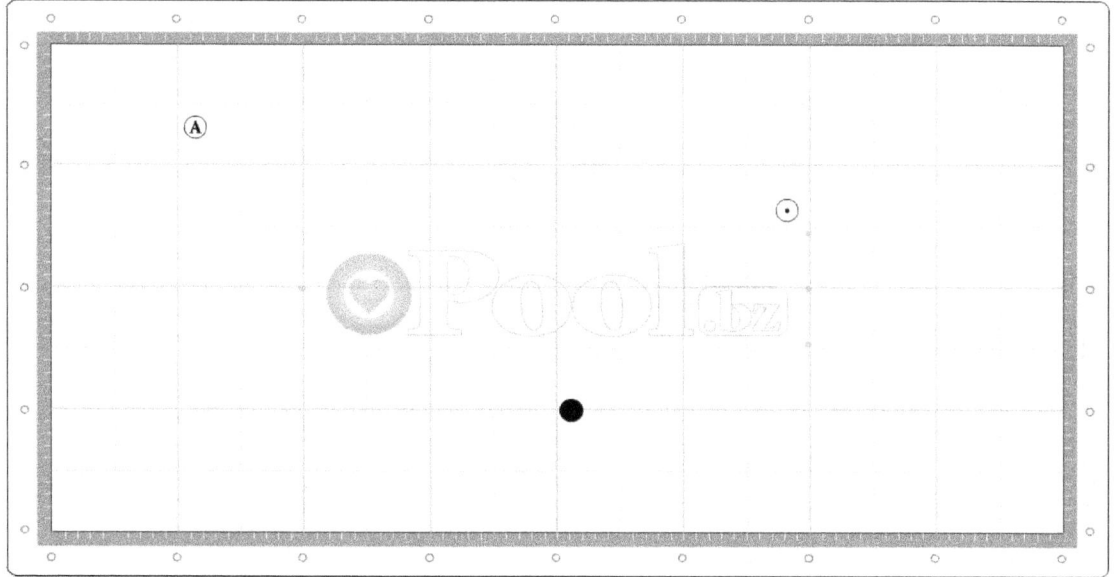

Huomautuksia ja ideoita:

Pallokuviota

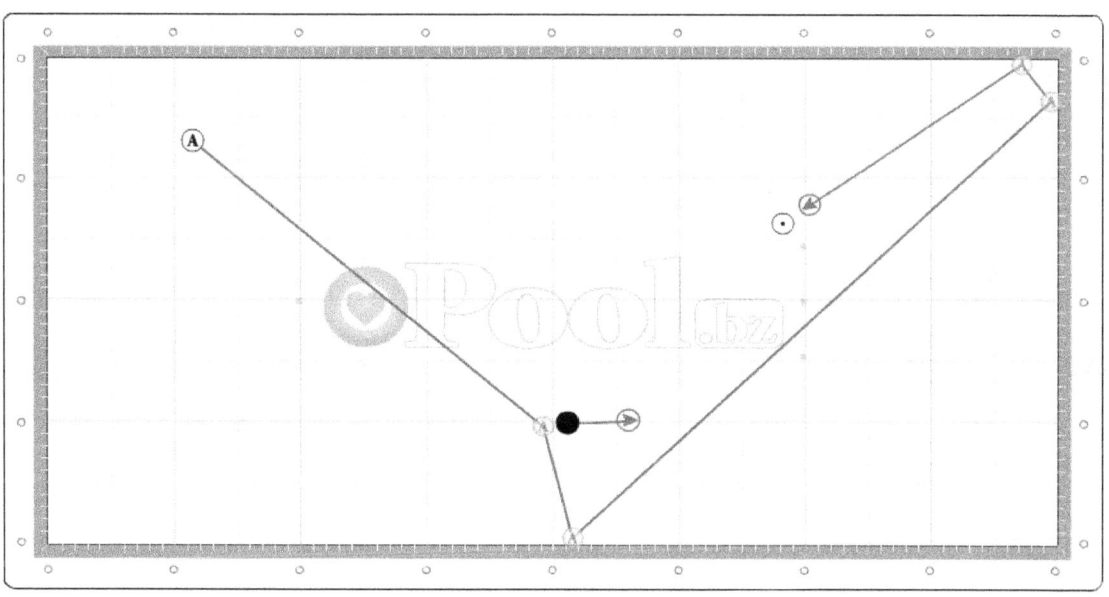

A: Ryhmä 2

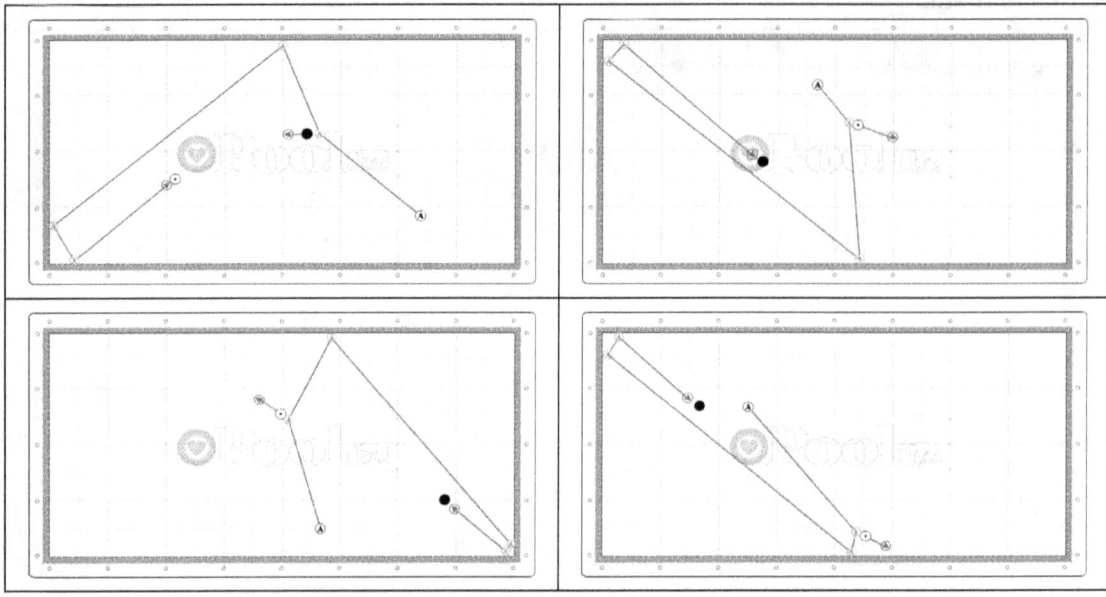

Analyysi:

A:2a. _____

A:2b. _____

A:2c. _____

A:2d. _____

A:2a – Piirustus

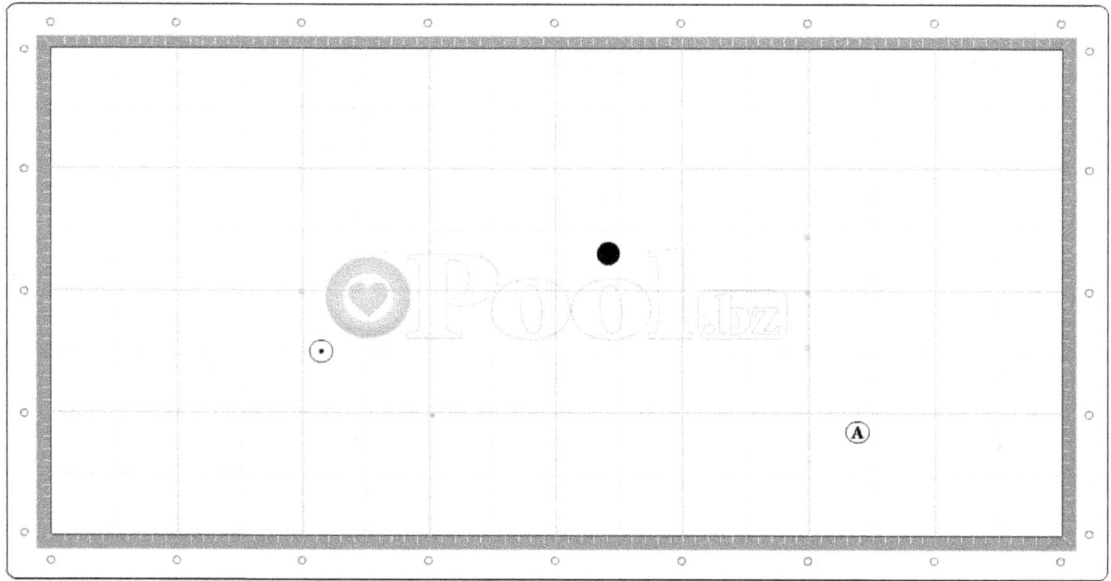

Huomautuksia ja ideoita:

Pallokuviota

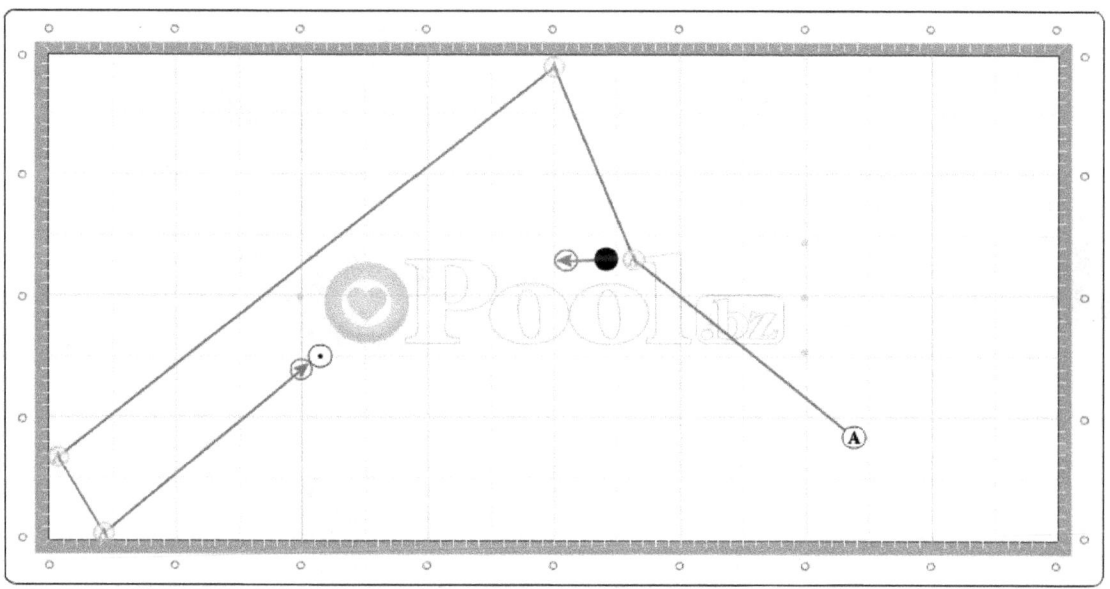

A:2b – Piirustus

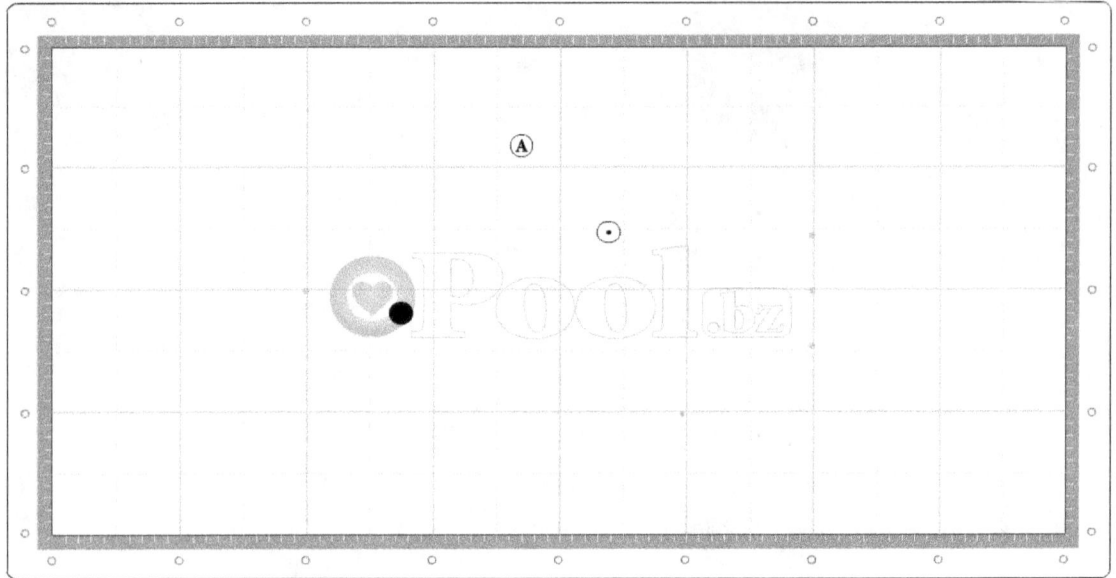

Huomautuksia ja ideoita:

Pallokuviota

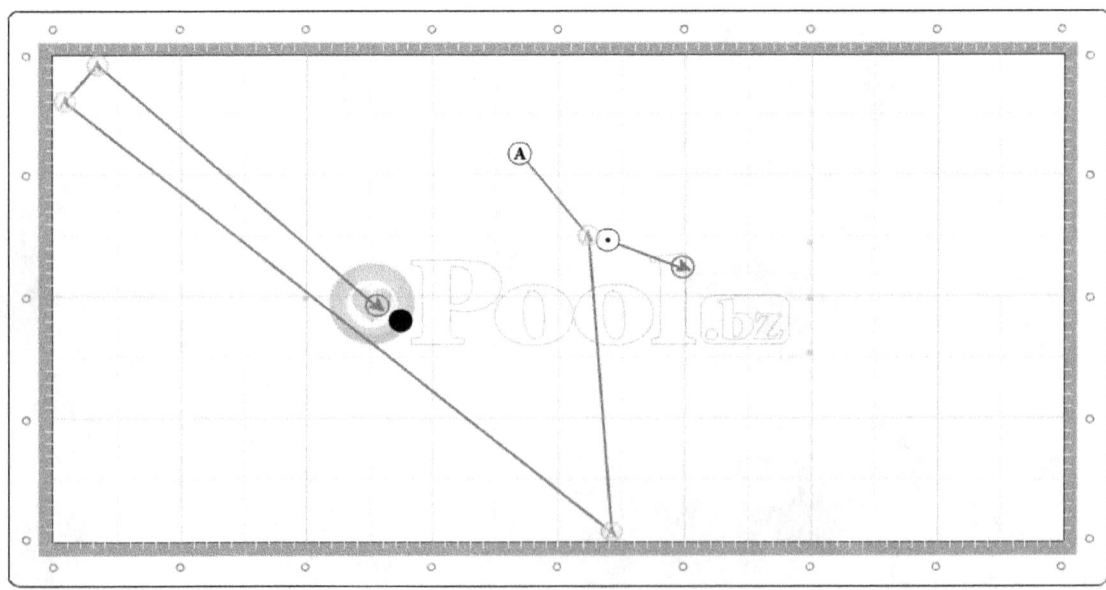

A:2c – Piirustus

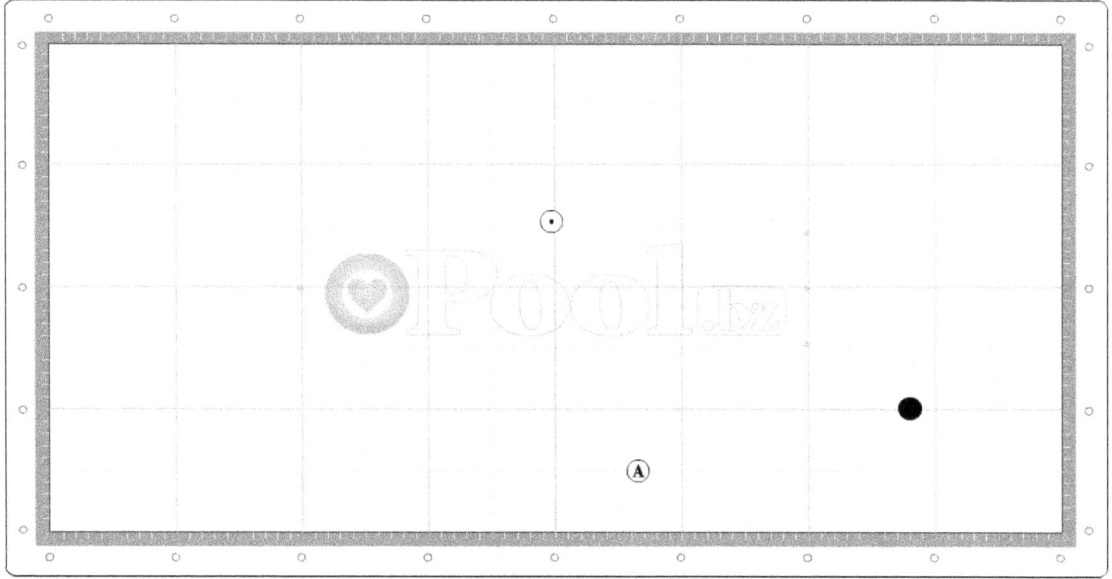

Huomautuksia ja ideoita:

Pallokuviota

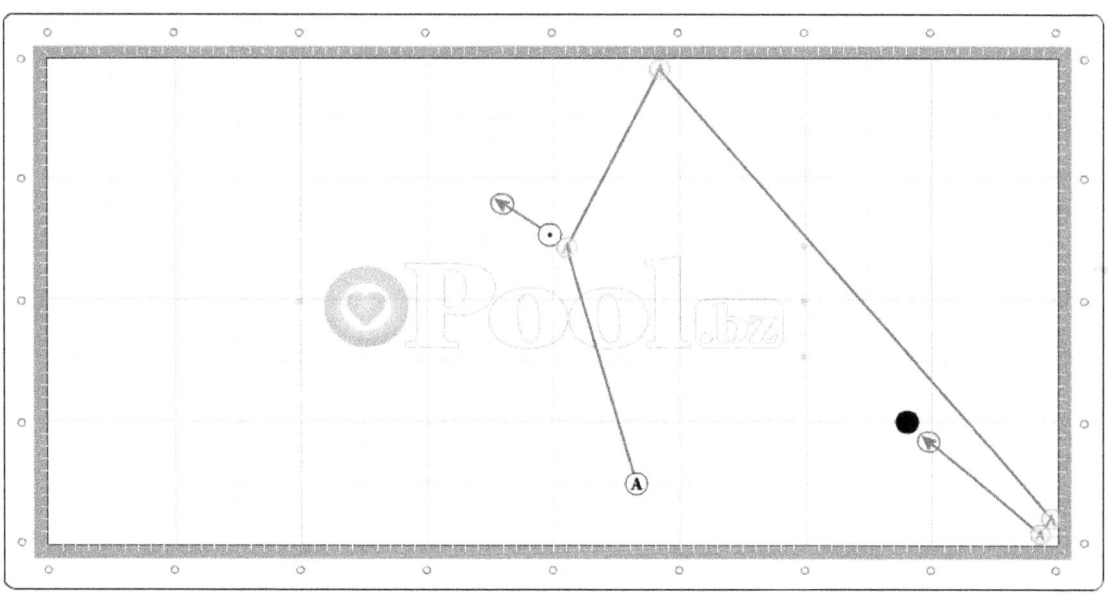

A:2d – Piirustus

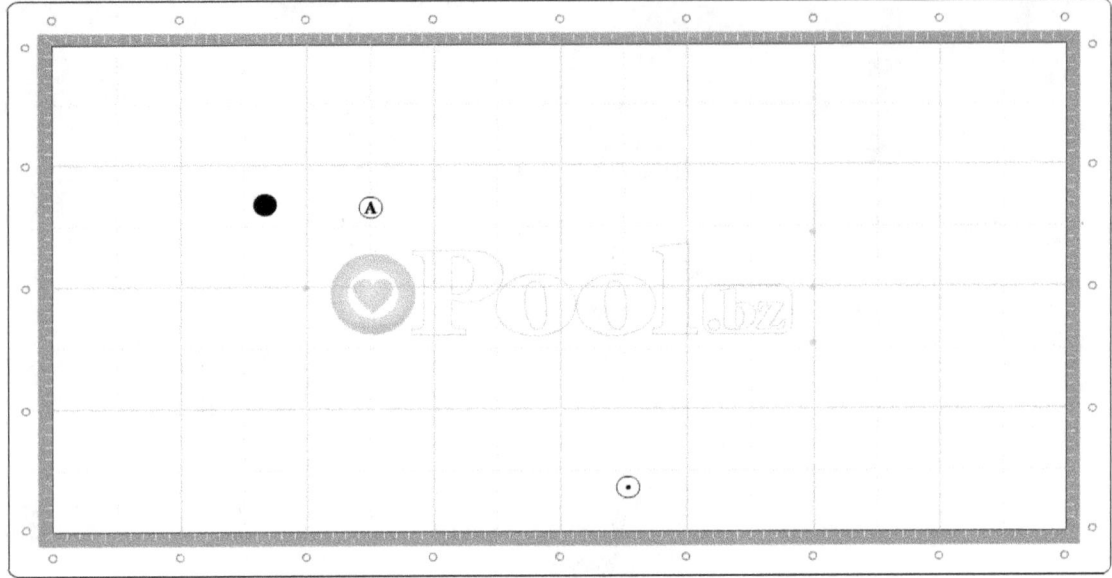

Huomautuksia ja ideoita:

Pallokuviota

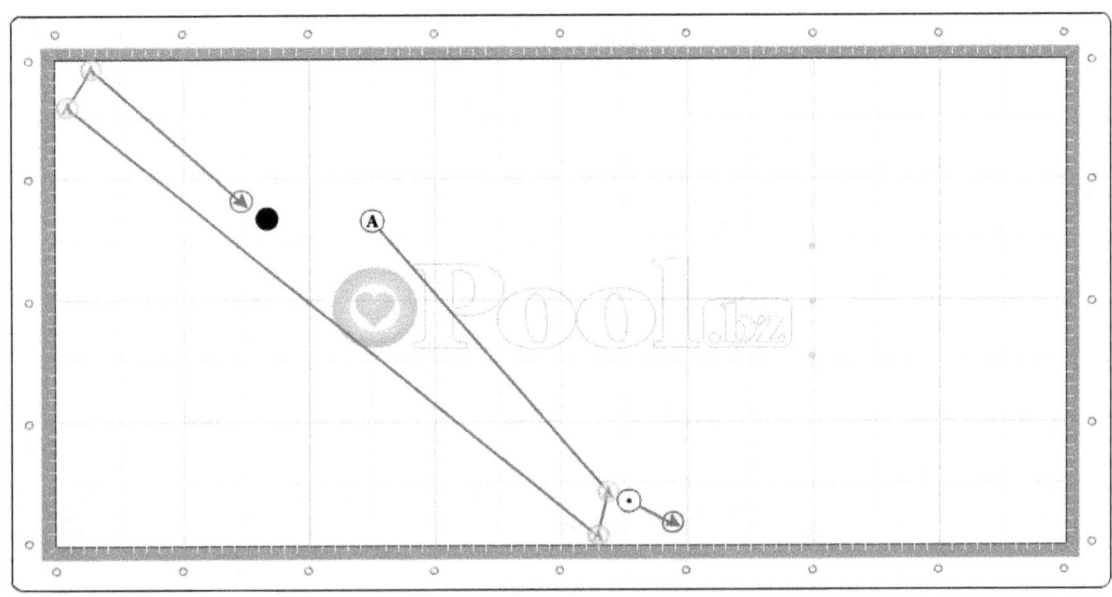

A: Ryhmä 3

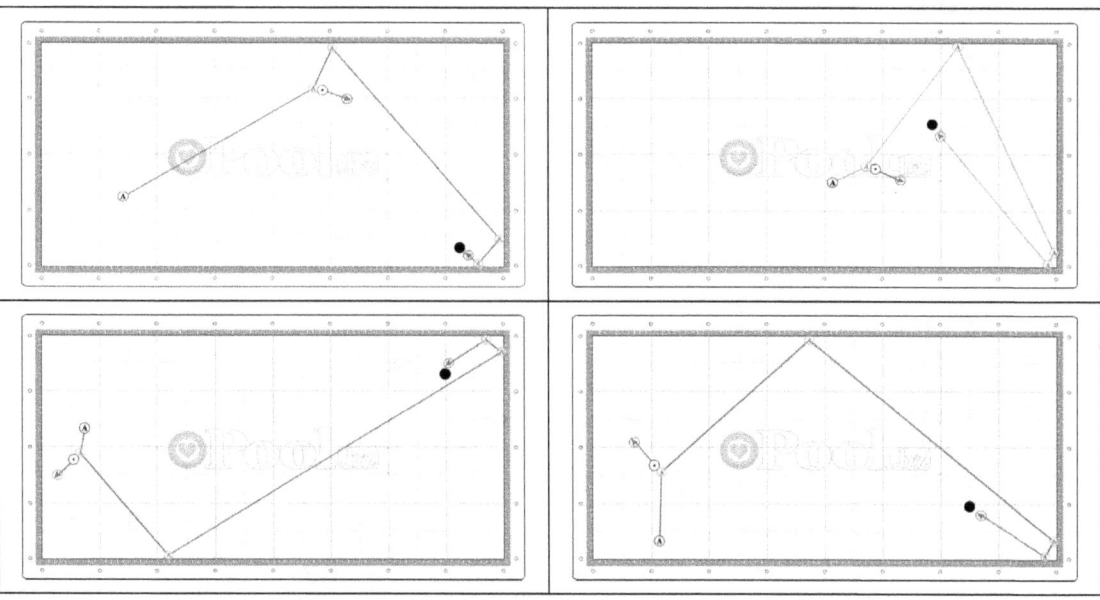

Analyysi:

A:3a. _____

A:3b. _____

A:3c. _____

A:3d. _____

A:3a – Piirustus

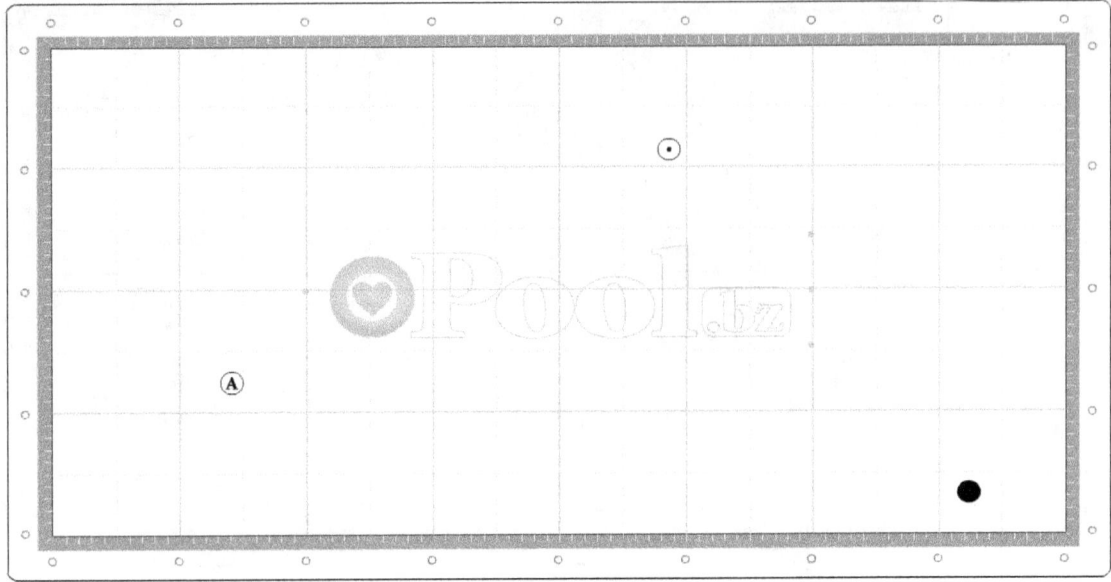

Huomautuksia ja ideoita:

Pallokuviota

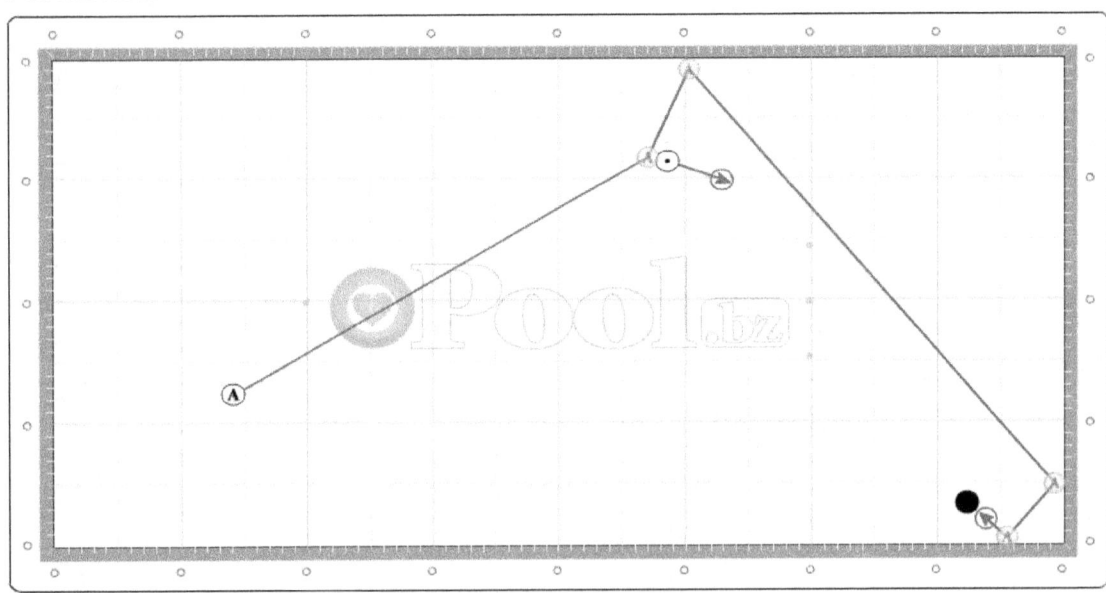

A:3b – Piirustus

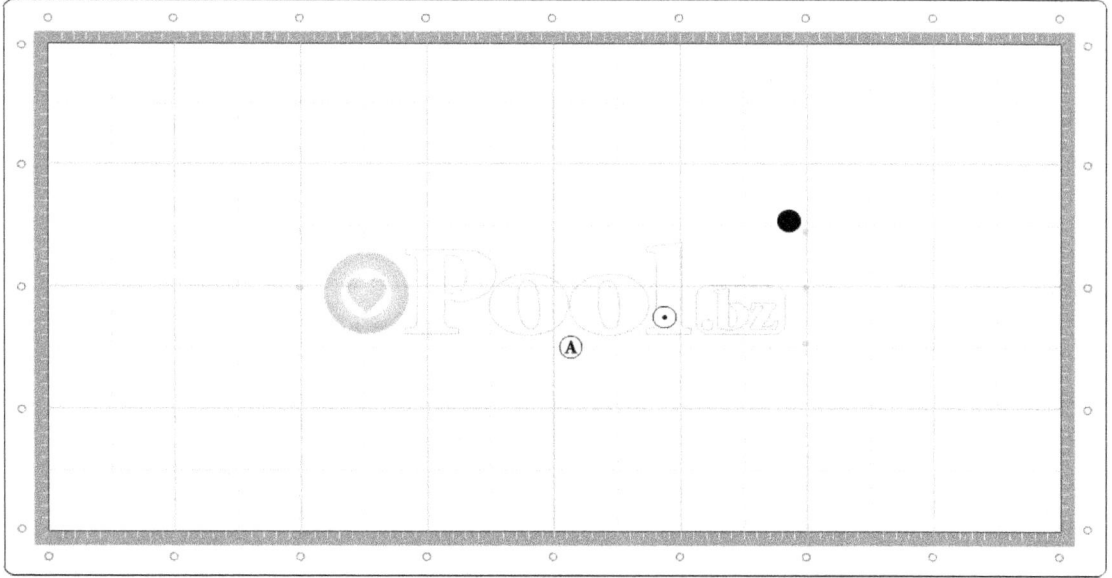

Huomautuksia ja ideoita:

Pallokuviota

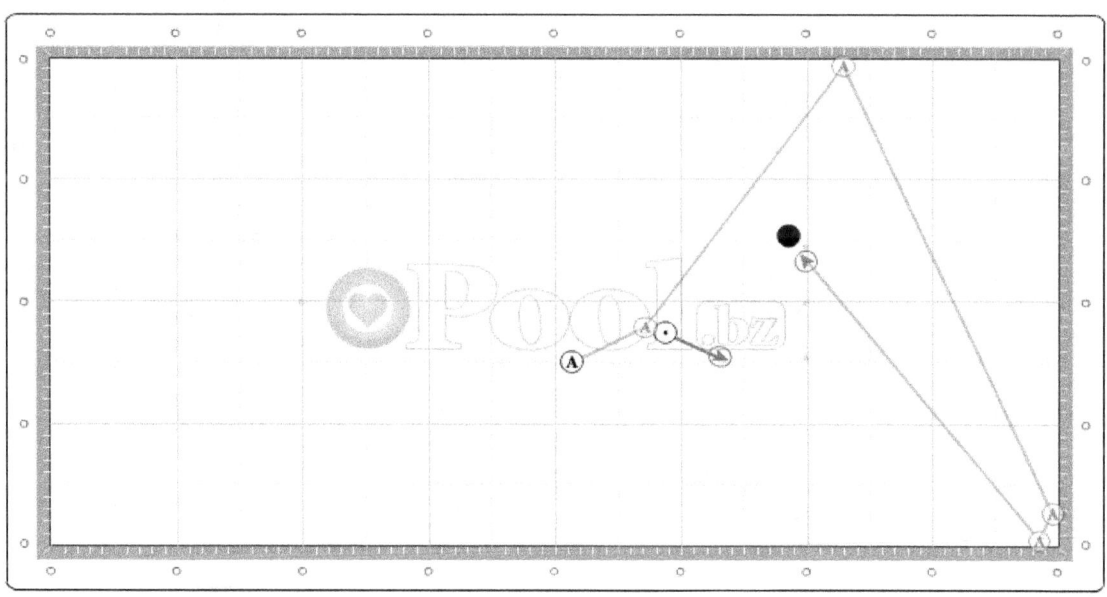

A:3c – Piirustus

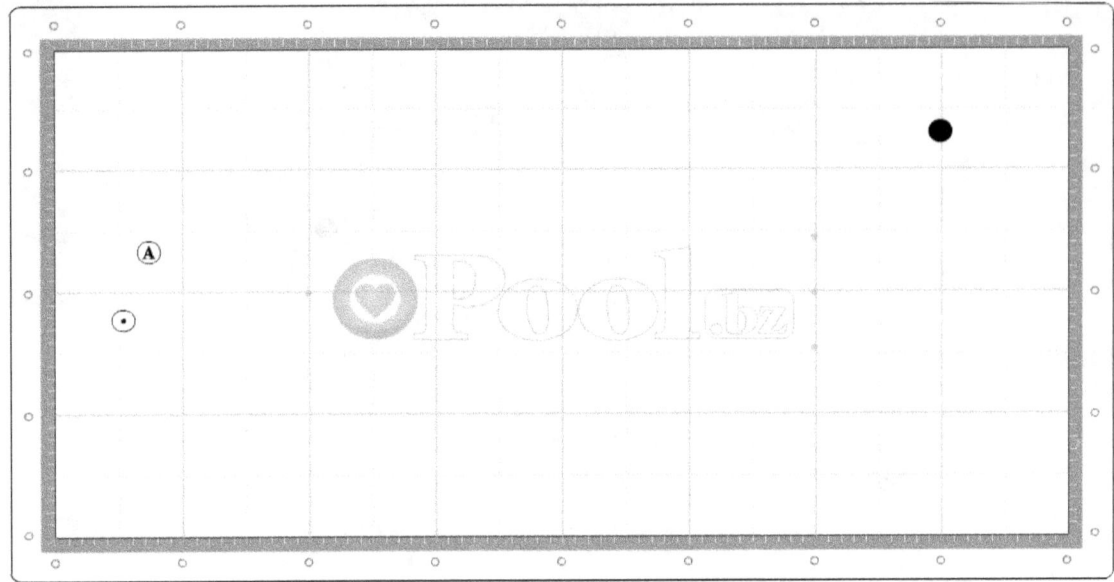

Huomautuksia ja ideoita:

Pallokuviota

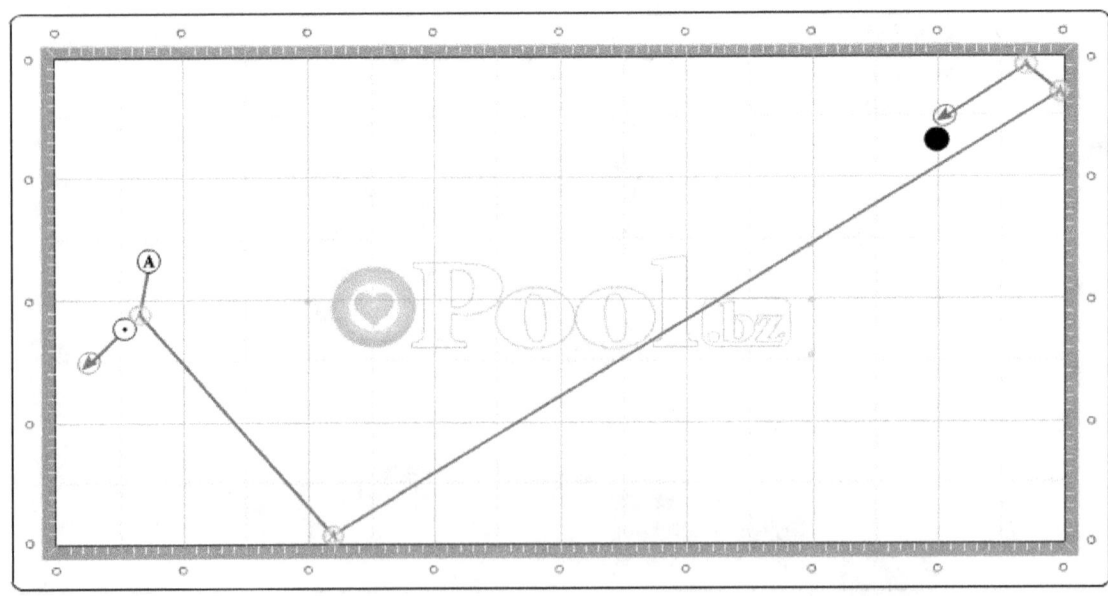

A:3d– Piirustus

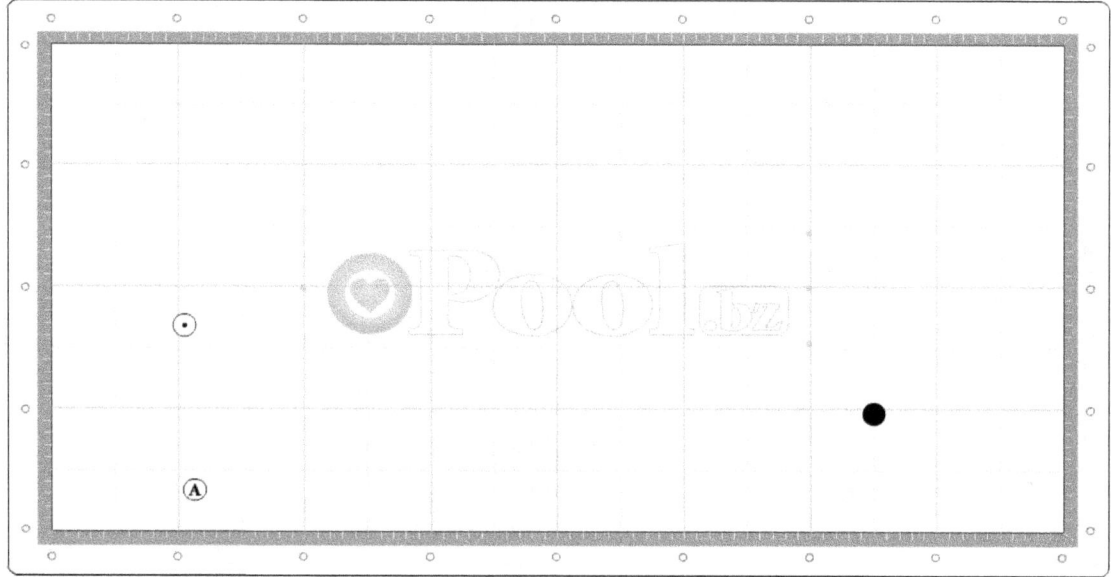

Huomautuksia ja ideoita:

Pallokuviota

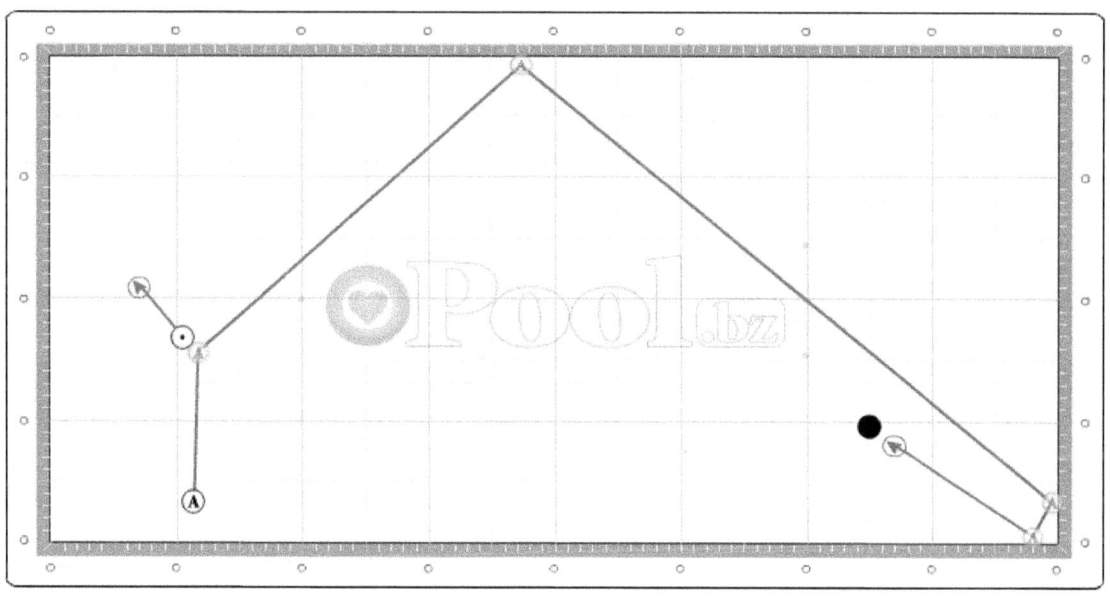

A: Ryhmä 4

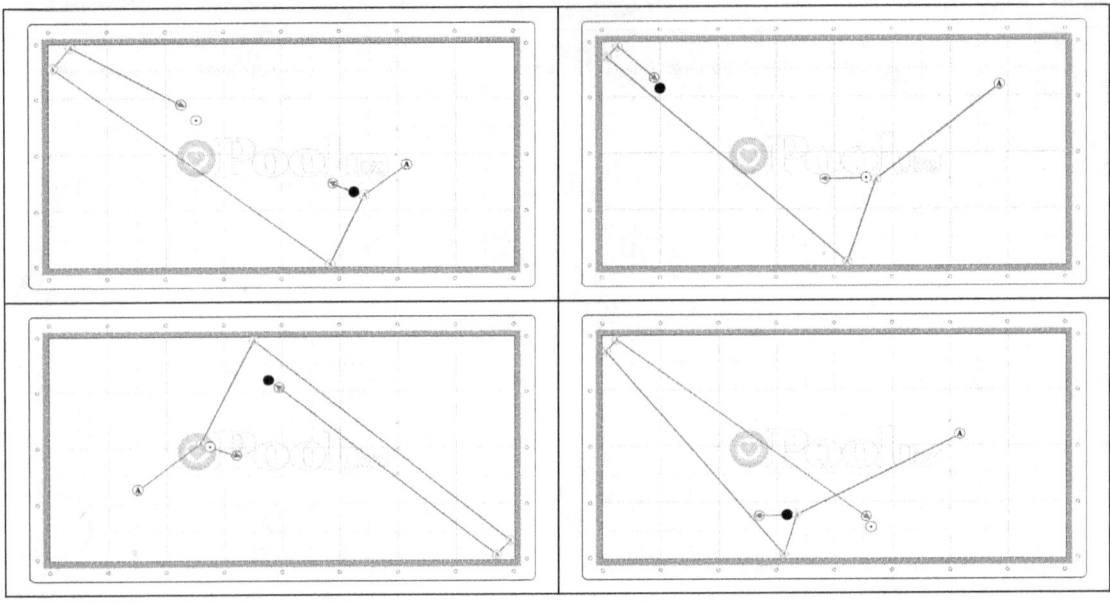

Analyysi:

A:4a. _____

A:4b. _____

A:4c. _____

A:4d. _____

A:4a – Piirustus

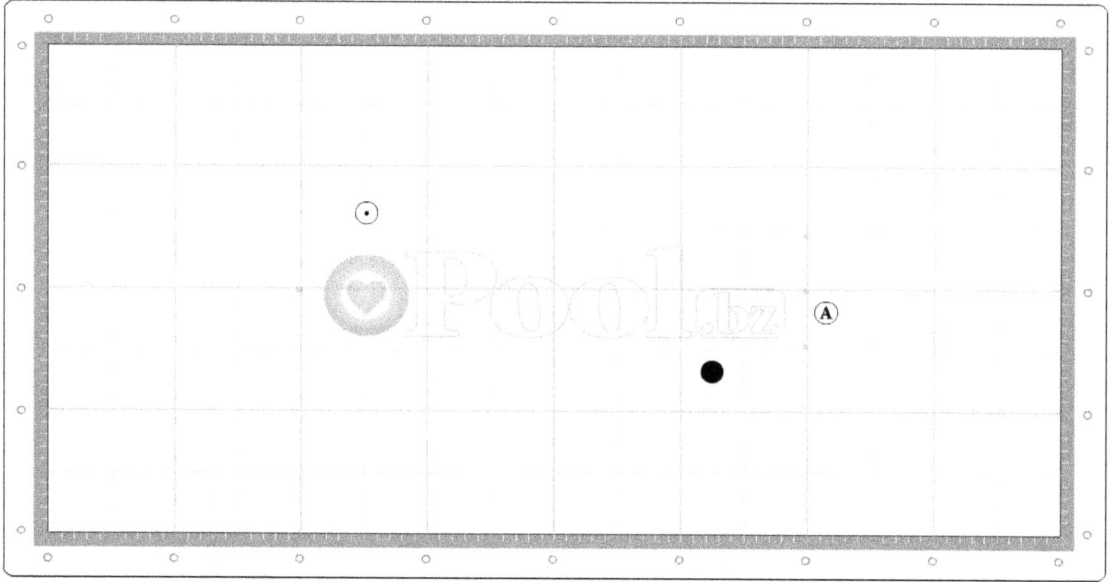

Huomautuksia ja ideoita:

Pallokuviota

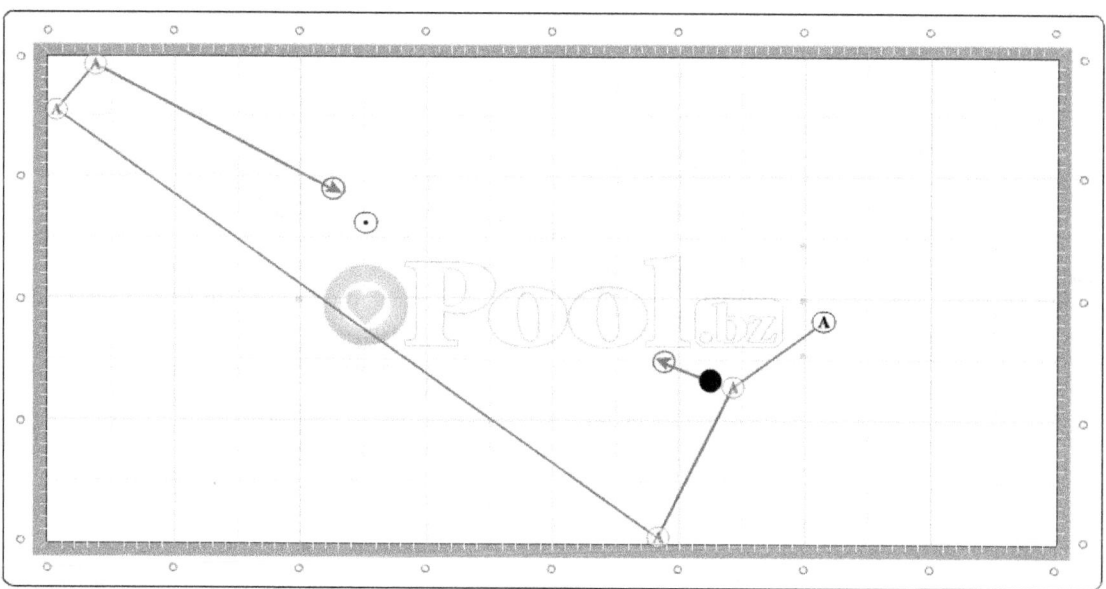

A:4b – Piirustus

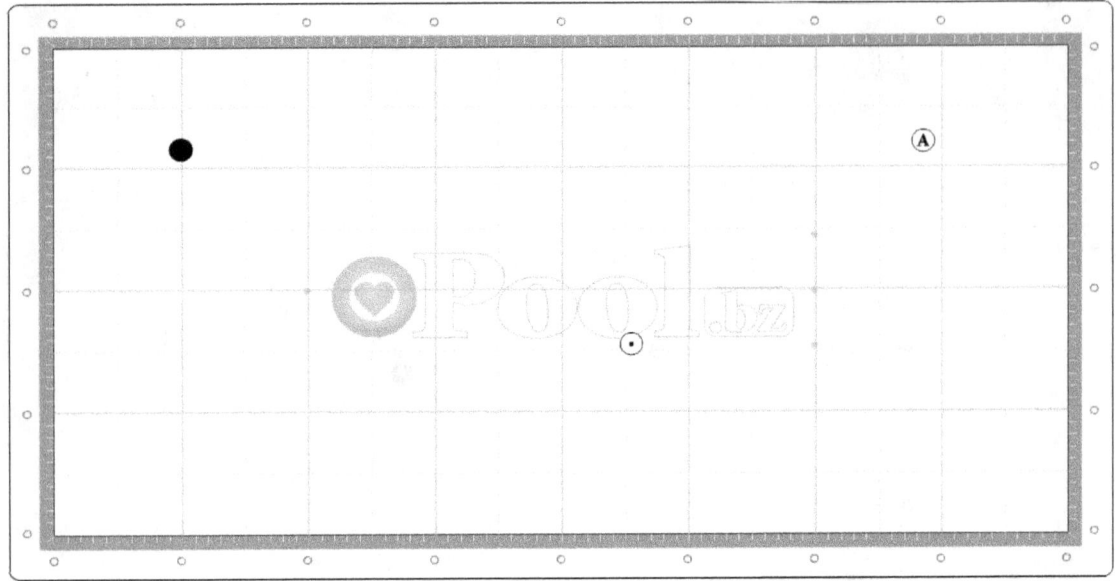

Huomautuksia ja ideoita:

Pallokuviota

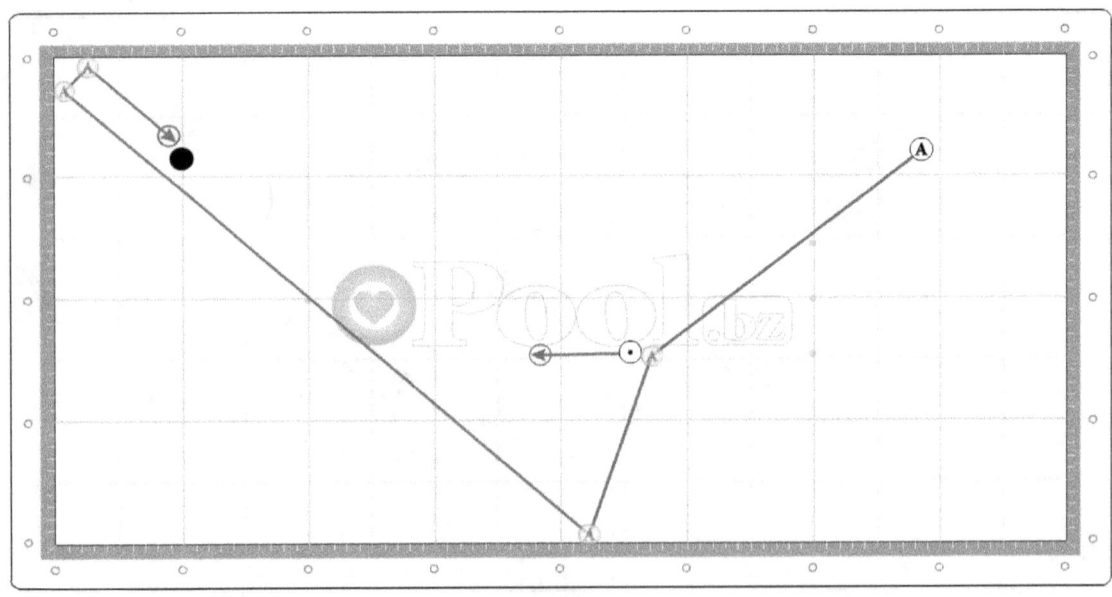

A:4c – Piirustus

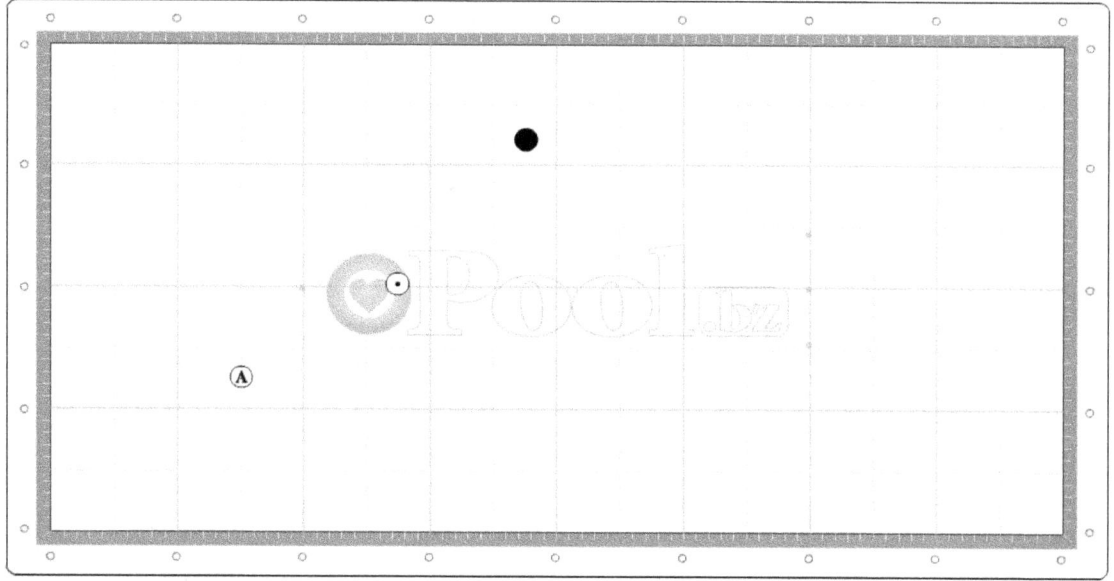

Huomautuksia ja ideoita:

Pallokuviota

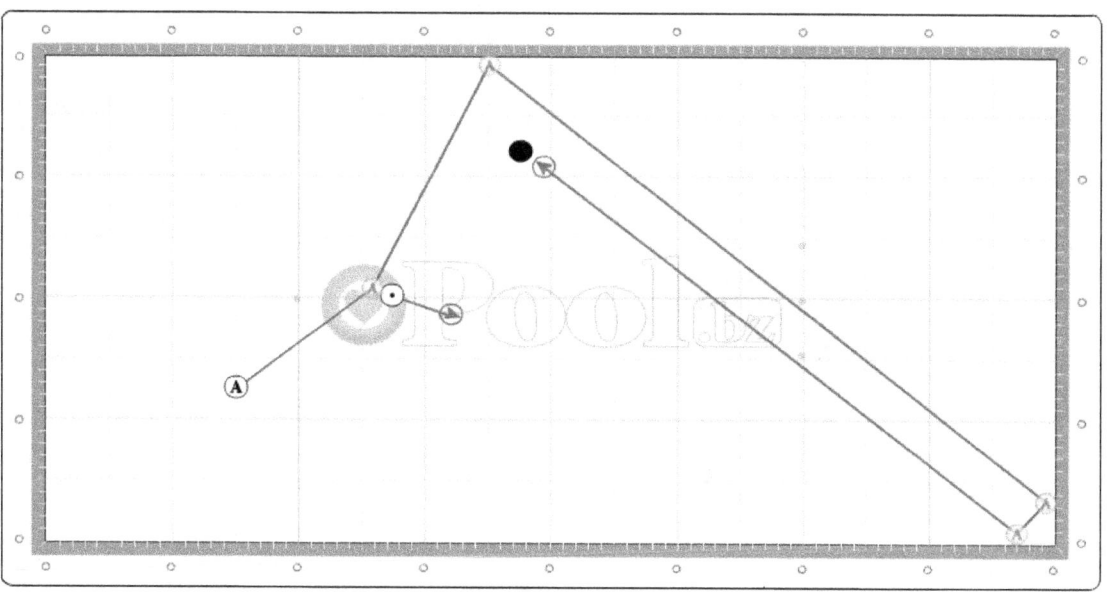

A:4d – Piirustus

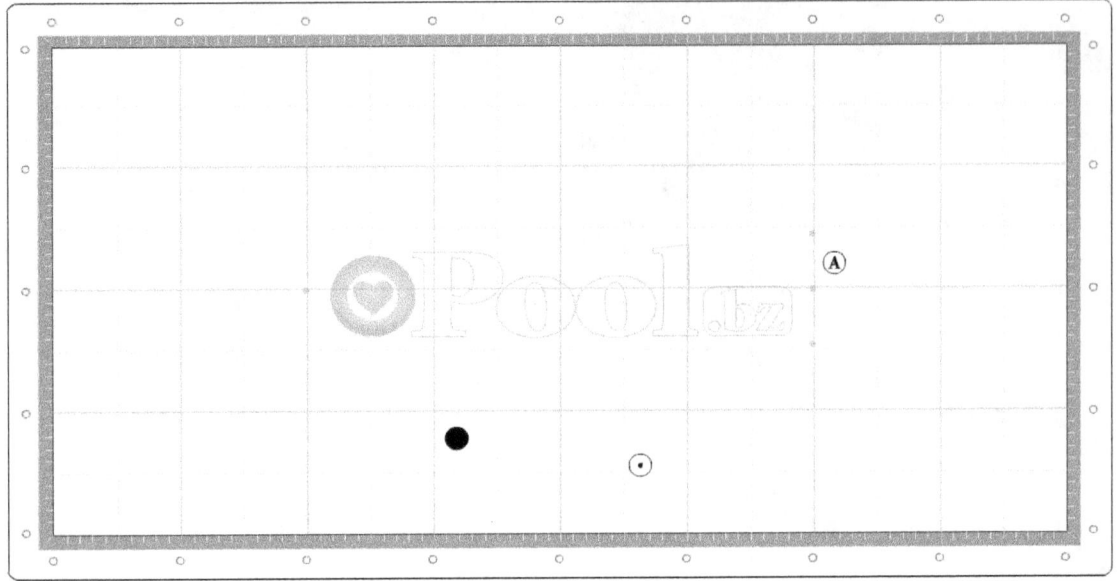

Huomautuksia ja ideoita:

Pallokuviota

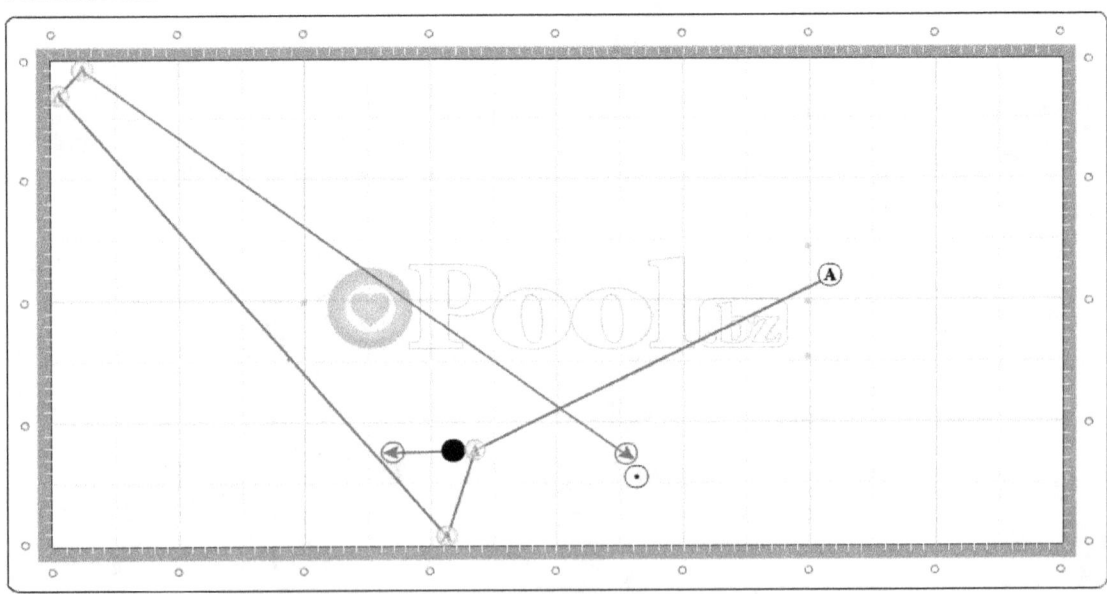

B: Alas mäkeä, iso kulmakoukku

(CB) irtoaa ensimmäisestä (OB) ja menee ristipuolelle pitkän vallin keskelle. Sitten se menee toiseen kulmaan. Täällä se koskettaa lyhyttä vallin ja pitkä vallin, ja sitten koskettaa toista (OB).

(A) (CB) (sinun biljardipallo) – ⊙ (OB) (vastustaja biljardipallo) – ● (OB) (punainen biljardipallo)

B: Ryhmä 1

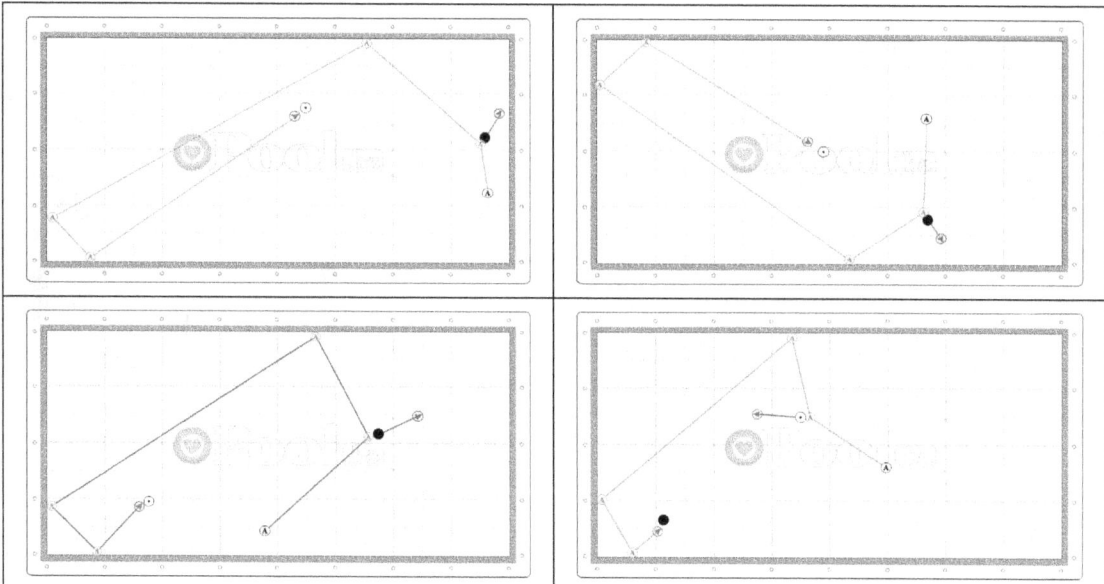

Analyysi:

B:1a. _____

B:1b. _____

B:1c. _____

B:1d. _____

B:1a – Piirustus

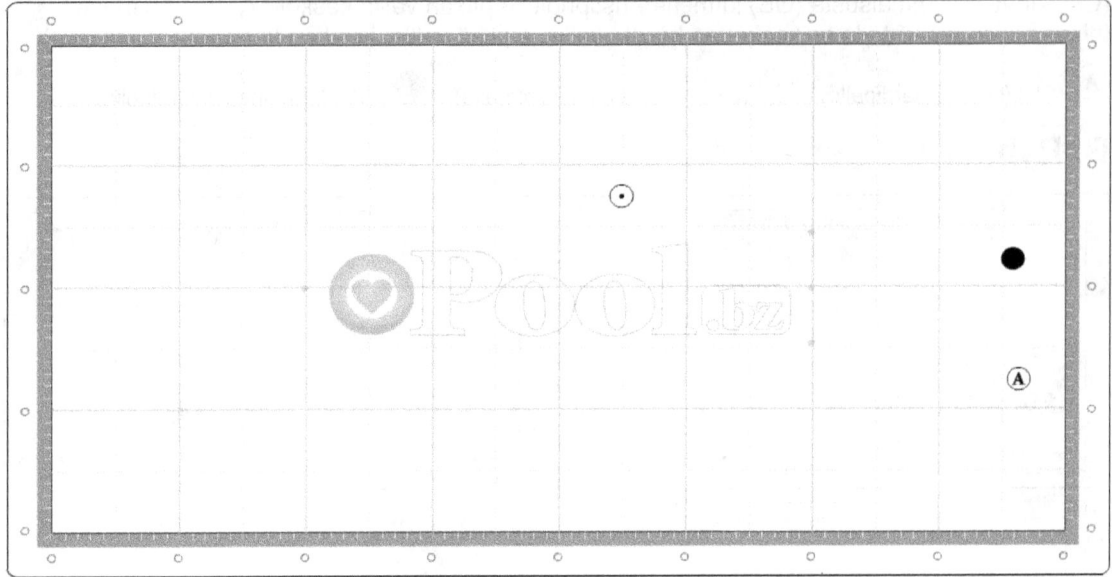

Huomautuksia ja ideoita:

Pallokuviota

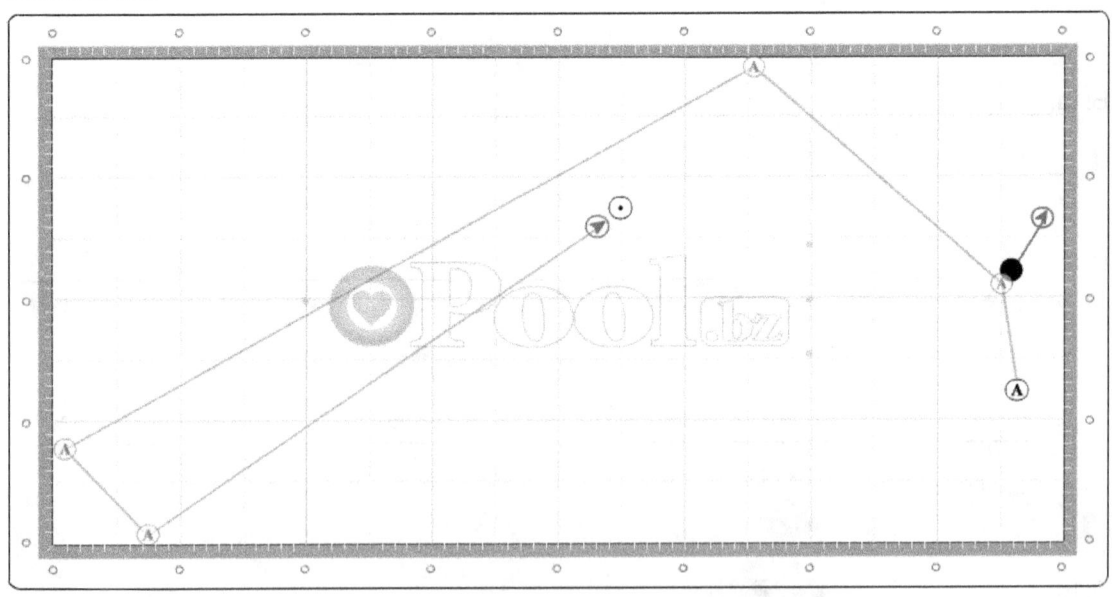

B:1b – Piirustus

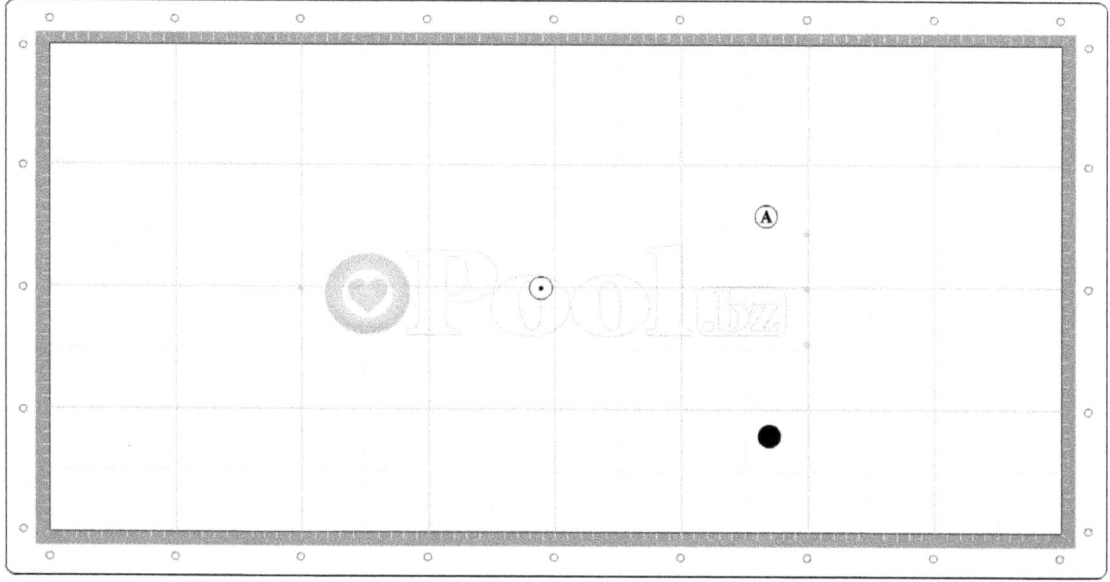

Huomautuksia ja ideoita:

Pallokuviota

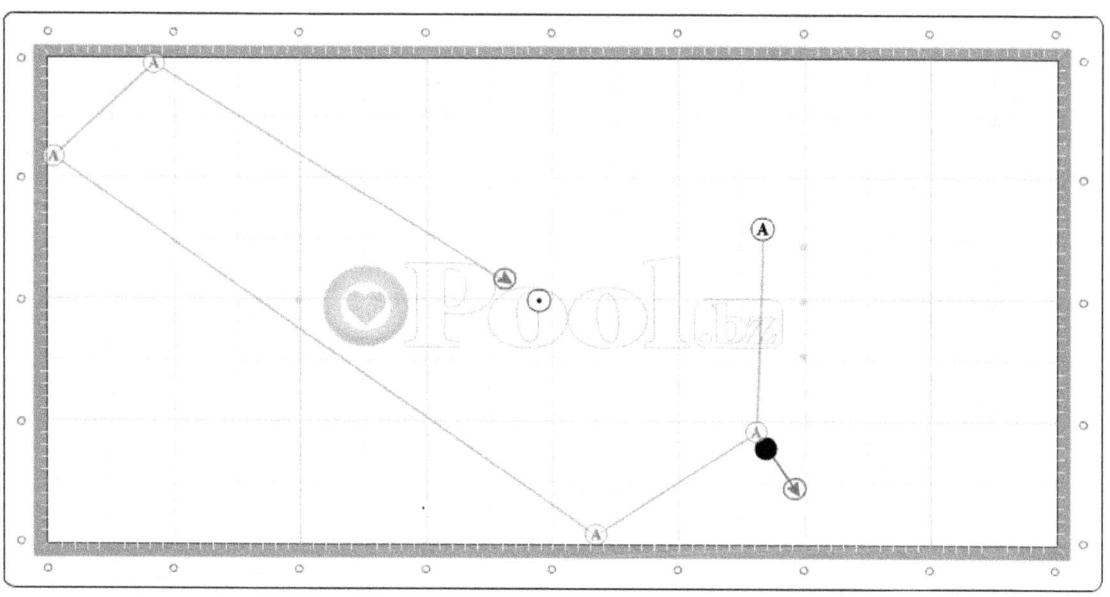

B:1c – Piirustus

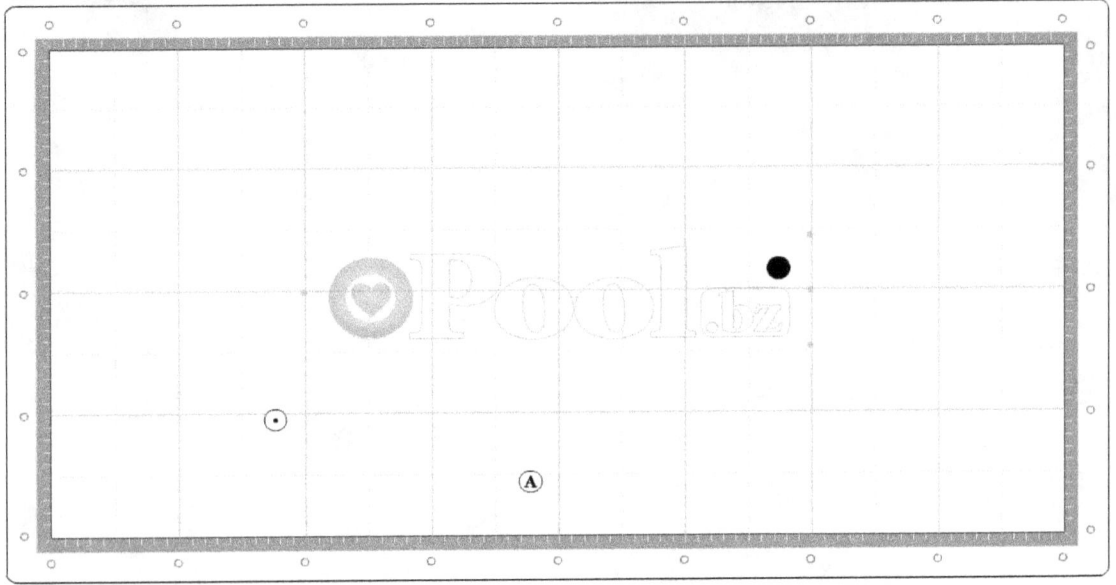

Huomautuksia ja ideoita:

Pallokuviota

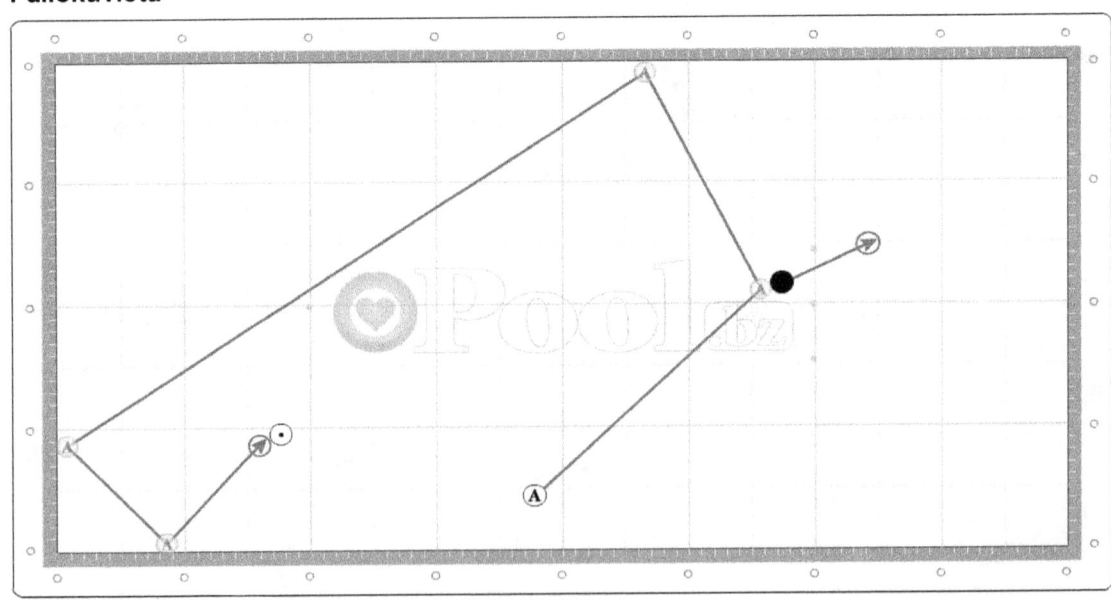

B:1d – Piirustus

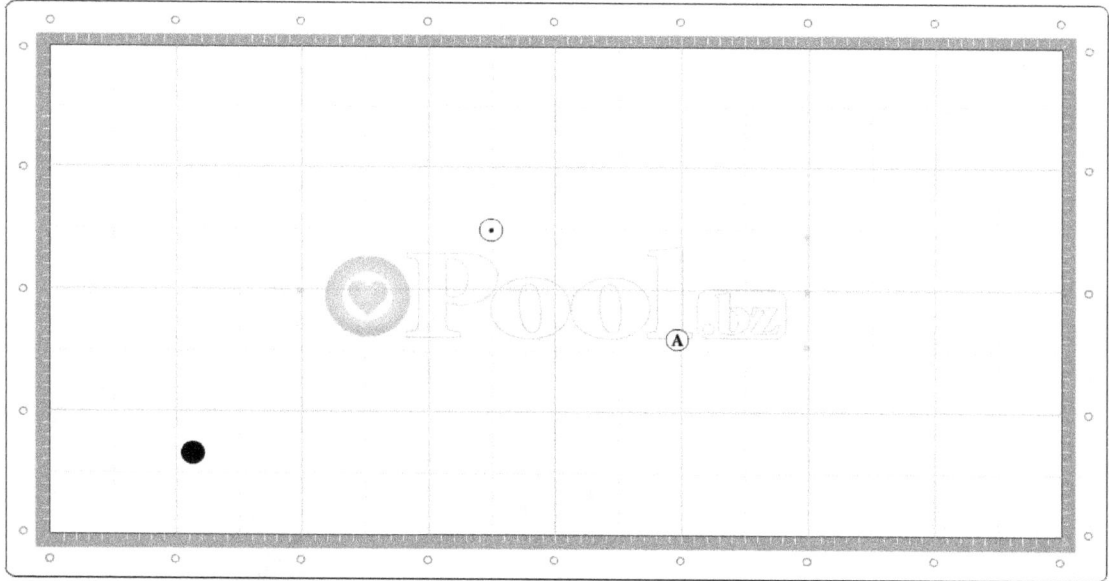

Huomautuksia ja ideoita:

Pallokuviota

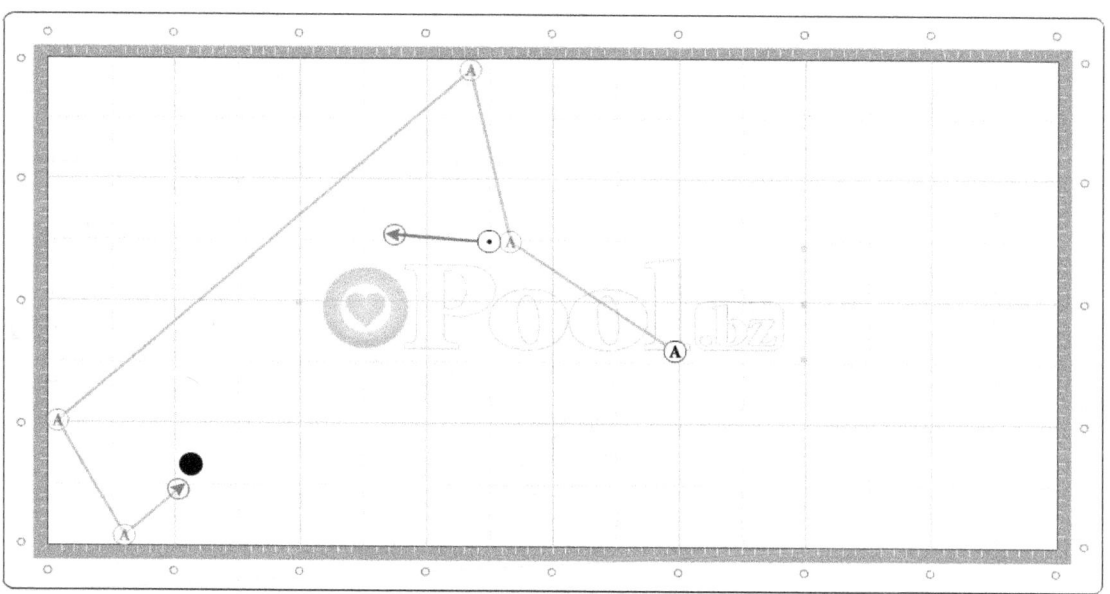

B: Ryhmä 2

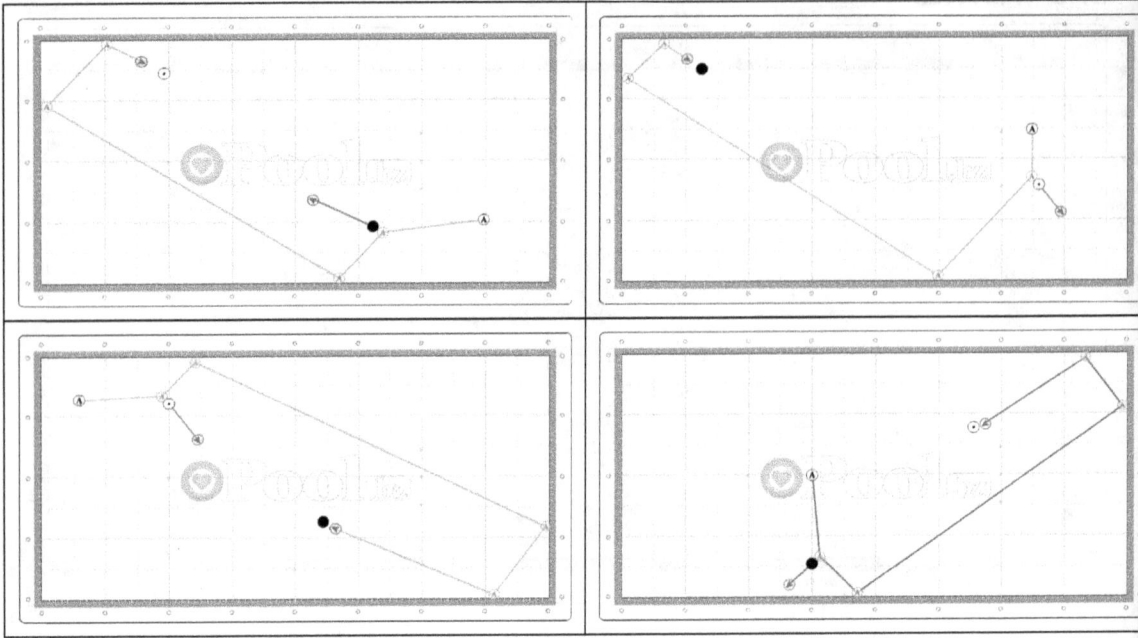

Analyysi:

B:2a. _____

B:2b. _____

B:2c. _____

B:2d. _____

B:2a – Piirustus

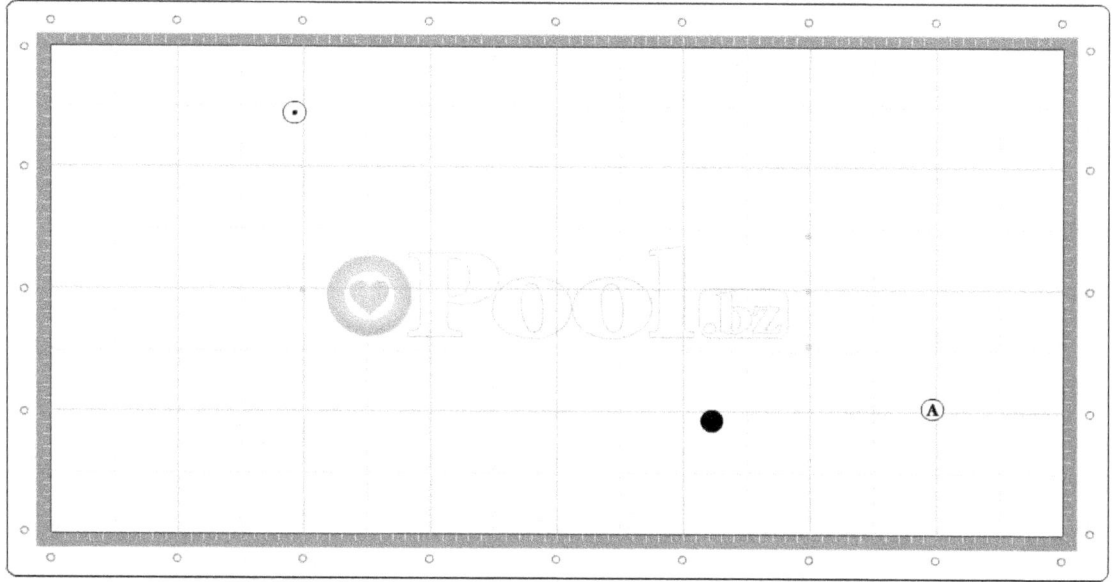

Huomautuksia ja ideoita:

Pallokuviota

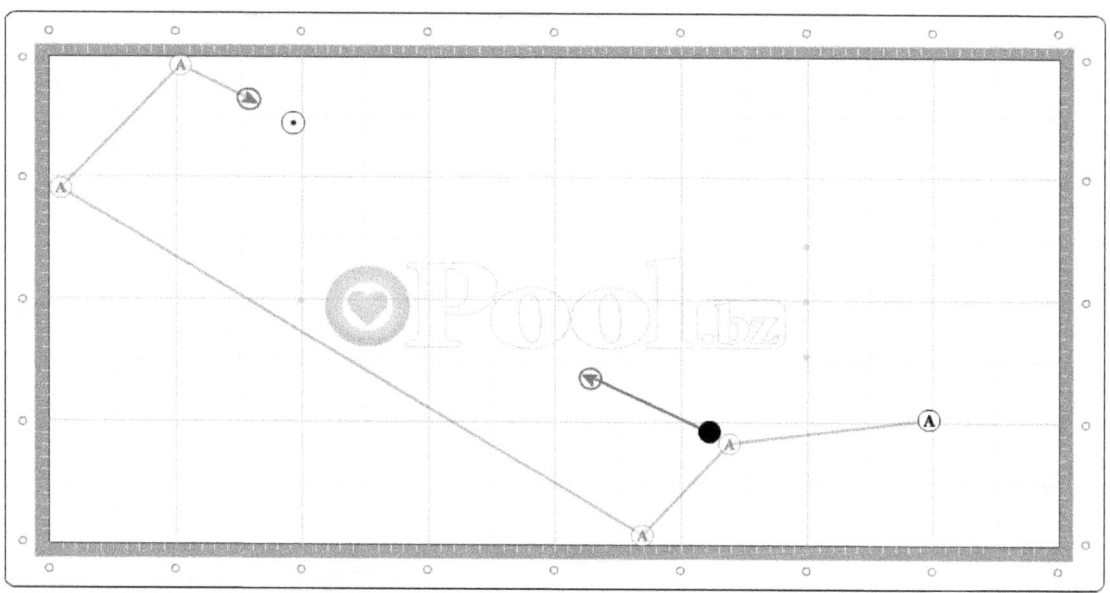

B:2b – Piirustus

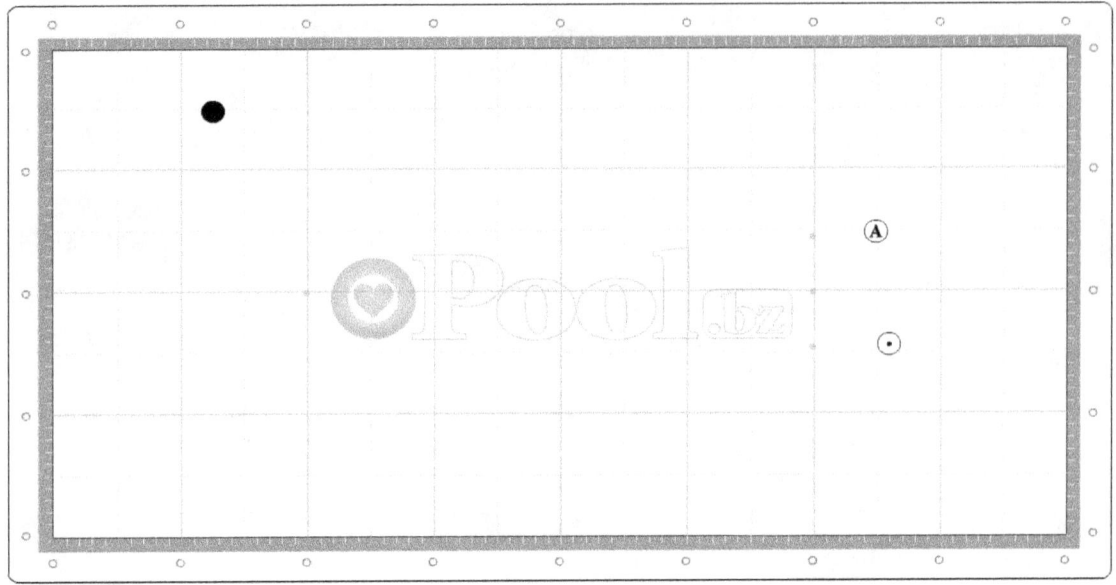

Huomautuksia ja ideoita:

Pallokuviota

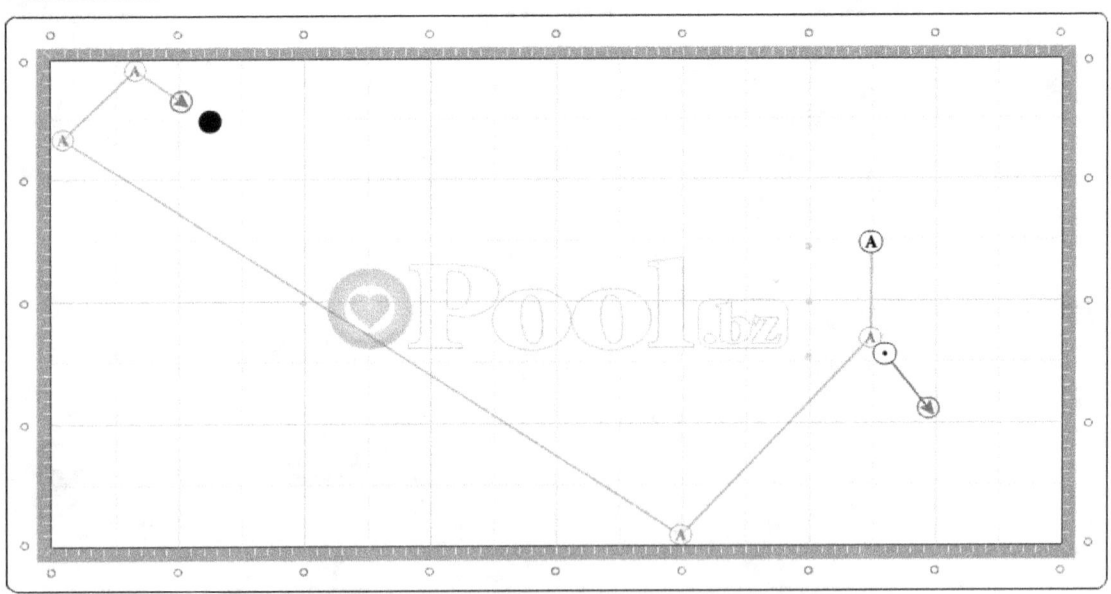

B:2c – Piirustus

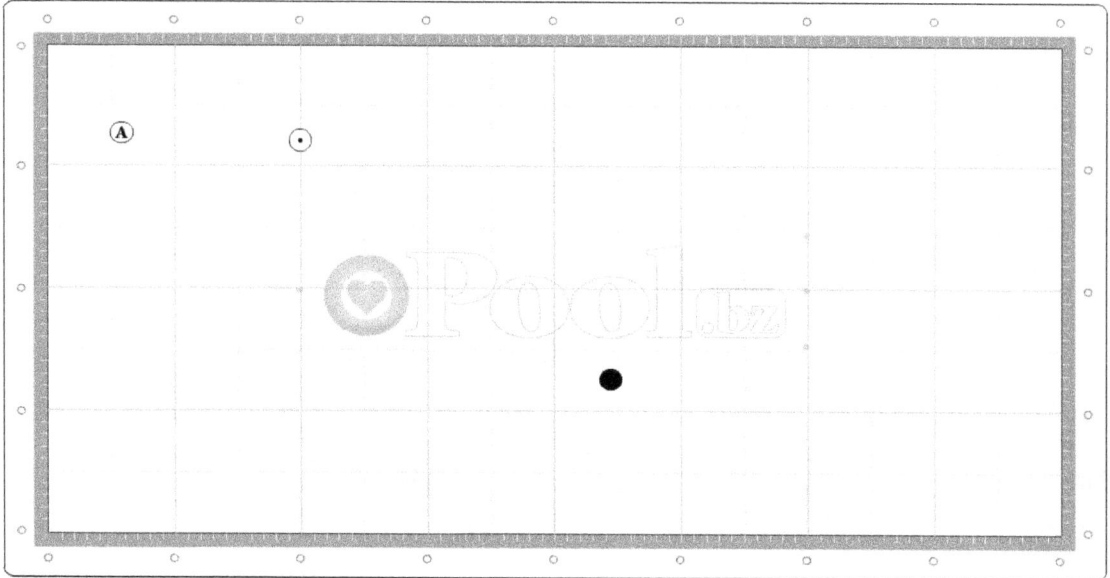

Huomautuksia ja ideoita:

Pallokuviota

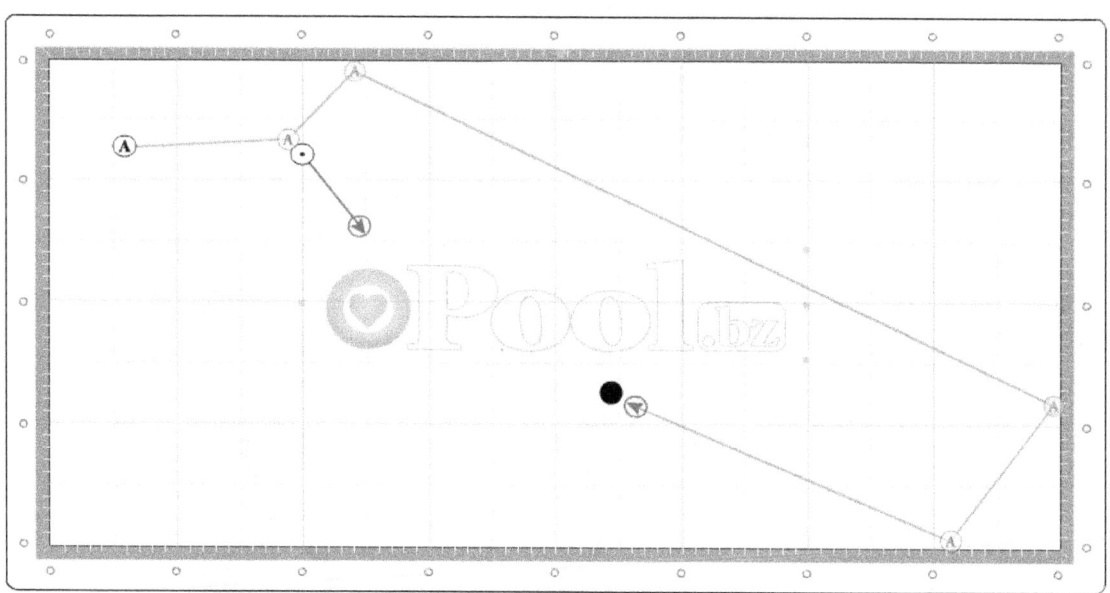

B:2d – Piirustus

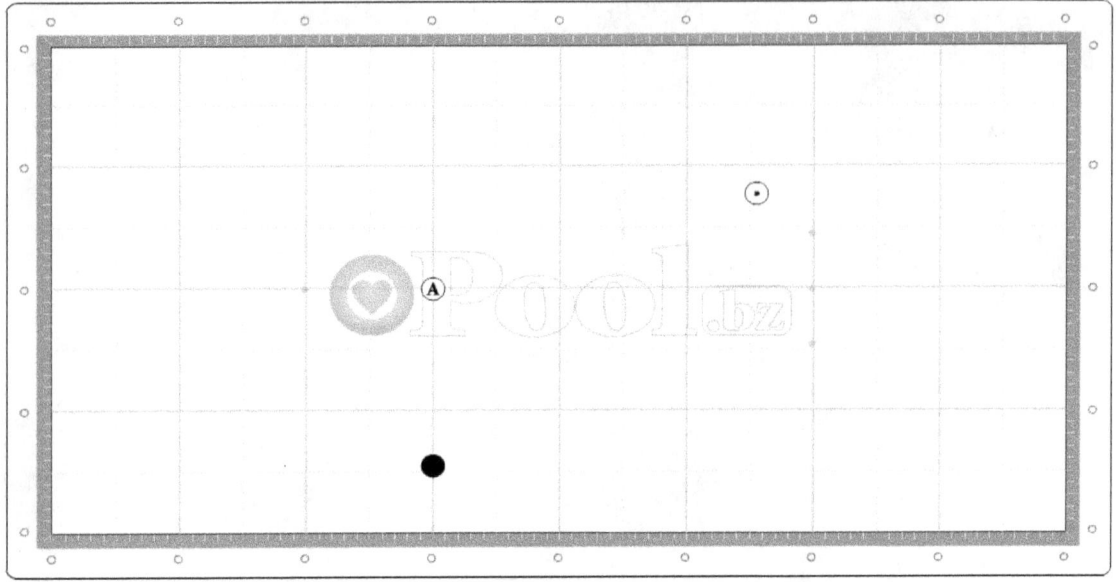

Huomautuksia ja ideoita:

Pallokuviota

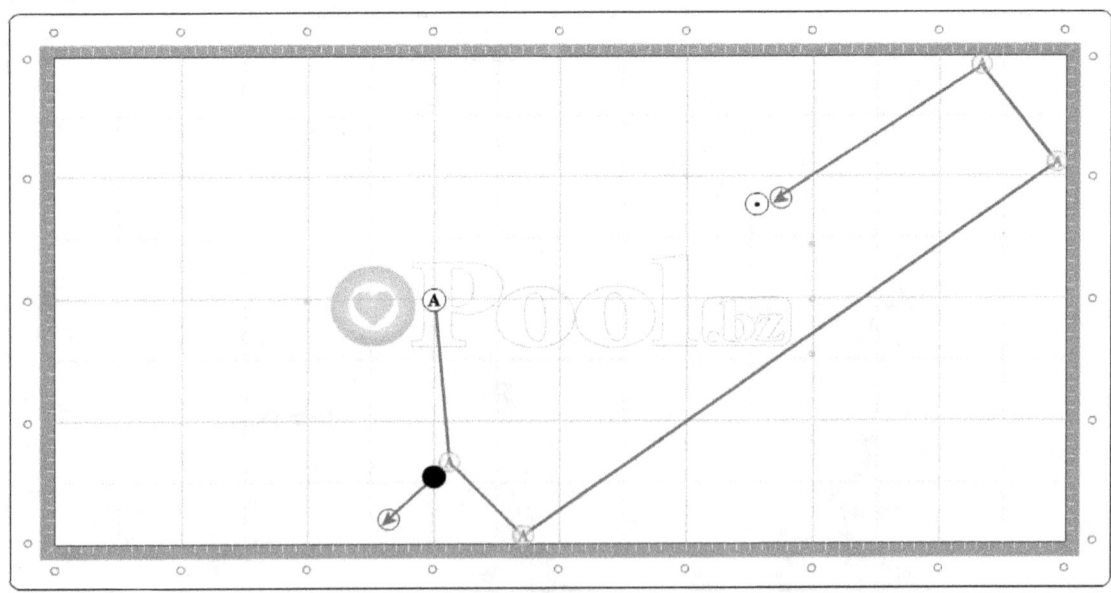

B: Ryhmä 3

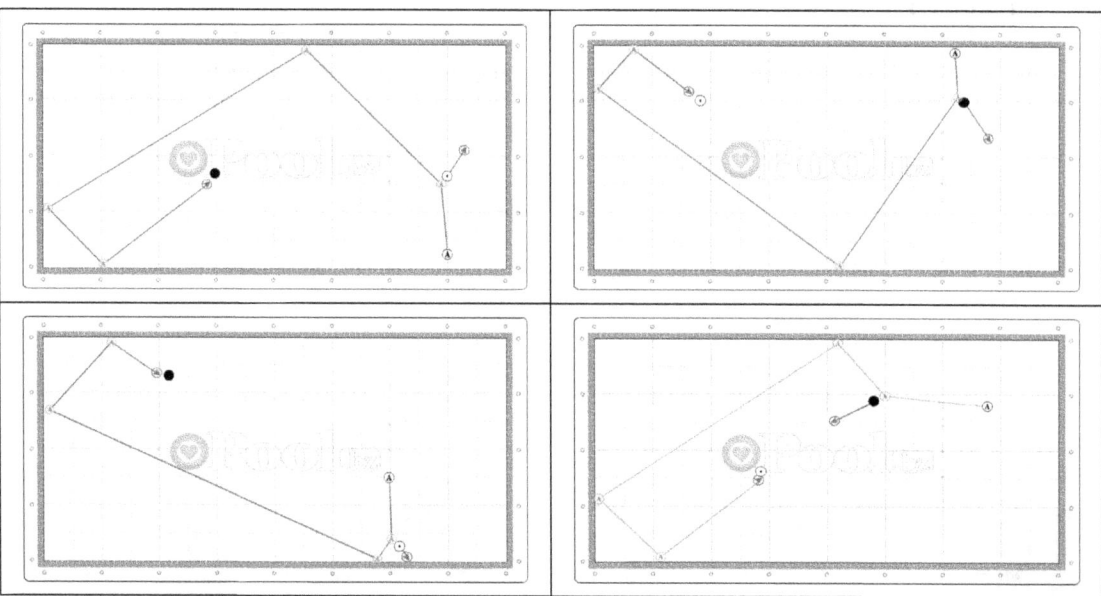

Analyysi:

B:3a. _____

B:3b. _____

B:3c. _____

B:3d. _____

B:3a – Piirustus

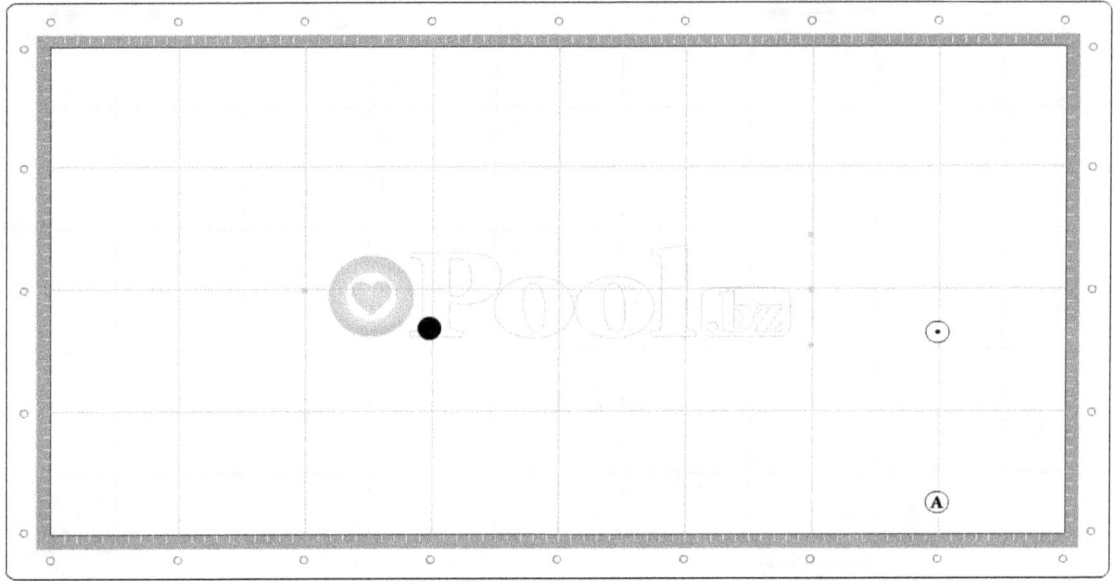

Huomautuksia ja ideoita:

Pallokuviota

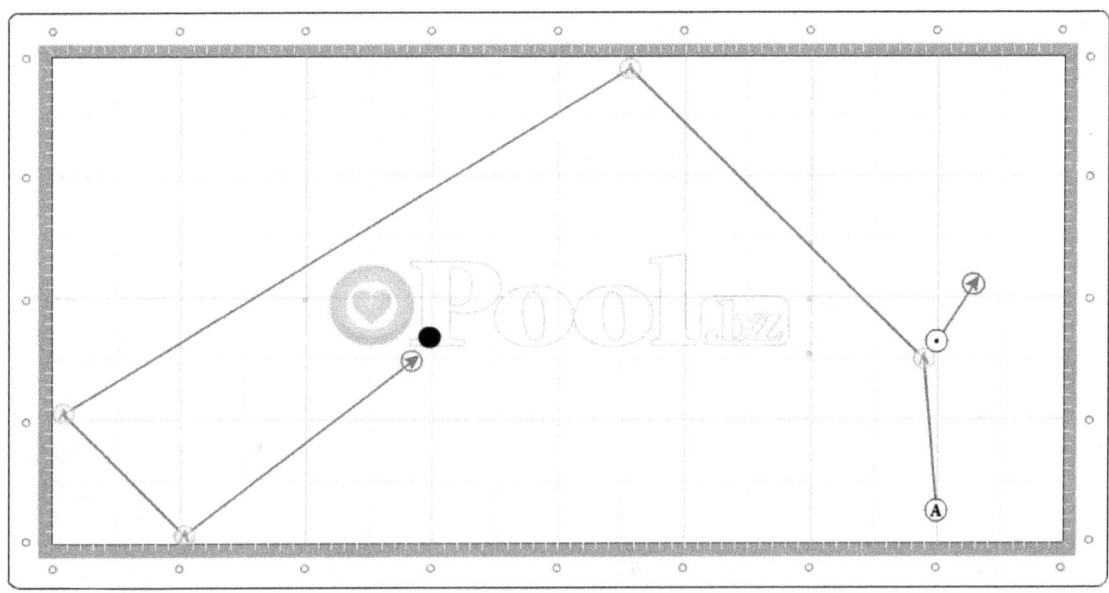

B:3b – Piirustus

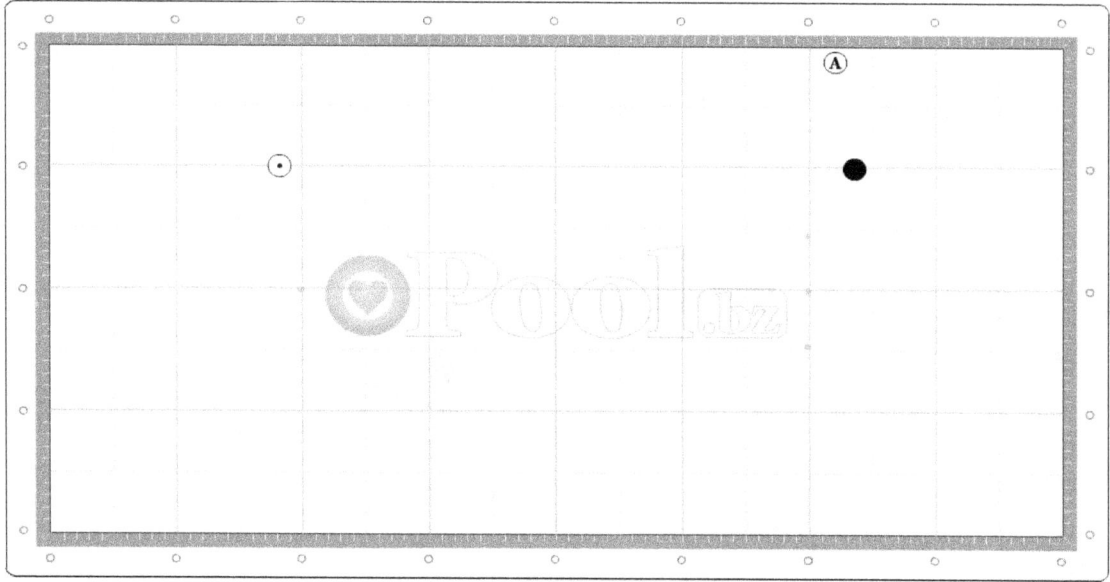

Huomautuksia ja ideoita:

Pallokuviota

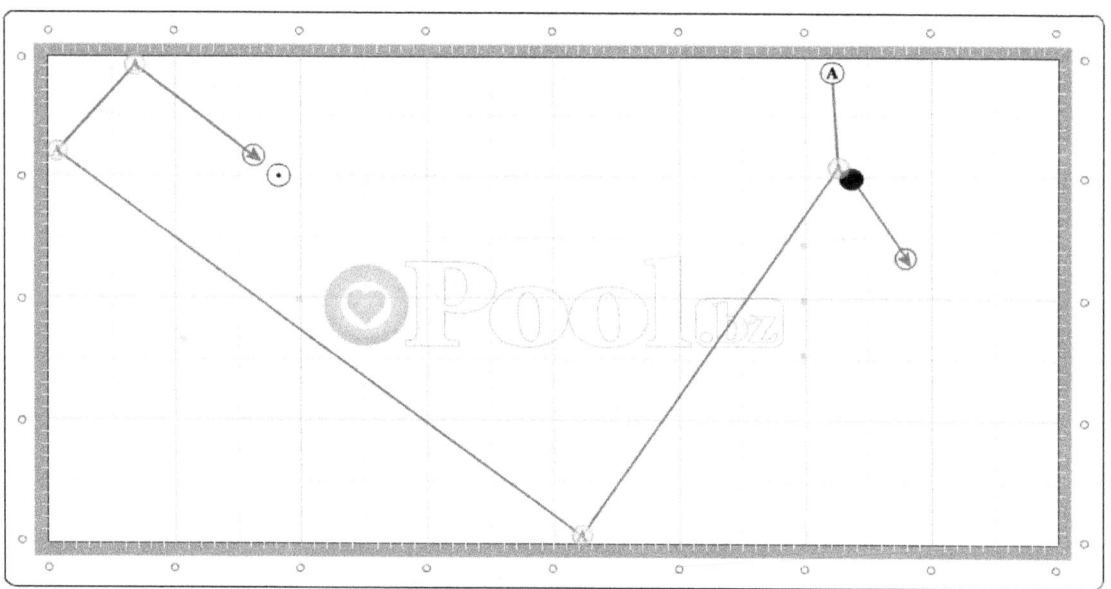

B:3c – Piirustus

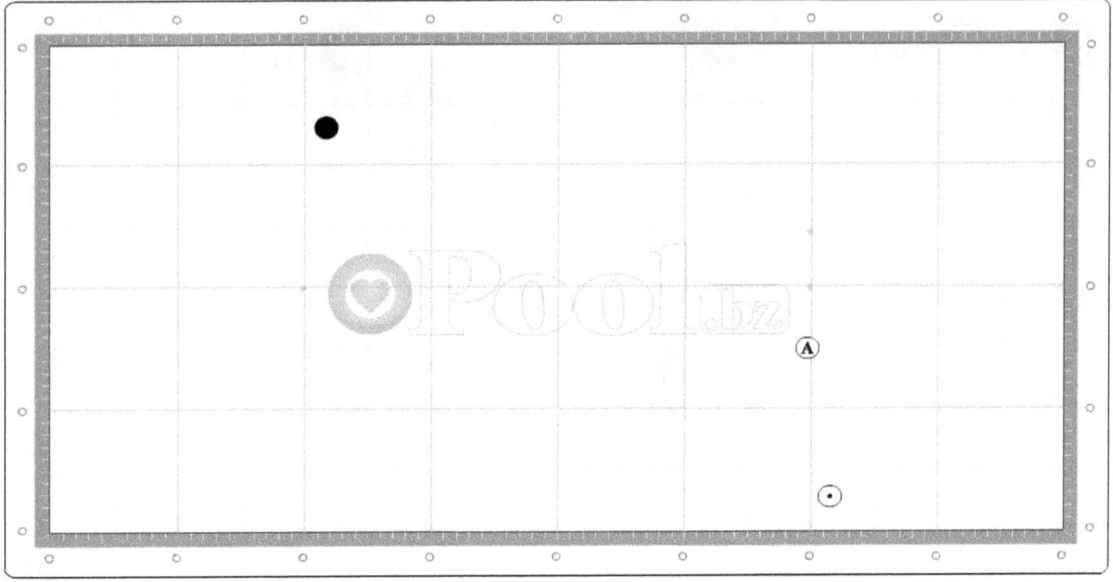

Huomautuksia ja ideoita:

Pallokuviota

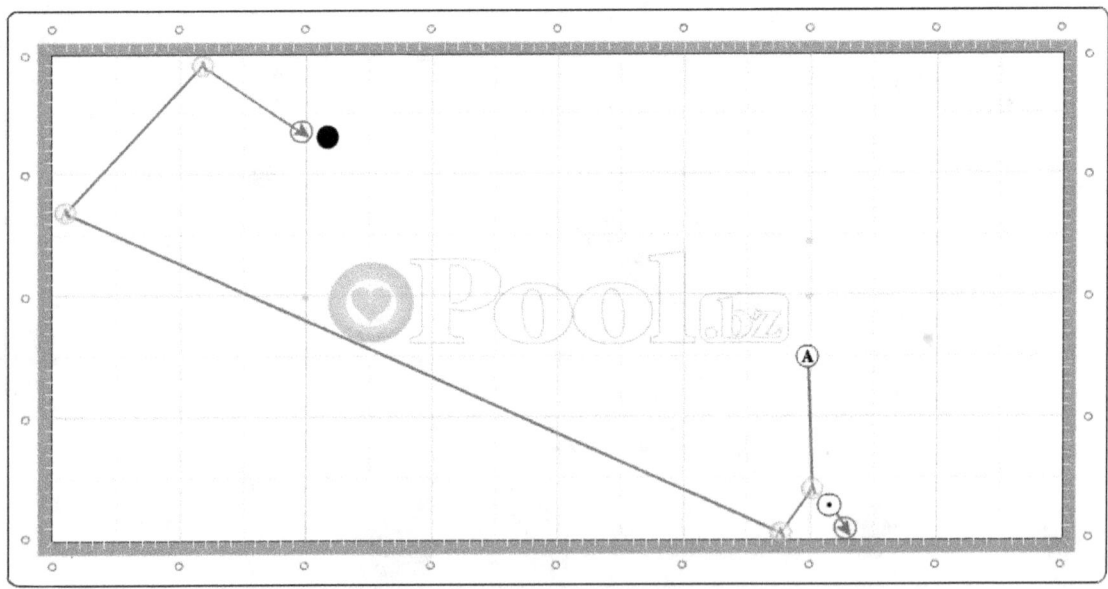

B:3d – Piirustus

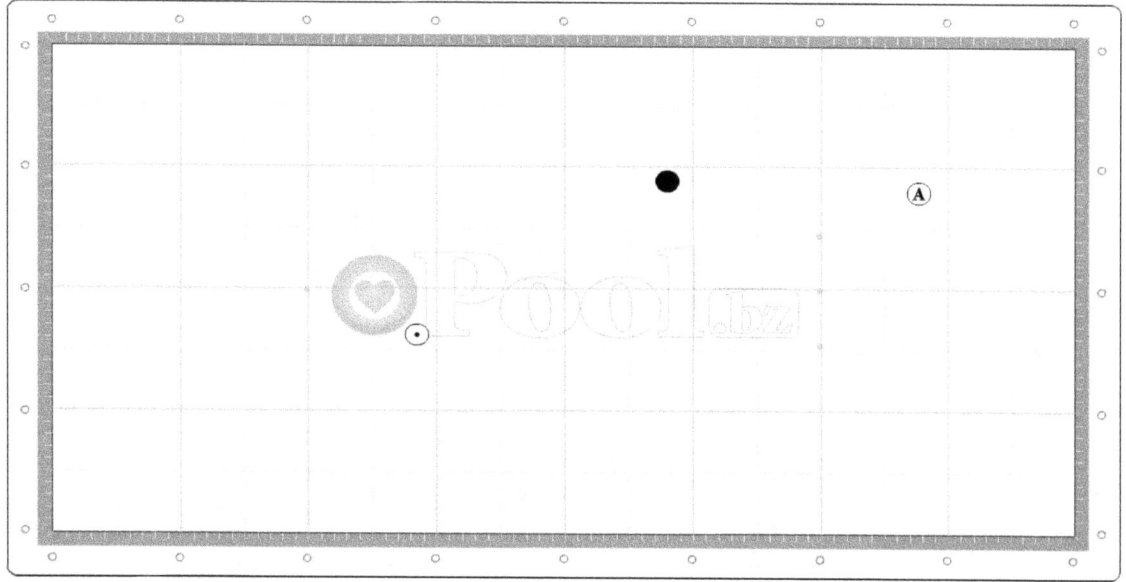

Huomautuksia ja ideoita:

Pallokuviota

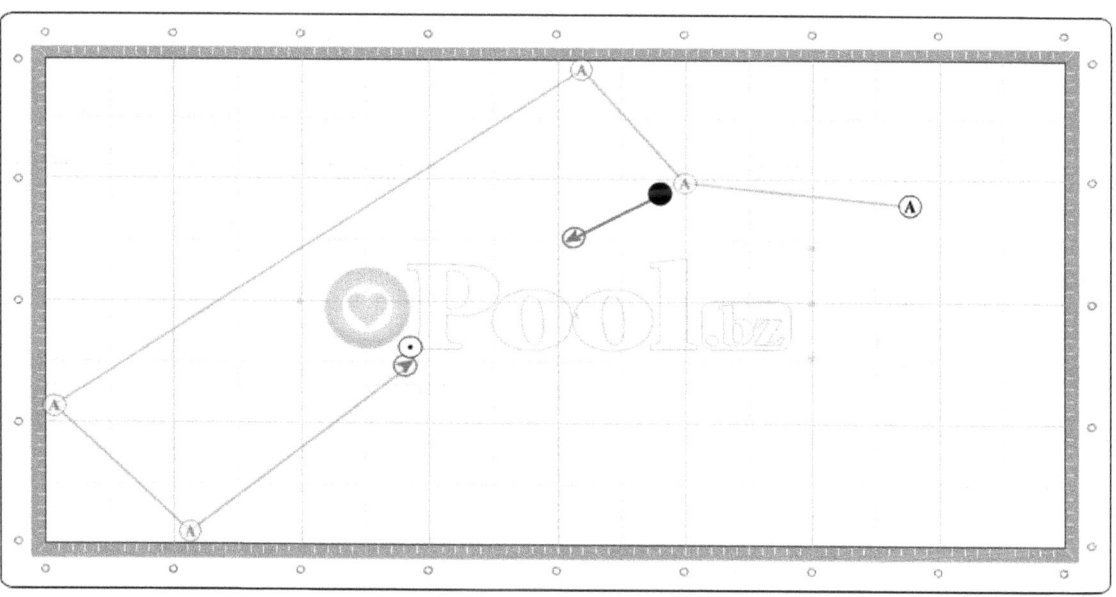

B: Ryhmä 4

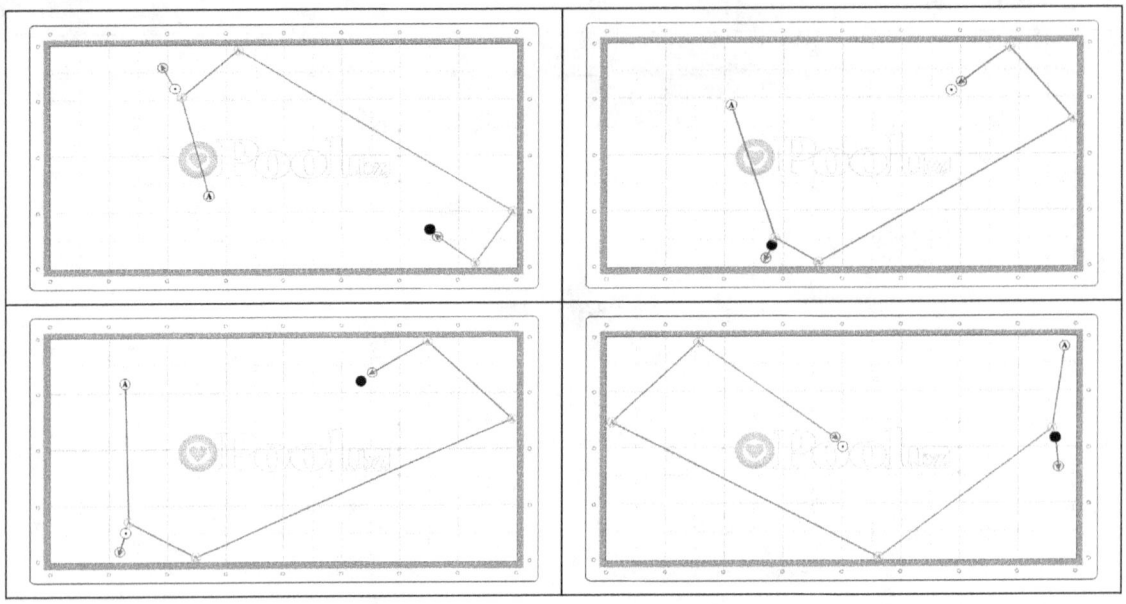

Analyysi:

B:4a. _____

B:4b. _____

B:4c. _____

B:4d. _____

B:4a – Piirustus

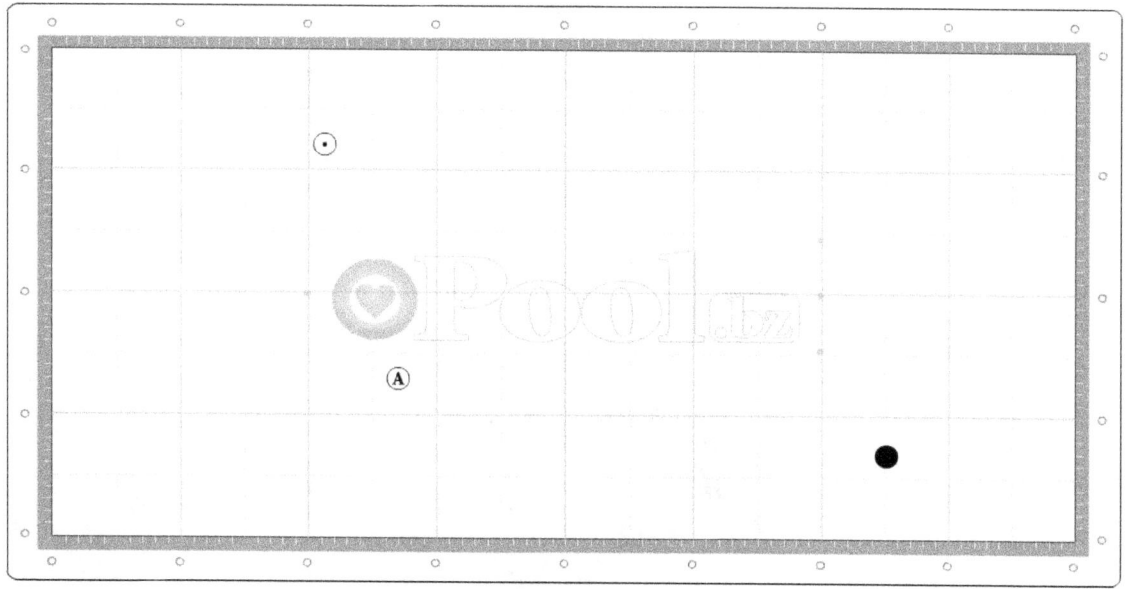

Huomautuksia ja ideoita:

Pallokuviota

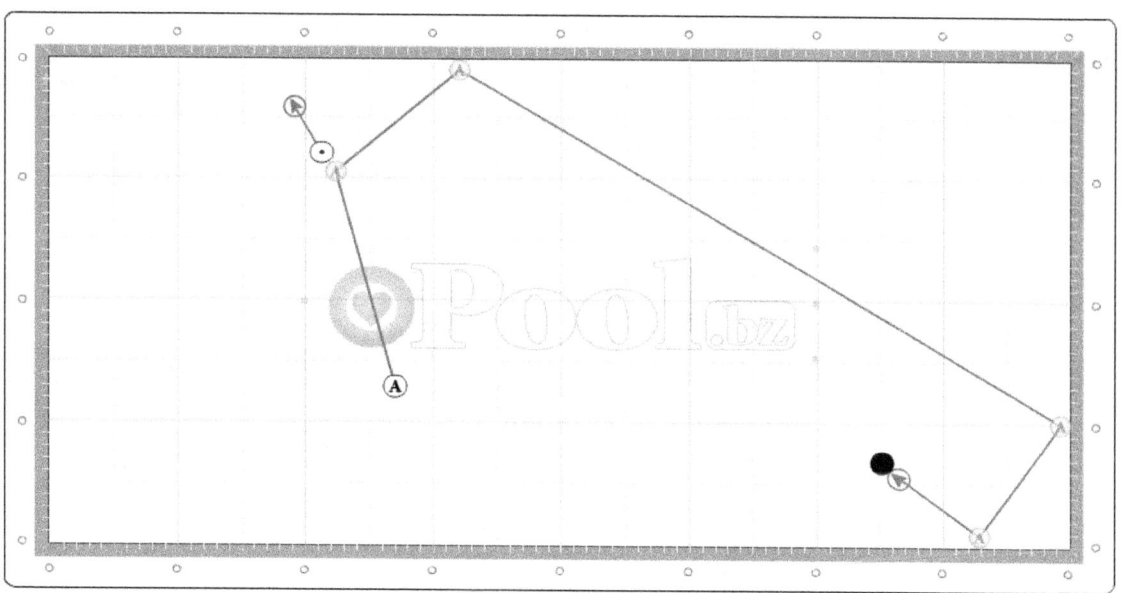

B:4b – Piirustus

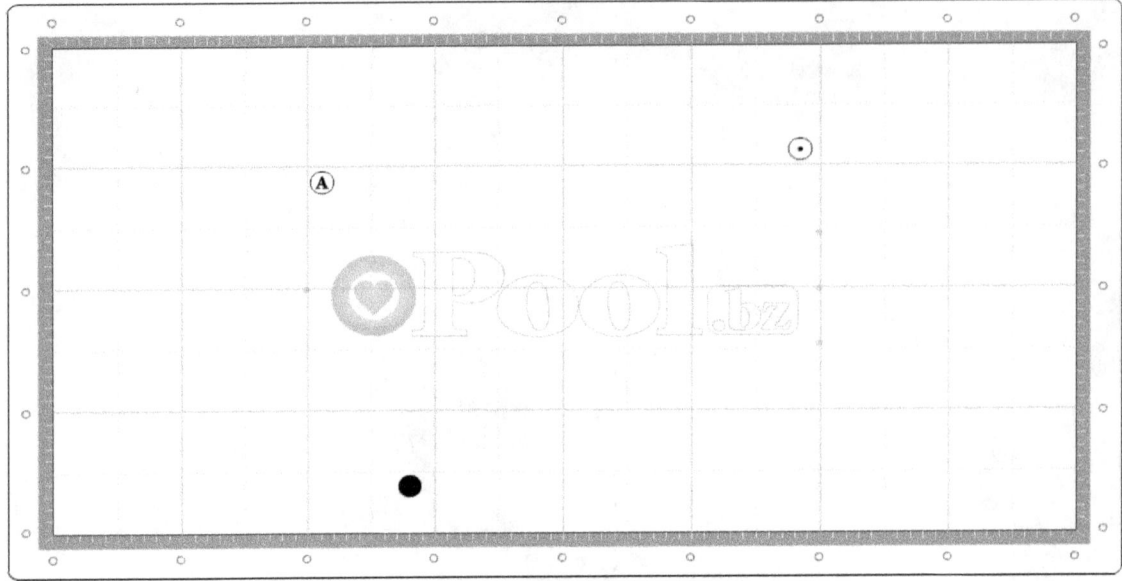

Huomautuksia ja ideoita:

Pallokuviota

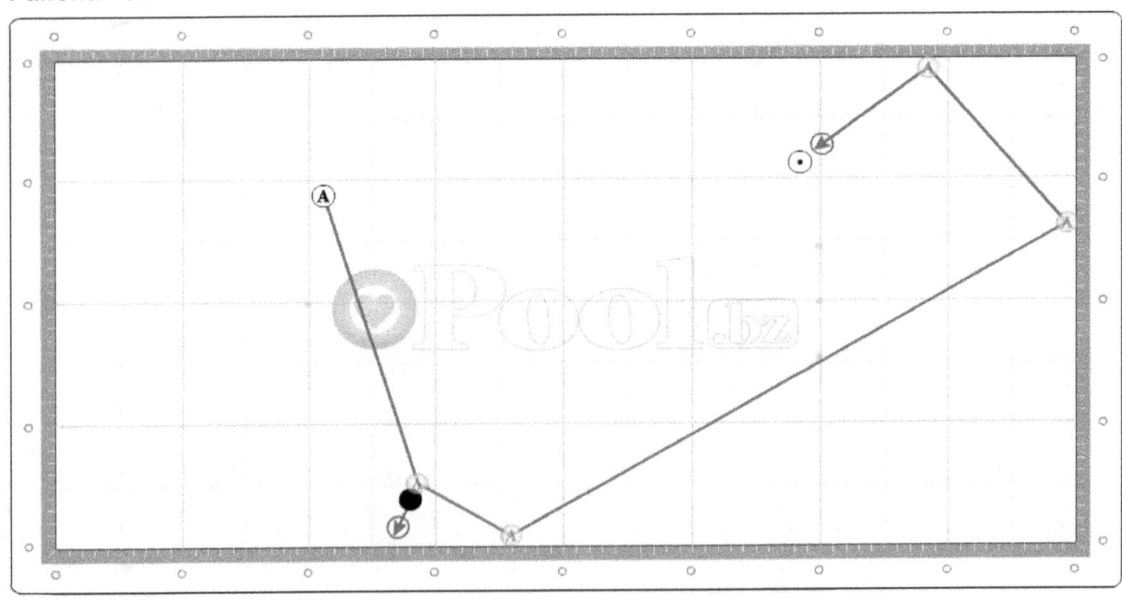

B:4c – Piirustus

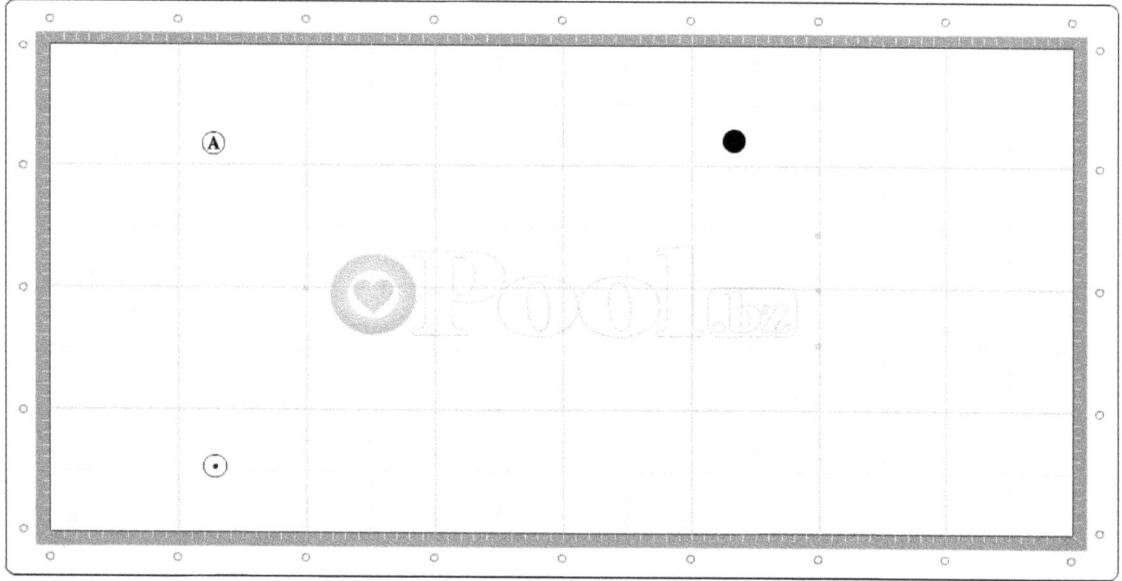

Huomautuksia ja ideoita:

Pallokuviota

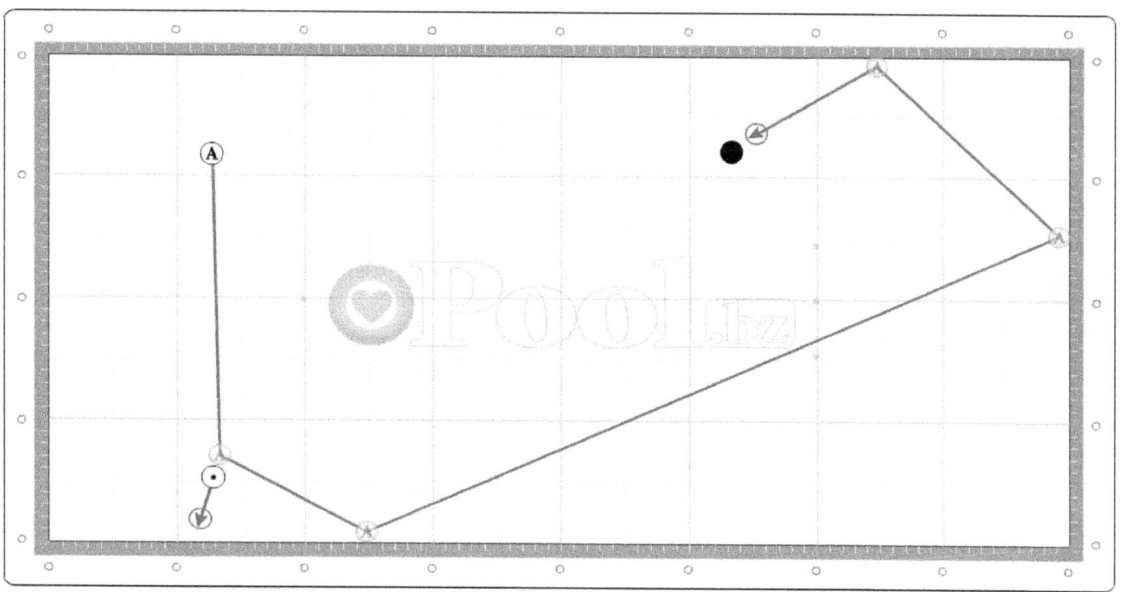

B:4d – Piirustus

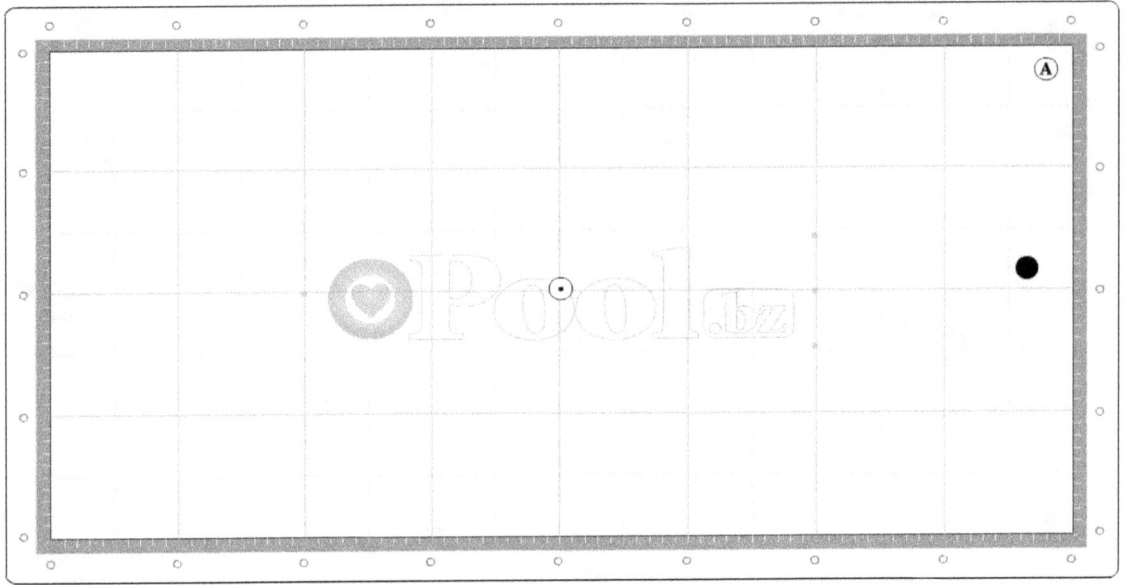

Huomautuksia ja ideoita:

Pallokuviota

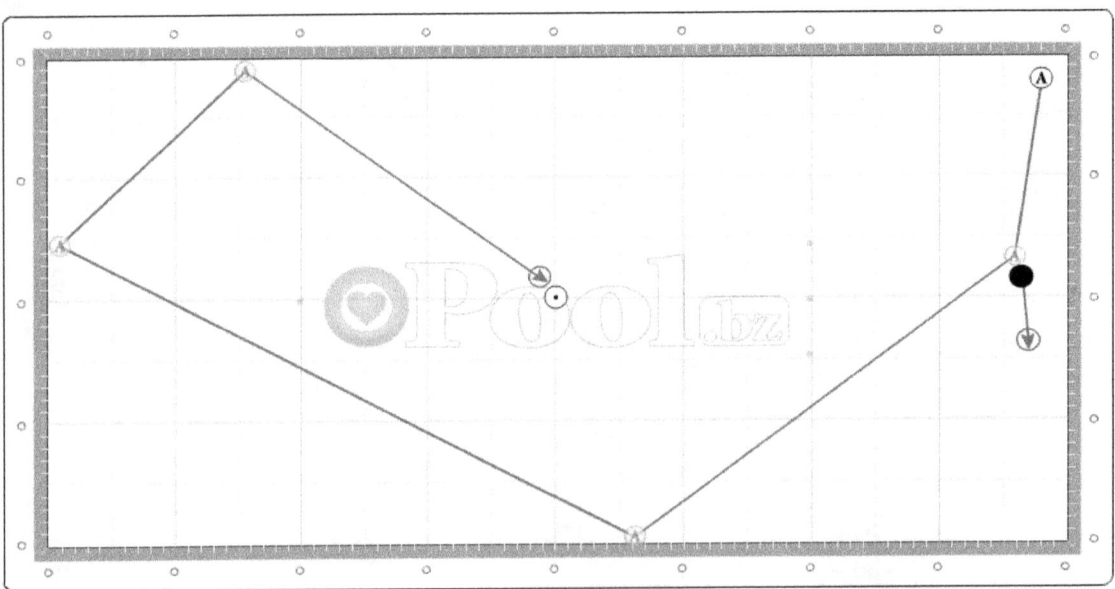

C: Täysi pöytä (lyhyt vallin)

(CB) poistuu ensin (OB) ja lyhyt vallin. Sieltä (CB) menee päinvastaisen pitkän vallin keskelle.
(CB) kulkee toiseen kulmaan, lyhyt vallin ensin. Poistuessa (CB) osuu toiseen (OB).

Ⓐ (CB) (sinun biljardipallo) – ⊙ (OB) (vastustaja biljardipallo) – ● (OB) (punainen biljardipallo)

C: Ryhmä 1

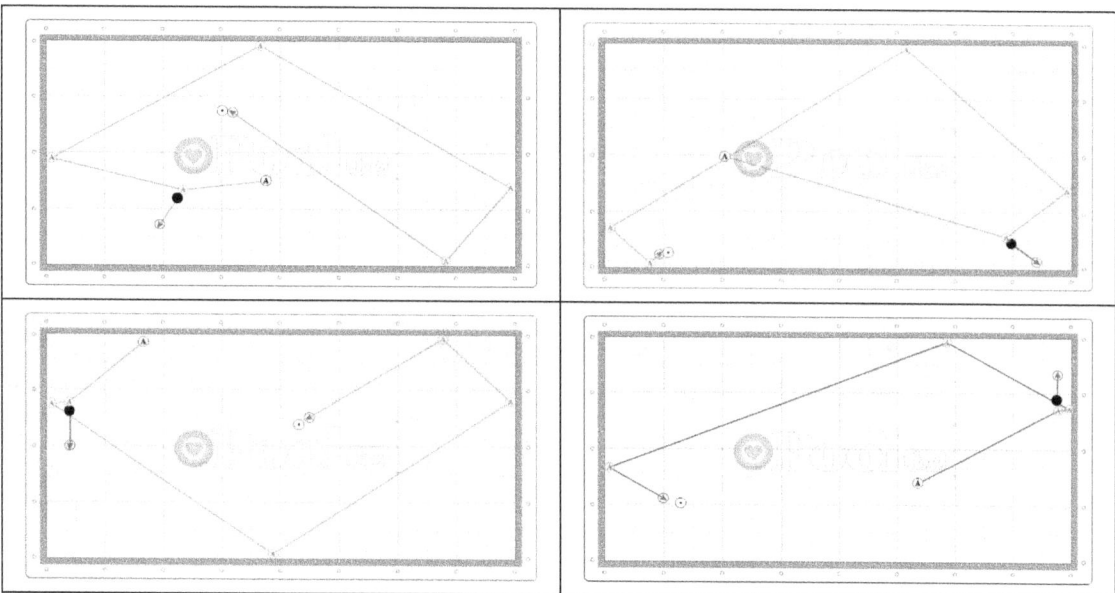

Analyysi:

C:1a. _____

C:1b. _____

C:1c. _____

C:1d. _____

C:1a – Piirustus

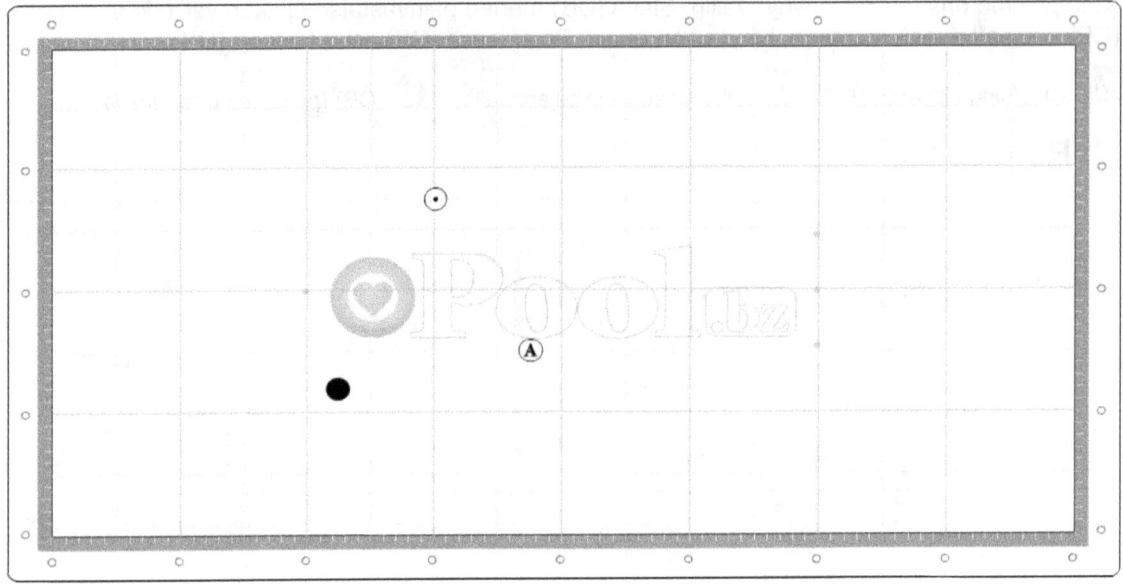

Huomautuksia ja ideoita:

Pallokuviota

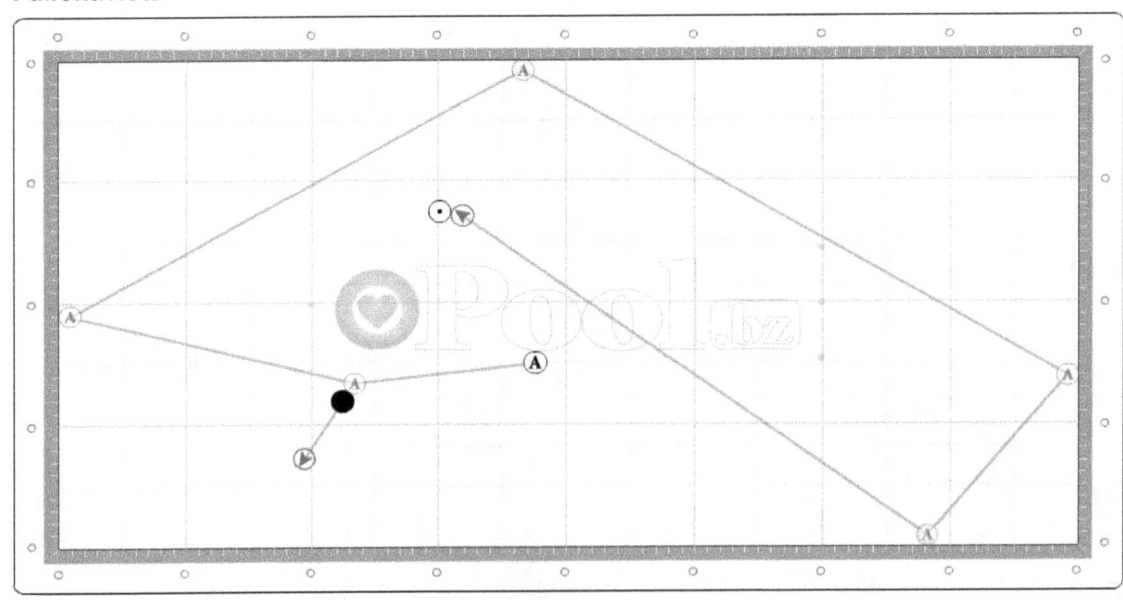

C:1b – Piirustus

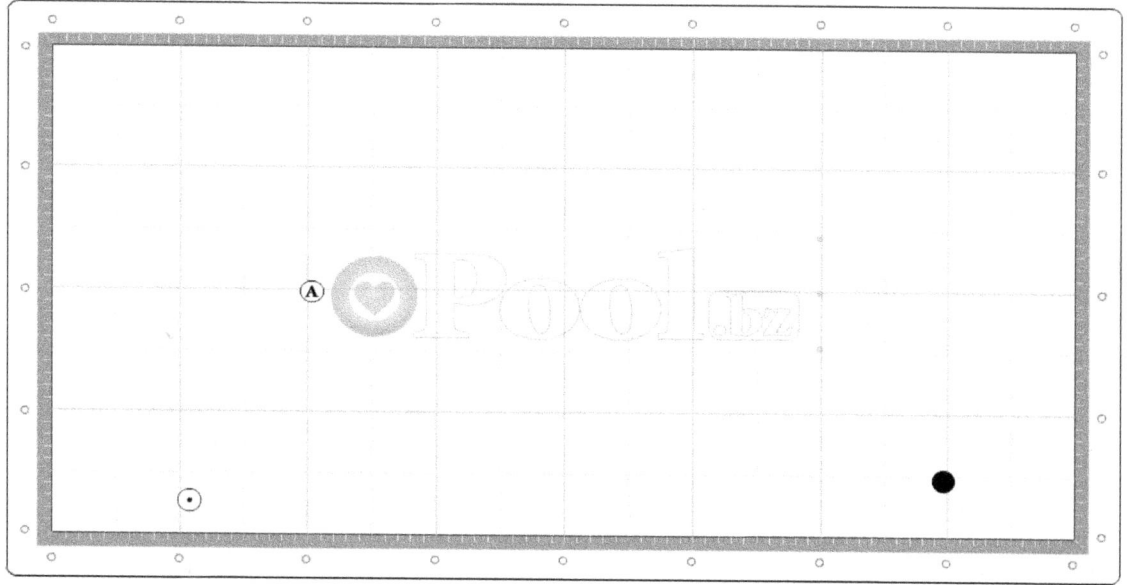

Huomautuksia ja ideoita:

Pallokuviota

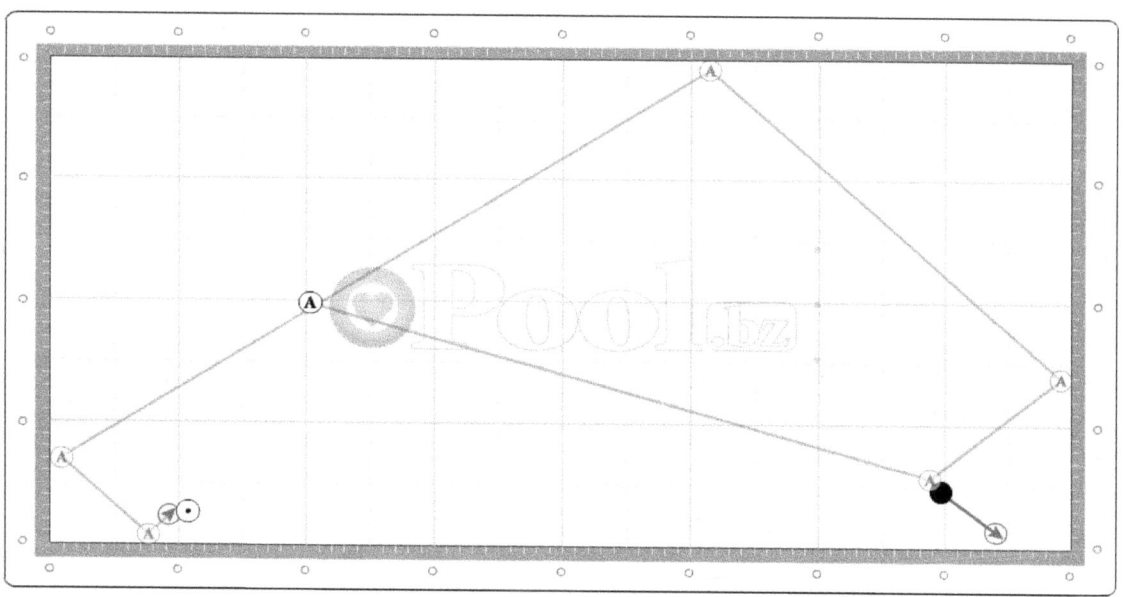

C:1c – Piirustus

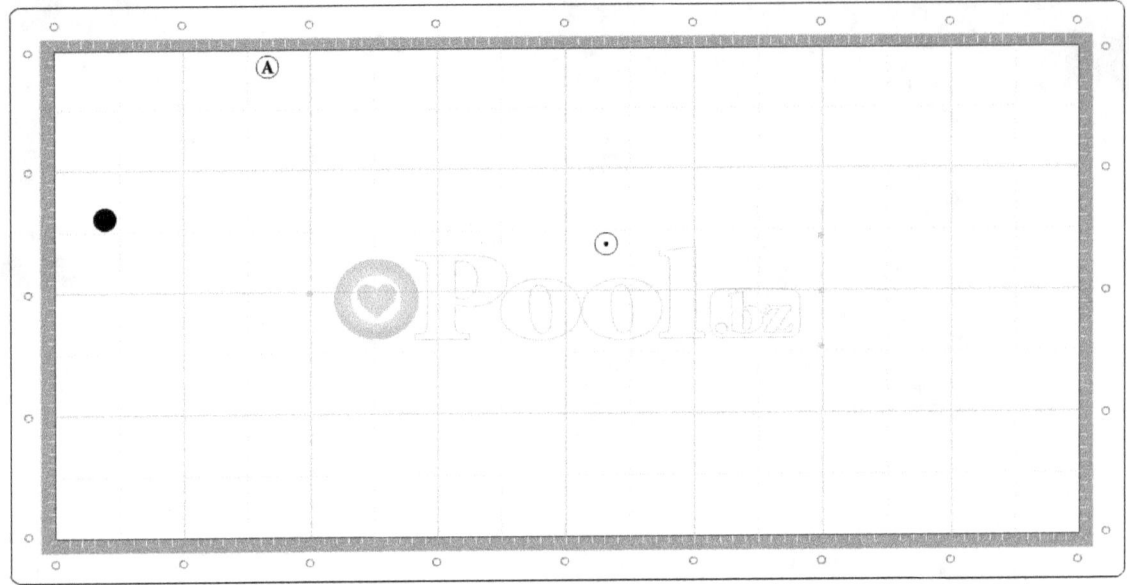

Huomautuksia ja ideoita:

Pallokuviota

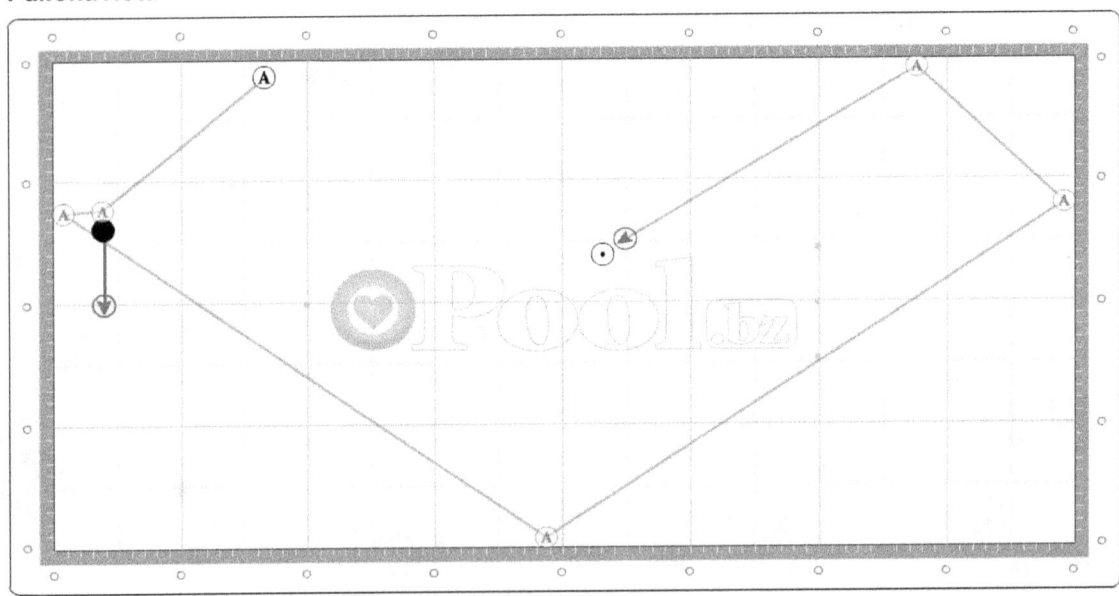

C:1d – Piirustus

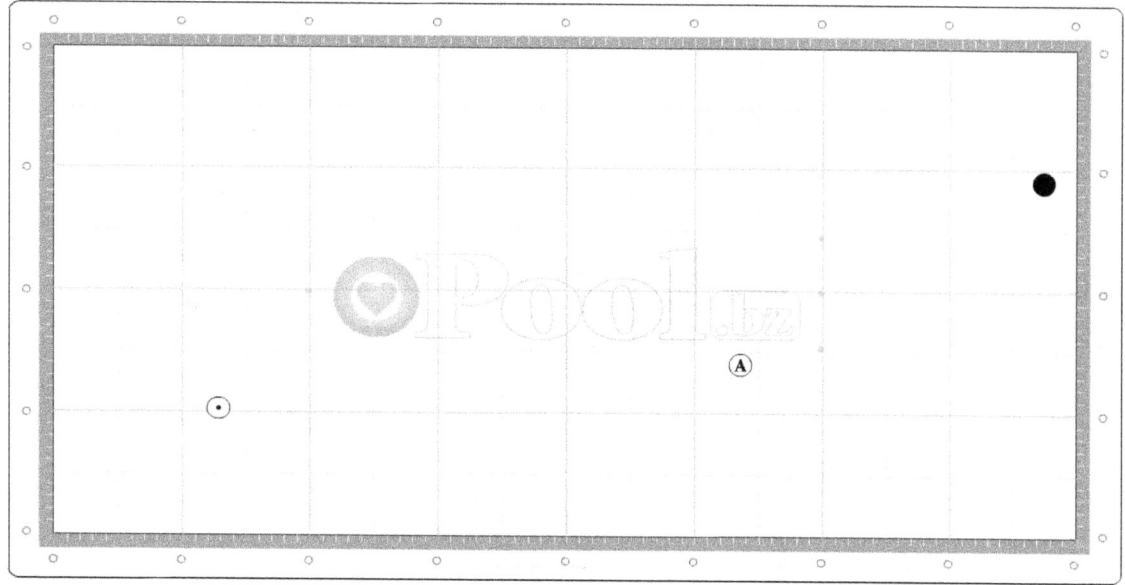

Huomautuksia ja ideoita:

Pallokuviota

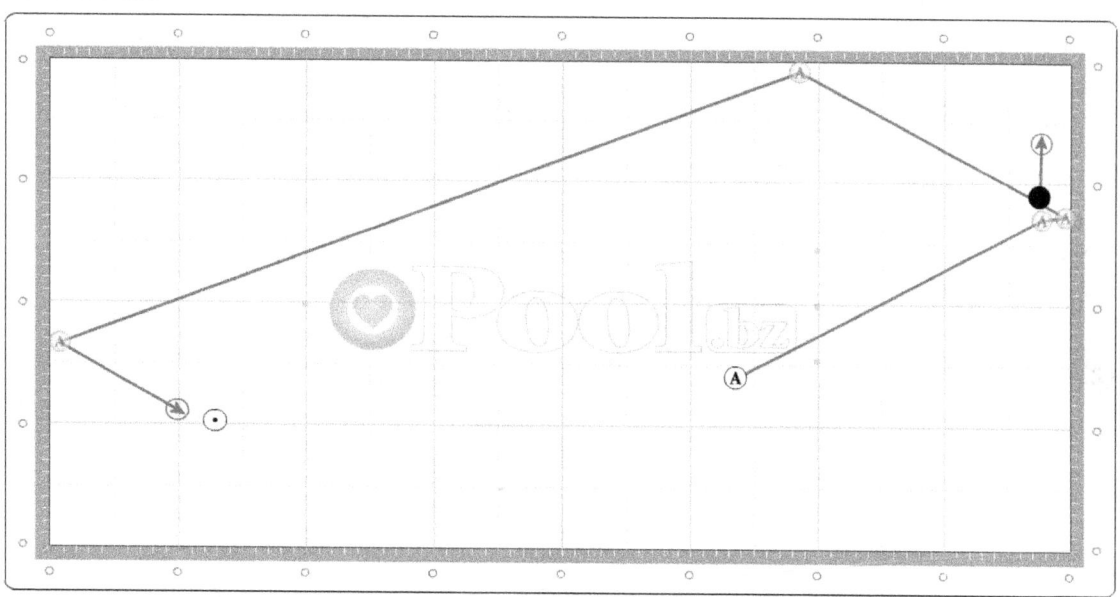

C: Ryhmä 2

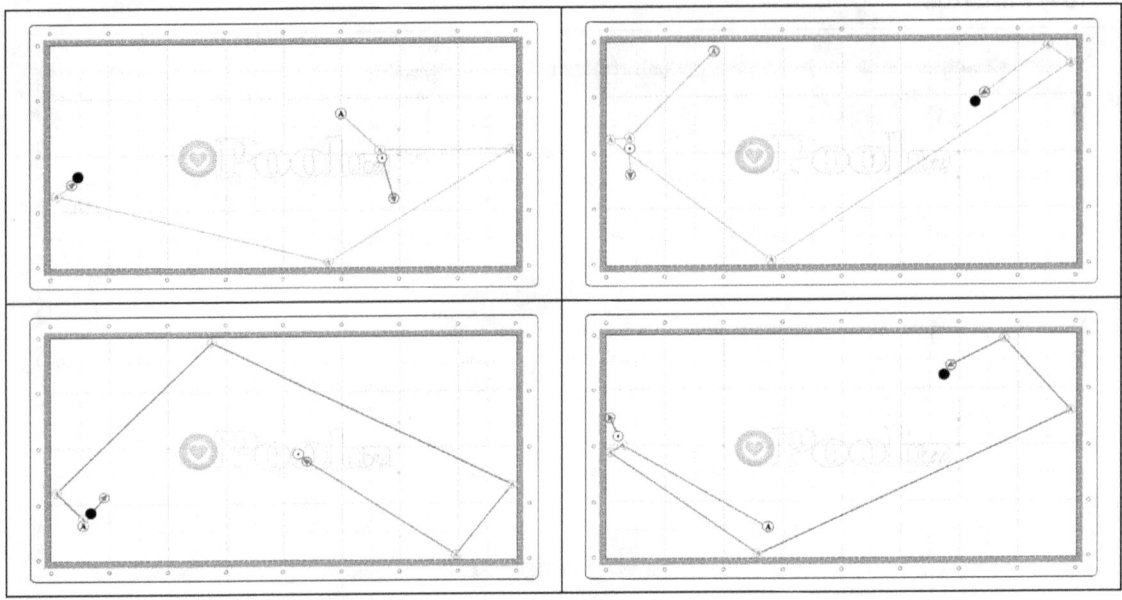

Analyysi:

C:2a. _____

C:2b. _____

C:2c. _____

C:2d. _____

C:2a – Piirustus

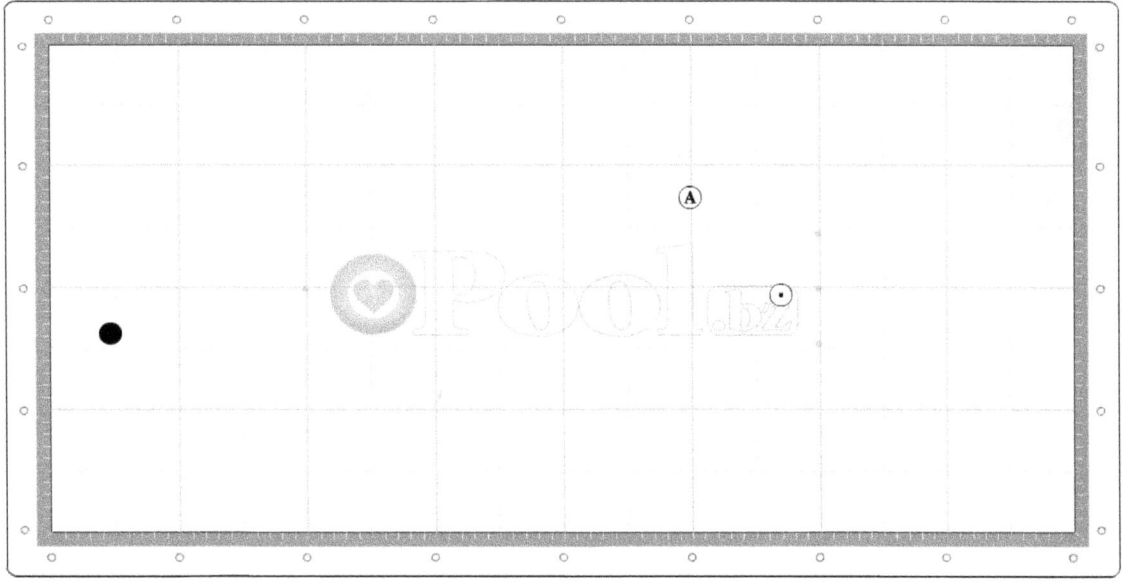

Huomautuksia ja ideoita:

Pallokuviota

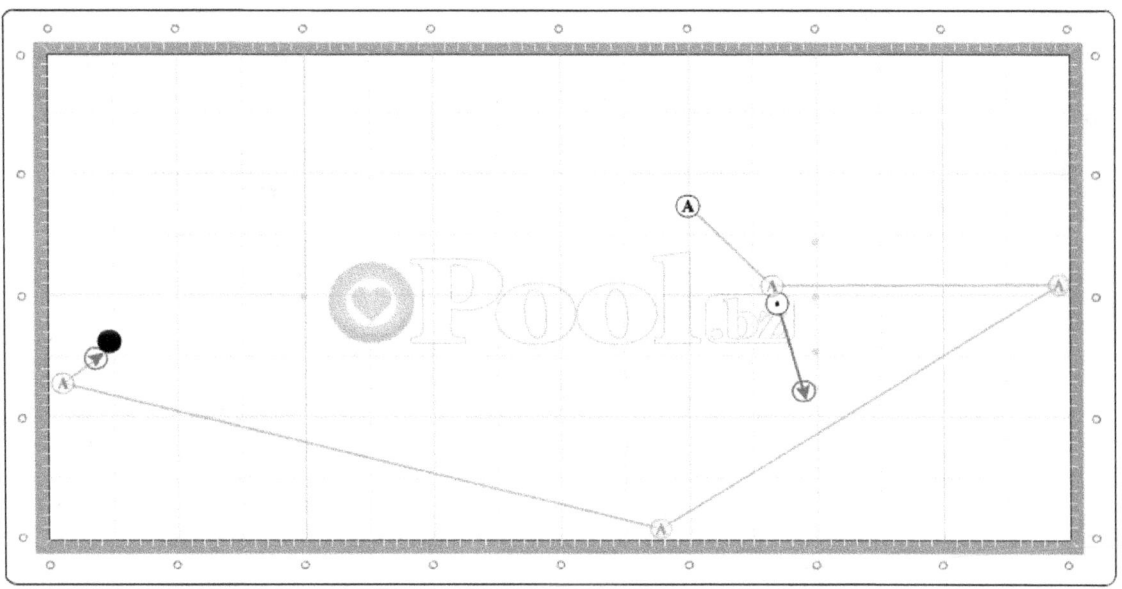

C:2b – Piirustus

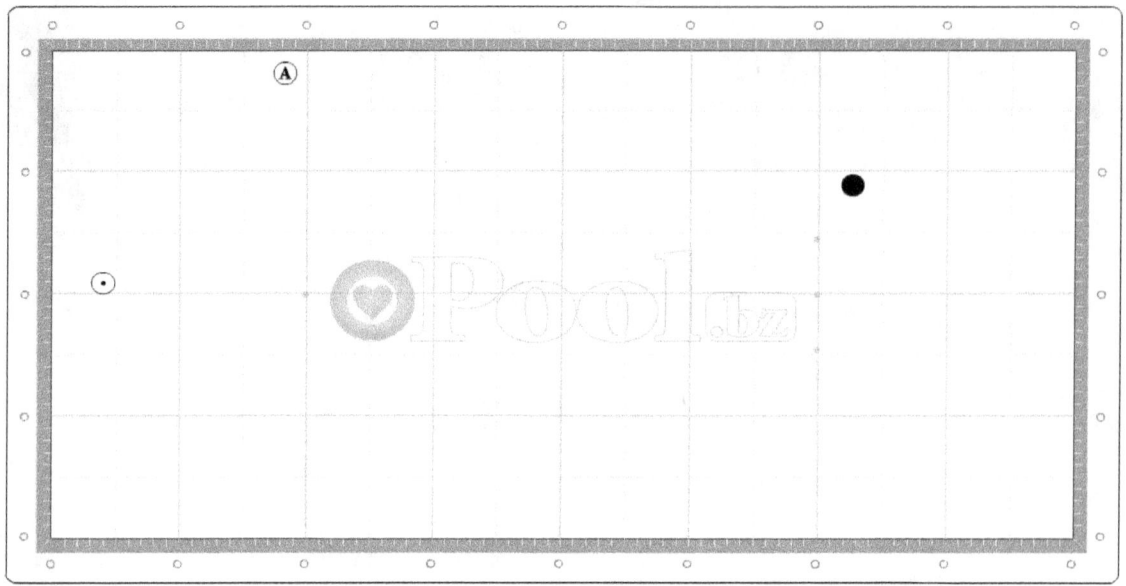

Huomautuksia ja ideoita:

Pallokuviota

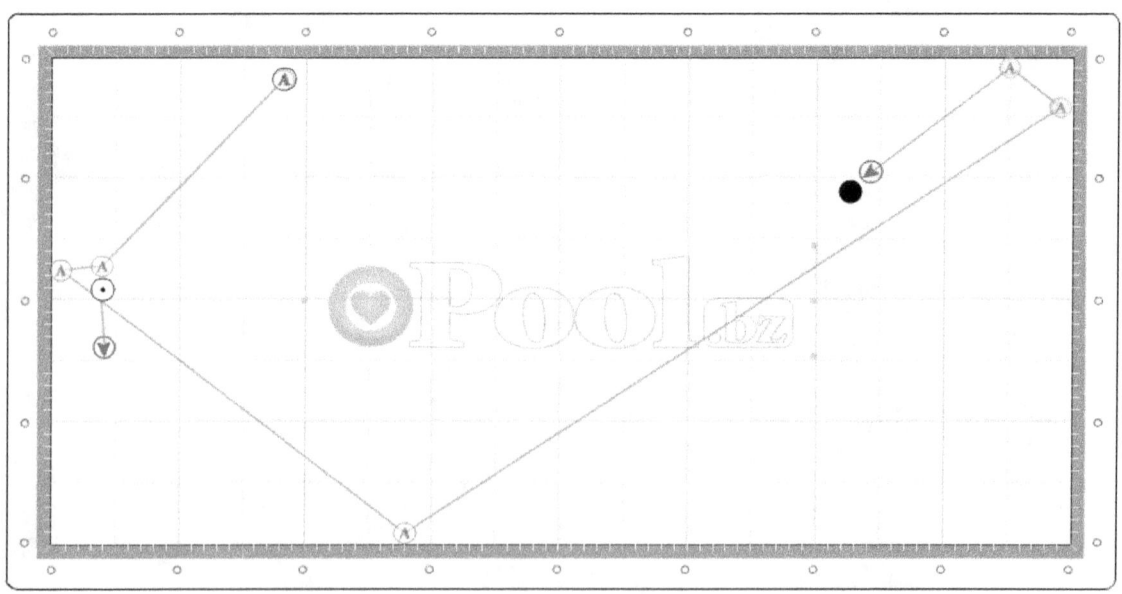

C:2c – Piirustus

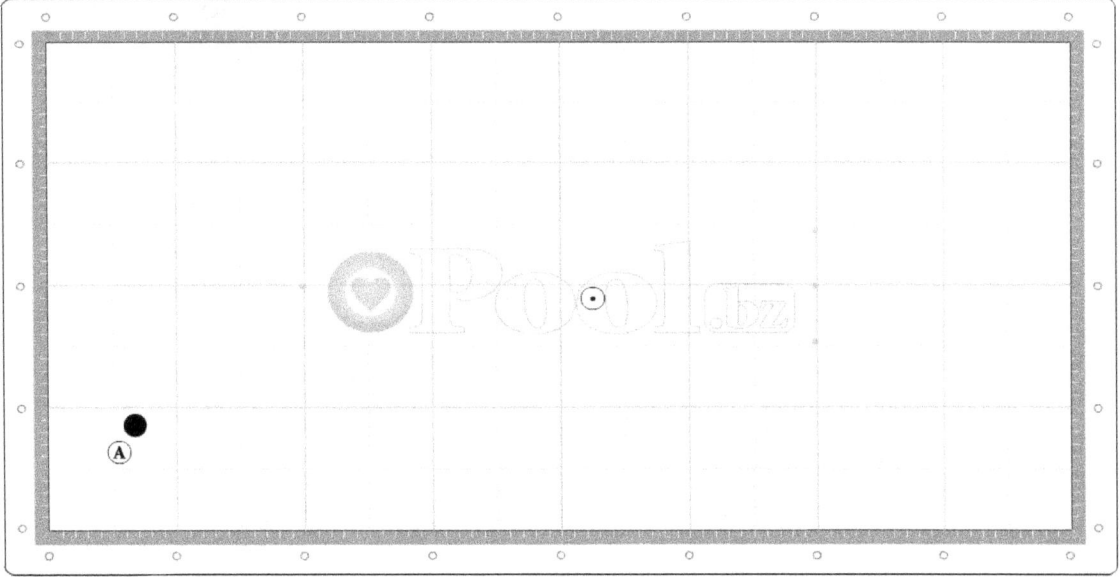

Huomautuksia ja ideoita:

Pallokuviota

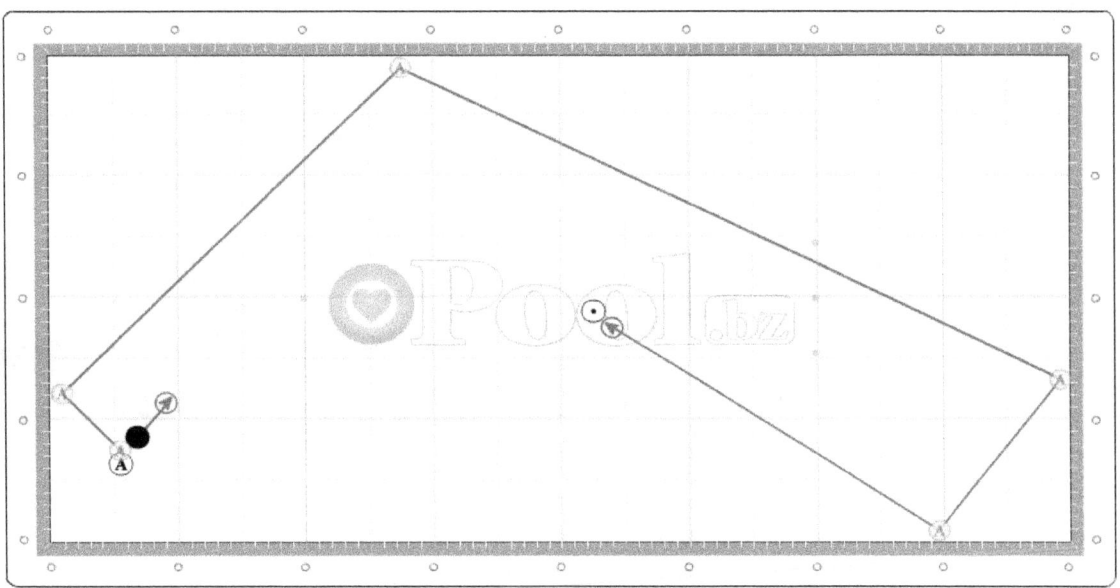

C:2d – Piirustus

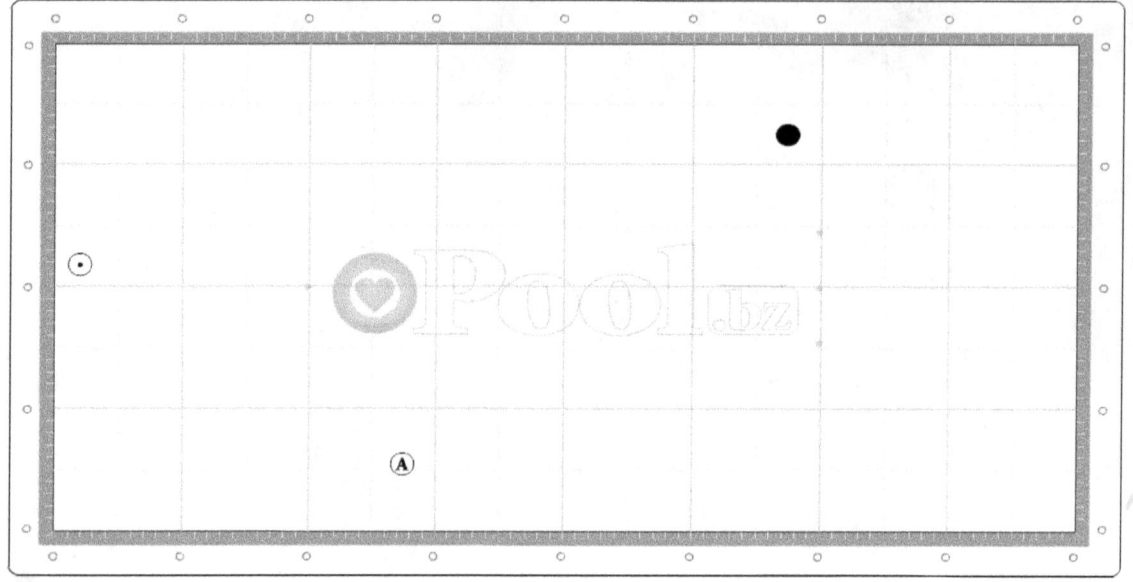

Huomautuksia ja ideoita:

Pallokuviota

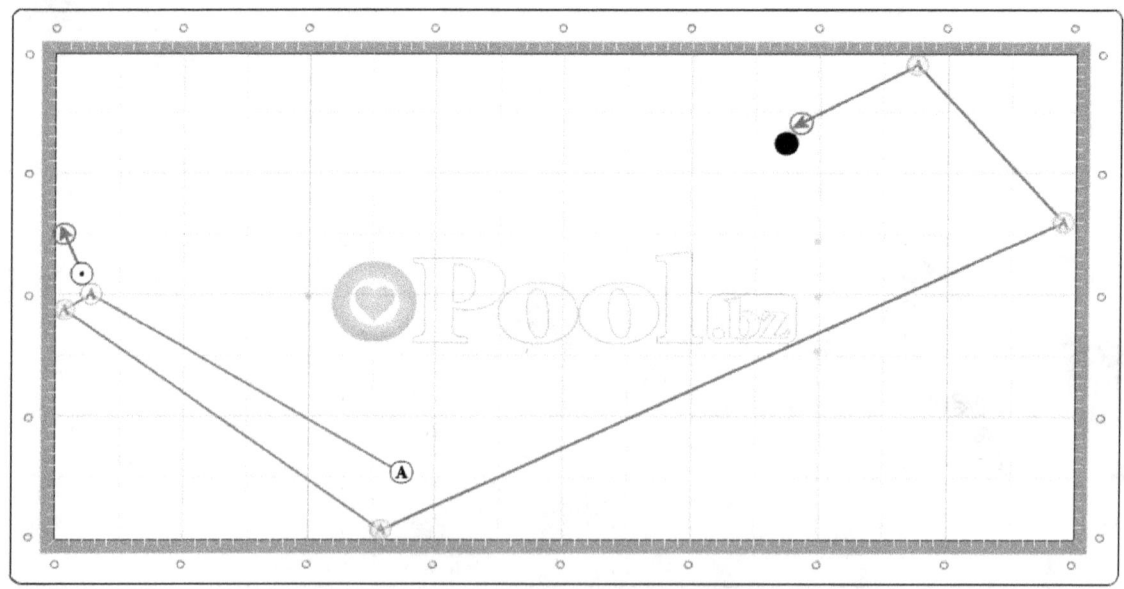

C: Ryhmä 3

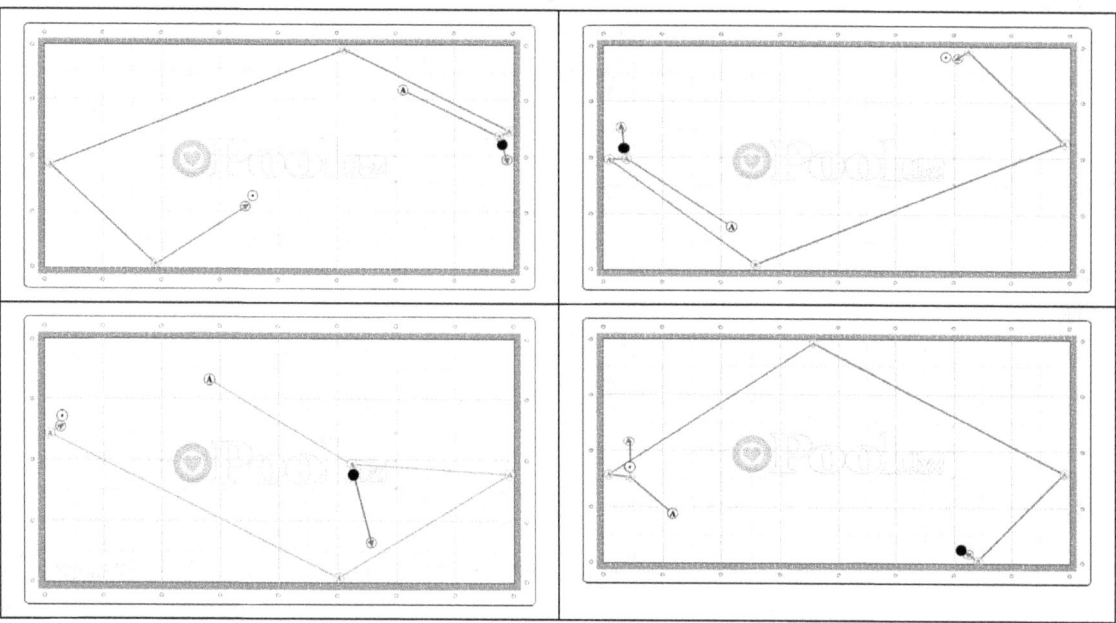

Analyysi:

C:3a. _____

C:3b. _____

C:3c. _____

C:3d. _____

C:3a – Piirustus

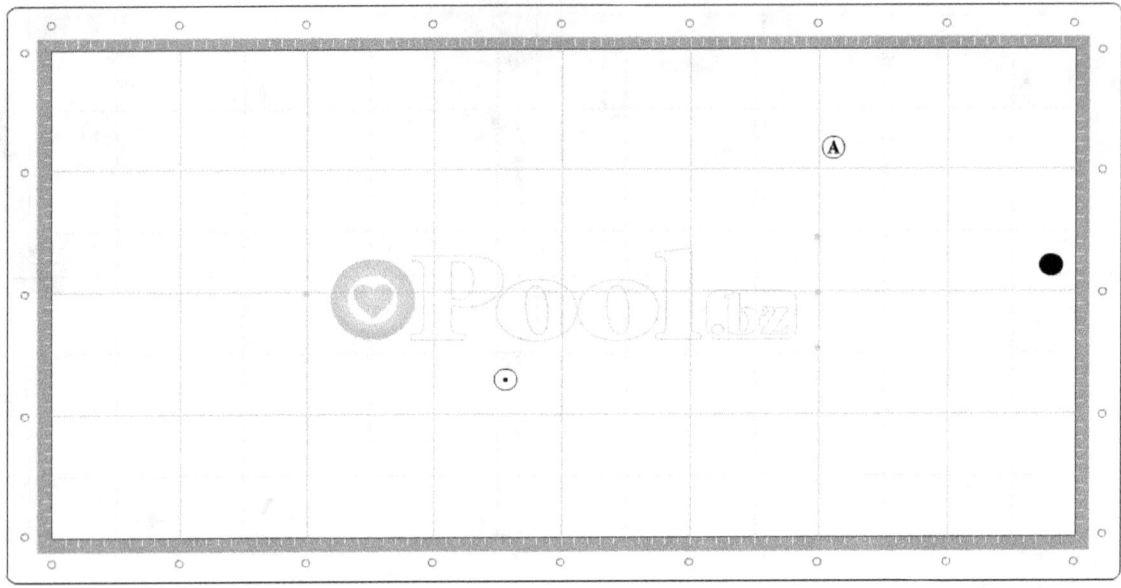

Huomautuksia ja ideoita:

Pallokuviota

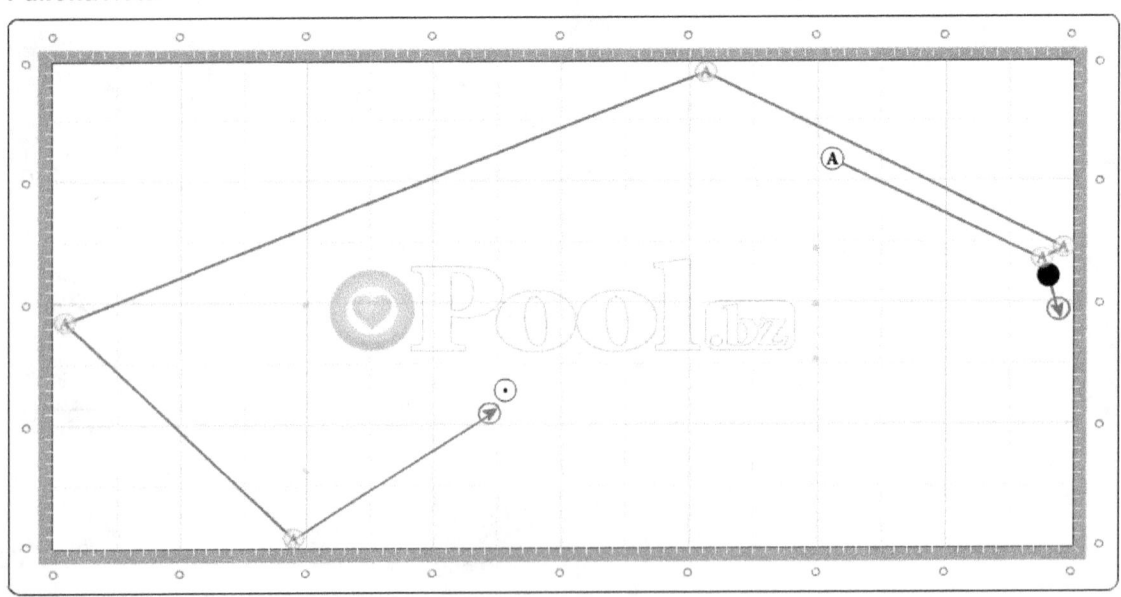

C:3b – Piirustus

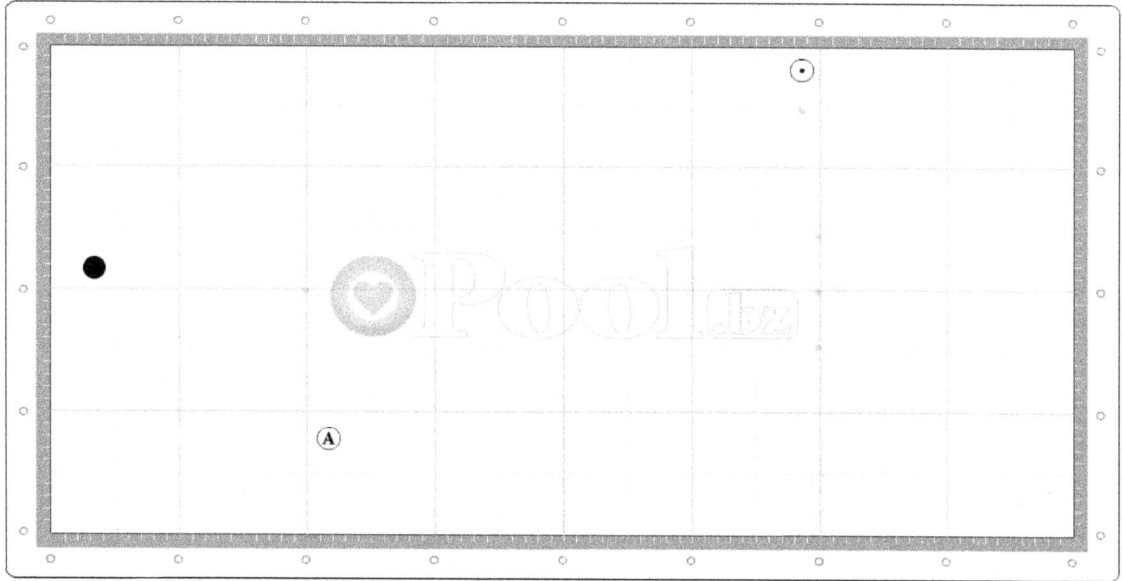

Huomautuksia ja ideoita:

Pallokuviota

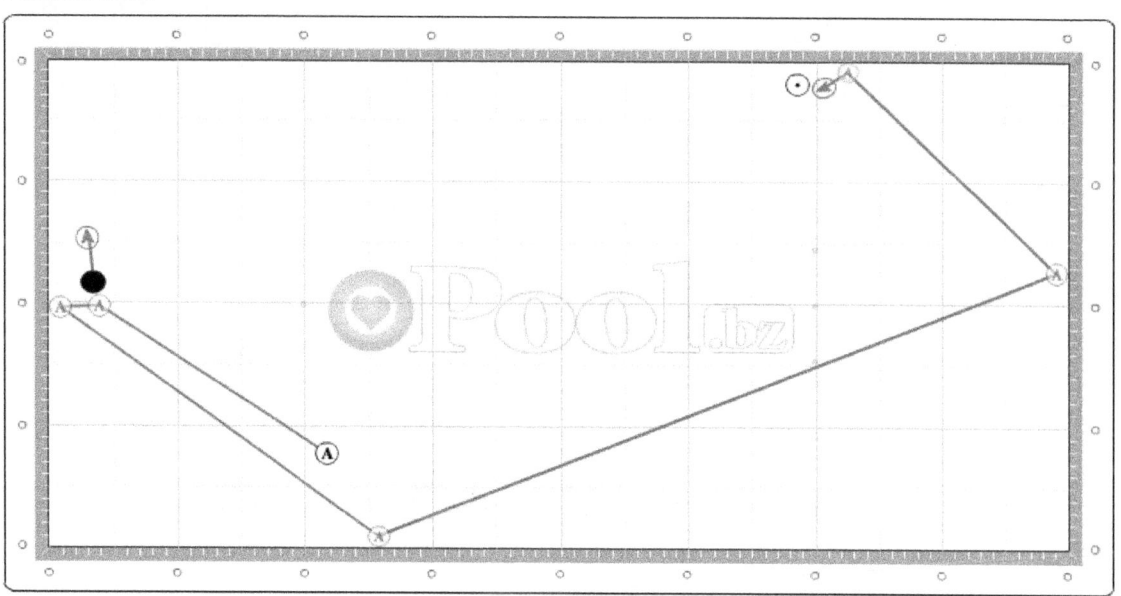

C:3c – Piirustus

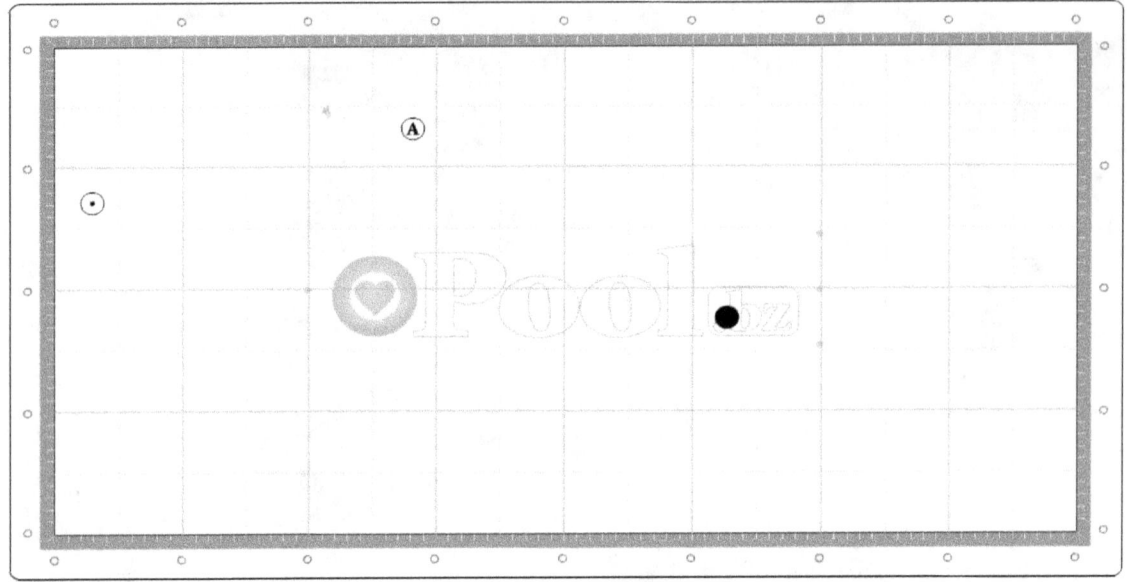

Huomautuksia ja ideoita:

Pallokuviota

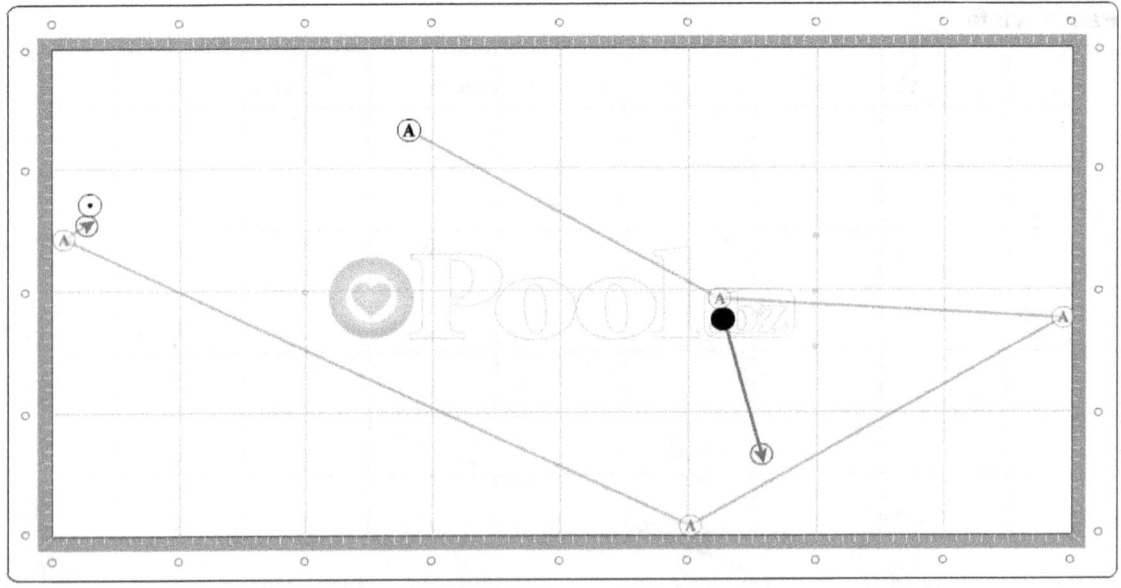

C:3d – Piirustus

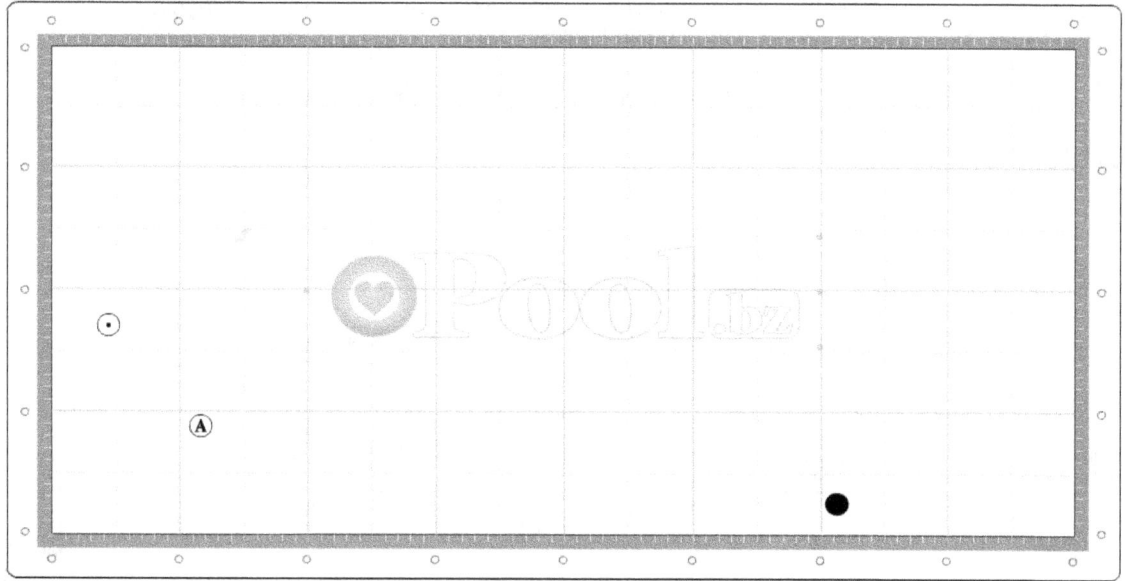

Huomautuksia ja ideoita:

Pallokuviota

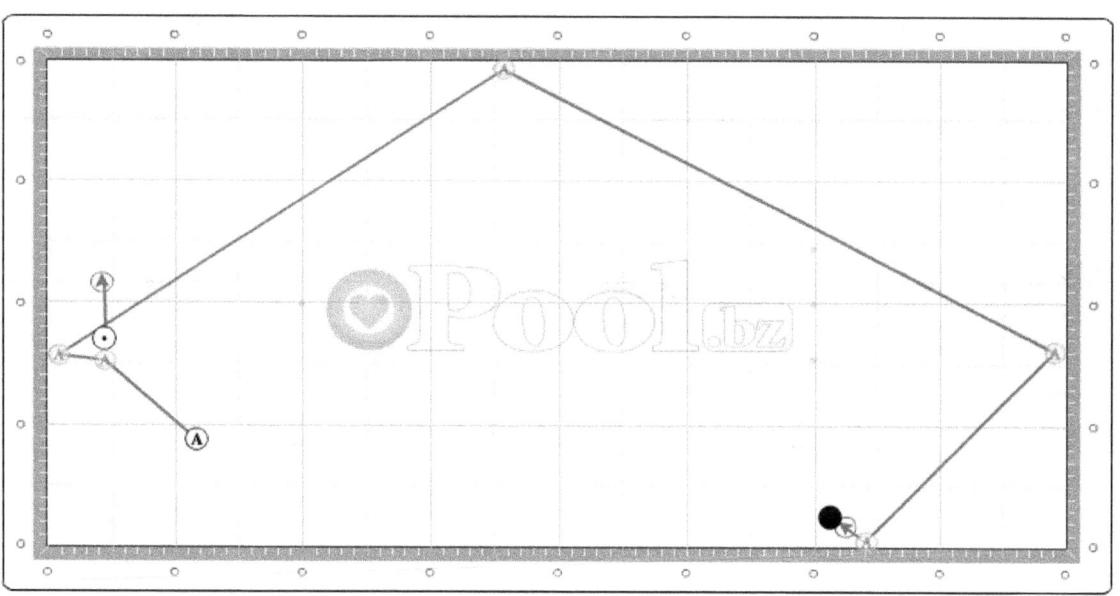

D: Perussulun paluu (pitkä vallin)

(CB) poistuu ensimmäisestä (OB) ja kulkee nurkkaan. Se tulee ulos kulmasta lyhyestä vallin.
(CB) menee sitten vastakkaisen pitkän vallin keskelle. Sieltä (CB) koskettaa toista (OB).

Ⓐ (CB) (sinun biljardipallo) – ⊙ (OB) (vastustaja biljardipallo) – ● (OB) (punainen biljardipallo)

D: Ryhmä 1

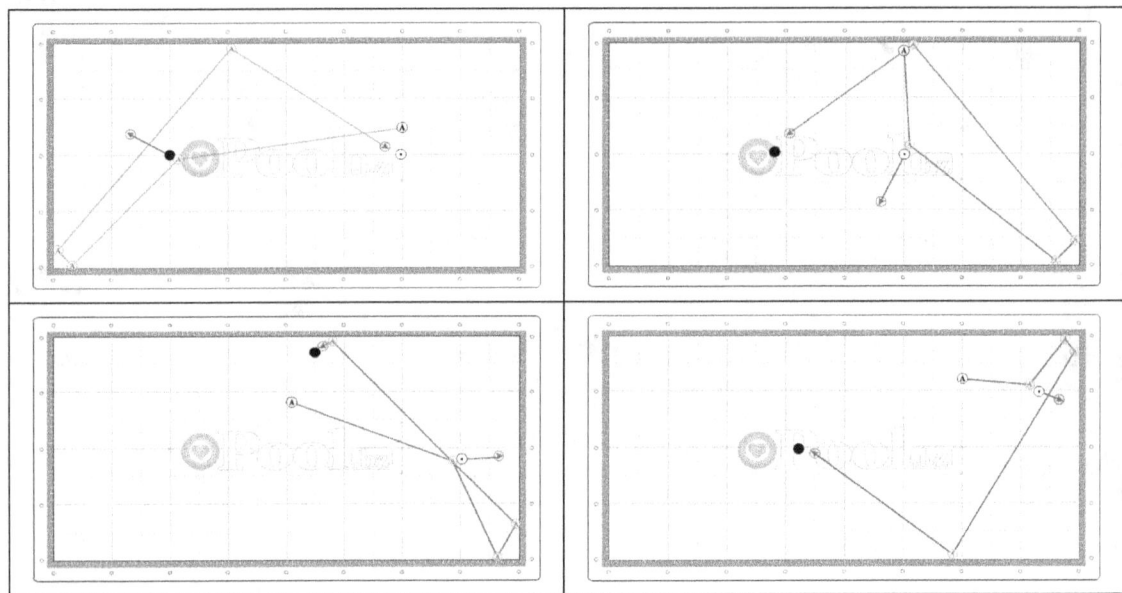

Analyysi:

D:1a. _____

D:1b. _____

D:1c. _____

D:1d. _____

D:1a – Piirustus

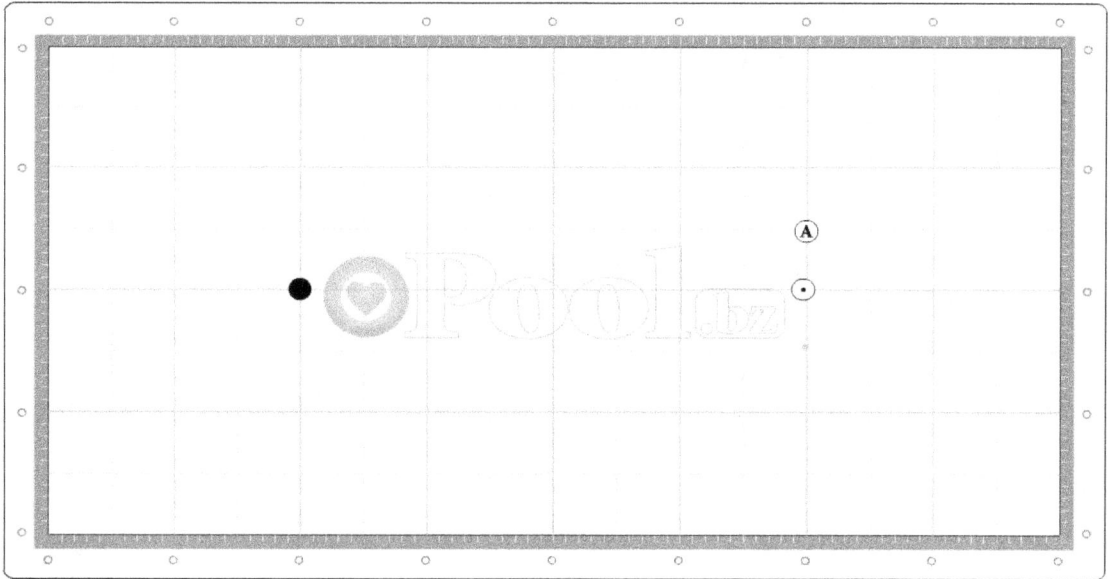

Huomautuksia ja ideoita:

Pallokuviota

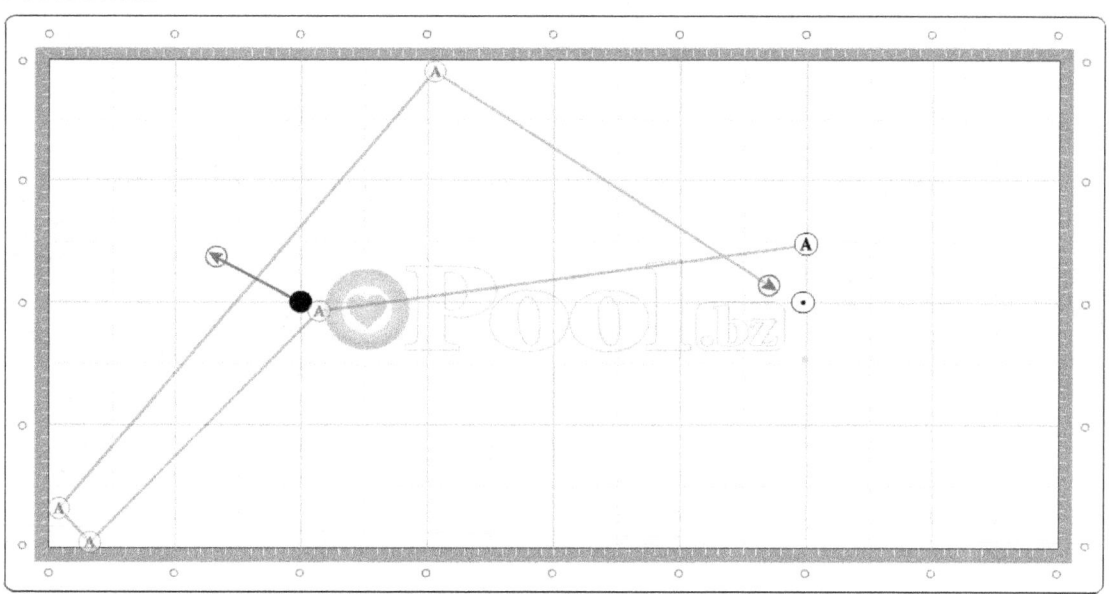

D:1b – Piirustus

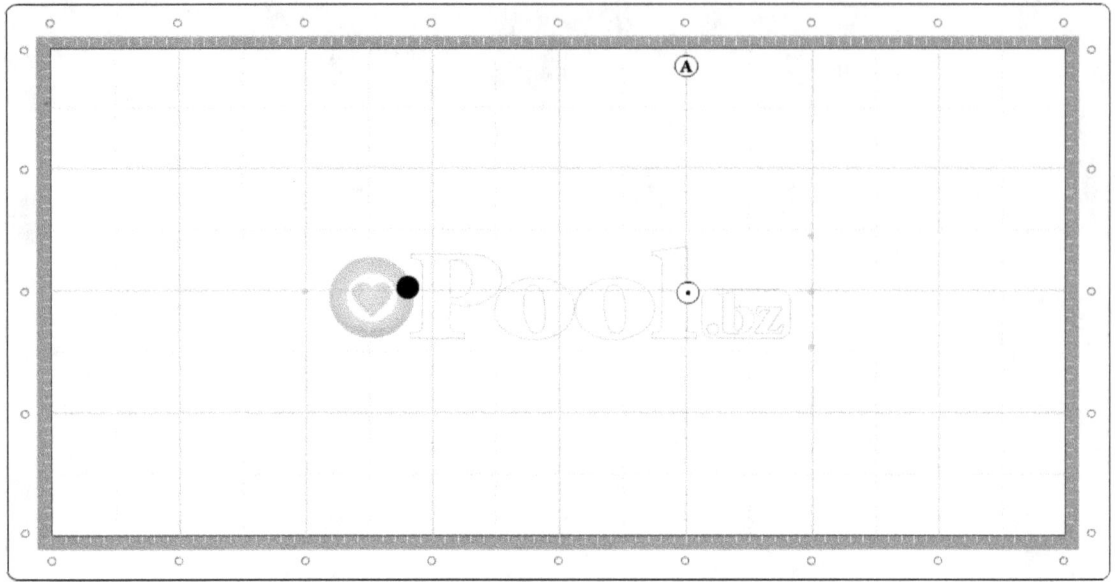

Huomautuksia ja ideoita:

Pallokuviota

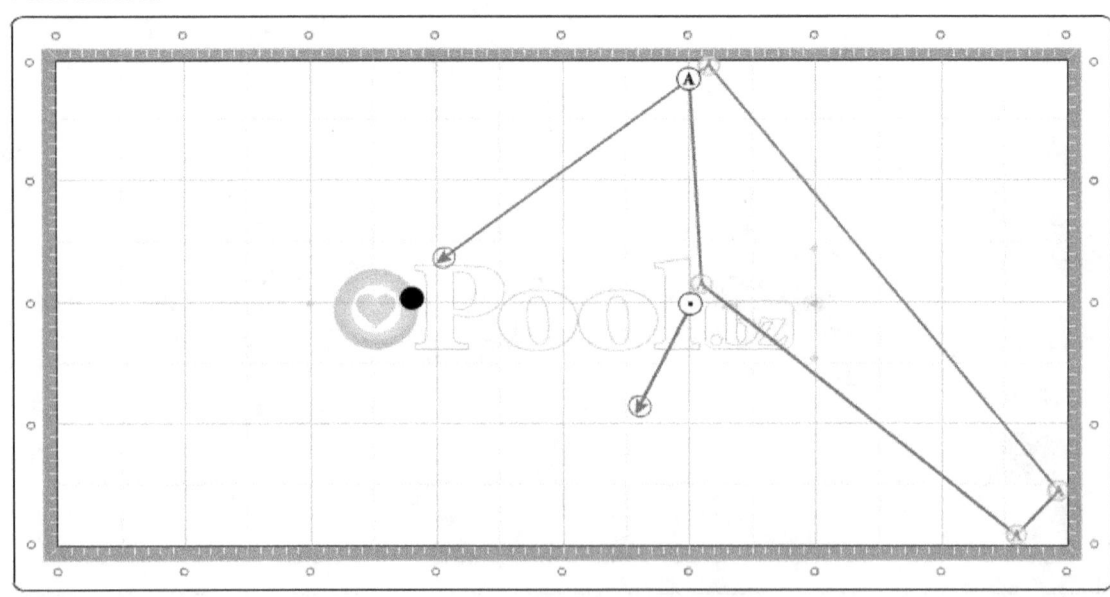

D:1c – Piirustus

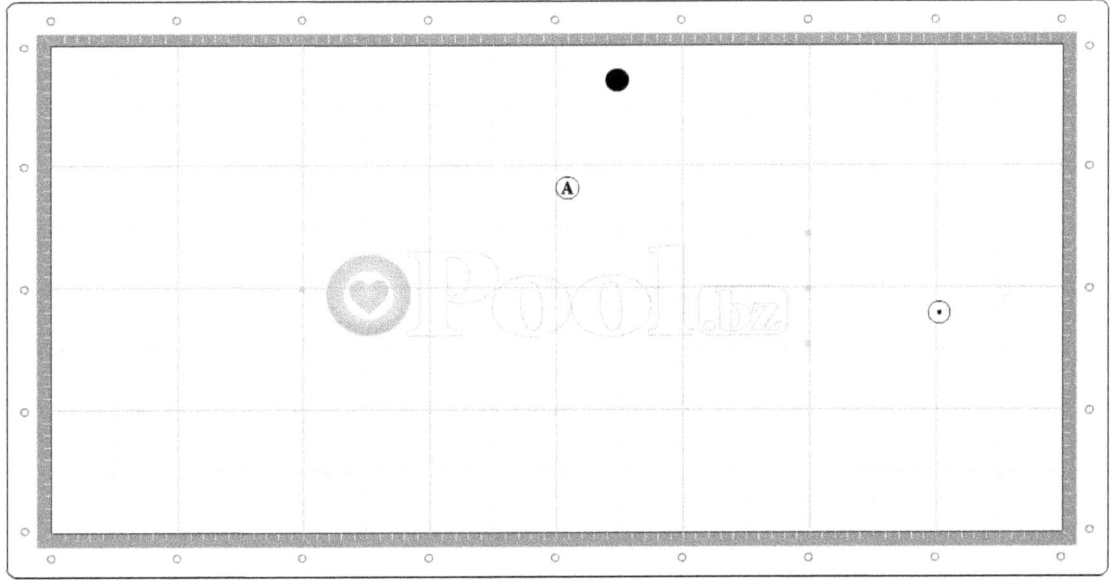

Huomautuksia ja ideoita:

Pallokuviota

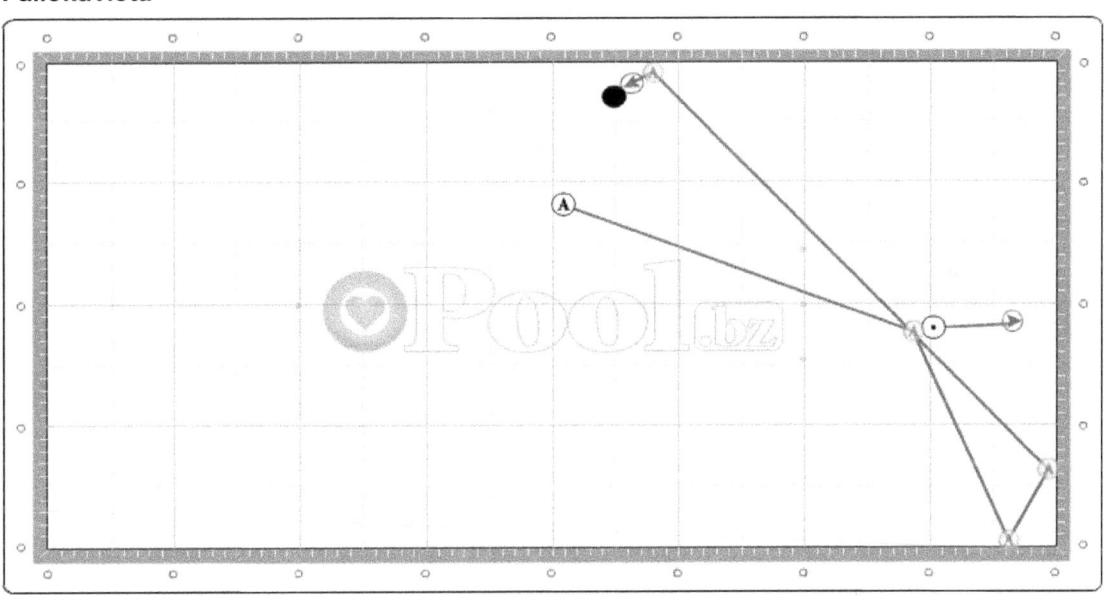

D:1d – Piirustus

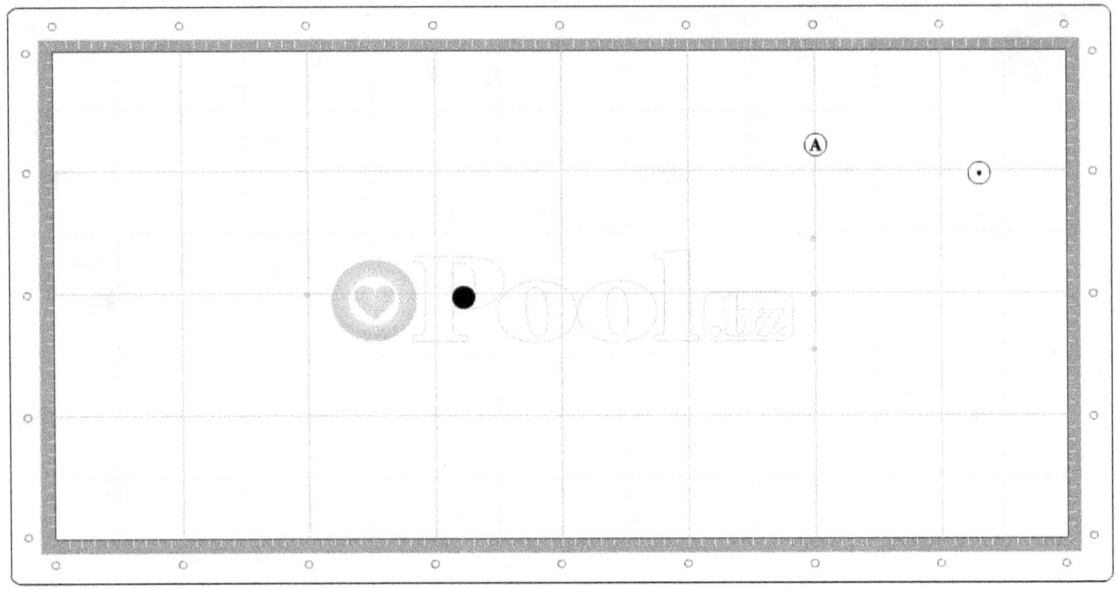

Huomautuksia ja ideoita:

Pallokuviota

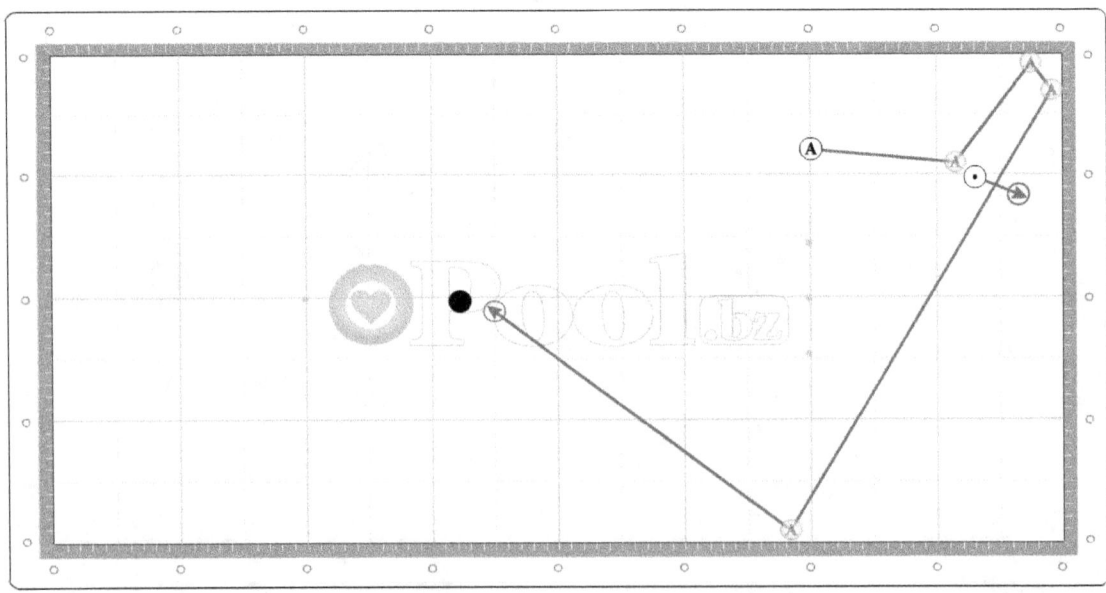

D: Ryhmä 2

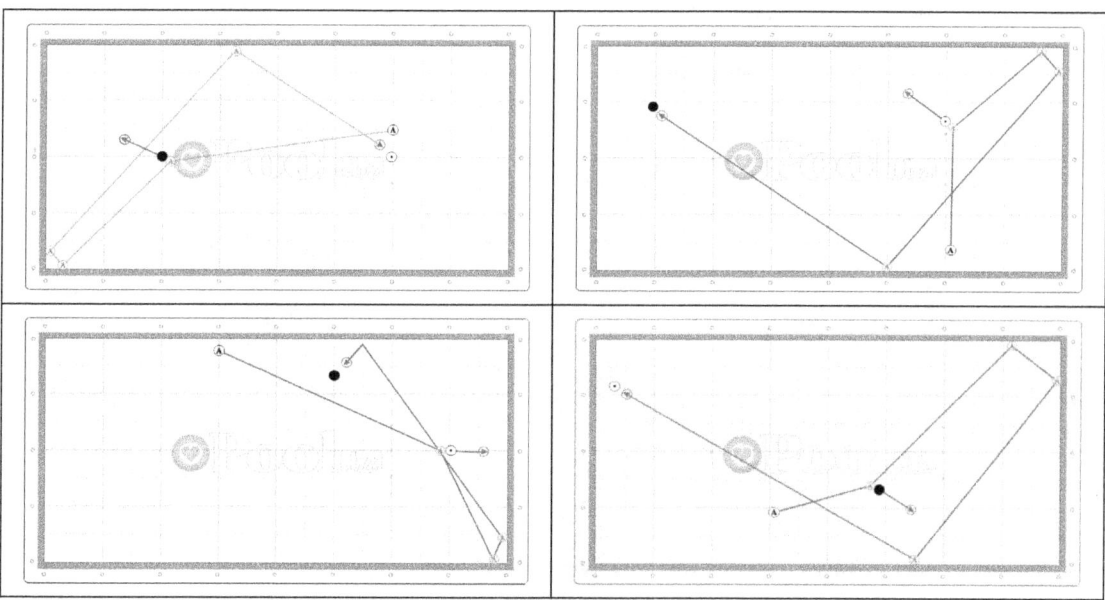

Analyysi:

D:2a. _____

D:2b. _____

D:2c. _____

D:2d. _____

D:2a – Piirustus

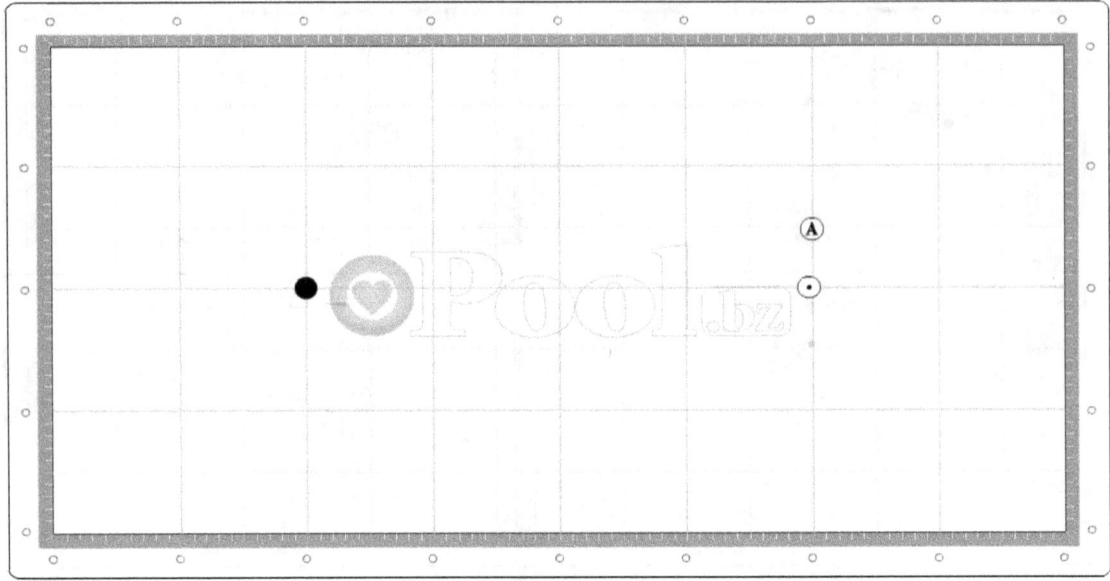

Huomautuksia ja ideoita:

Pallokuviota

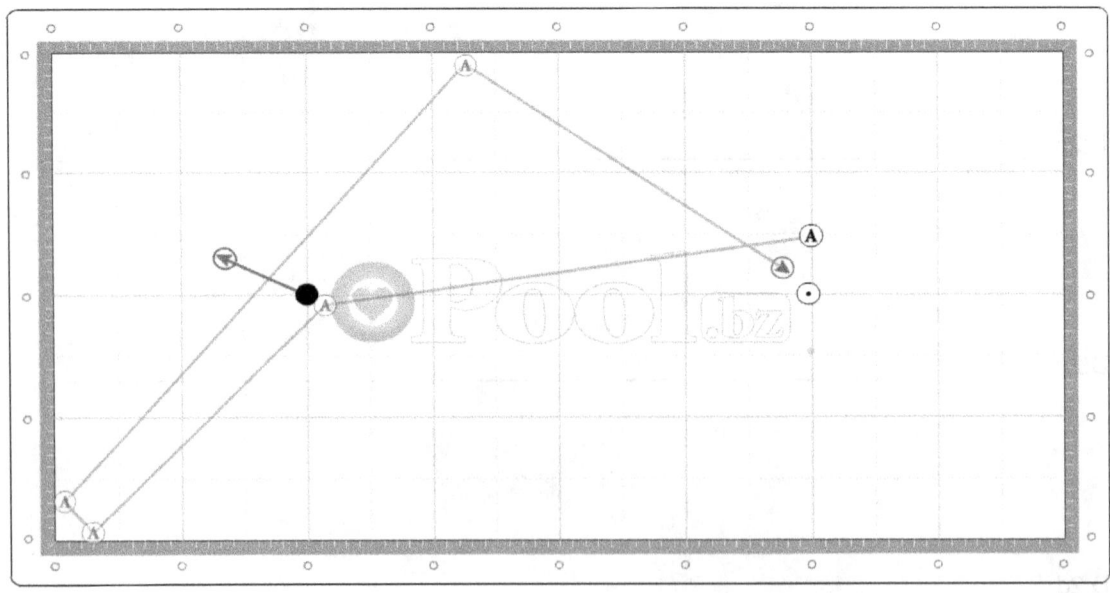

D:2b – Piirustus

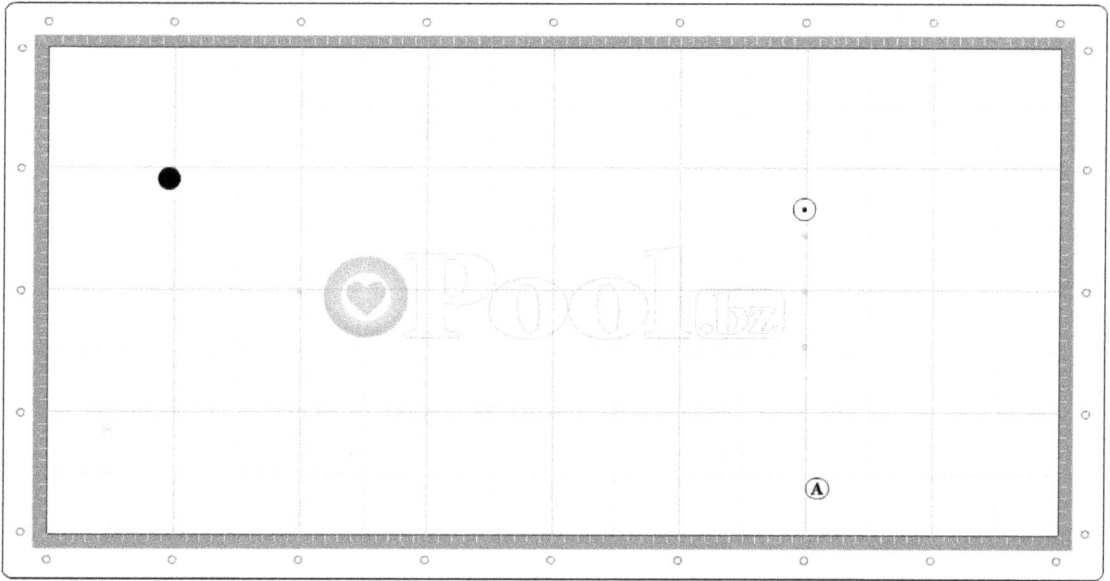

Huomautuksia ja ideoita:

Pallokuviota

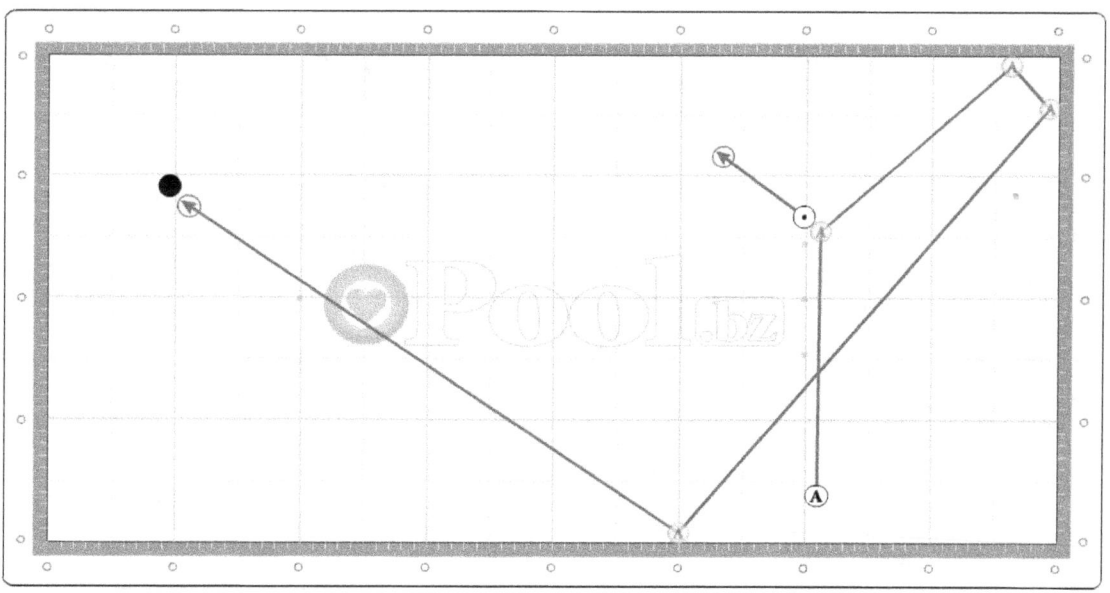

D:2c – Piirustus

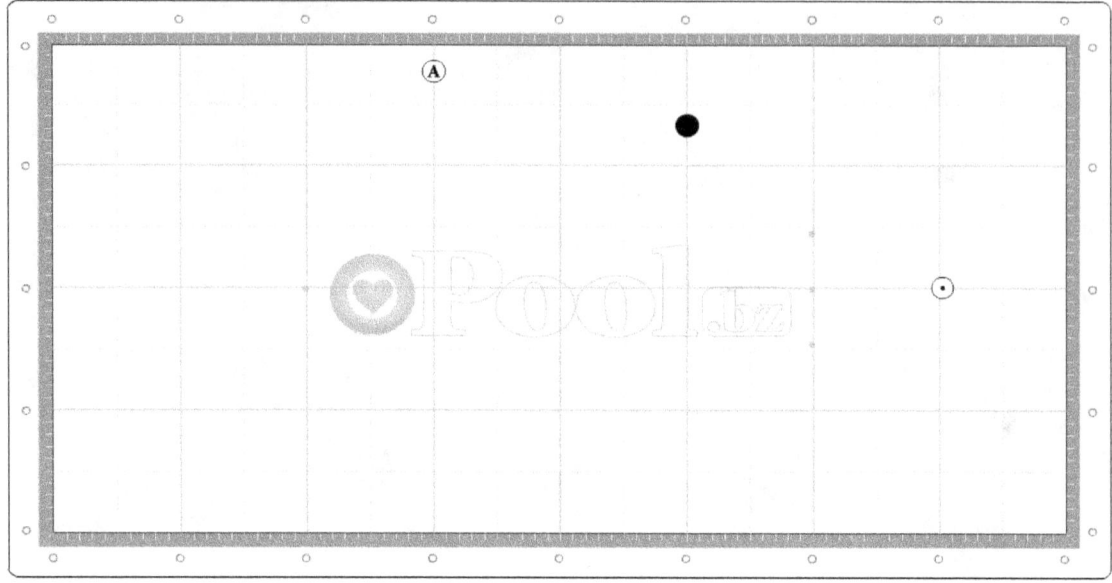

Huomautuksia ja ideoita:

Pallokuviota

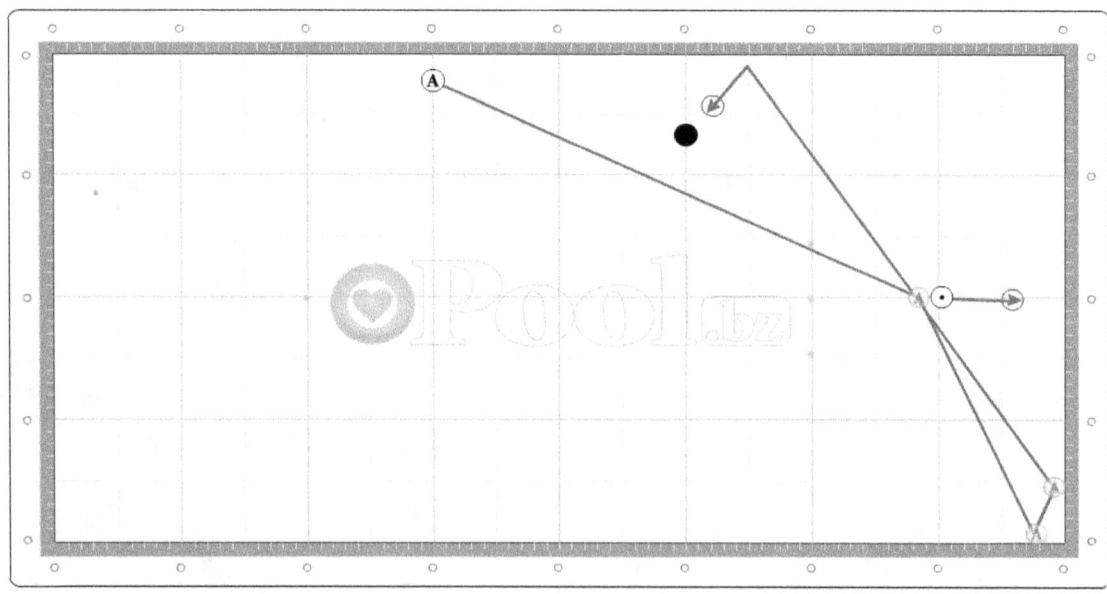

D:2d – Piirustus

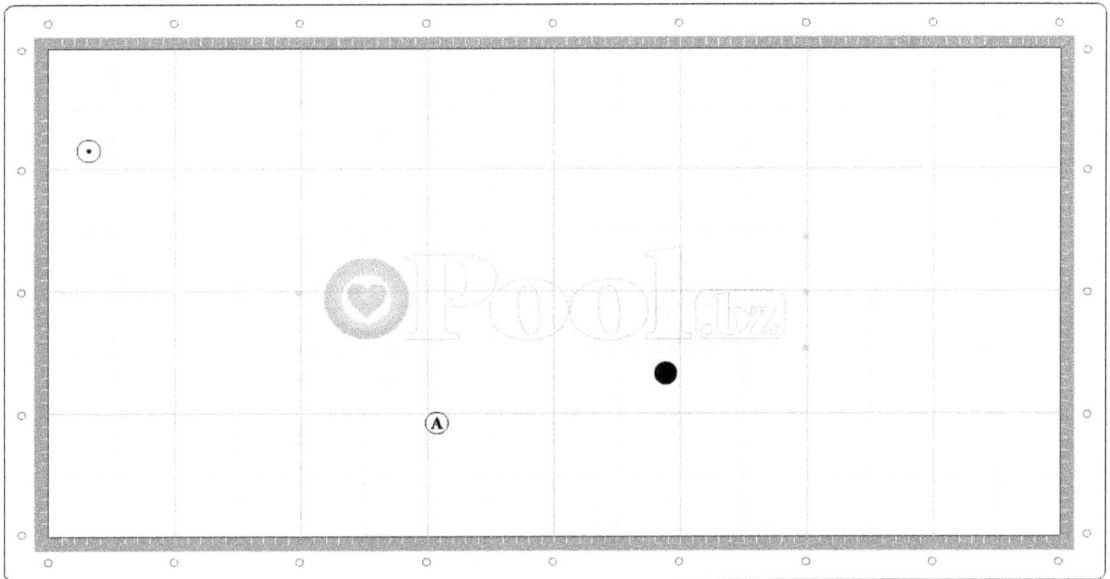

Huomautuksia ja ideoita:

Pallokuviota

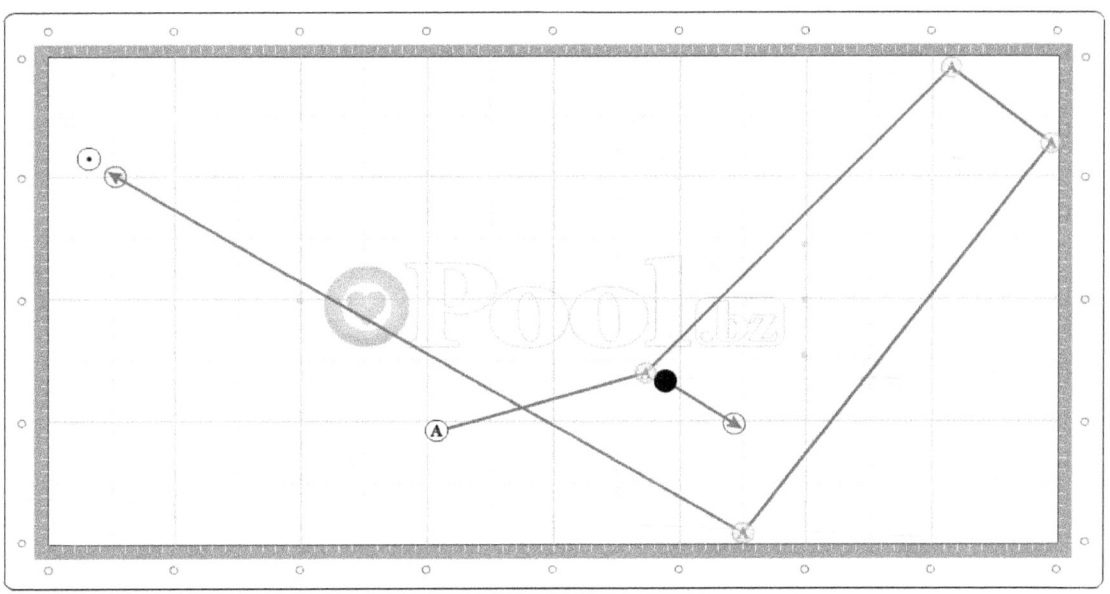

D: Ryhmä 3

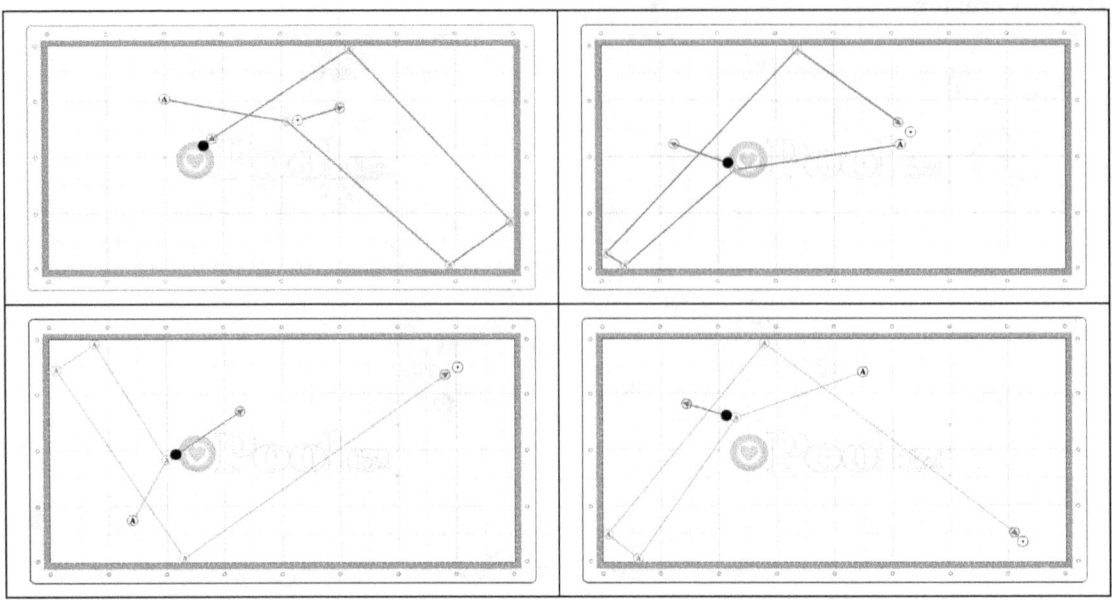

Analyysi:

D:3a. _____

D:3b. _____

D:3c. _____

D:3d. _____

D:3a – Piirustus

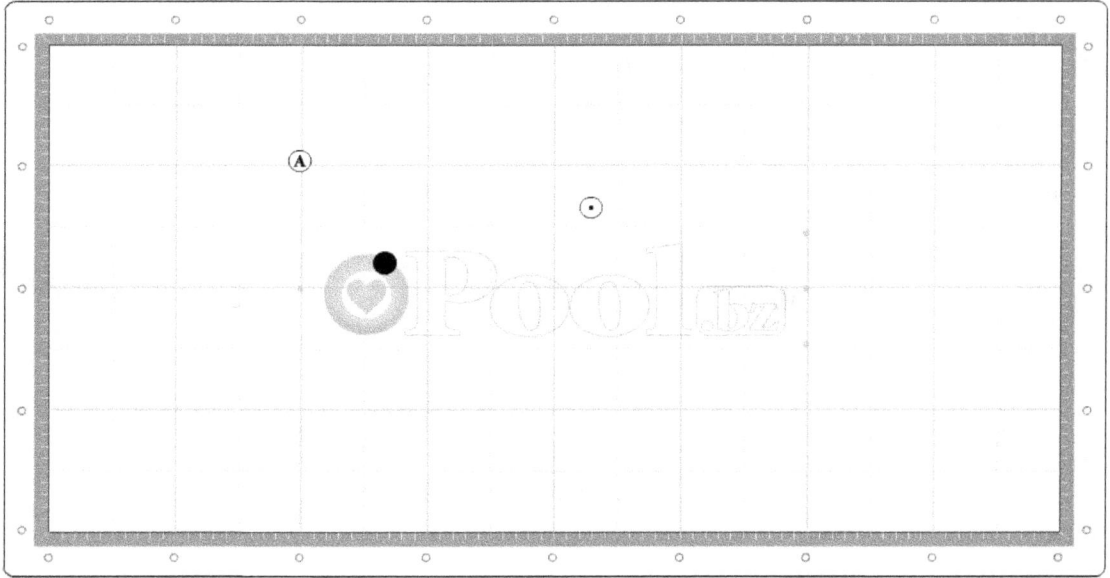

Huomautuksia ja ideoita:

Pallokuviota

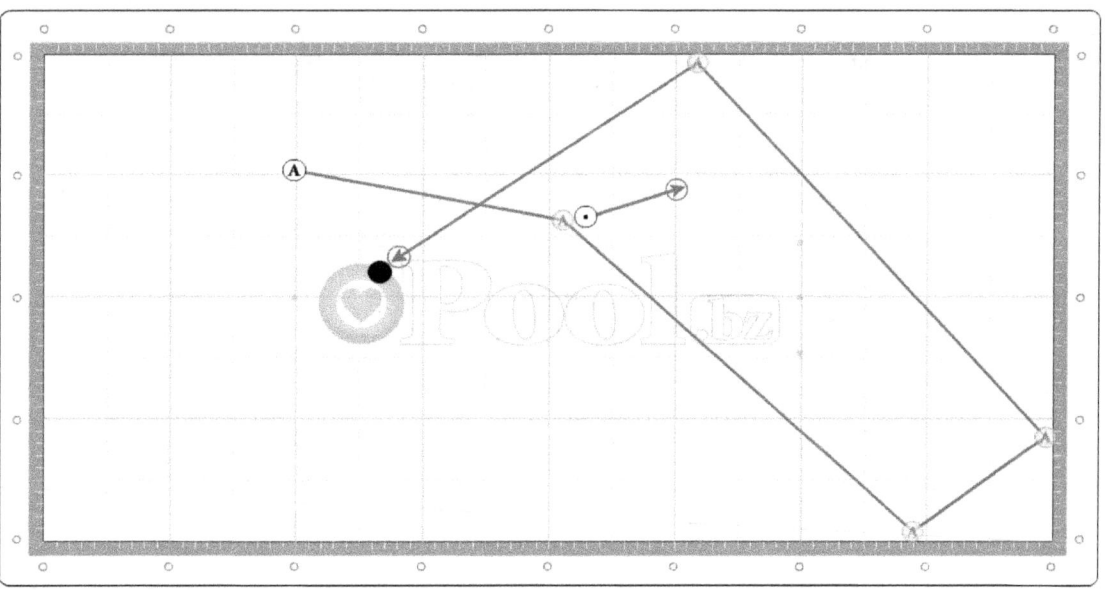

D:3b – Piirustus

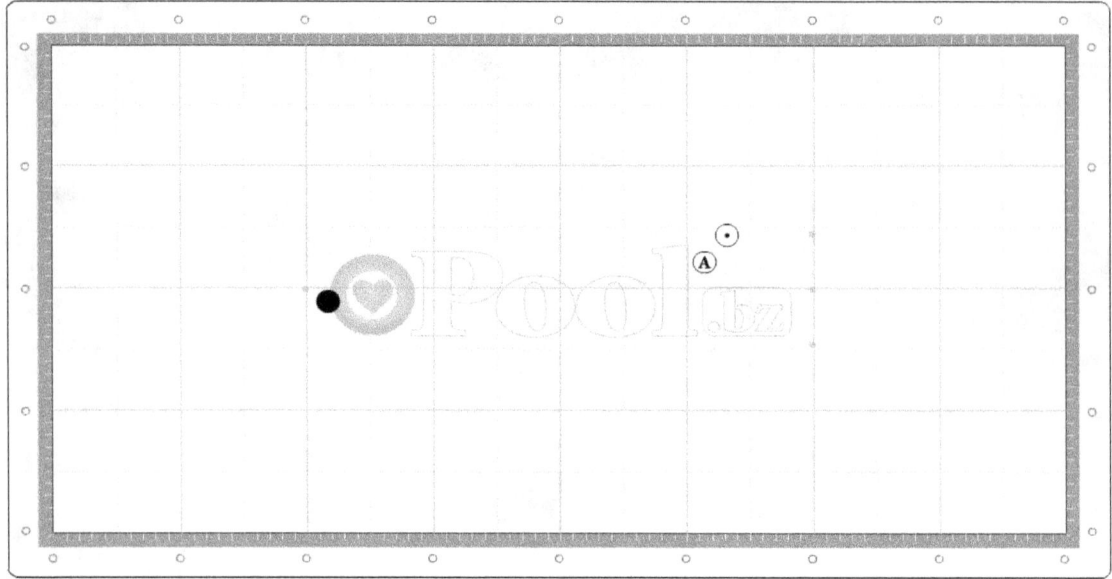

Huomautuksia ja ideoita:

Pallokuviota

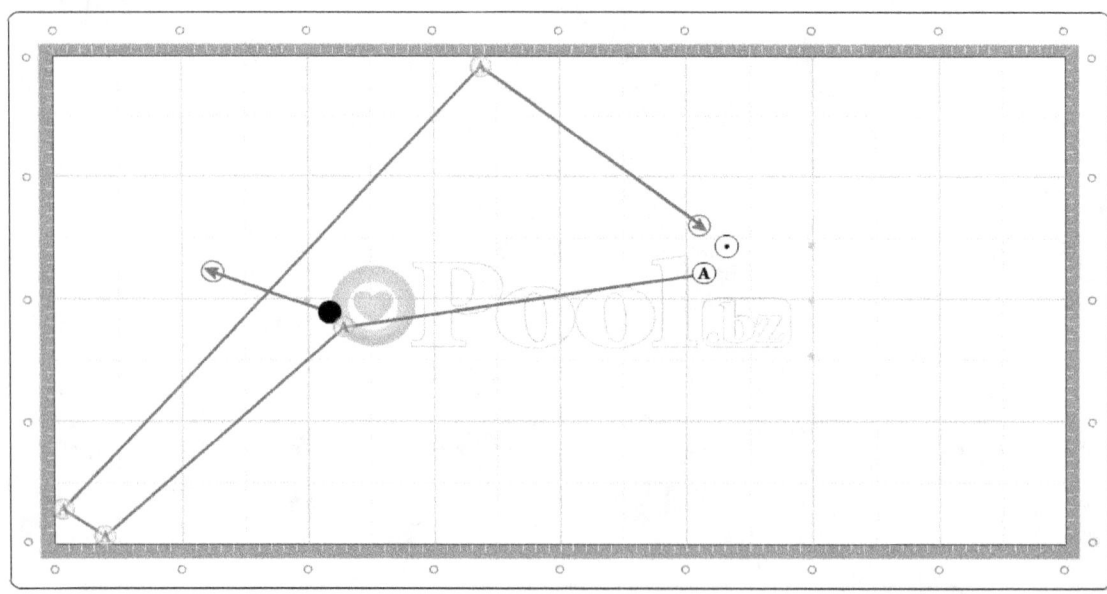

D:3c – Piirustus

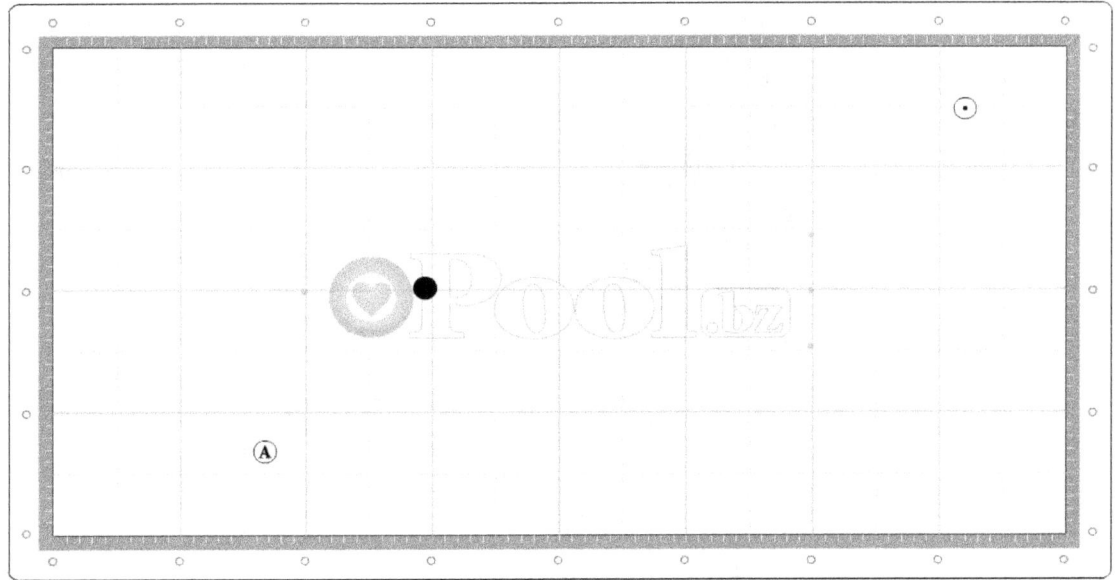

Huomautuksia ja ideoita:

Pallokuviota

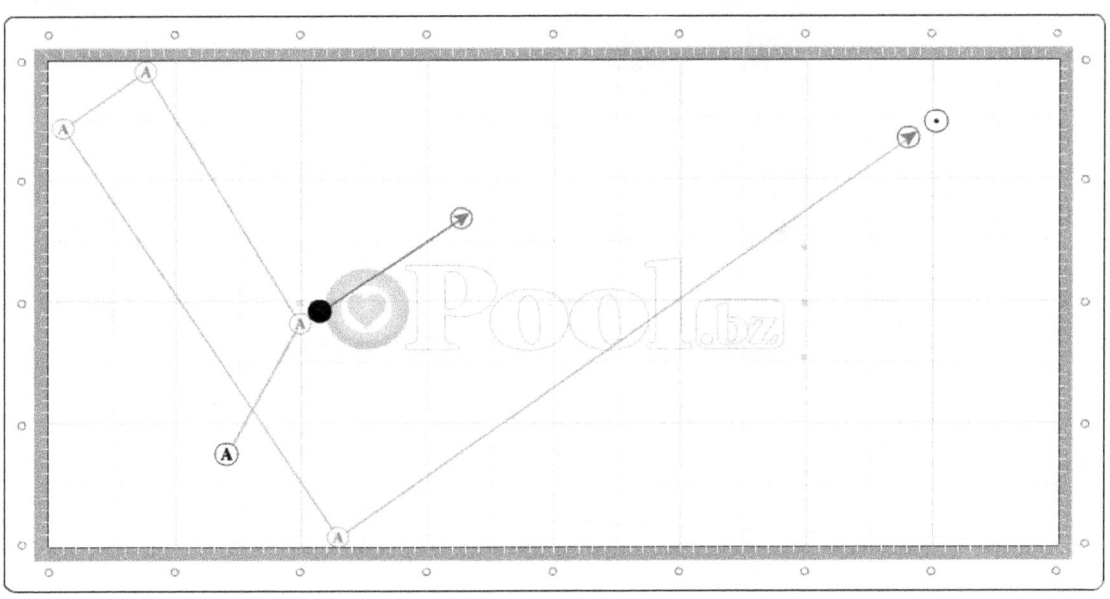

D:3d – Piirustus

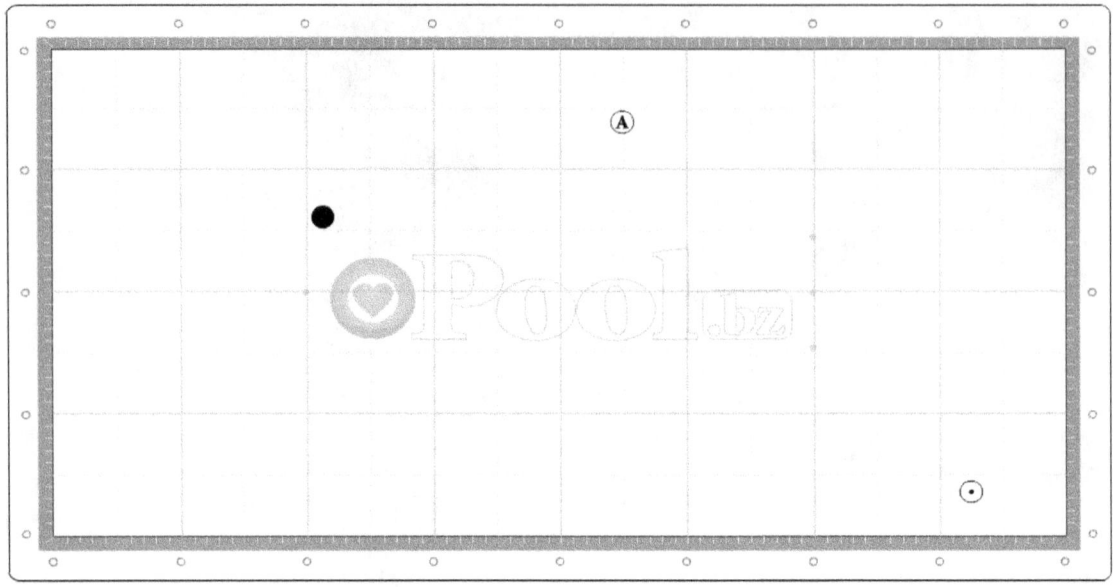

Huomautuksia ja ideoita:

Pallokuviota

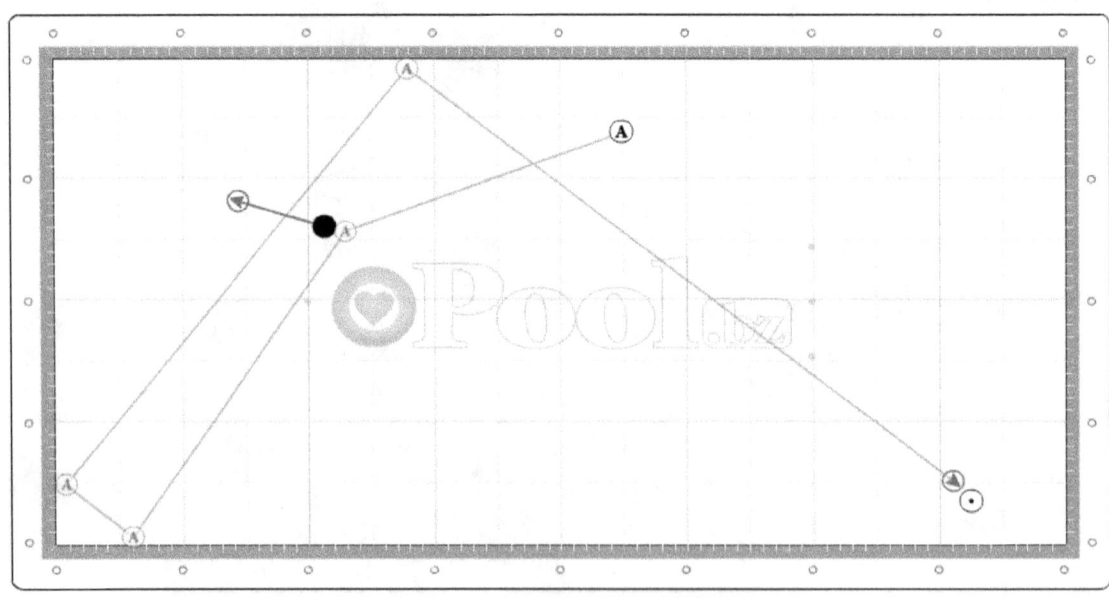

D: Ryhmä 4

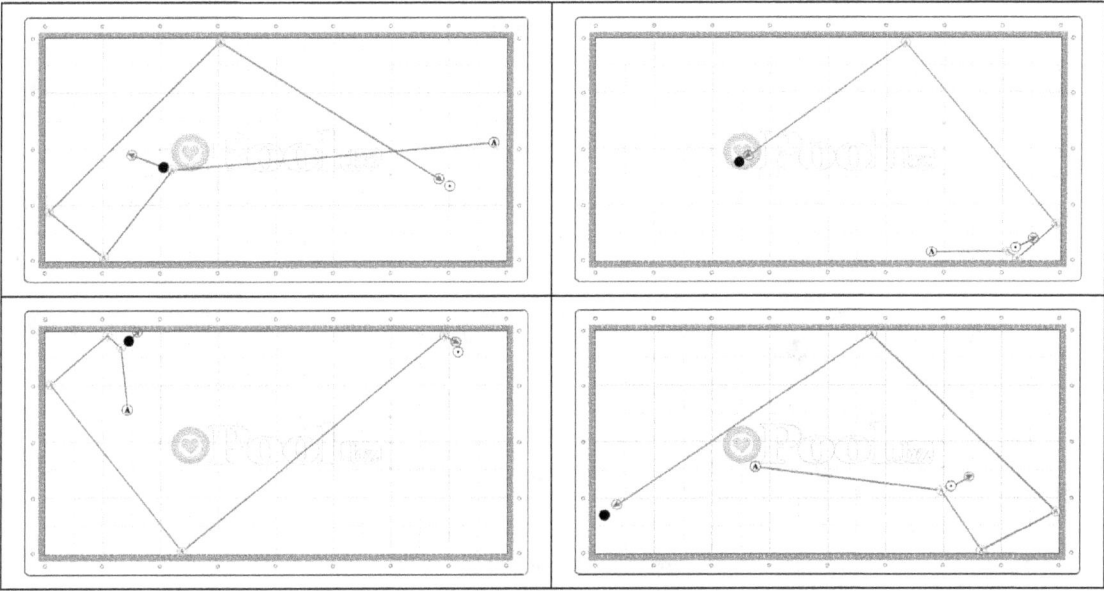

Analyysi:

D:4a. _____

D:4b. _____

D:4c. _____

D:4d. _____

D:4a – Piirustus

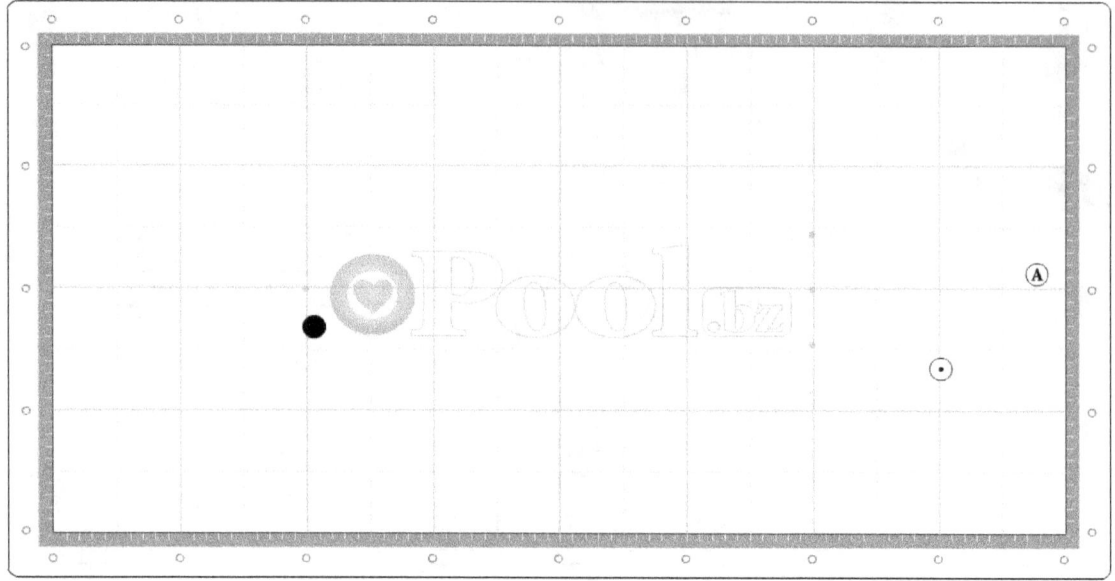

Huomautuksia ja ideoita:

Pallokuviota

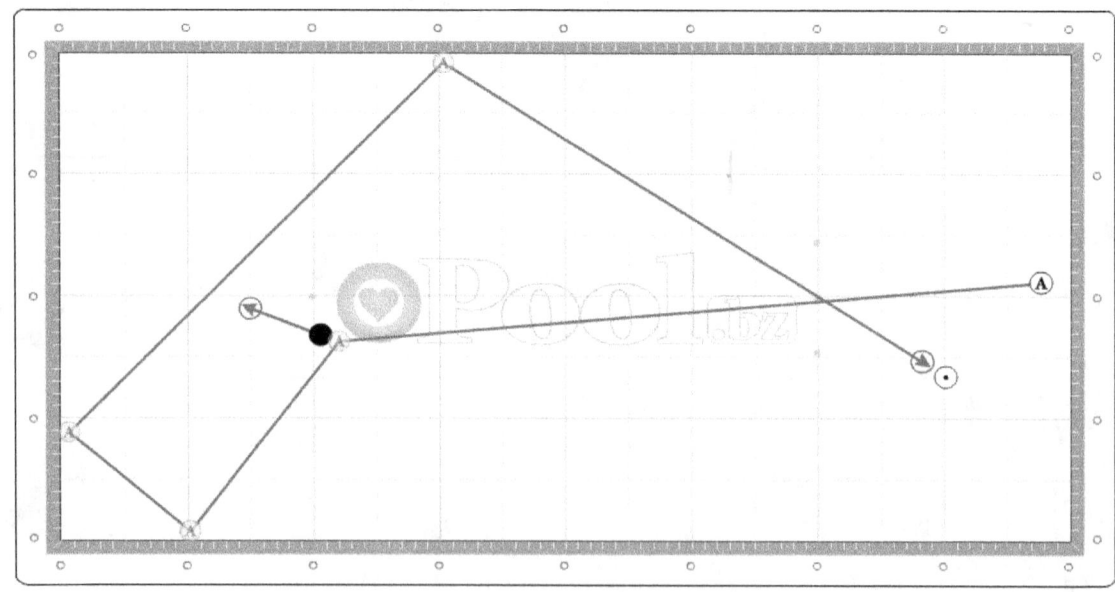

D:4b – Piirustus

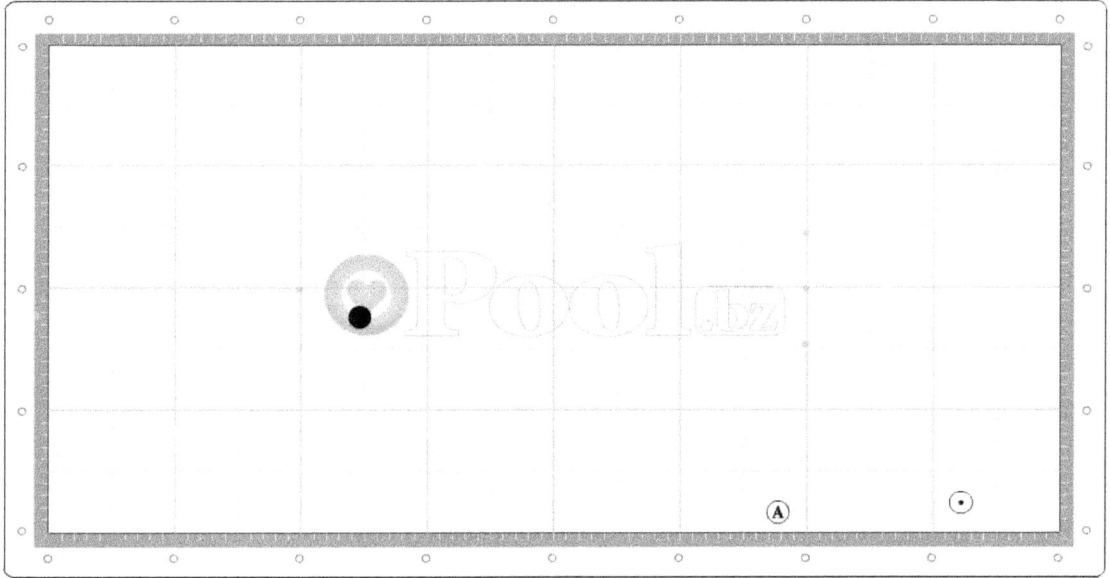

Huomautuksia ja ideoita:

Pallokuviota

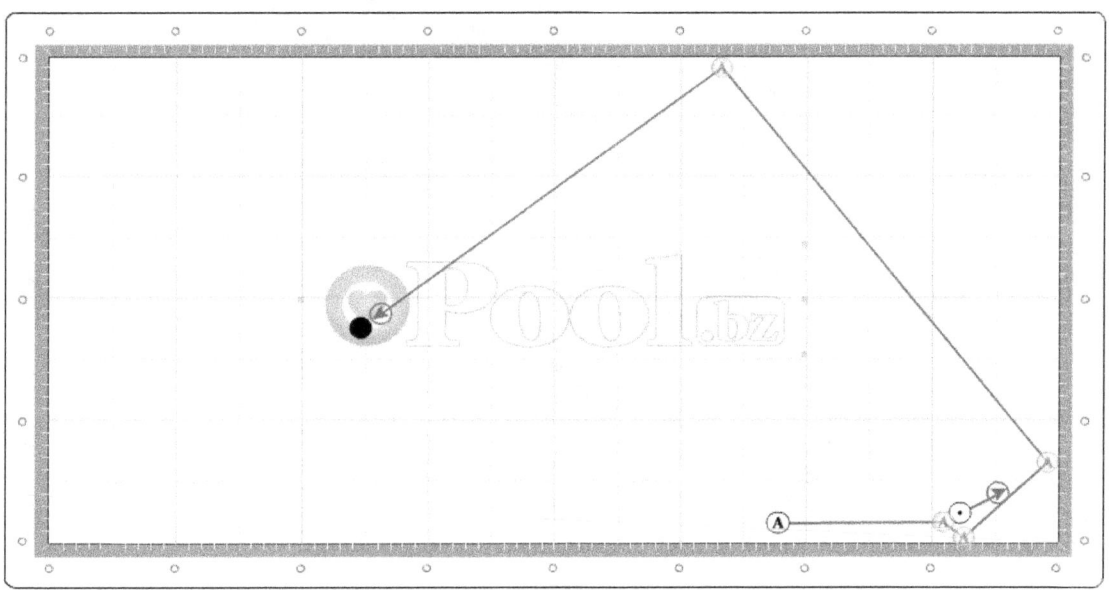

D:4c – Piirustus

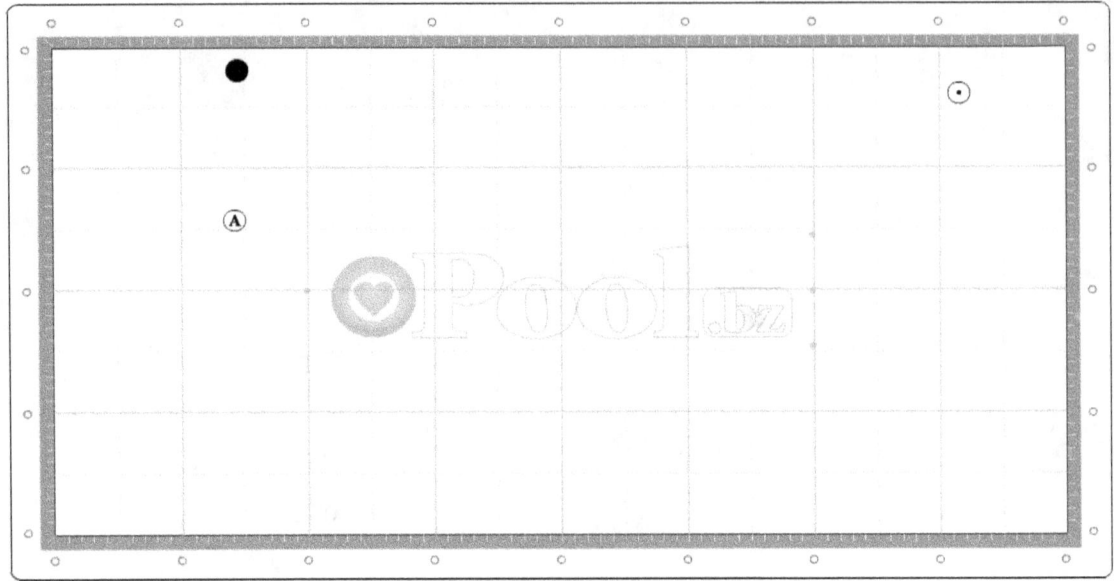

Huomautuksia ja ideoita:

Pallokuviota

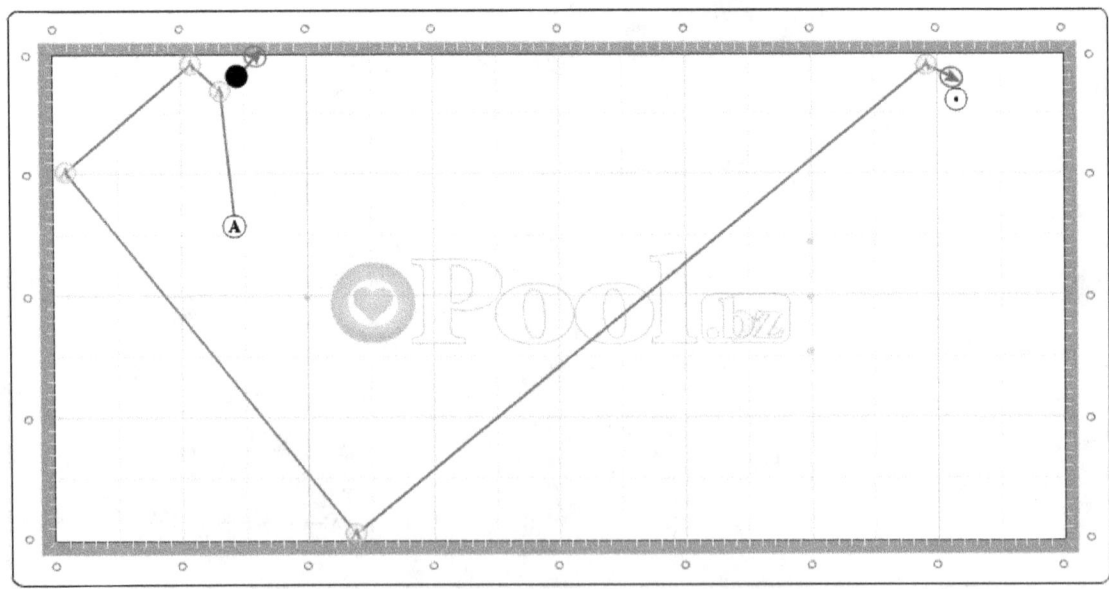

D:4d – Piirustus

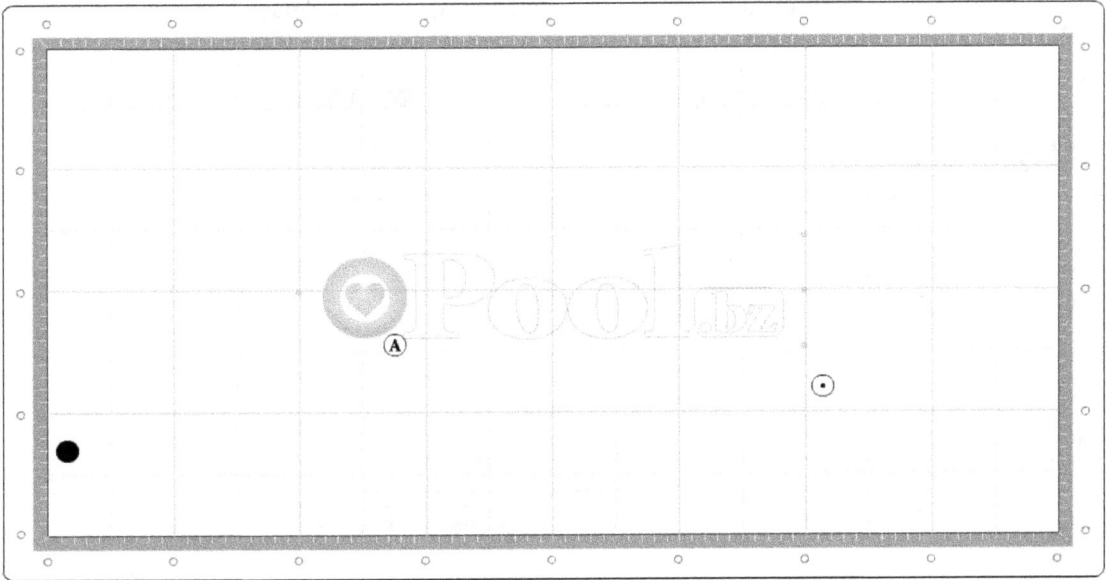

Huomautuksia ja ideoita:

Pallokuviota

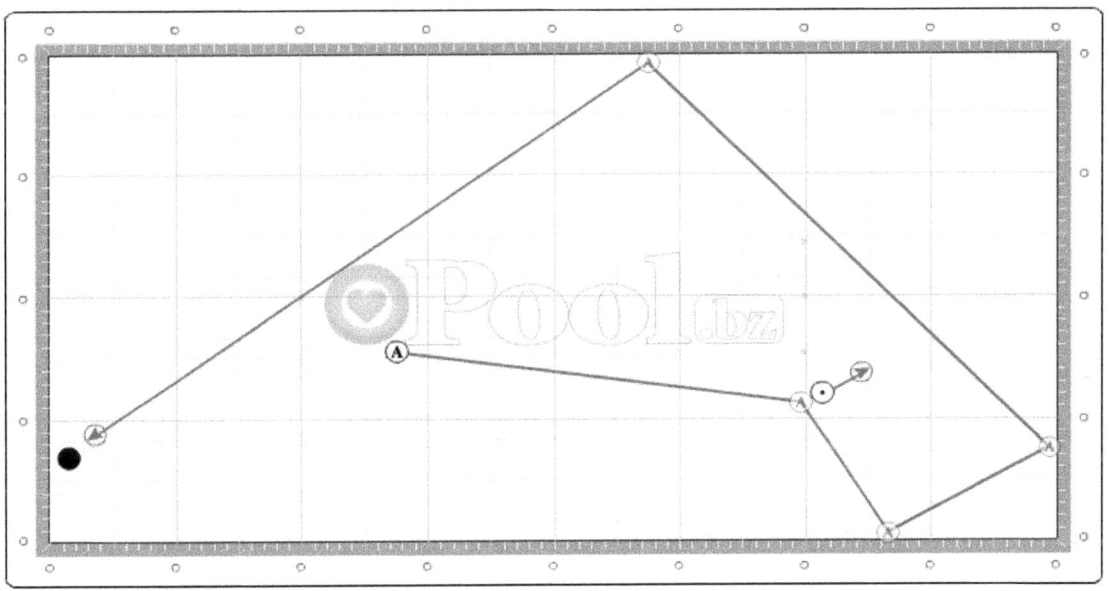

E: Laajennettu kulma paluu (pitkä vallin)

(CB) kulkee pitkän matkan ensimmäiseen (OB). Sitten (CB) menee kulmaan, pitkä vallin ensin.
(CB) ylittää pöydän keskelle pitkän vallin. Lopuksi (CB) koskettaa toista (OB).

Ⓐ (CB) (sinun biljardipallo) – ⊙ (OB) (vastustaja biljardipallo) – ● (OB) (punainen biljardipallo)

E: Ryhmä 1

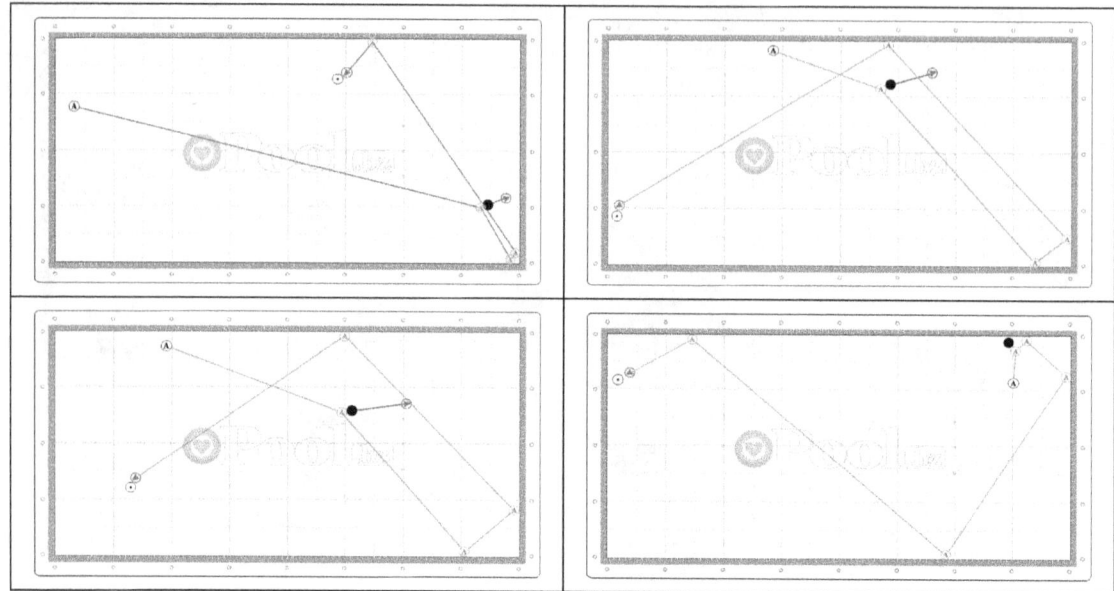

Analyysi:

E:1a. _____

E:1b. _____

E:1c. _____

E:1d. _____

E:1a – Piirustus

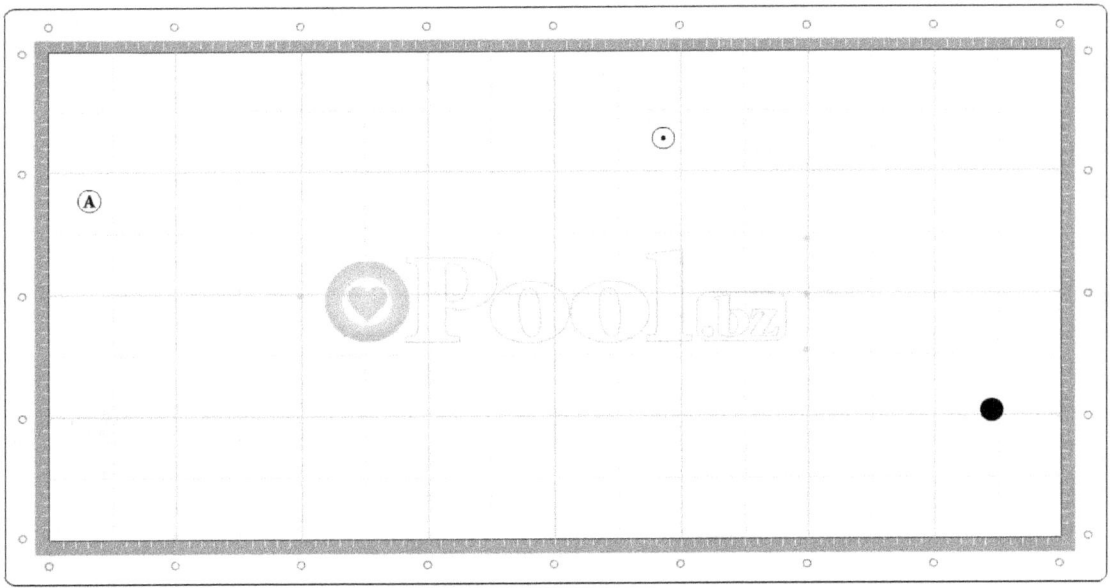

Huomautuksia ja ideoita:

Pallokuviota

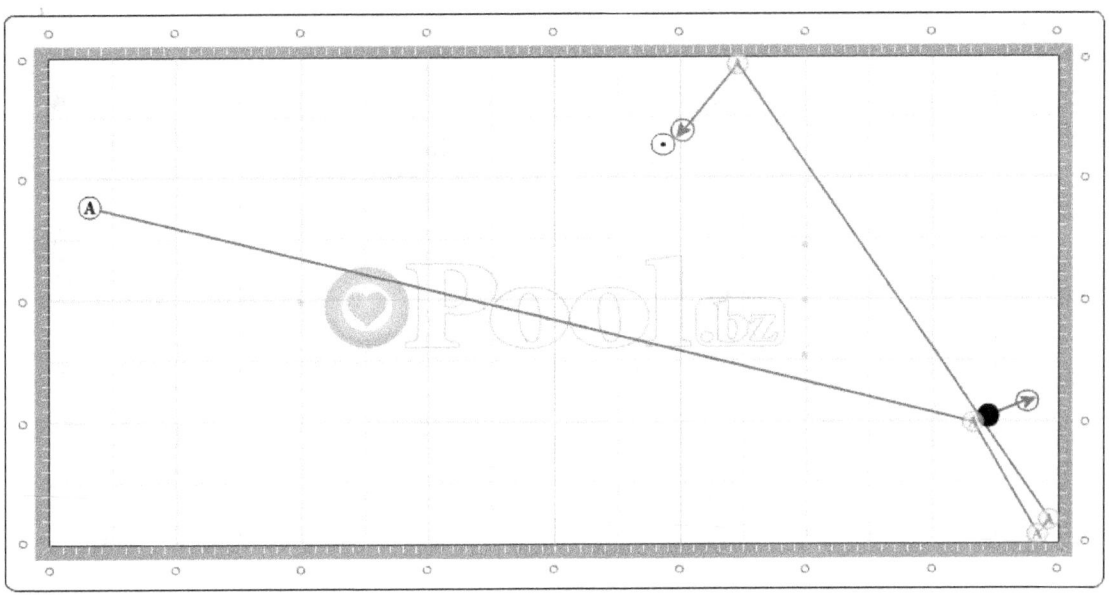

E:1b – Piirustus

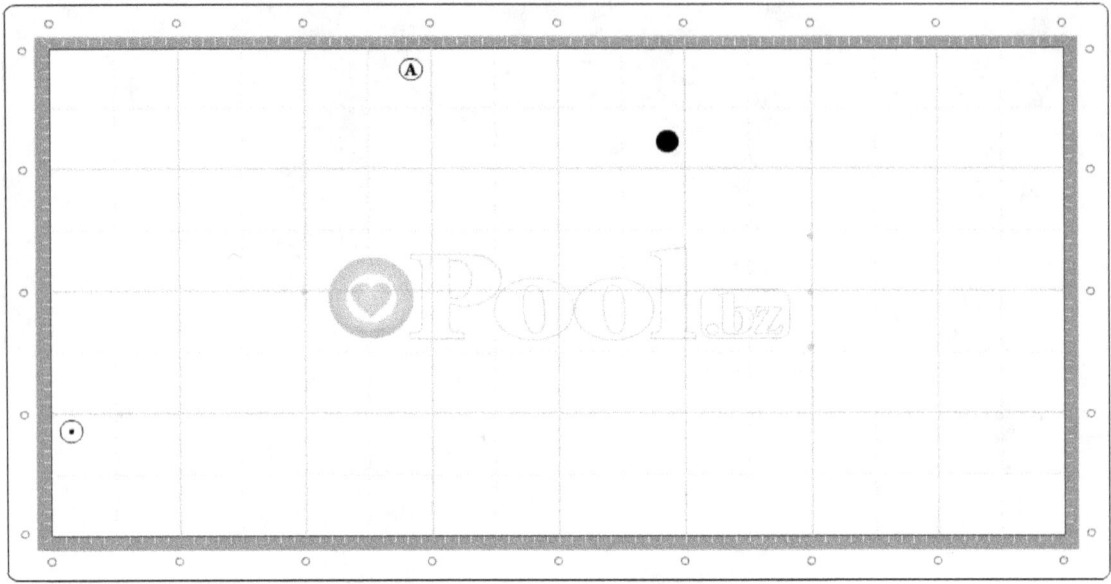

Huomautuksia ja ideoita:

Pallokuviota

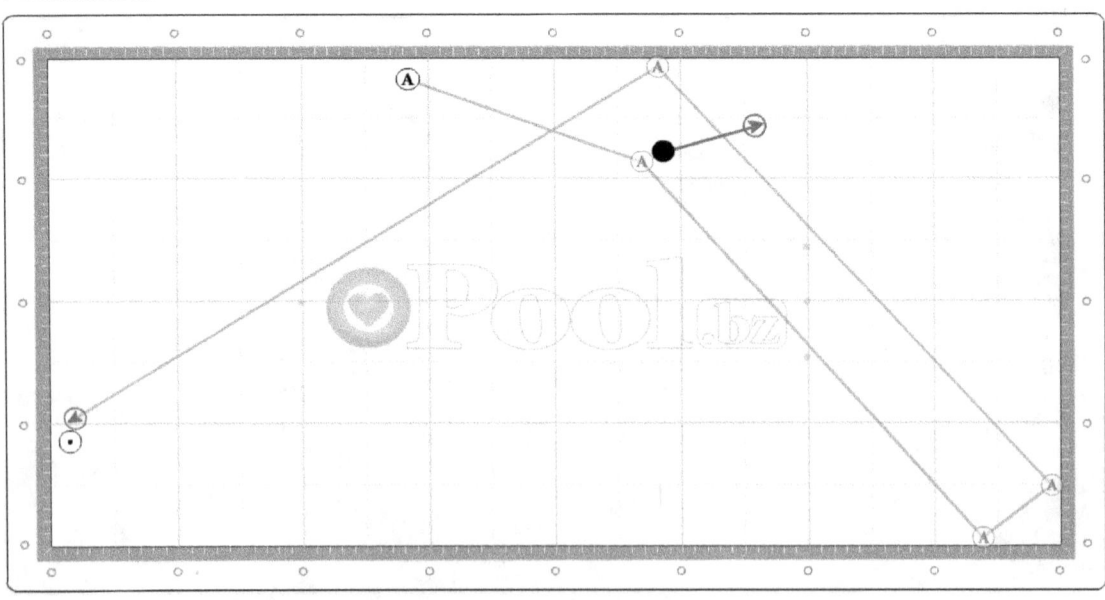

E:1c – Piirustus

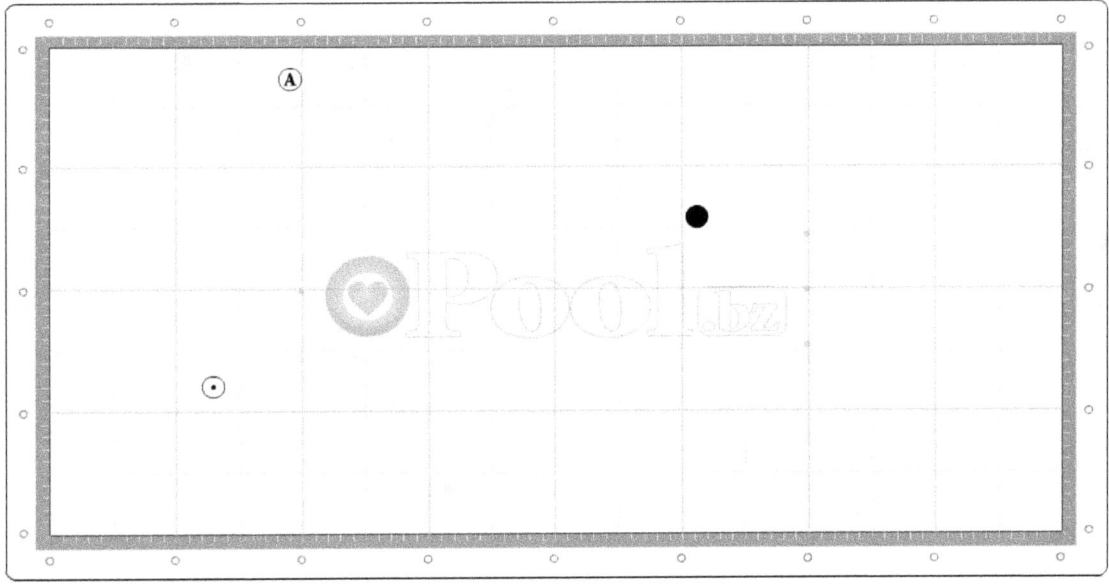

Huomautuksia ja ideoita:

Pallokuviota

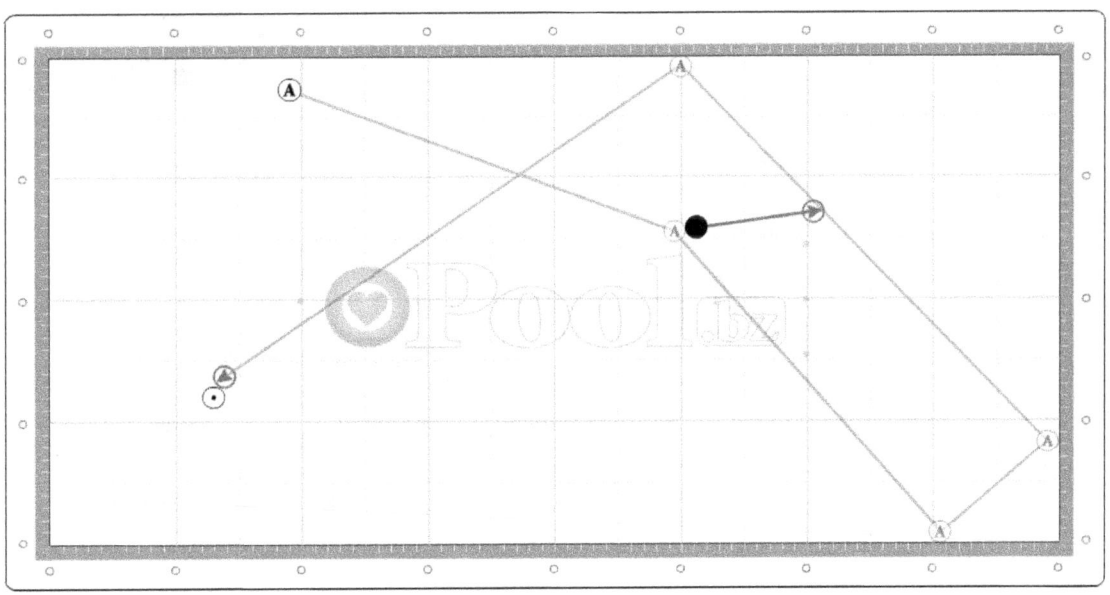

E:1d – Piirustus

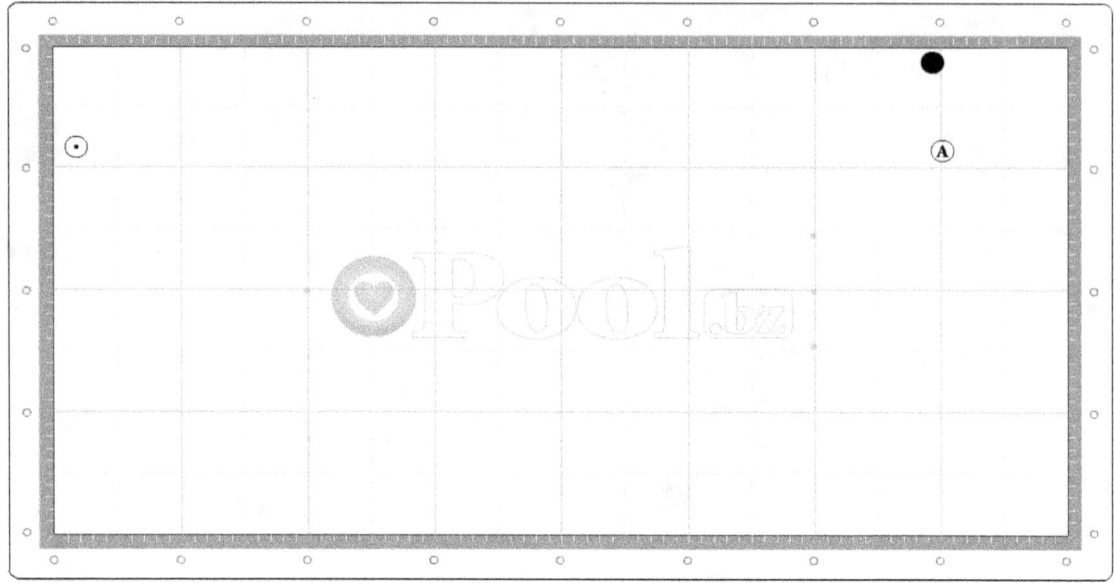

Huomautuksia ja ideoita:

Pallokuviota

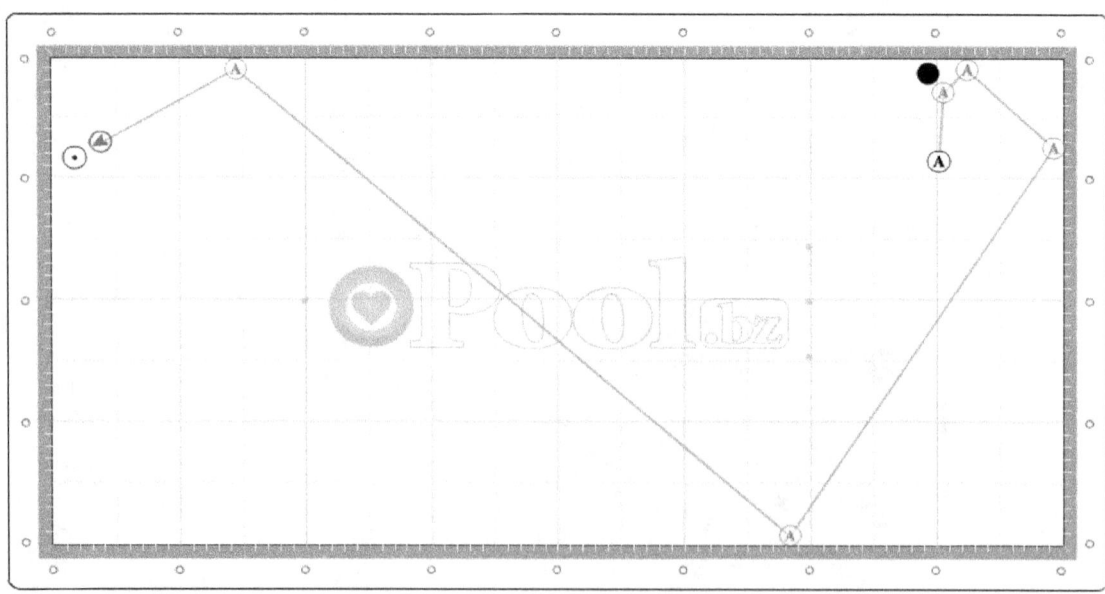

E: Ryhmä 2

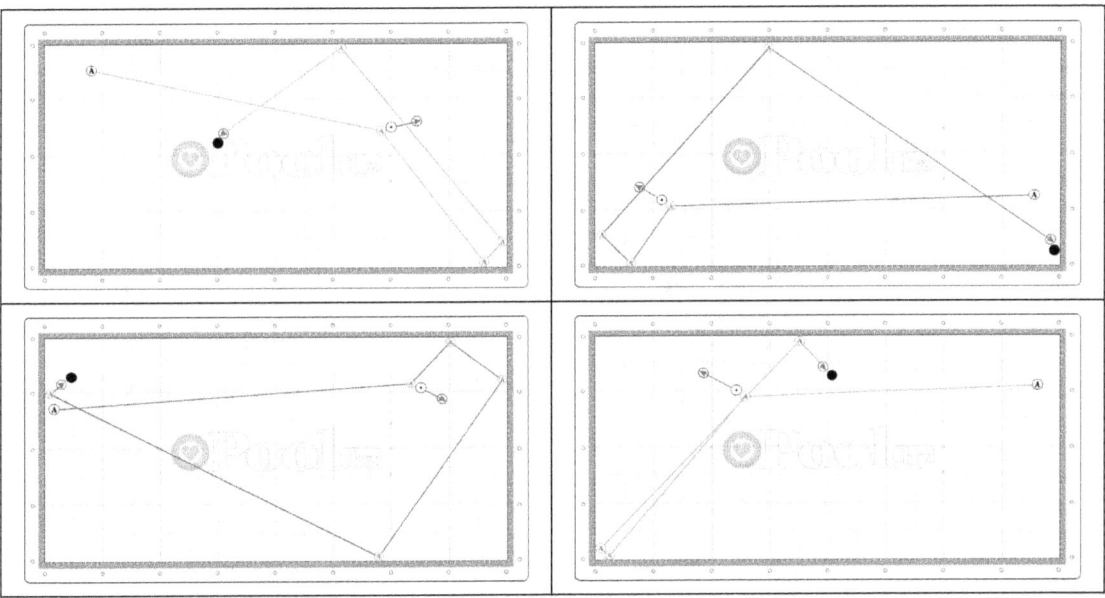

Analyysi:

E:2a. _____

E:2b. _____

E:2c. _____

E:2d. _____

E:2a – Piirustus

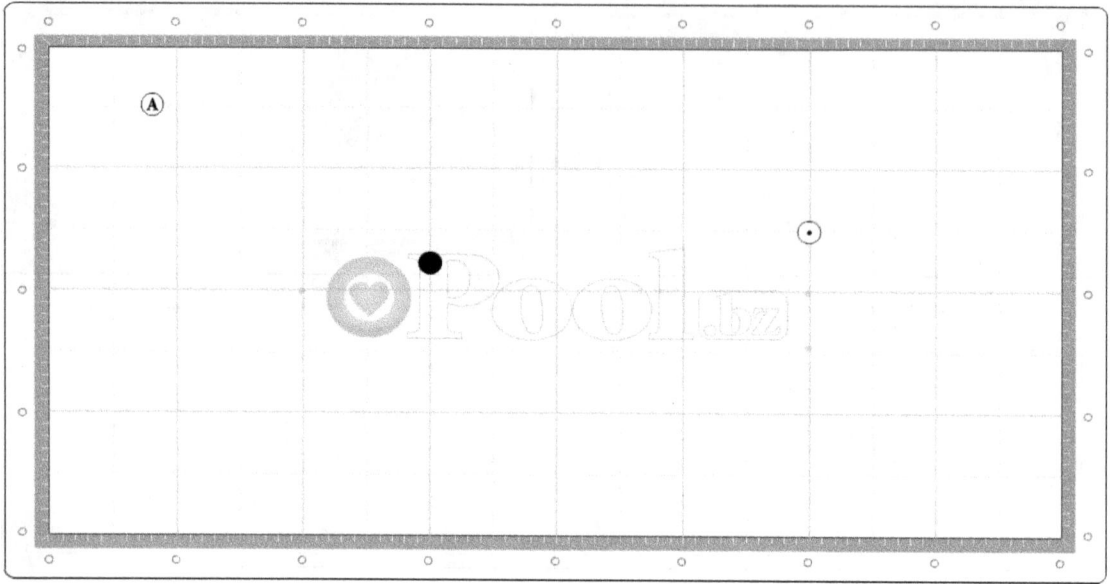

Huomautuksia ja ideoita:

Pallokuviota

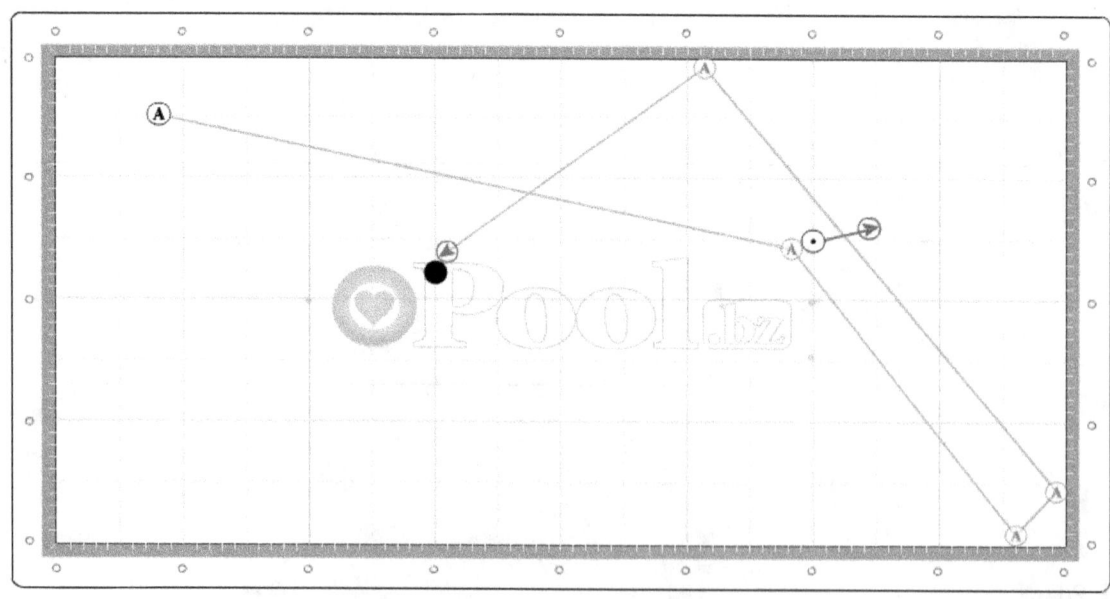

E:2b – Piirustus

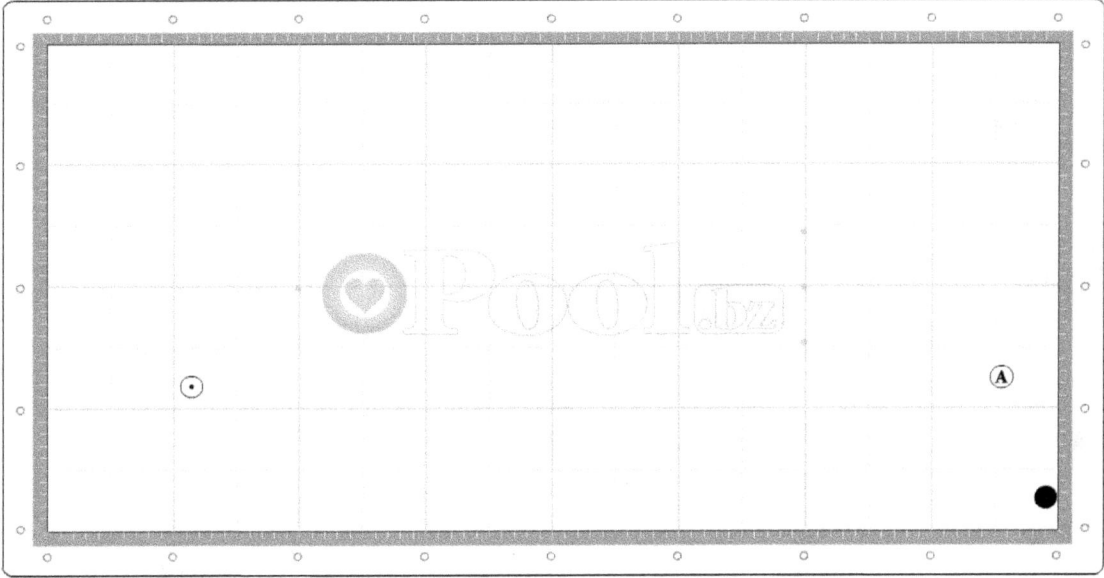

Huomautuksia ja ideoita:

Pallokuviota

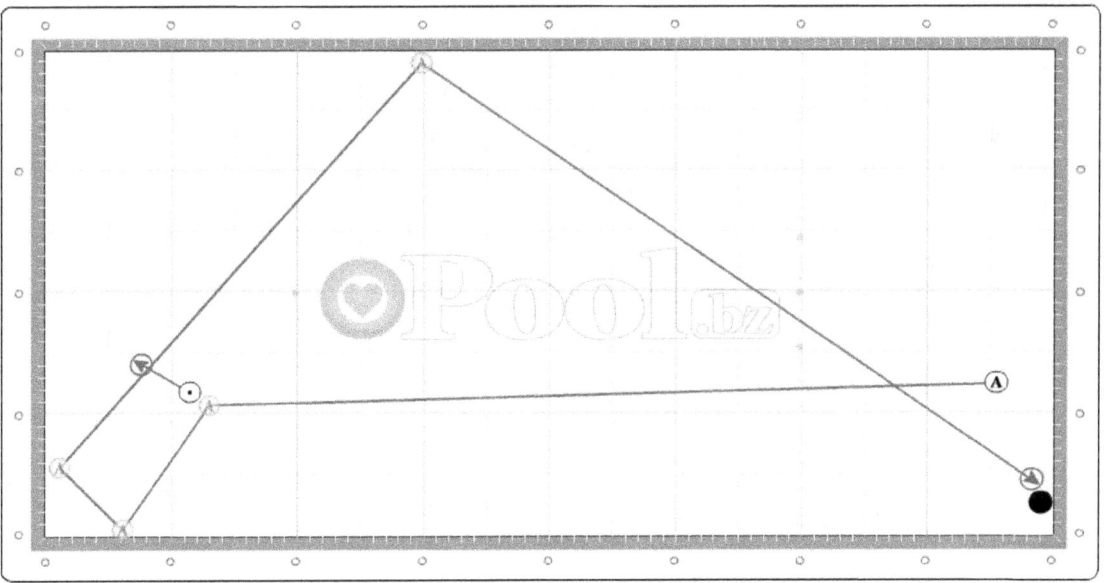

E:2c – Piirustus

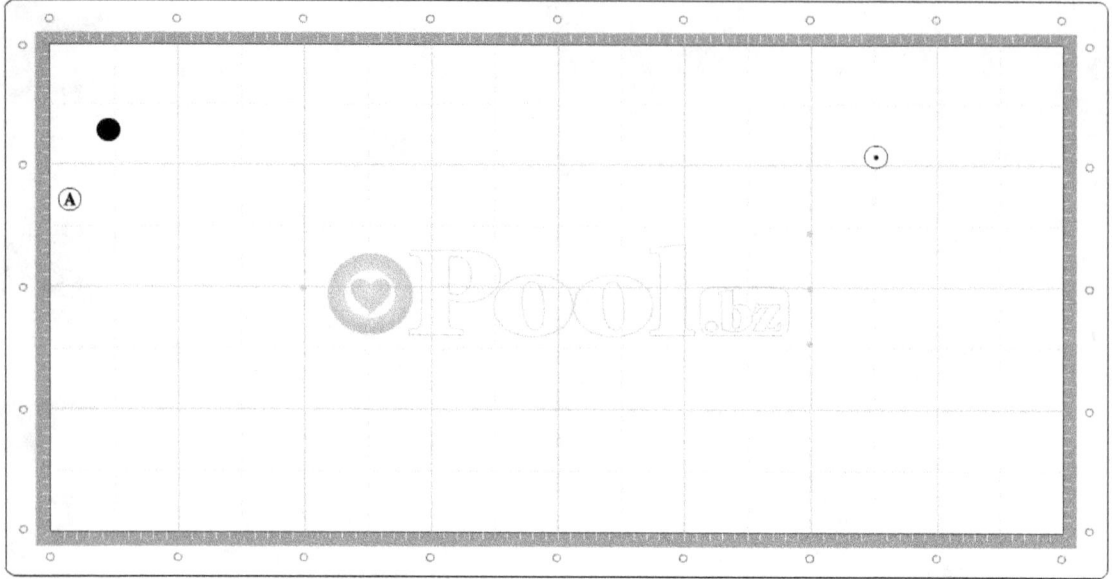

Huomautuksia ja ideoita:

Pallokuviota

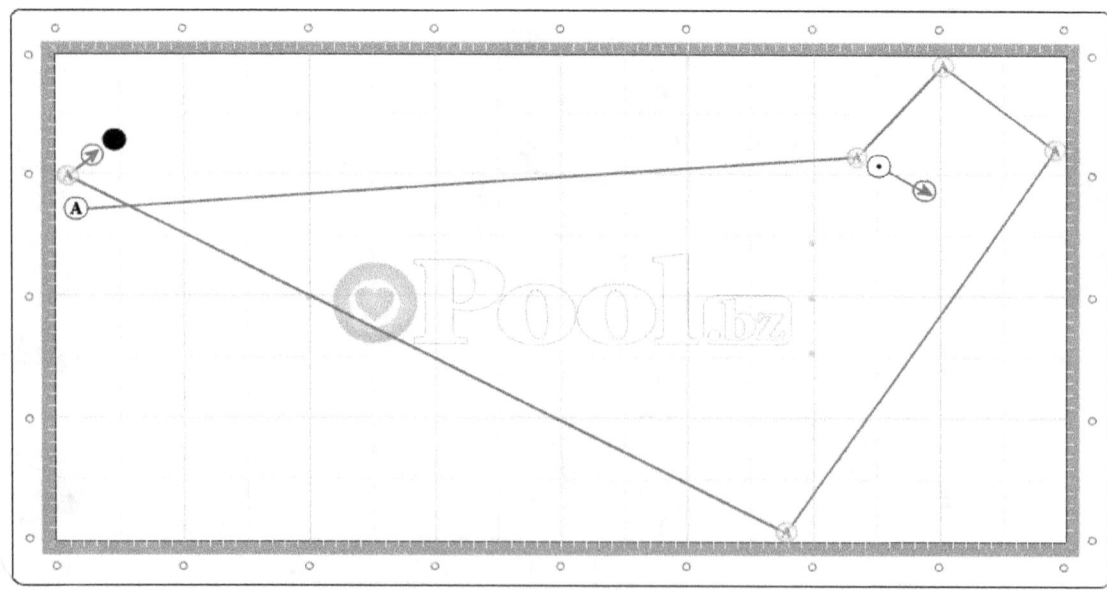

E:2d – Piirustus

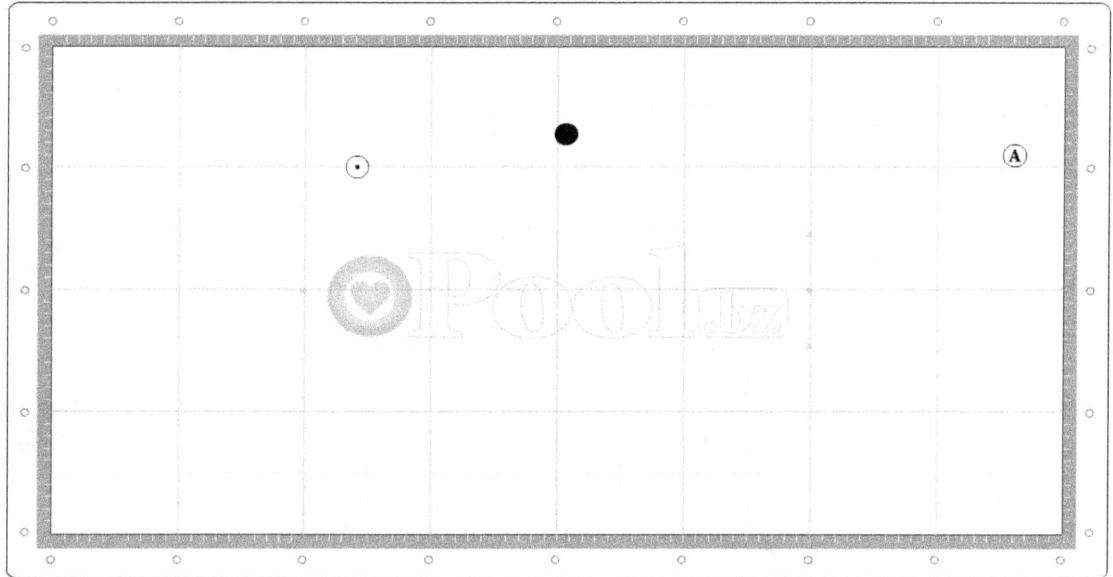

Huomautuksia ja ideoita:

Pallokuviota

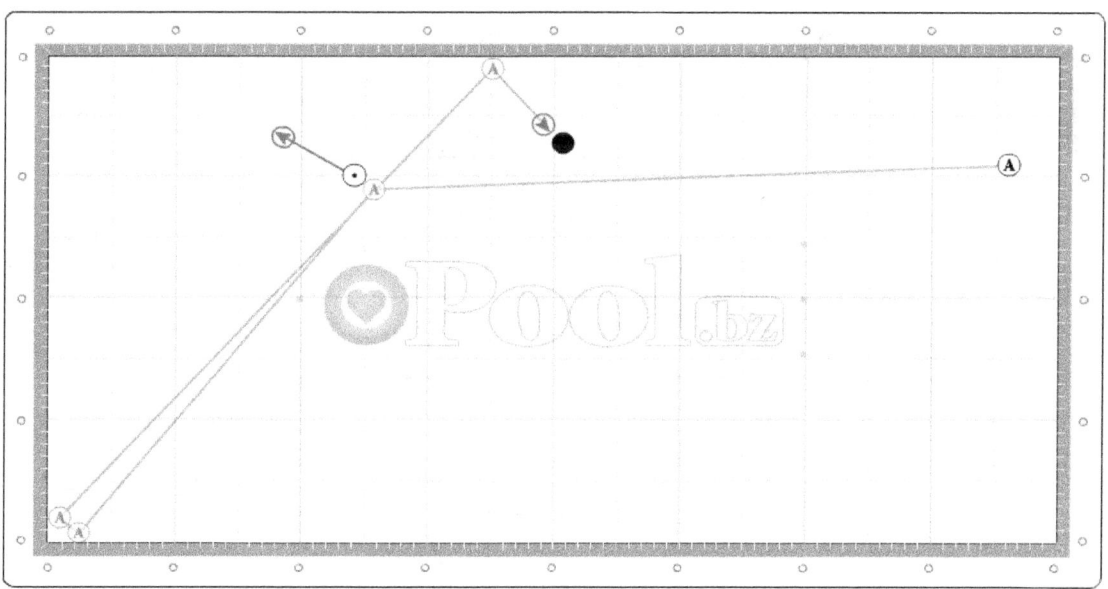

E: Ryhmä 3

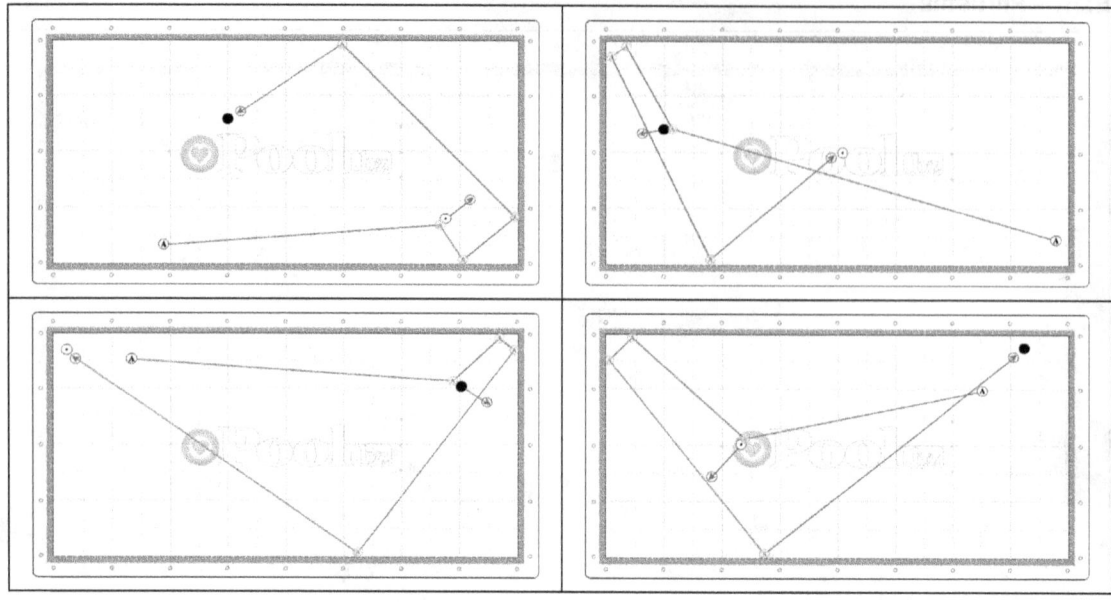

Analyysi:

E:3a. _____

E:3b. _____

E:3c. _____

E:3d. _____

E:3a – Piirustus

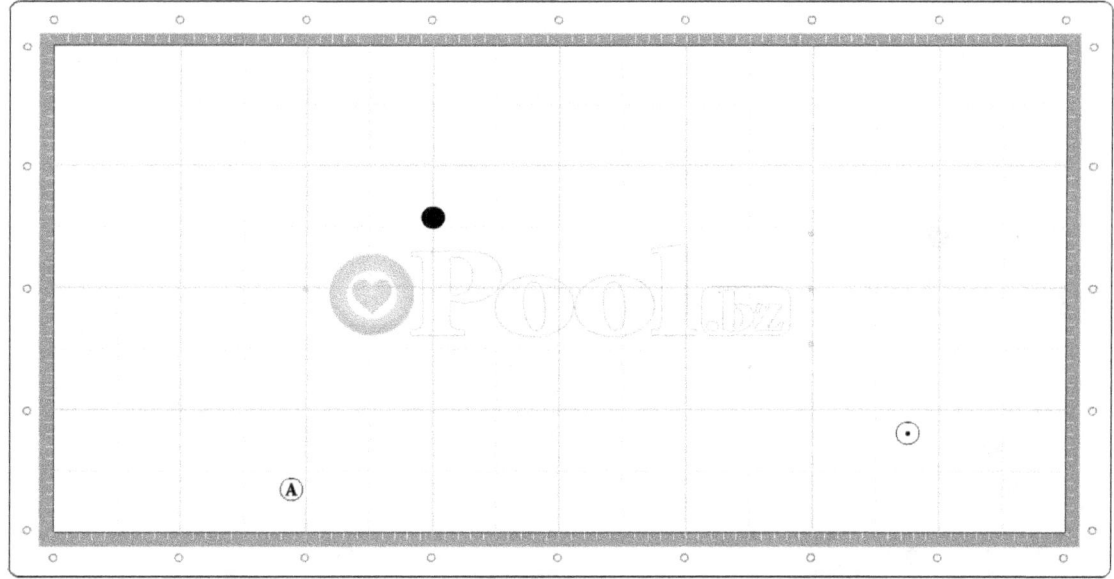

Huomautuksia ja ideoita:

Pallokuviota

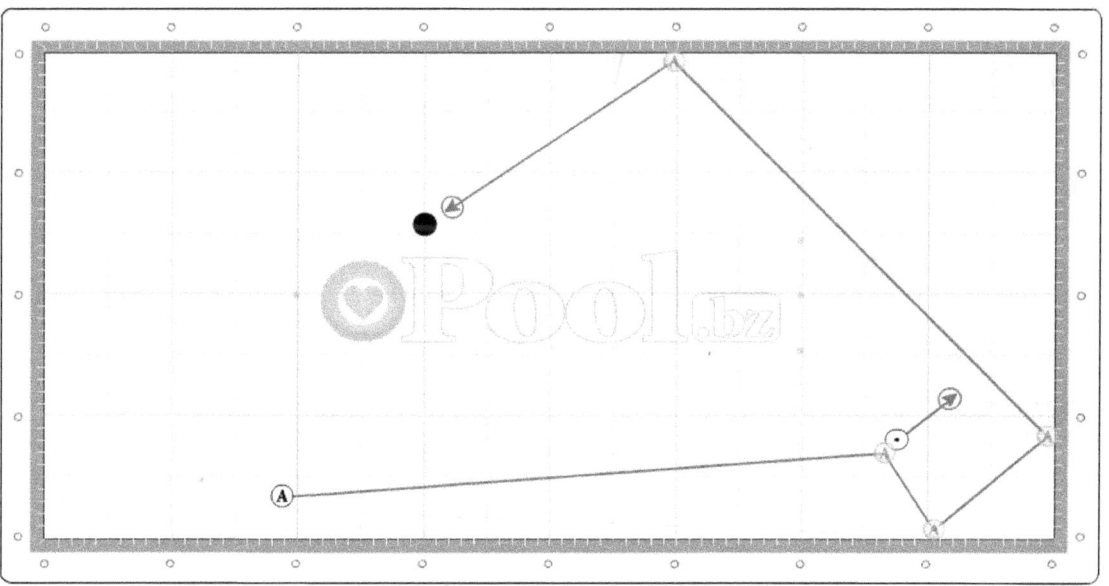

E:3b – Piirustus

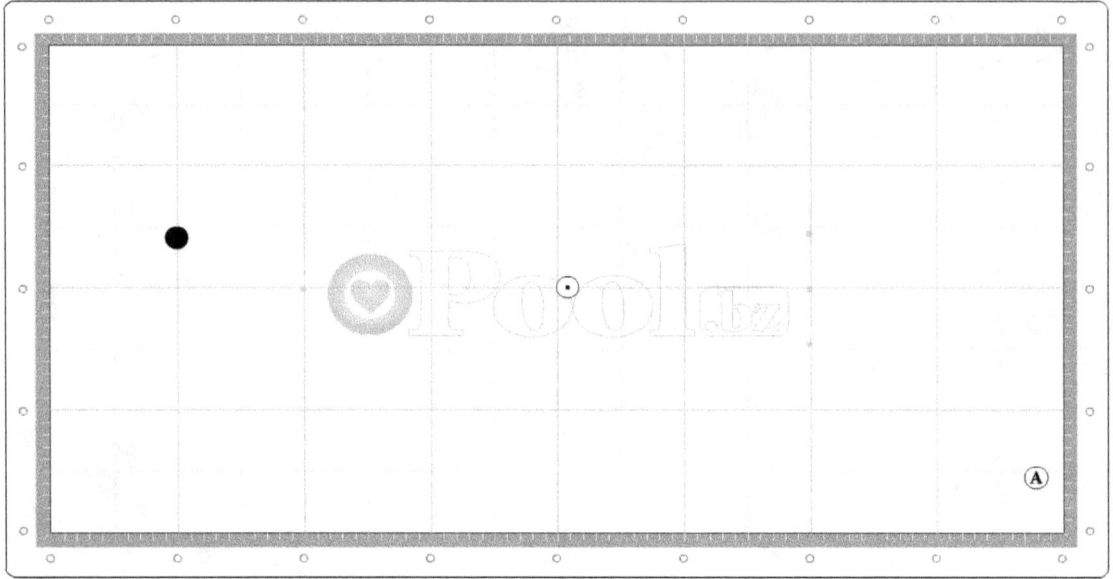

Huomautuksia ja ideoita:

Pallokuviota

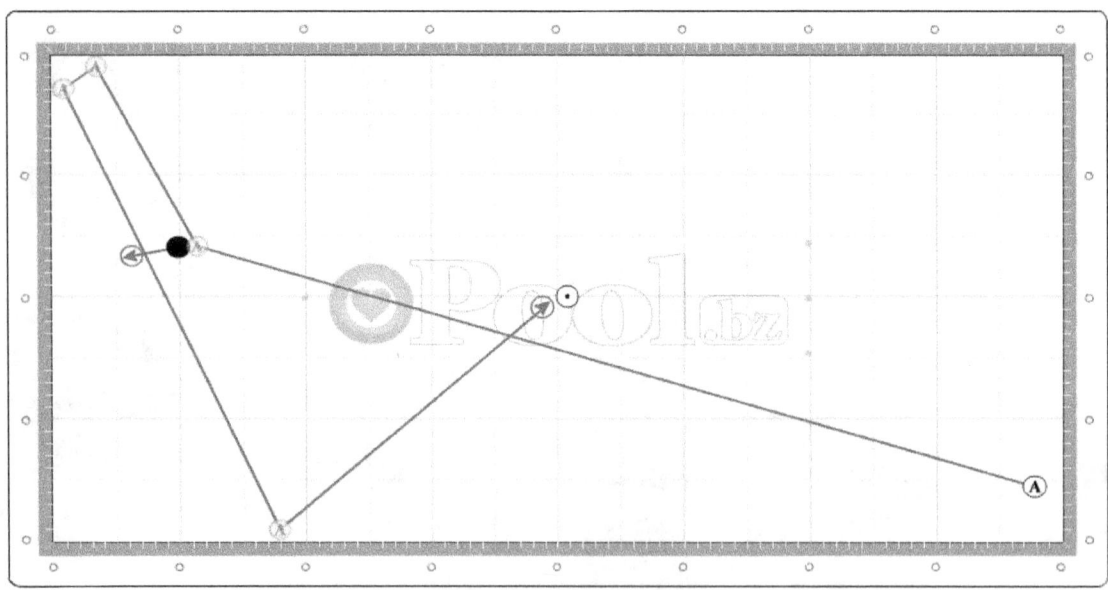

E:3c – Piirustus

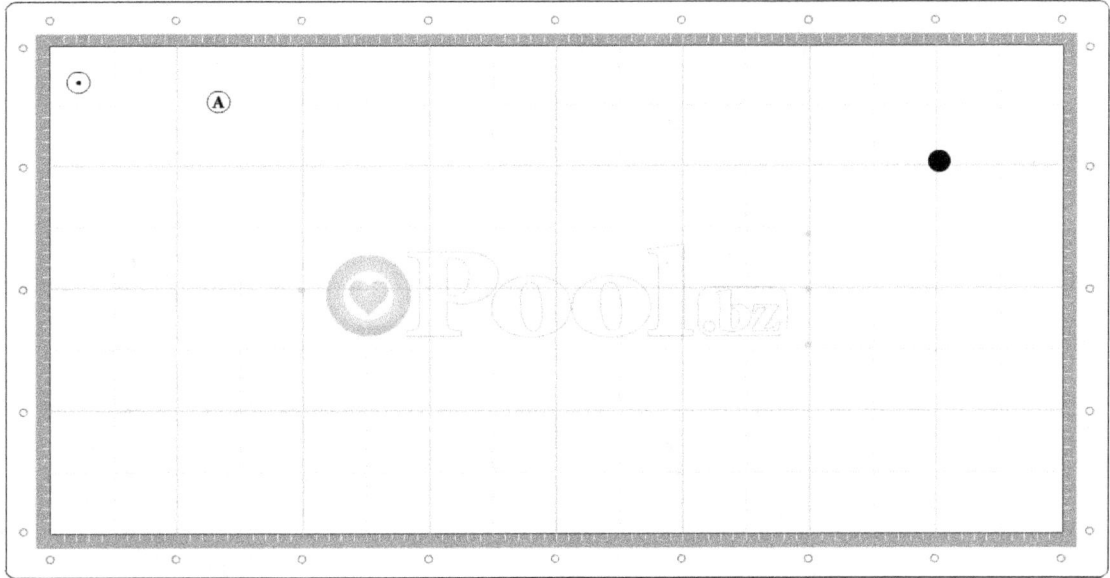

Huomautuksia ja ideoita:

Pallokuviota

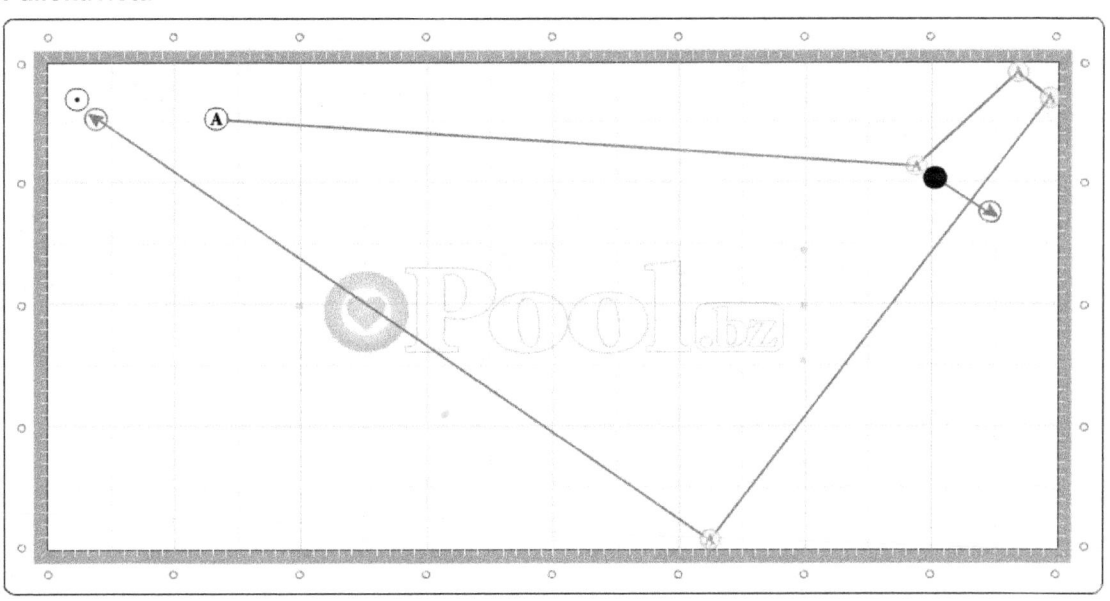

E:3d – Piirustus

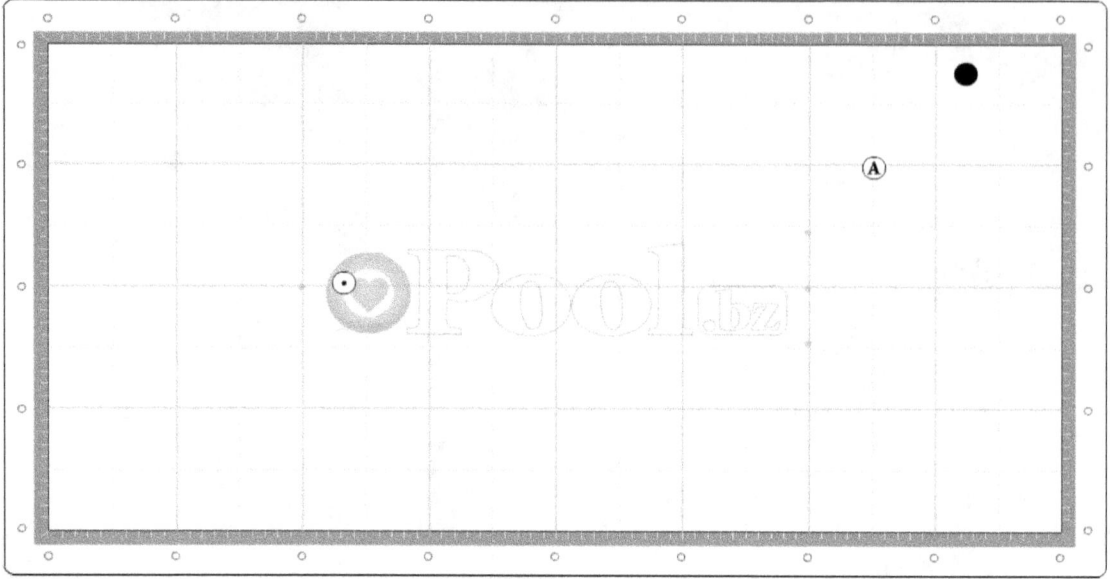

Huomautuksia ja ideoita:

Pallokuviota

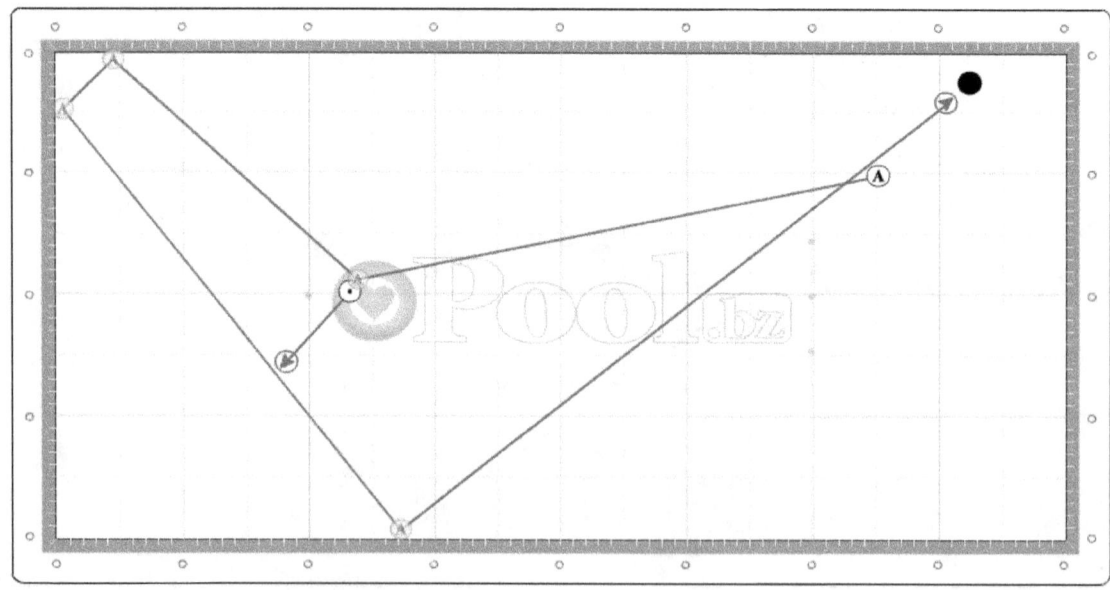

F: Matala kulma jalka, alas mäkeä

(CB) koskettaa ensimmäistä (OB), ja sitten kulkee nurkkaan, pitkä vallin ensin. (CB) tulee vastakkaisen pitkän vallin keskelle. (CB) tulee matalasta kulmasta ja koskettaa toista (OB).

Ⓐ (CB) (sinun biljardipallo) – ⊙ (OB) (vastustaja biljardipallo) – ● (OB) (punainen biljardipallo)

F: Ryhmä 1

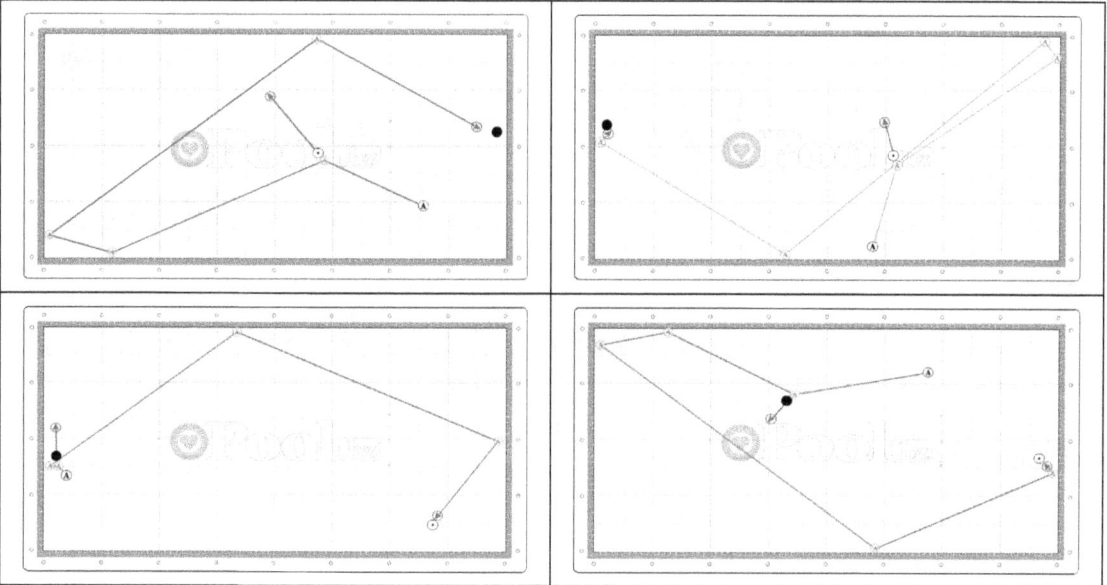

Analyysi:

F:1a. _____

F:1b. _____

F:1c. _____

F:1d. _____

F:1a – Piirustus

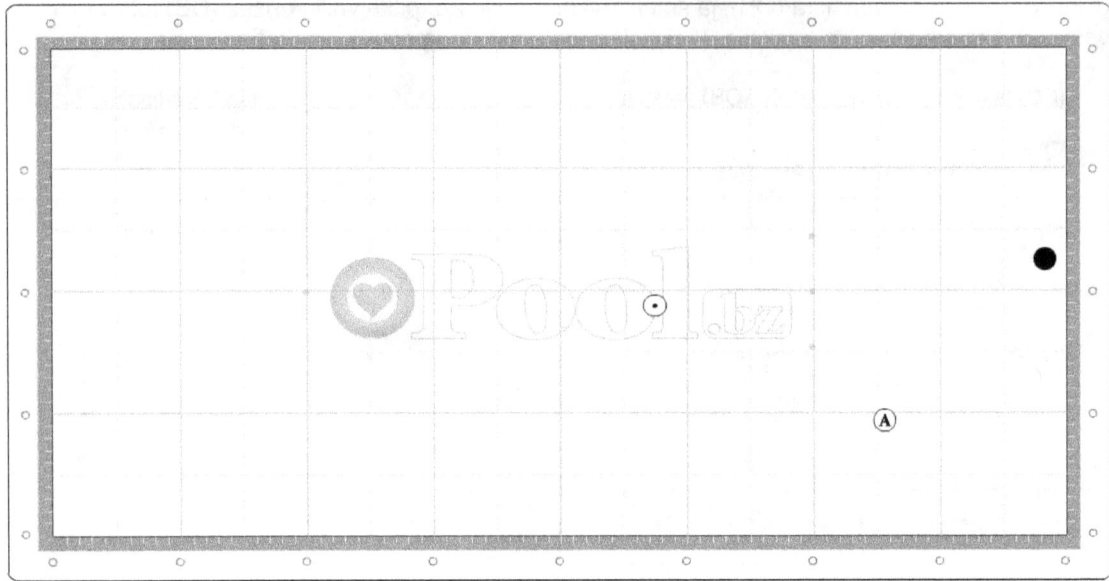

Huomautuksia ja ideoita:

Pallokuviota

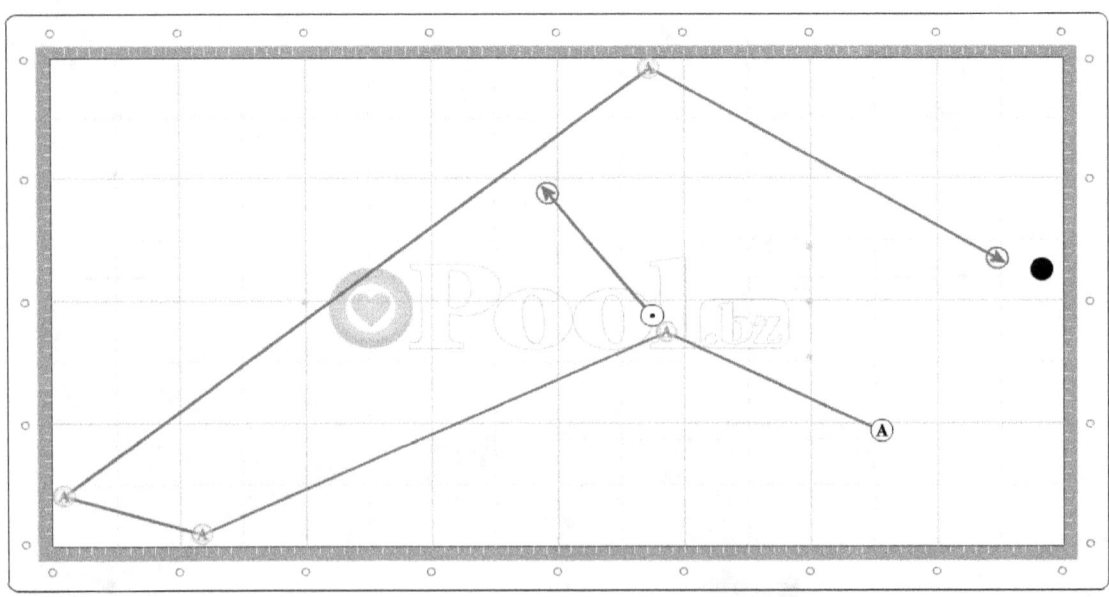

F:1b – Piirustus

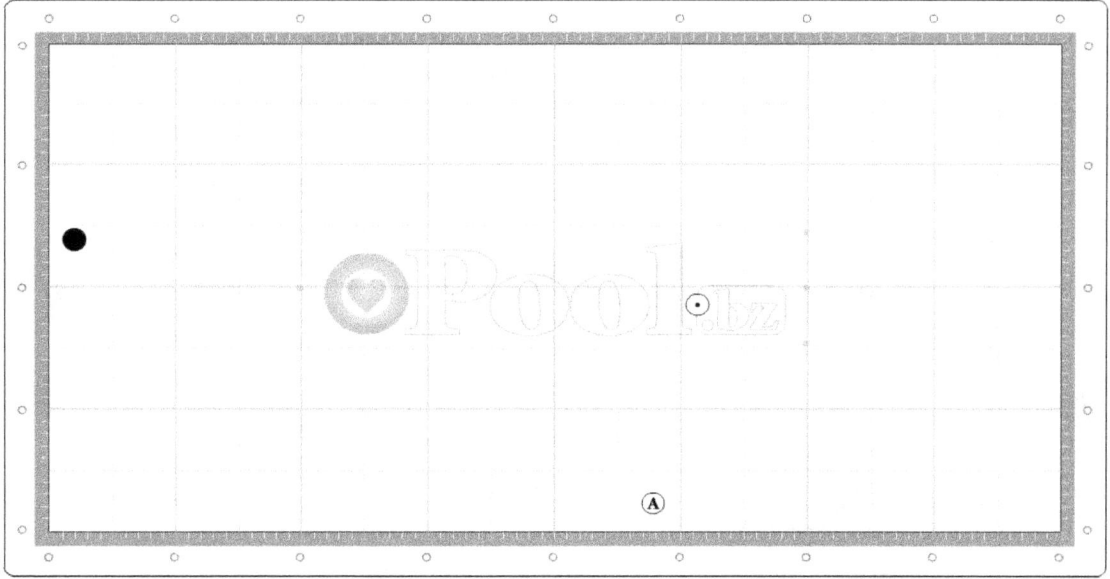

Huomautuksia ja ideoita:

Pallokuviota

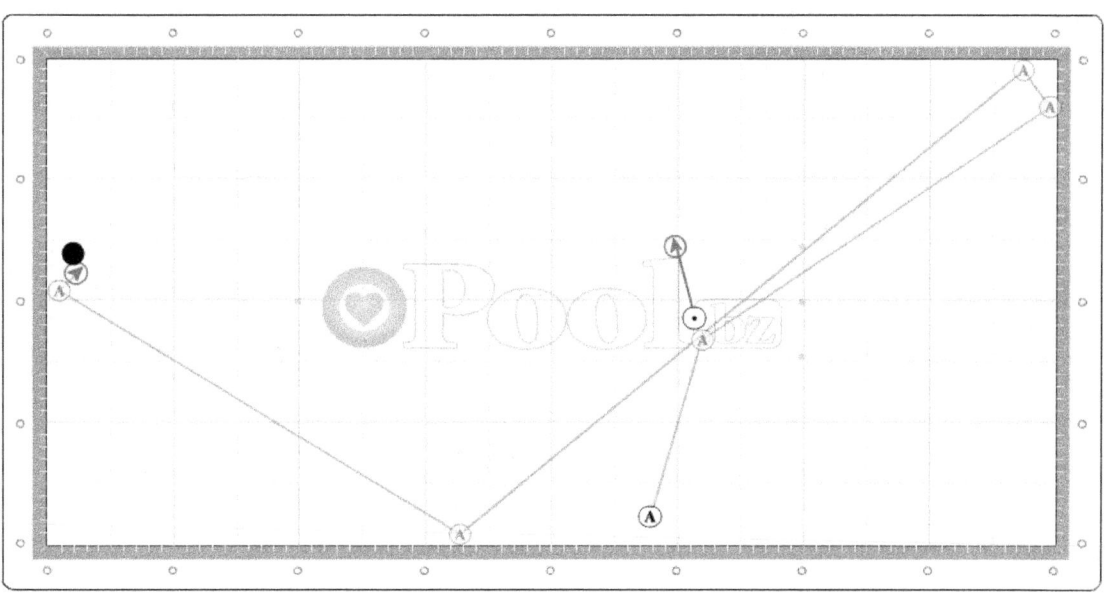

F:1c – Piirustus

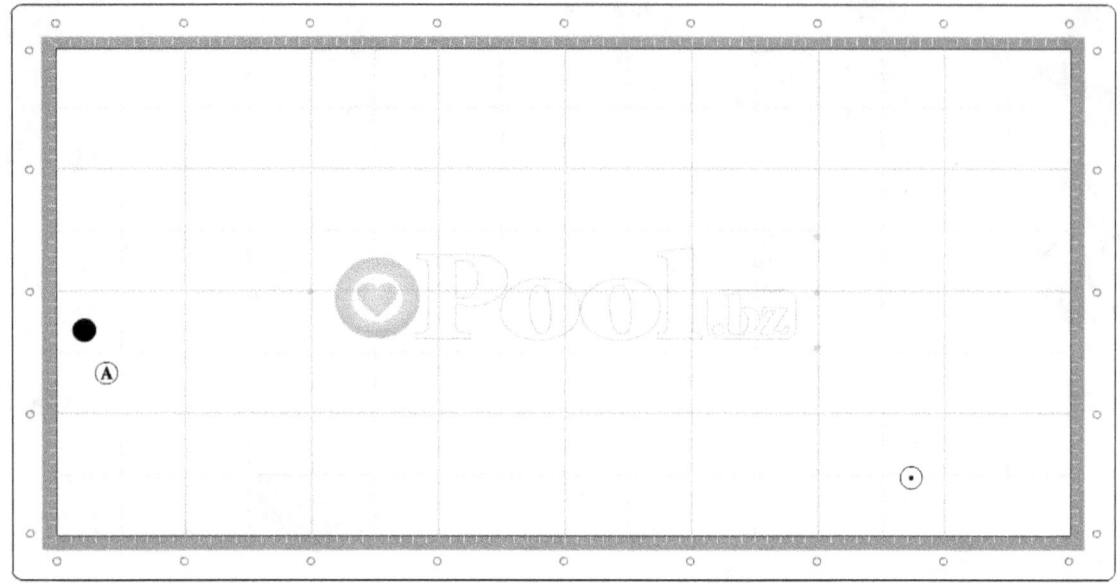

Huomautuksia ja ideoita:

Pallokuviota

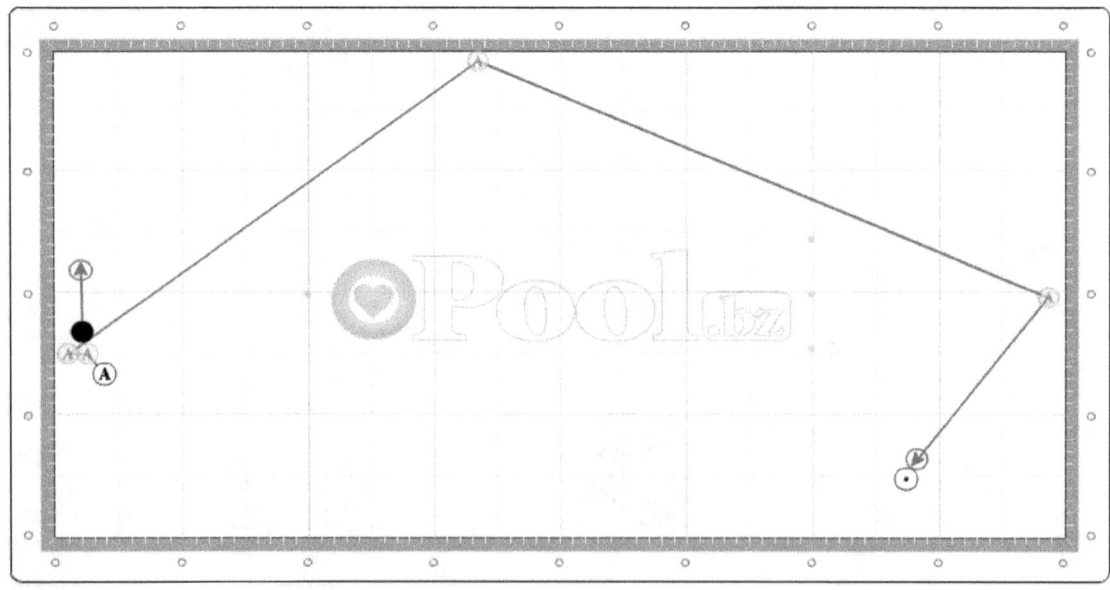

F:1d – Piirustus

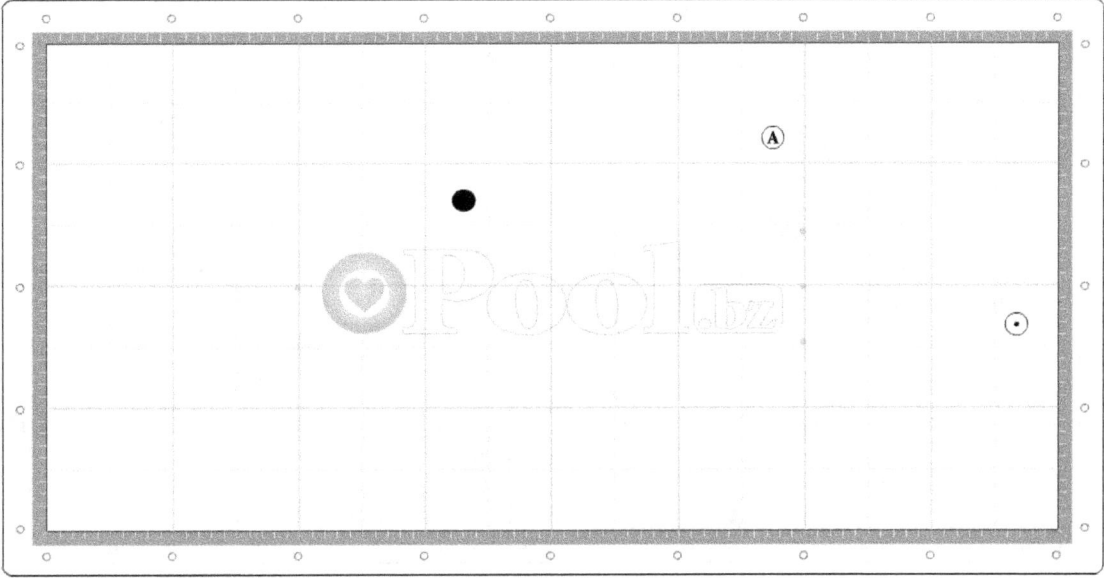

Huomautuksia ja ideoita:

Pallokuviota

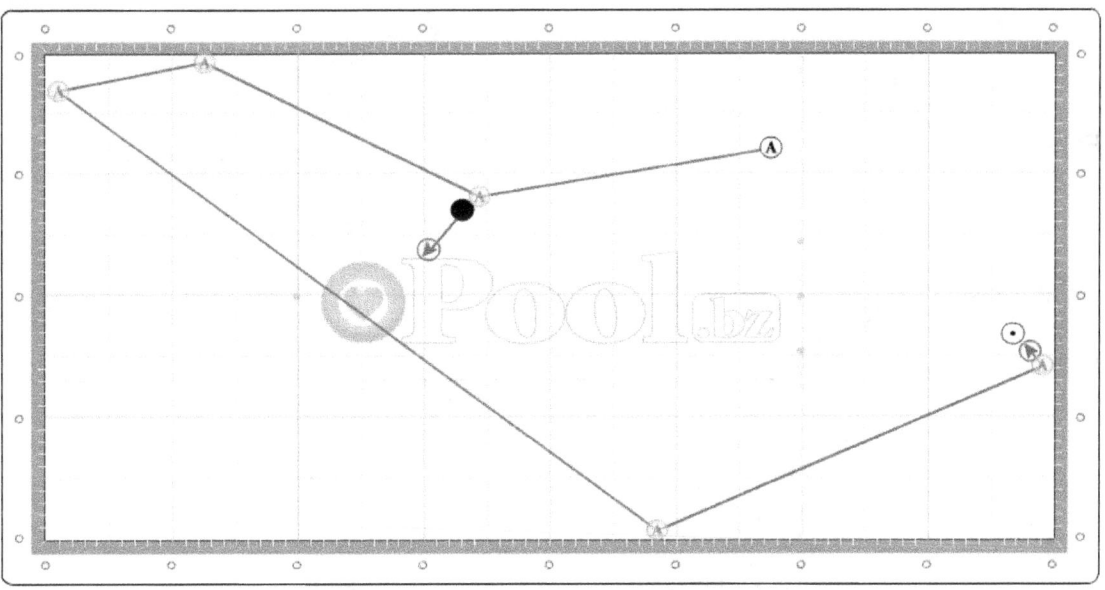

3-vallin kara: Ylä-ja alaspäin vuoren kuvioita

F: Ryhmä 2

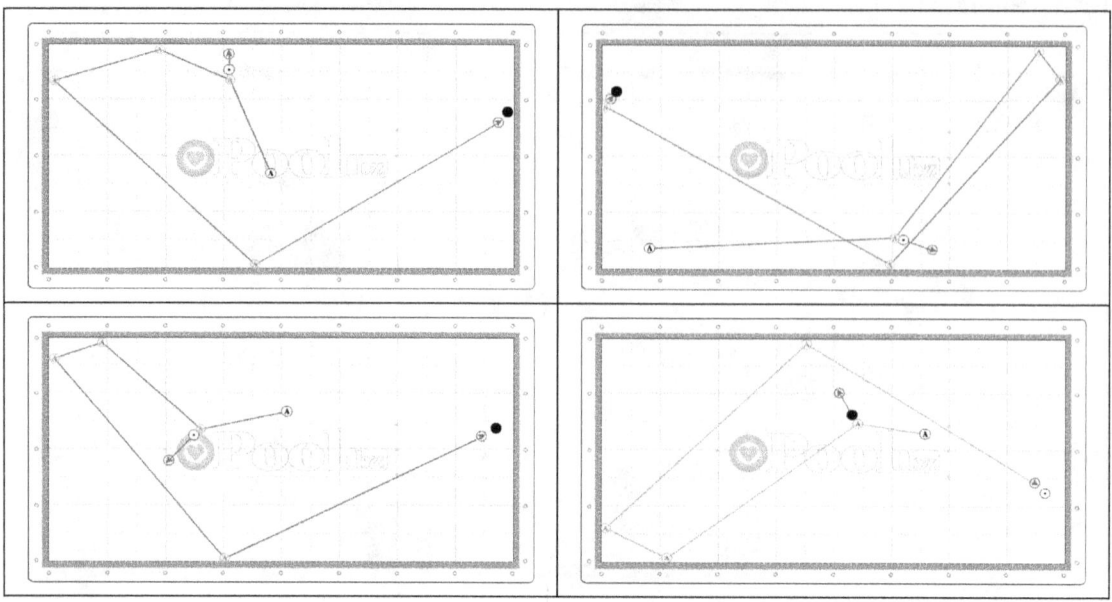

Analyysi:

F:2a. _____

F:2b. _____

F:2c. _____

F:2d. _____

F:2a – Piirustus

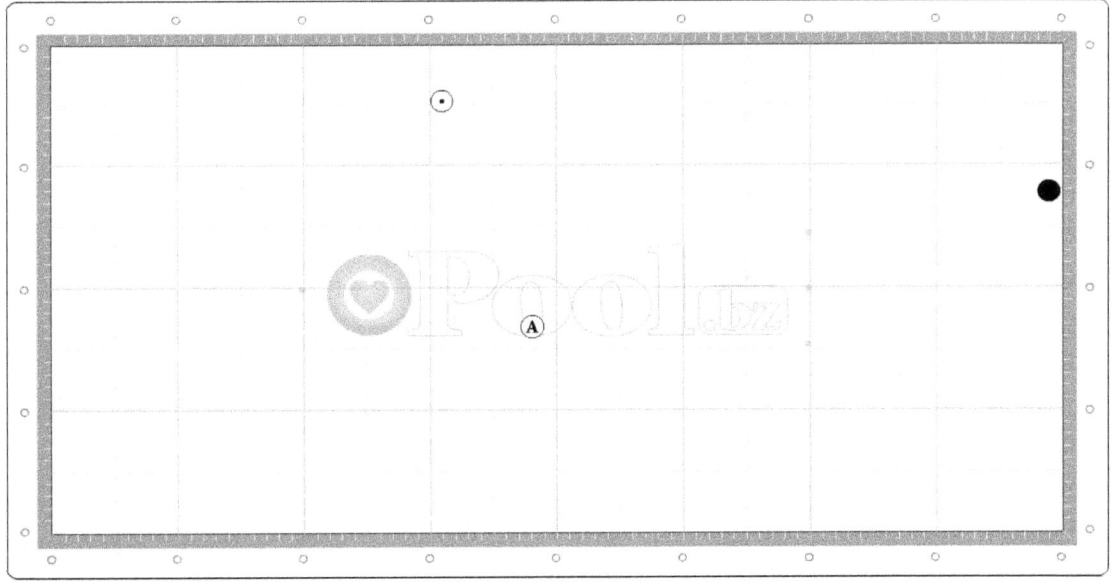

Huomautuksia ja ideoita:

Pallokuviota

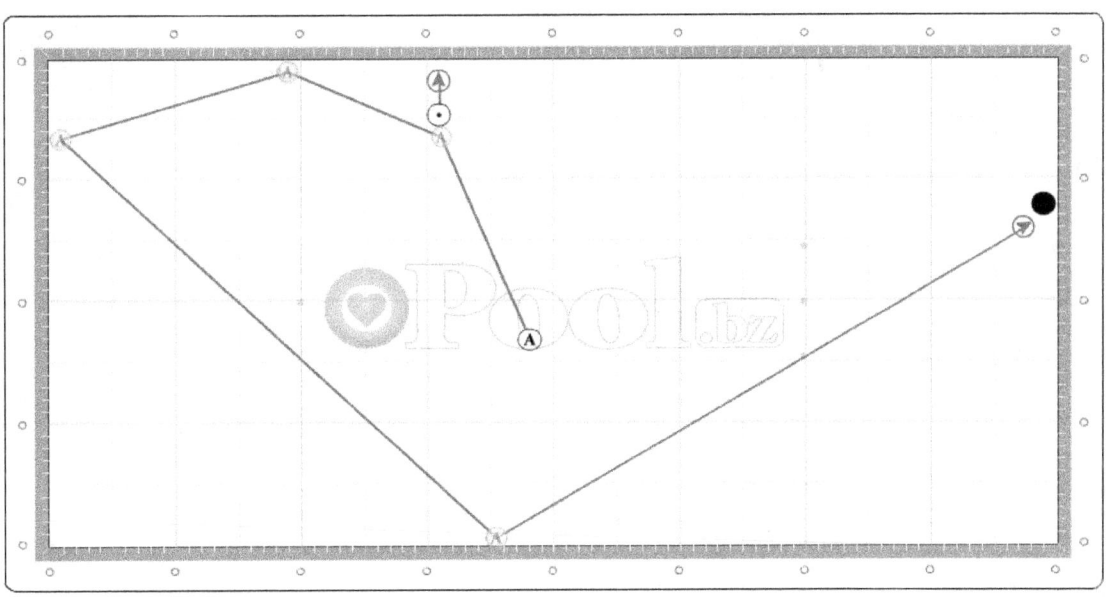

F:2b – Piirustus

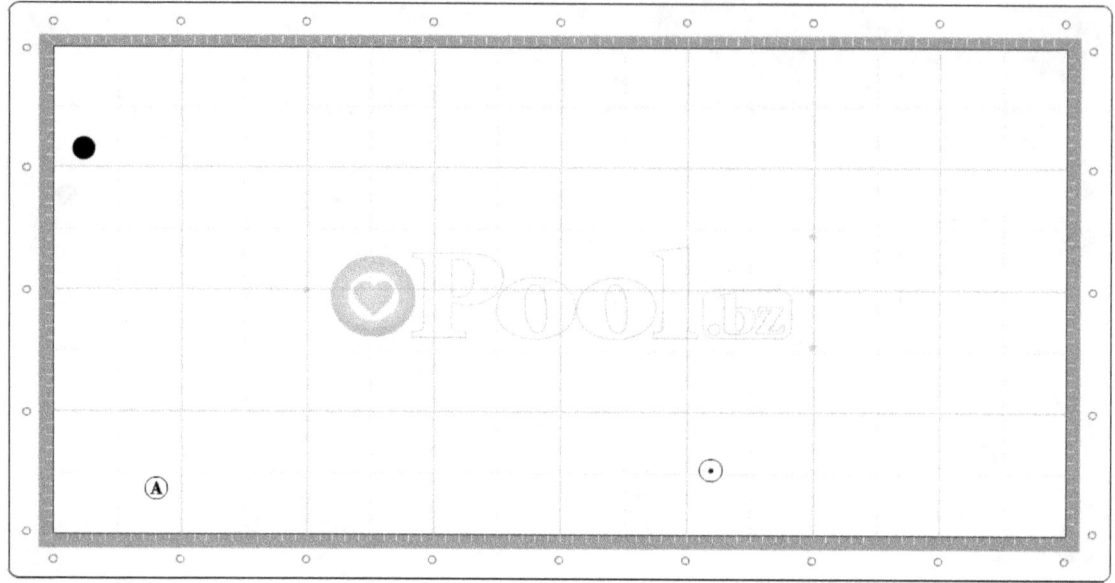

Huomautuksia ja ideoita:

Pallokuviota

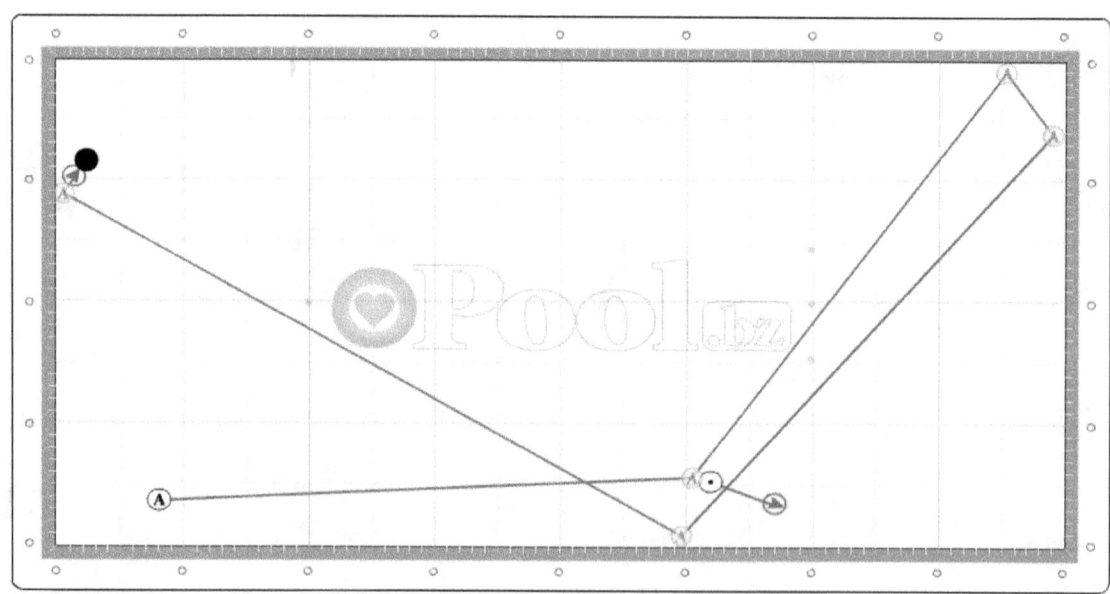

F:2c – Piirustus

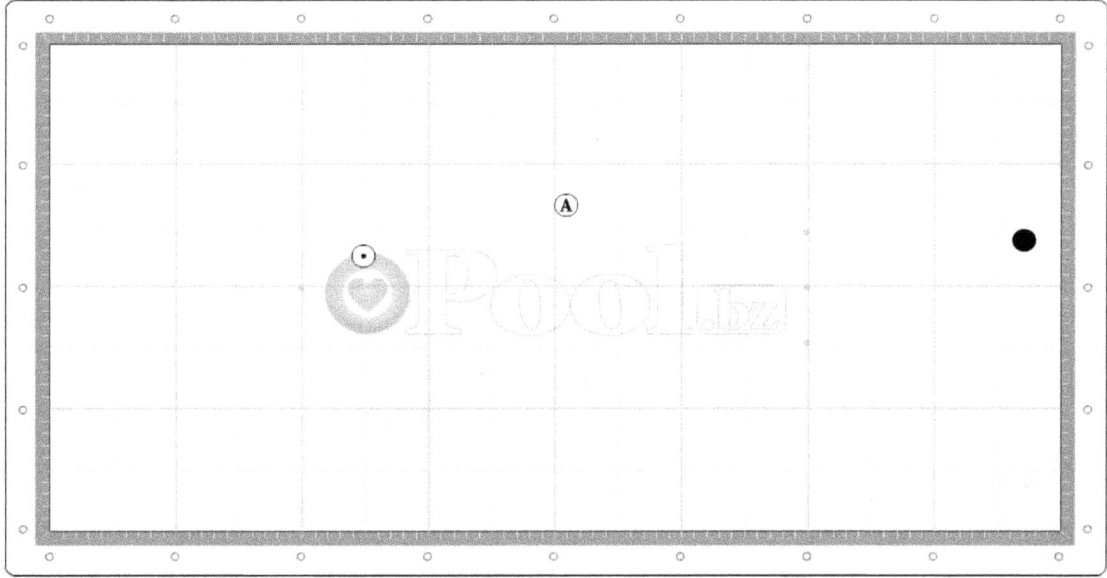

Huomautuksia ja ideoita:

Pallokuviota

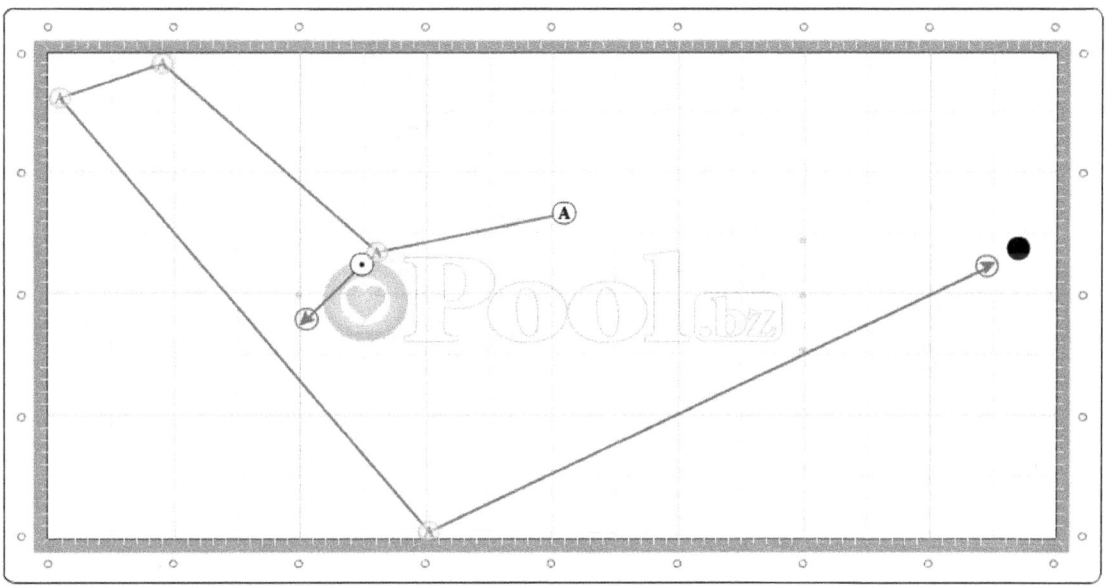

F:2d – Piirustus

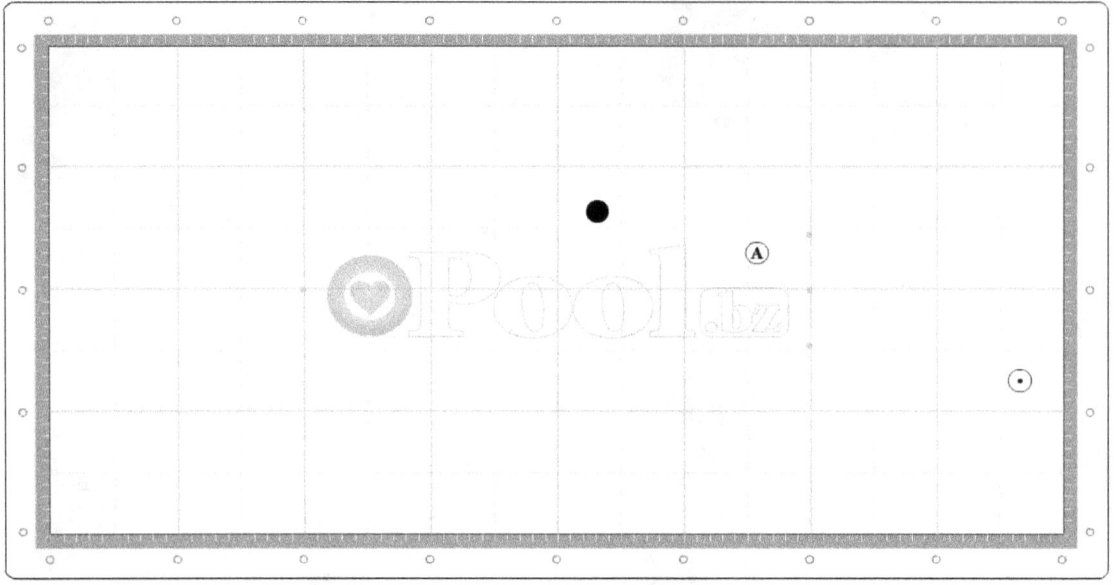

Huomautuksia ja ideoita:

Pallokuviota

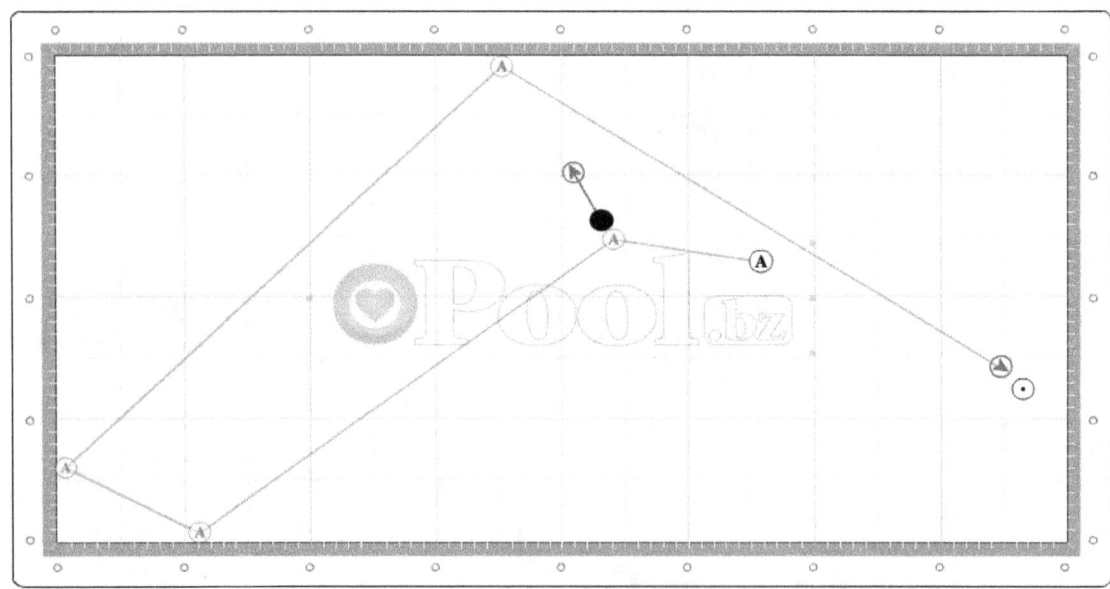

F: Ryhmä 3

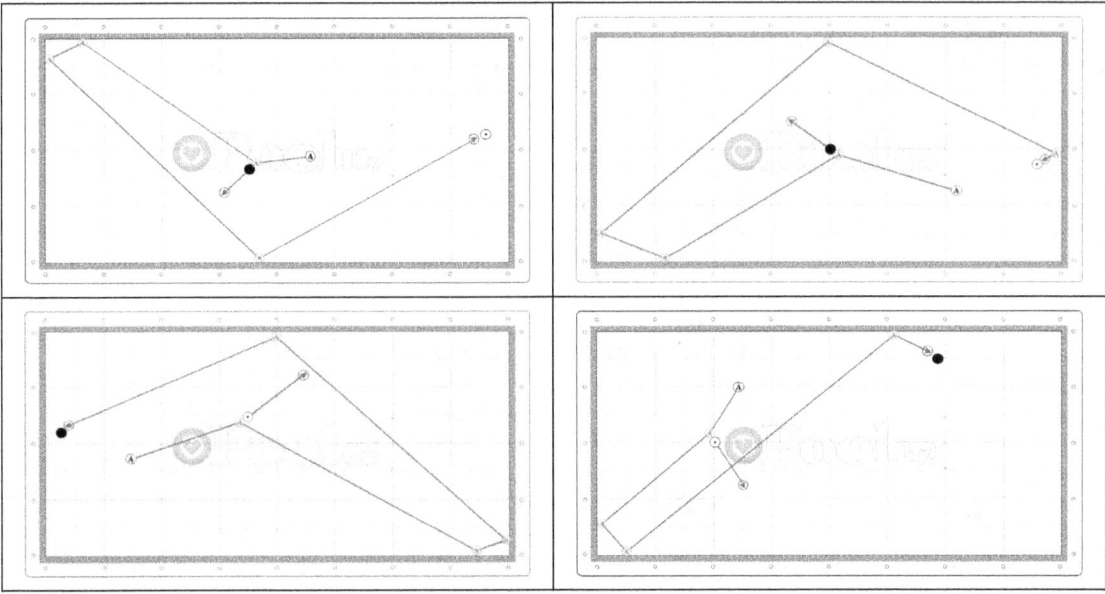

Analyysi:

F:3a. _____

F:3b. _____

F:3c. _____

F:3d. _____

F:3a – Piirustus

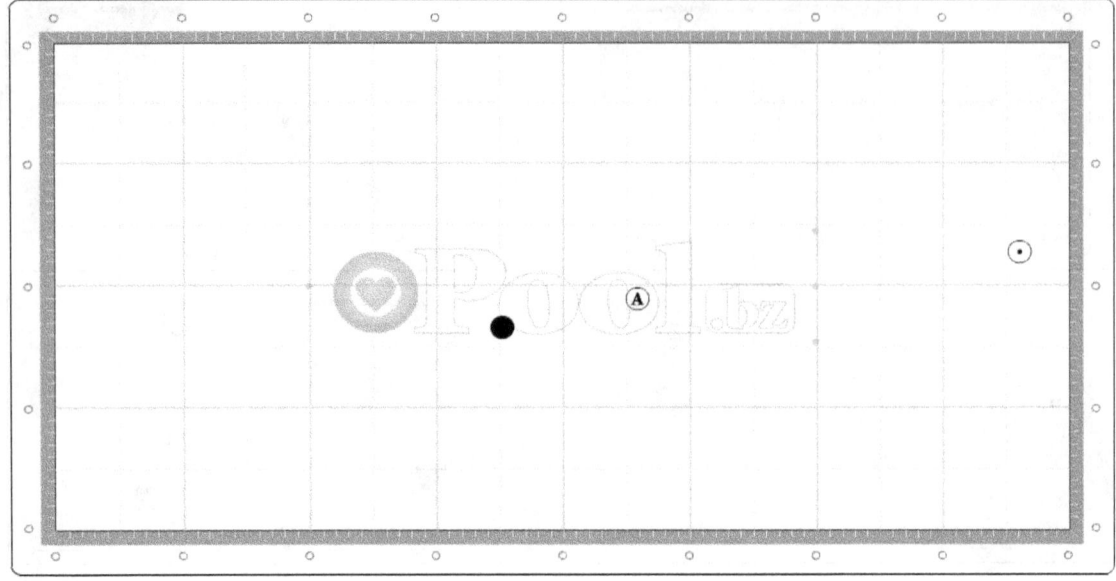

Huomautuksia ja ideoita:

Pallokuviota

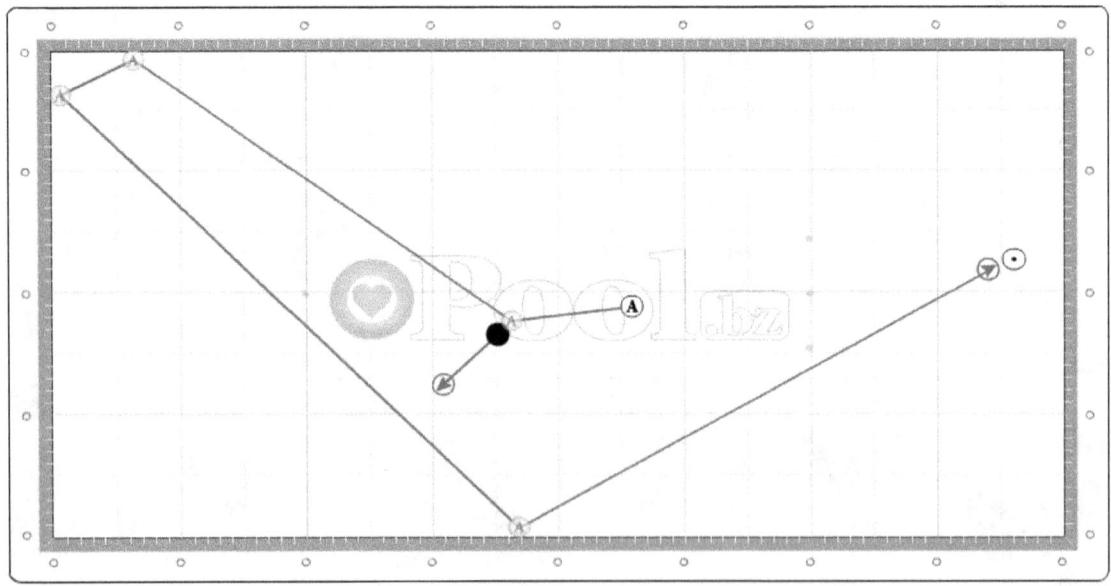

F:3b – Piirustus

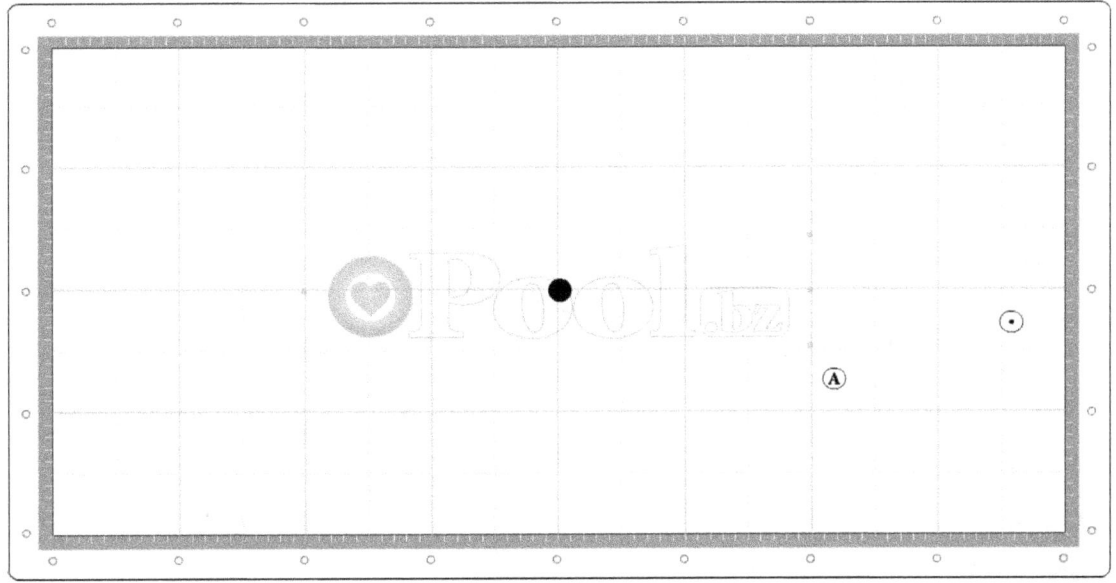

Huomautuksia ja ideoita:

Pallokuviota

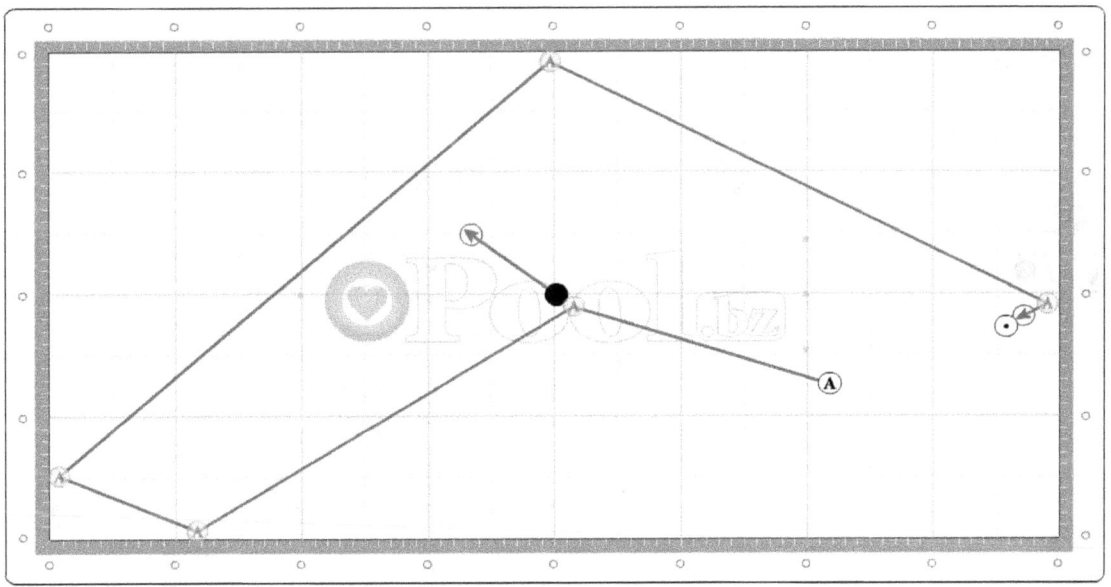

F:3c – Piirustus

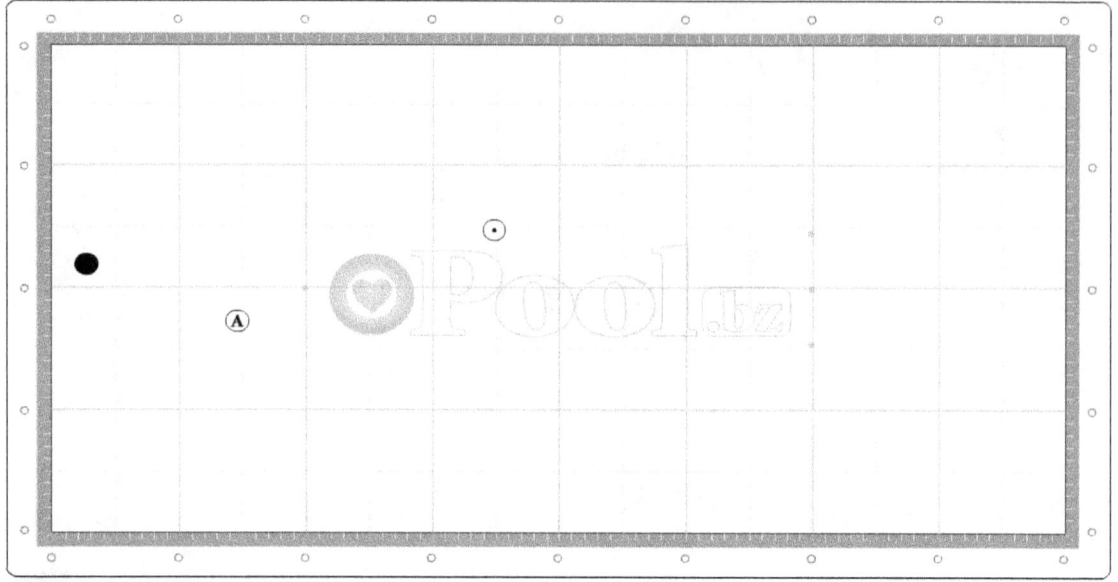

Huomautuksia ja ideoita:

Pallokuviota

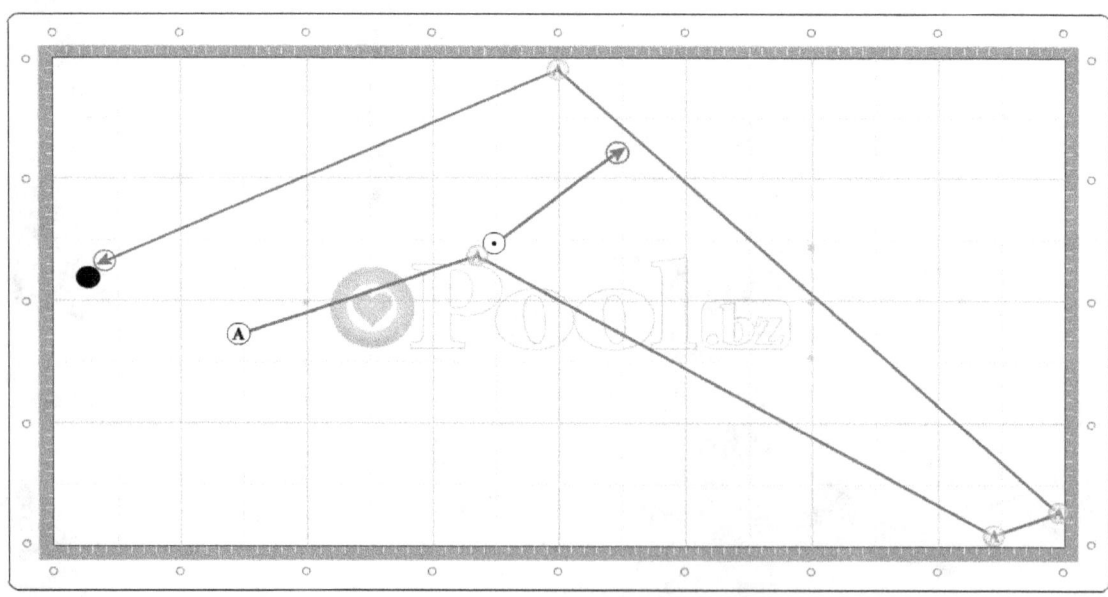

3-vallin kara: Ylä-ja alaspäin vuoren kuvioita

F:3d – Piirustus

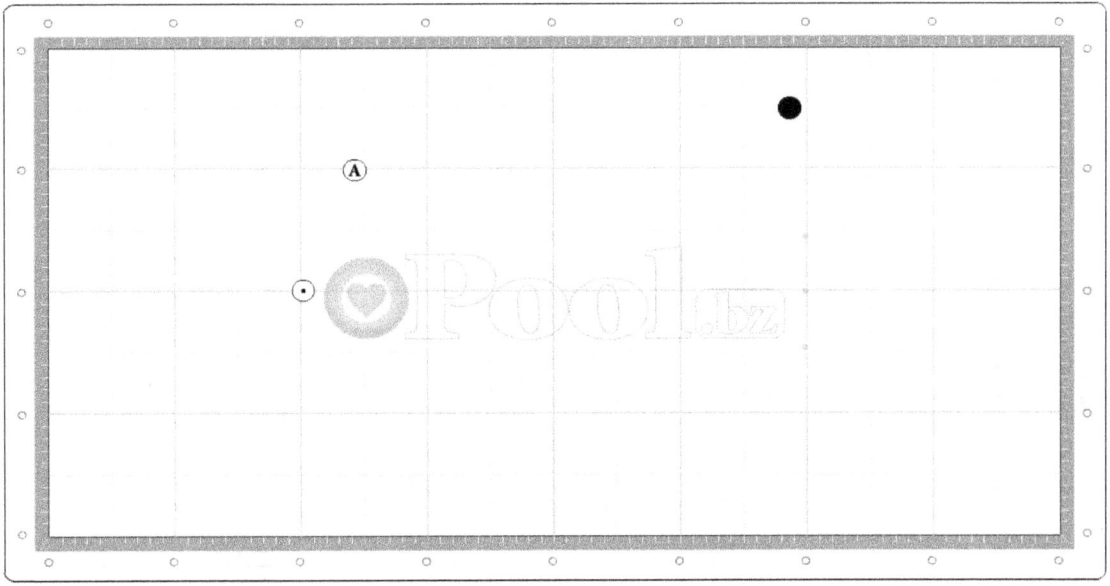

Huomautuksia ja ideoita:

Pallokuviota

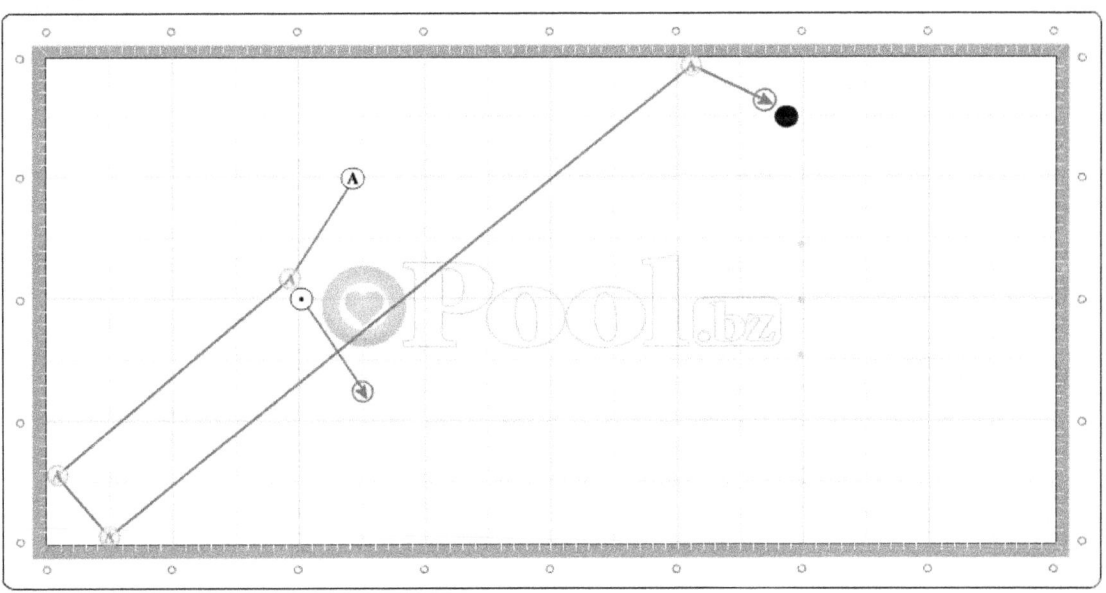

F: Ryhmä 4

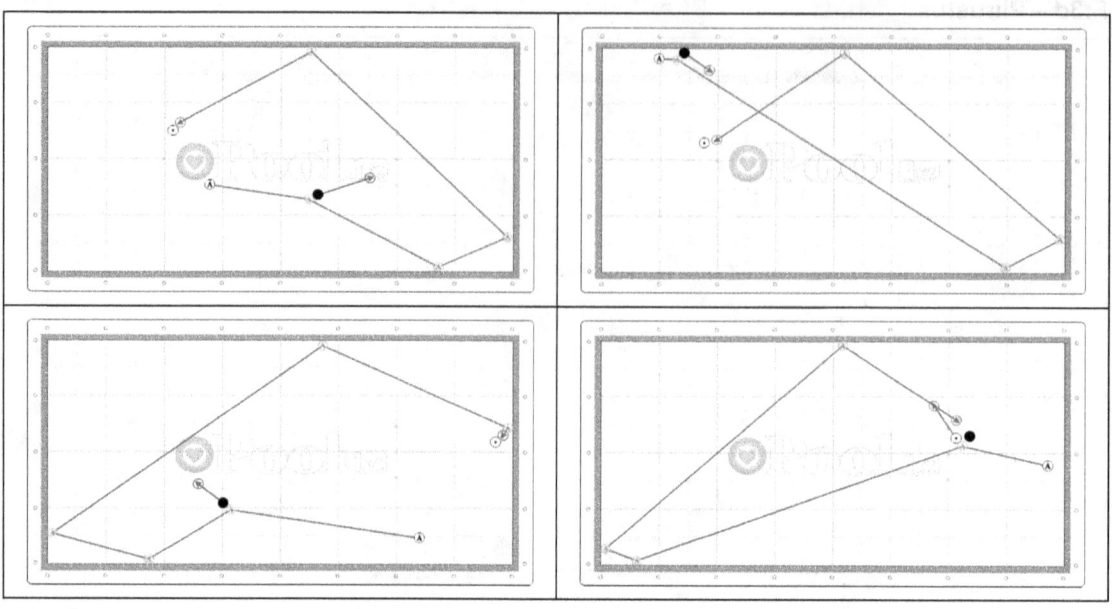

Analyysi:

F:4a. _____

F:4b. _____

F:4c. _____

F:4d. _____

F:4a – Piirustus

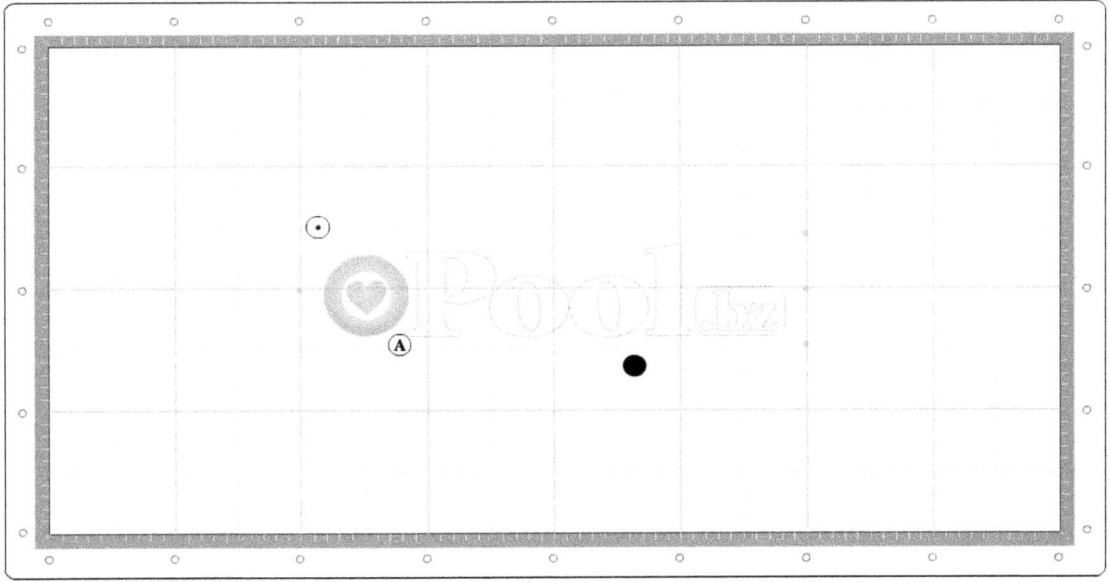

Huomautuksia ja ideoita:

Pallokuviota

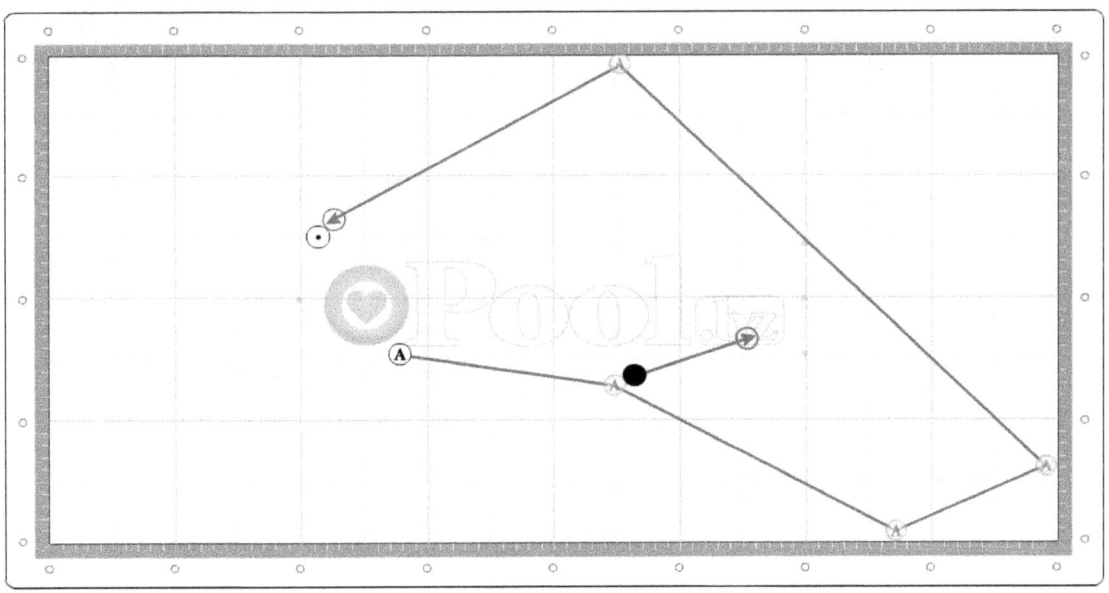

F:4b – Piirustus

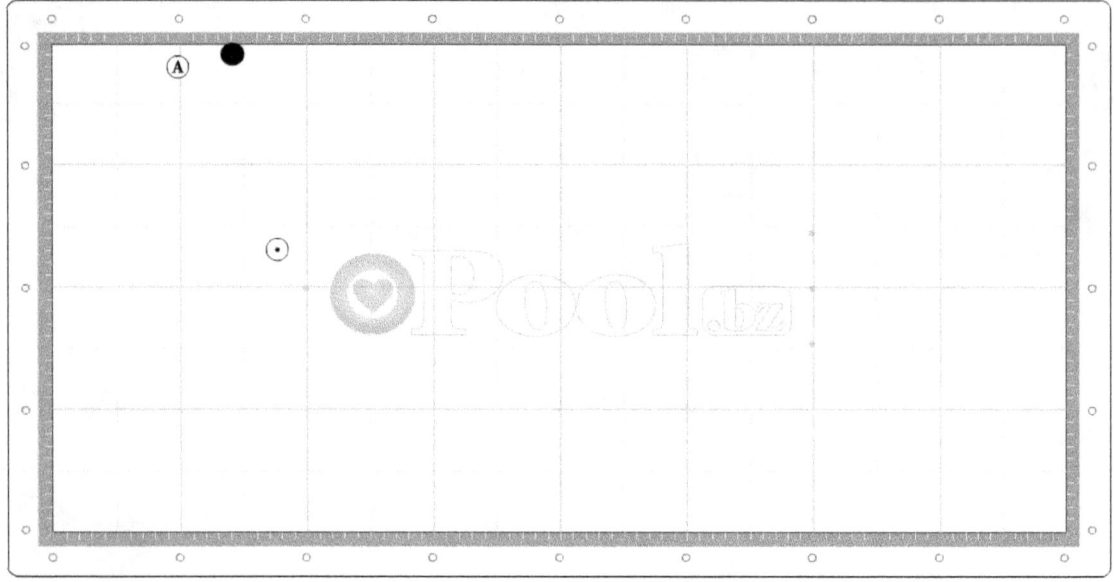

Huomautuksia ja ideoita:

Pallokuviota

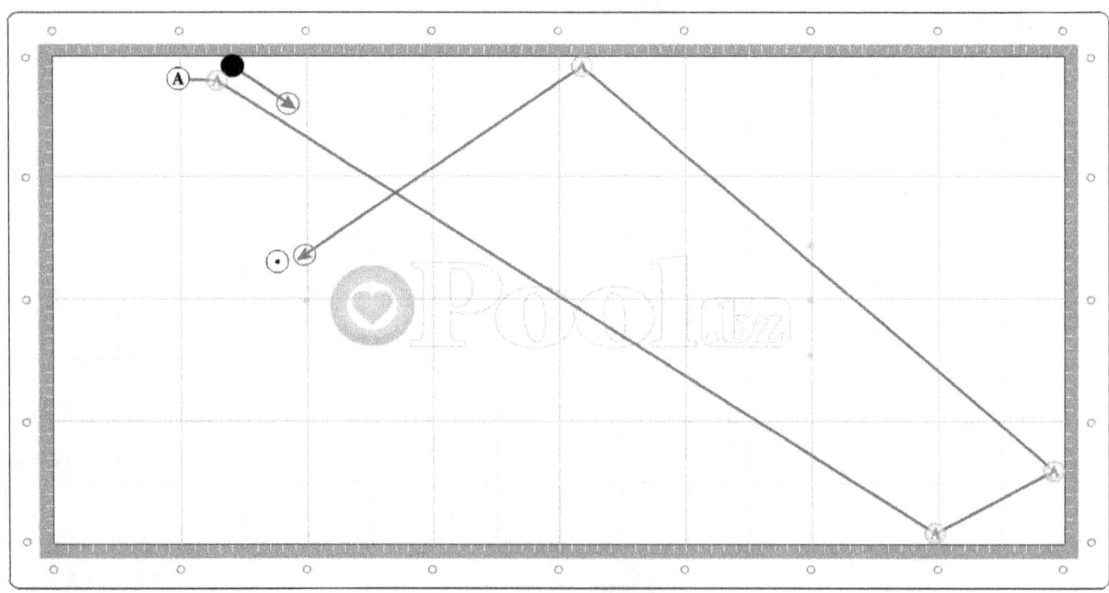

F:4c – Piirustus

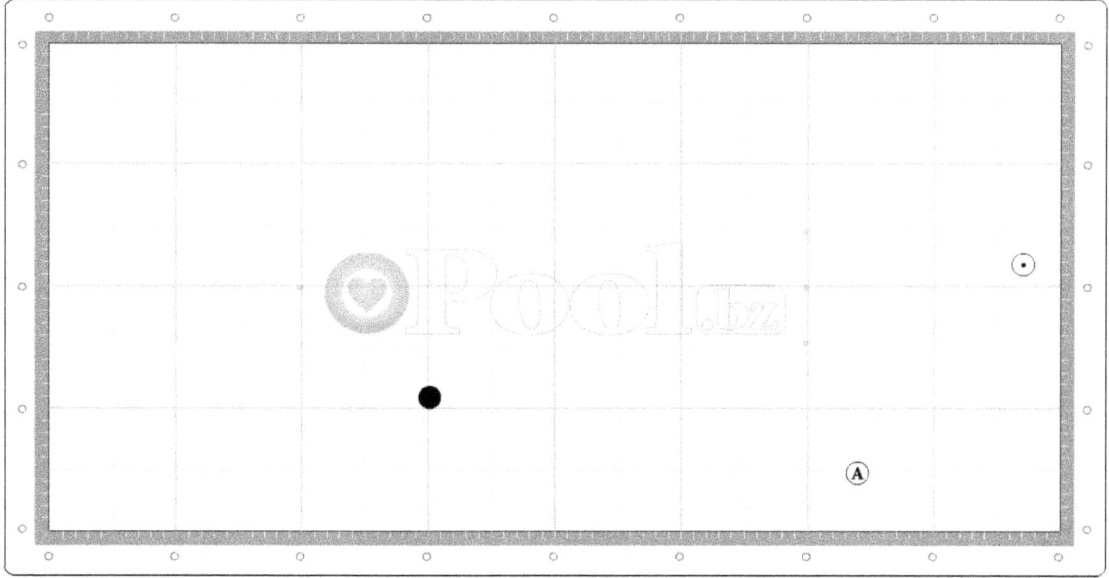

Huomautuksia ja ideoita:

Pallokuviota

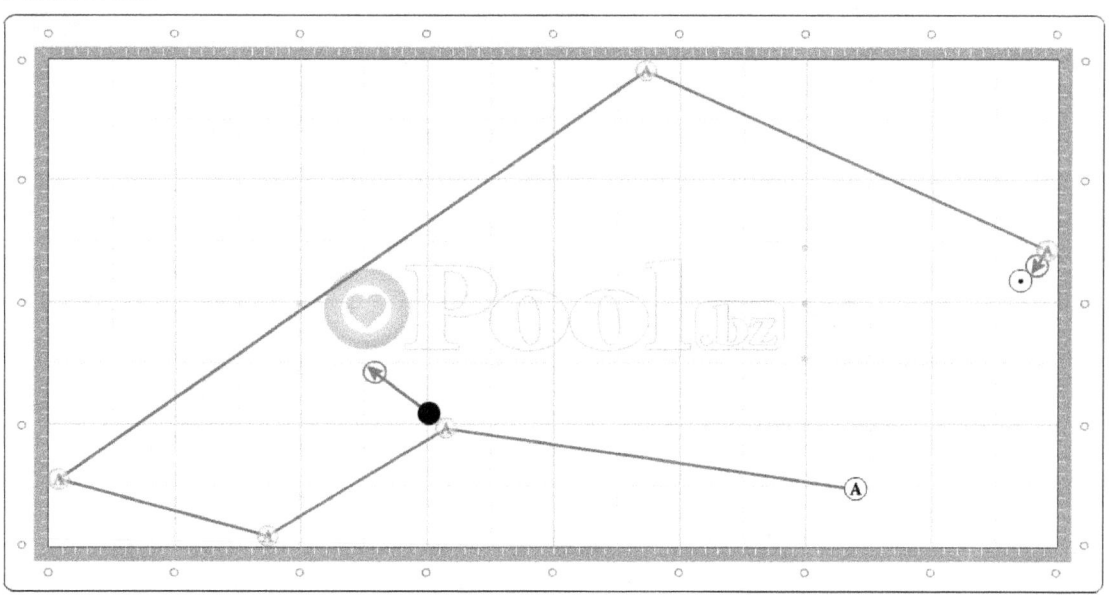

F:4d – Piirustus

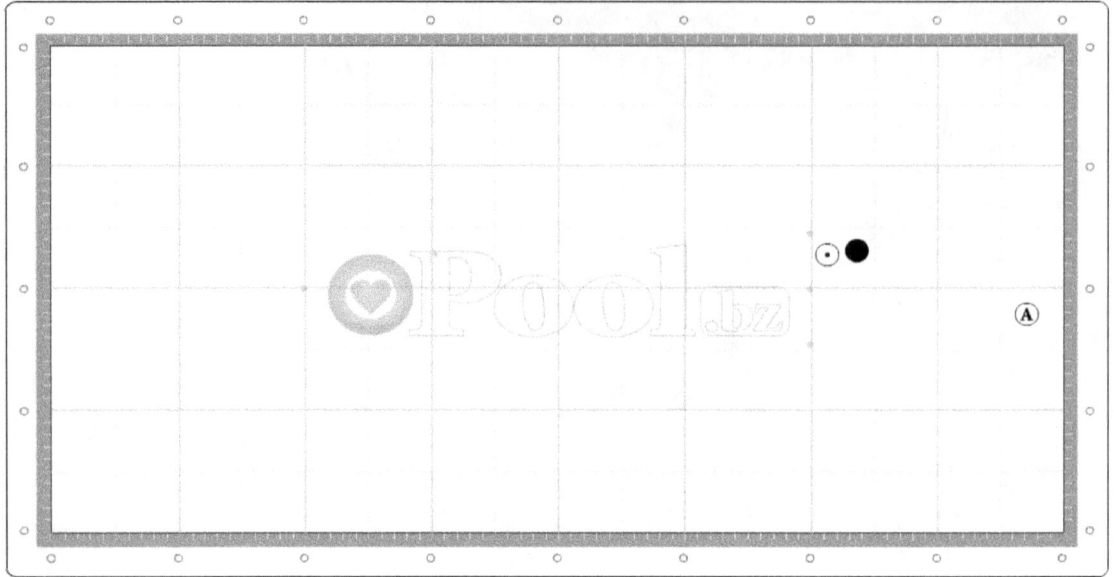

Huomautuksia ja ideoita:

Pallokuviota

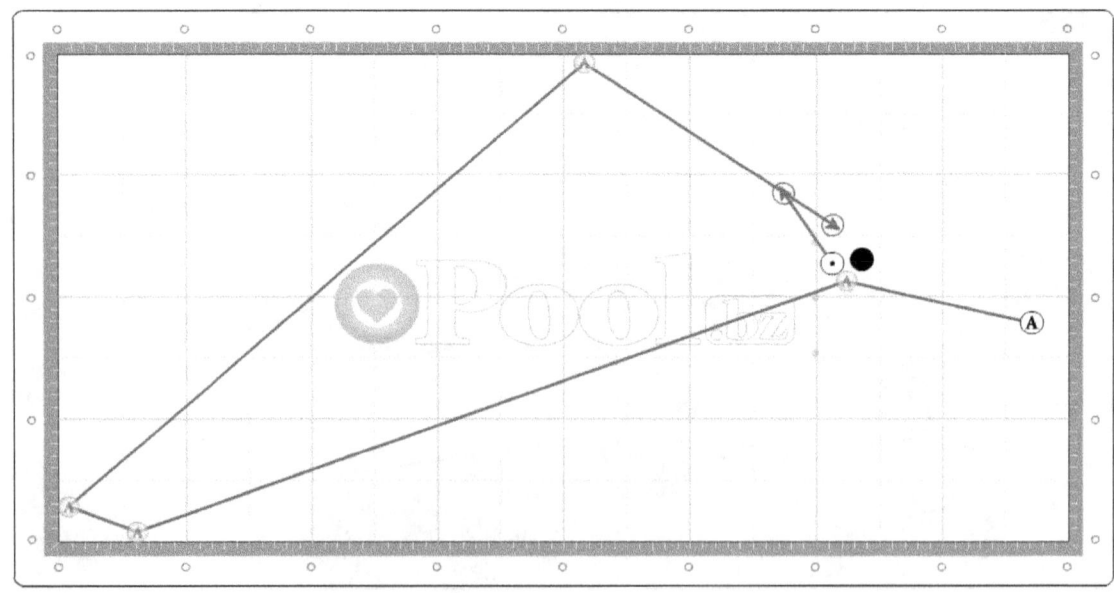

G: Nurkkaan (lyhyt vallin)

(CB) yhdistyy ensimmäisen (OB) kanssa. (CB) kulkee nurkkaan, lyhyt vallin ensin. Sitten (CB) ylittää pöydän keskelle pitkän vallin. Sieltä (CB) koskettaa toista (OB).

Ⓐ (CB) (sinun biljardipallo) – ⊙ (OB) (vastustaja biljardipallo) – ● (OB) (punainen biljardipallo)

G: Ryhmä 1

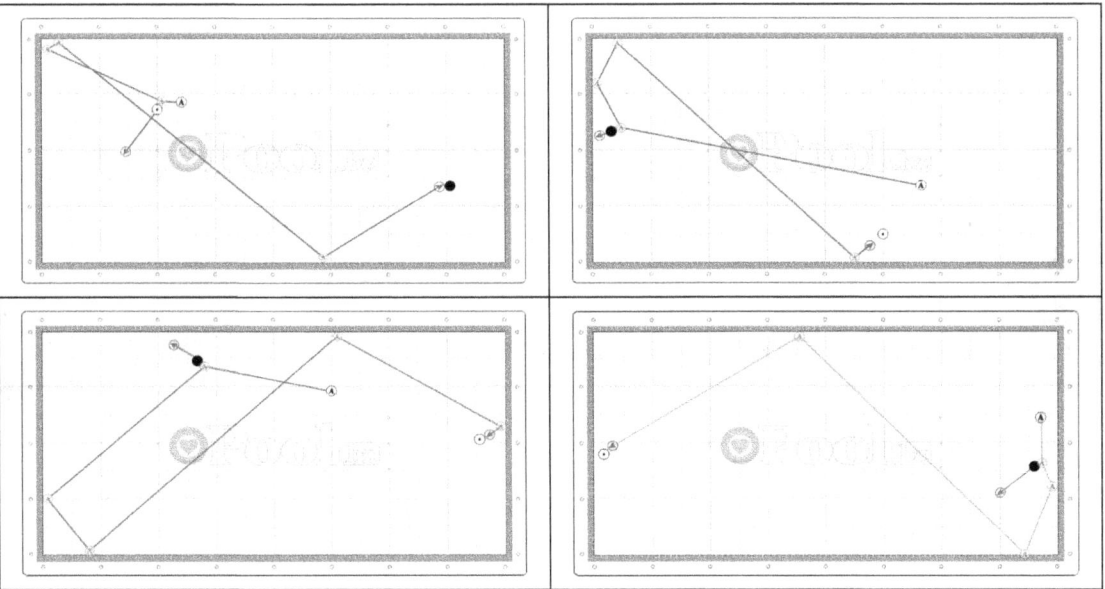

Analyysi:

G:1a. _____

G:1b. _____

G:1c. _____

G:1d. _____

G:1a – Piirustus

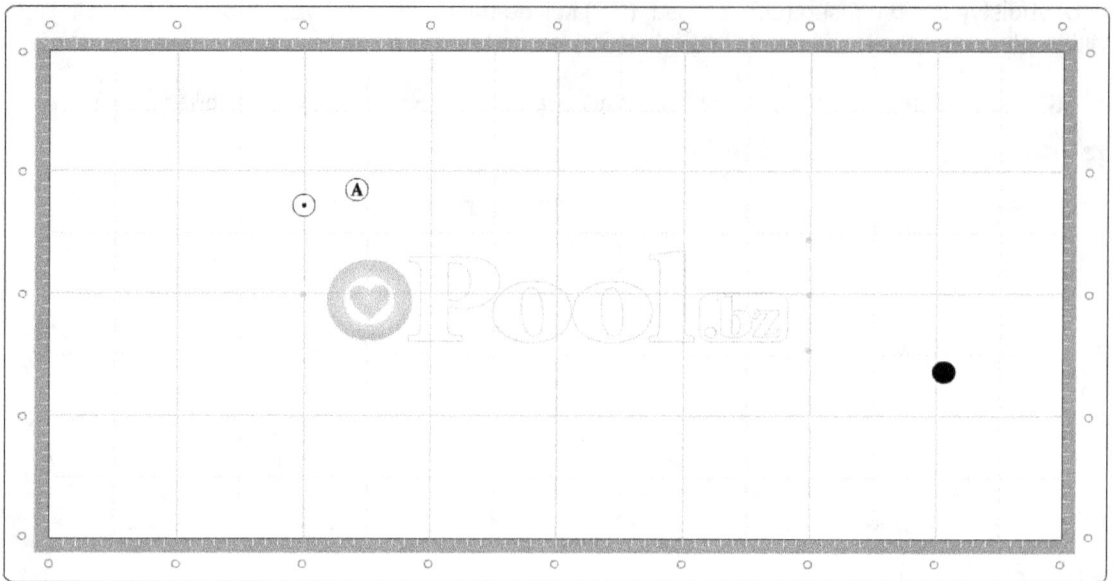

Huomautuksia ja ideoita:

Pallokuviota

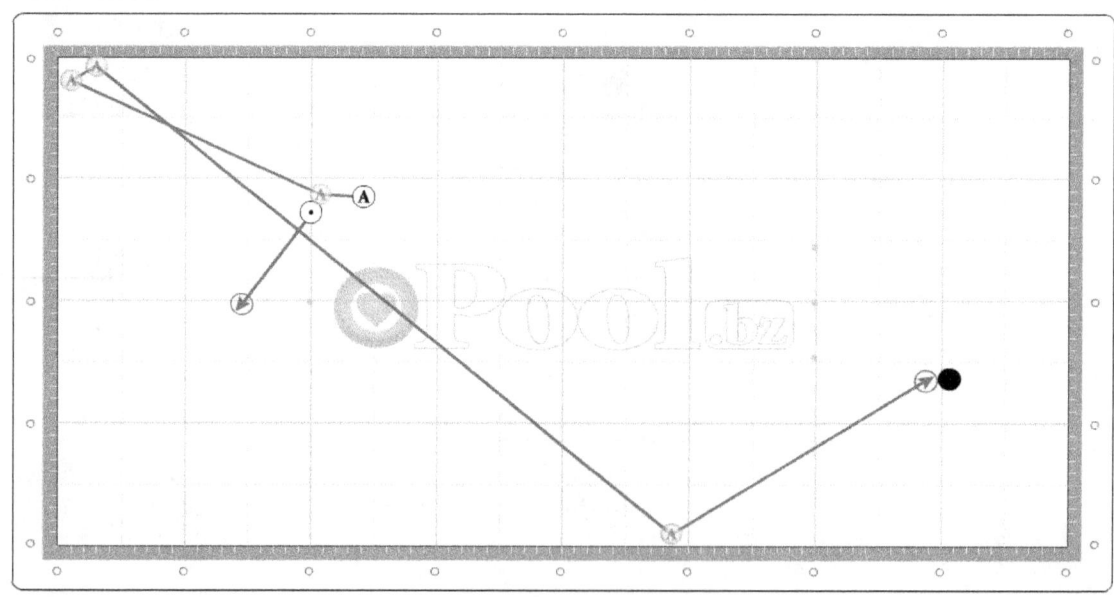

G:1b – Piirustus

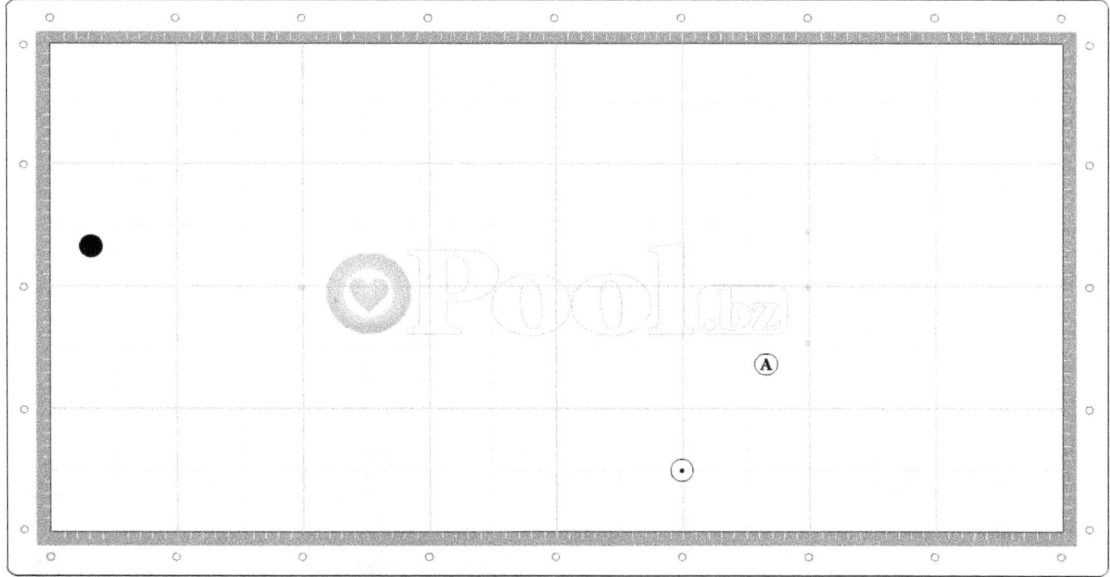

Huomautuksia ja ideoita:

Pallokuviota

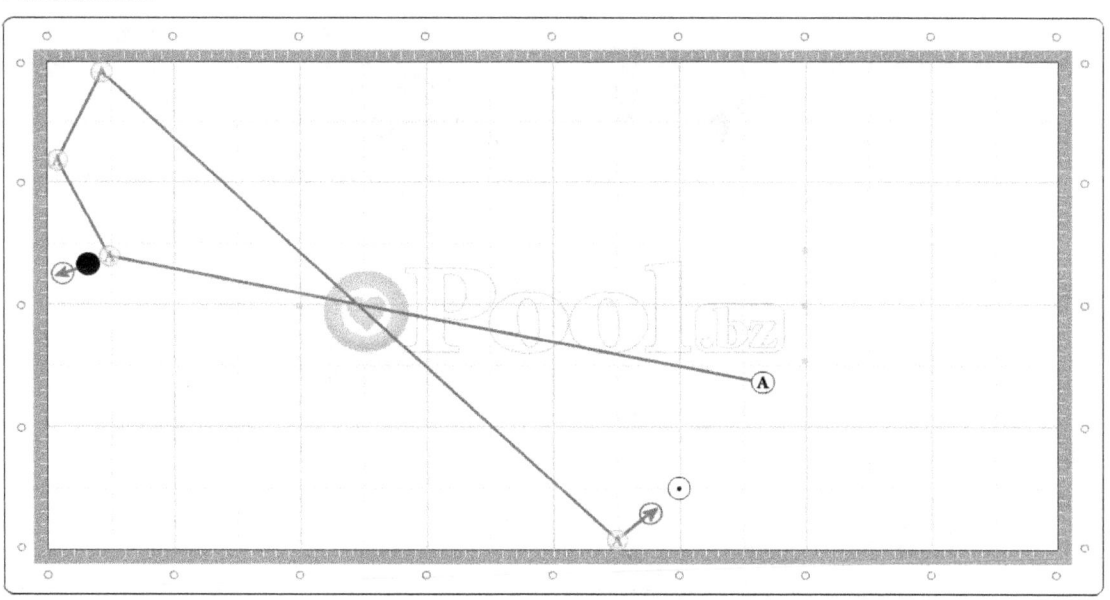

G:1c – Piirustus

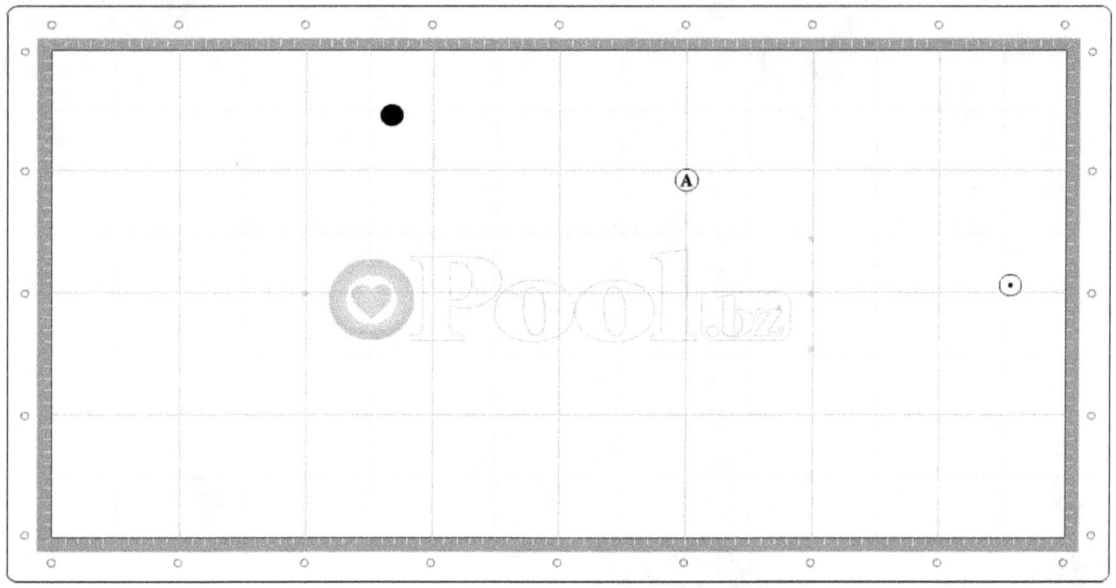

Huomautuksia ja ideoita:

Pallokuviota

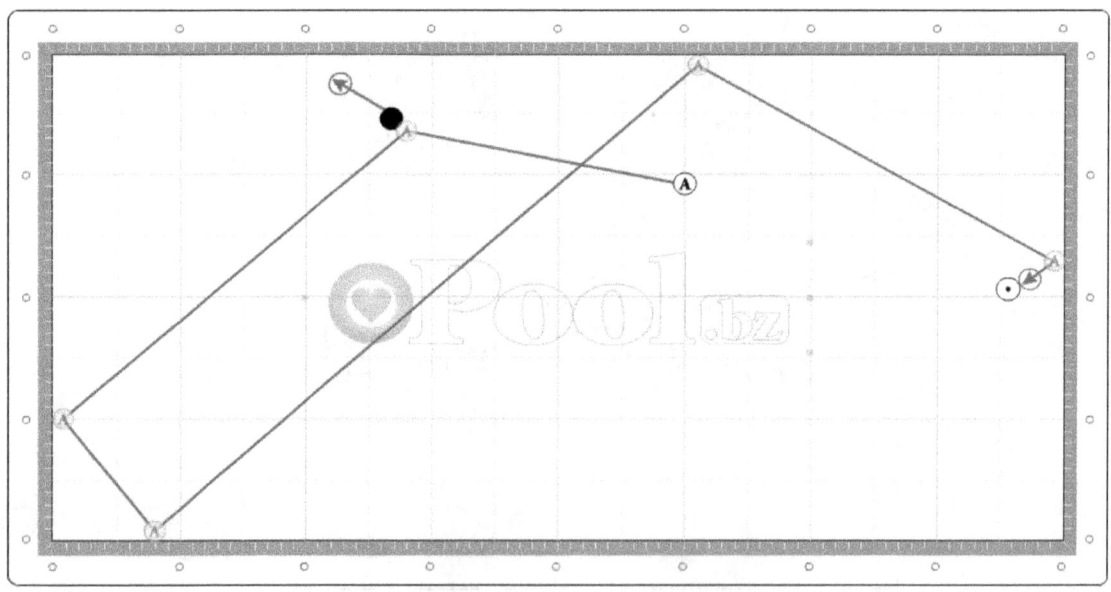

G:1d – Piirustus

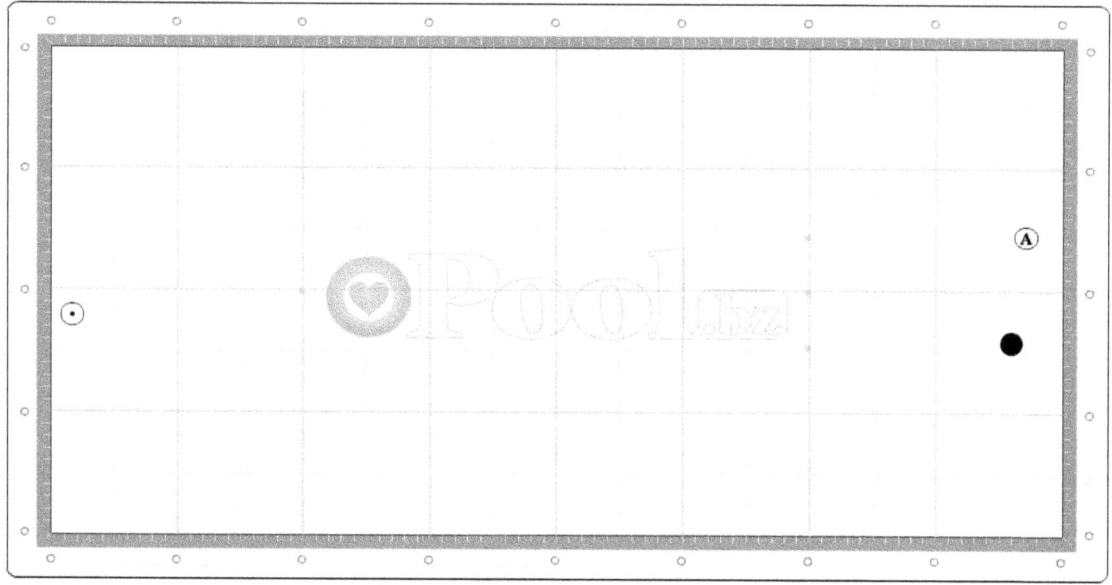

Huomautuksia ja ideoita:

Pallokuviota

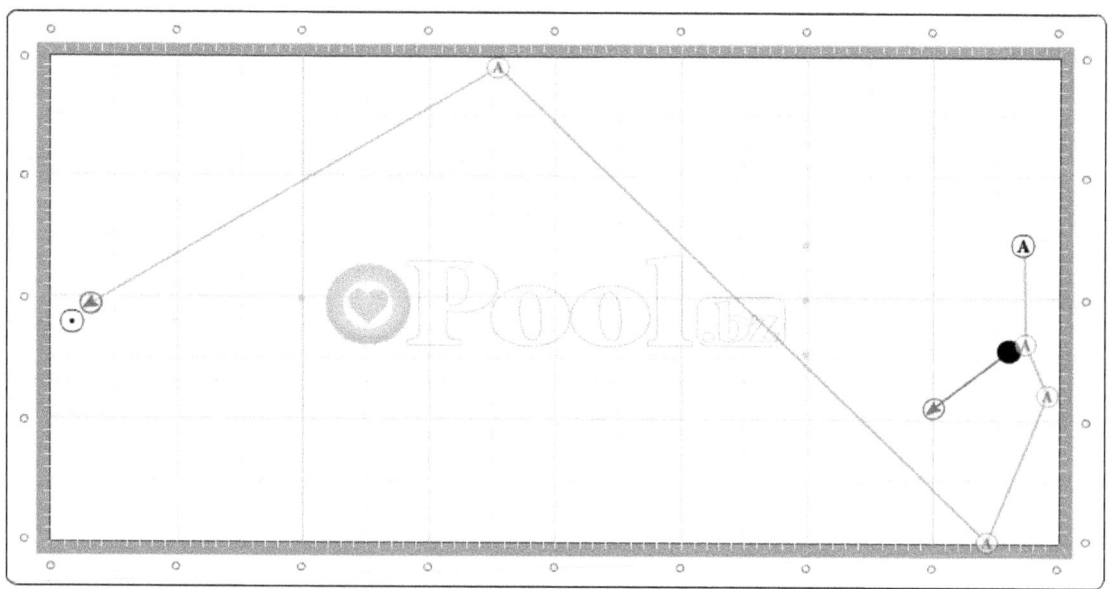

G: Ryhmä 2

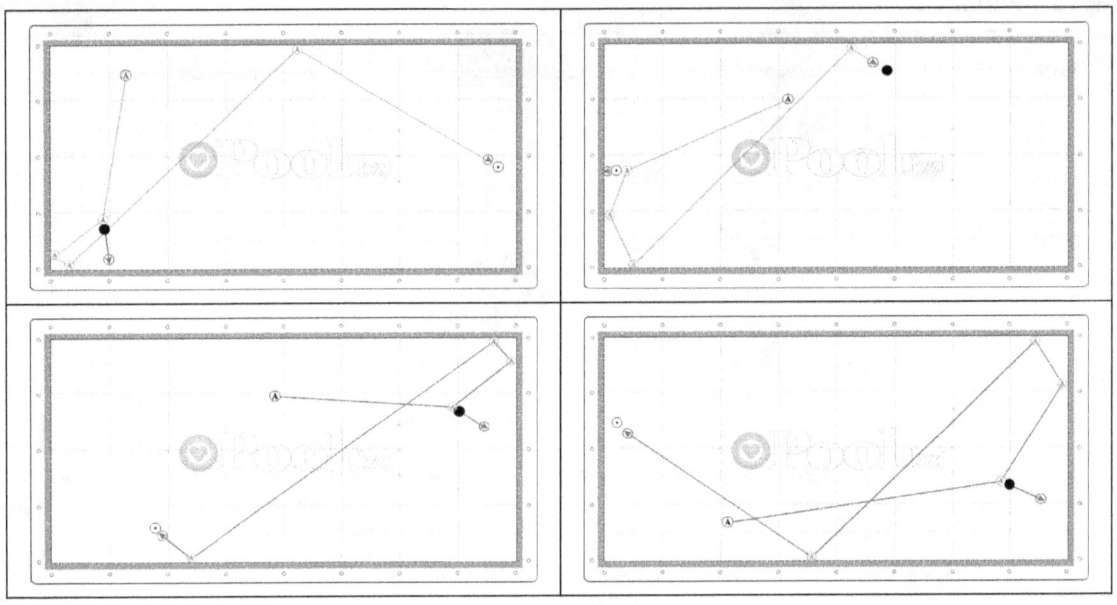

Analyysi:

G:2a. _____

G:2b. _____

G:2c. _____

G:2d. _____

G:2a – Piirustus

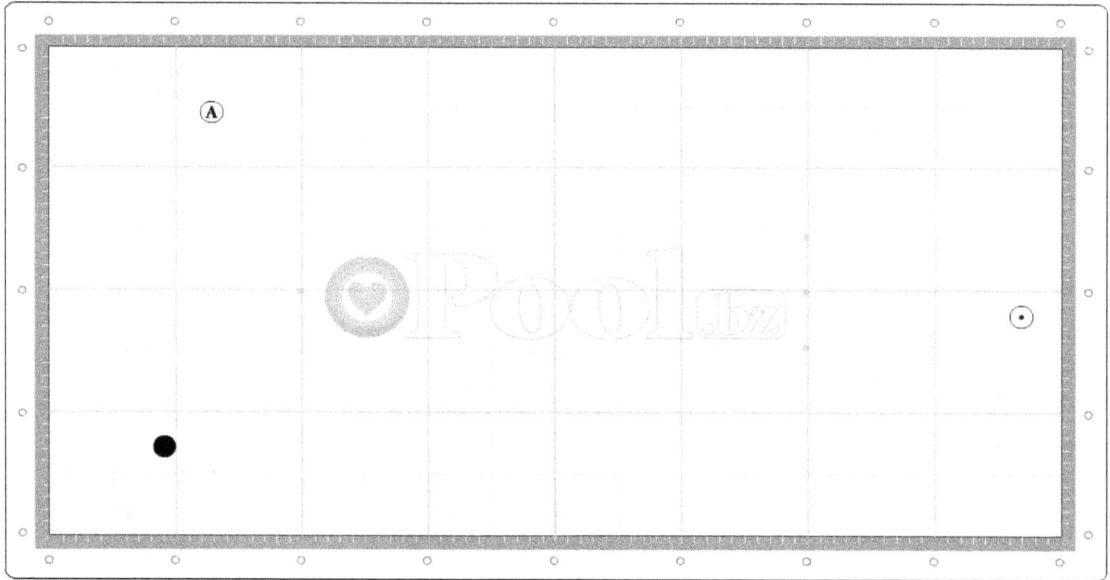

Huomautuksia ja ideoita:

Pallokuviota

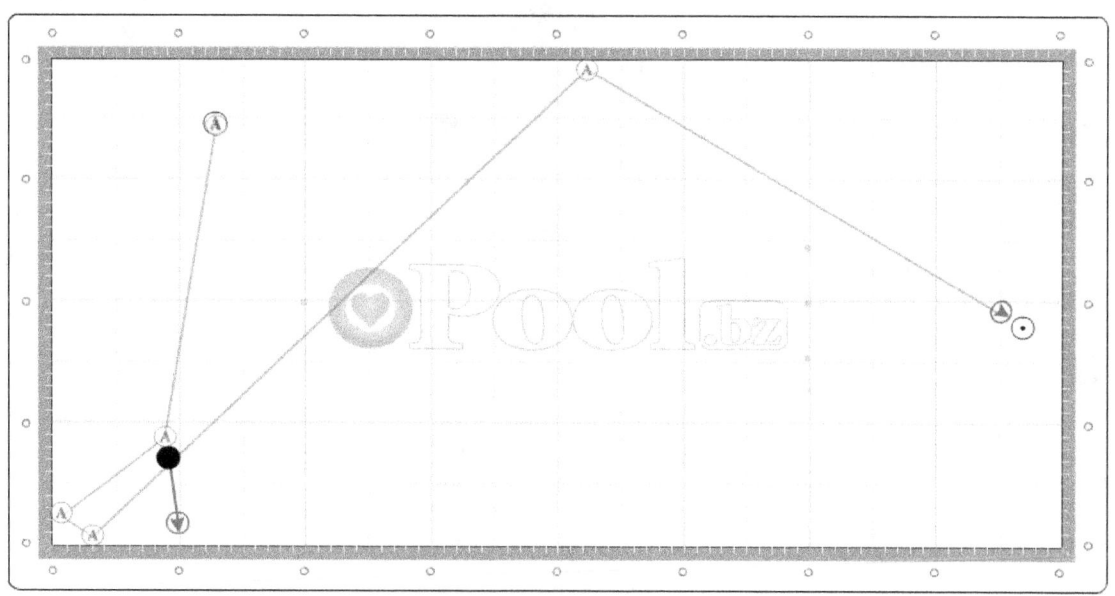

G:2b – Piirustus

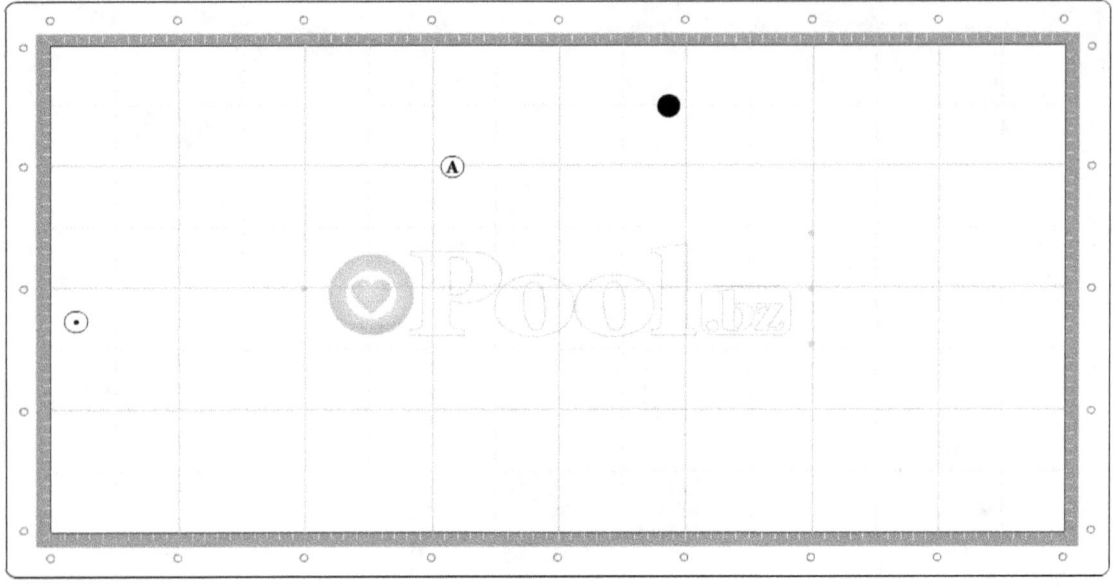

Huomautuksia ja ideoita:

Pallokuviota

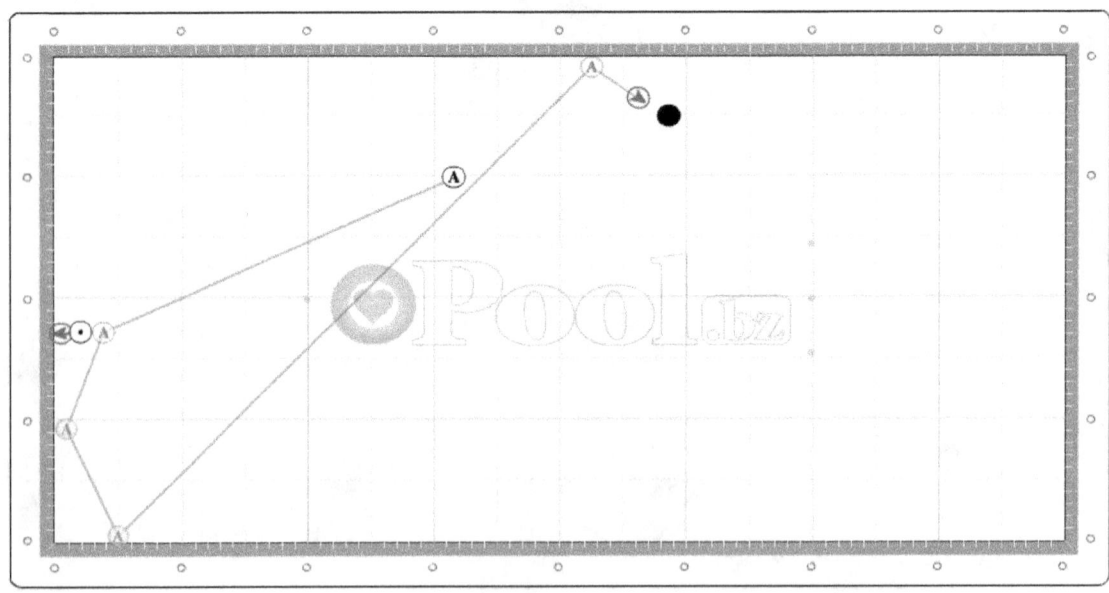

G:2c – Piirustus

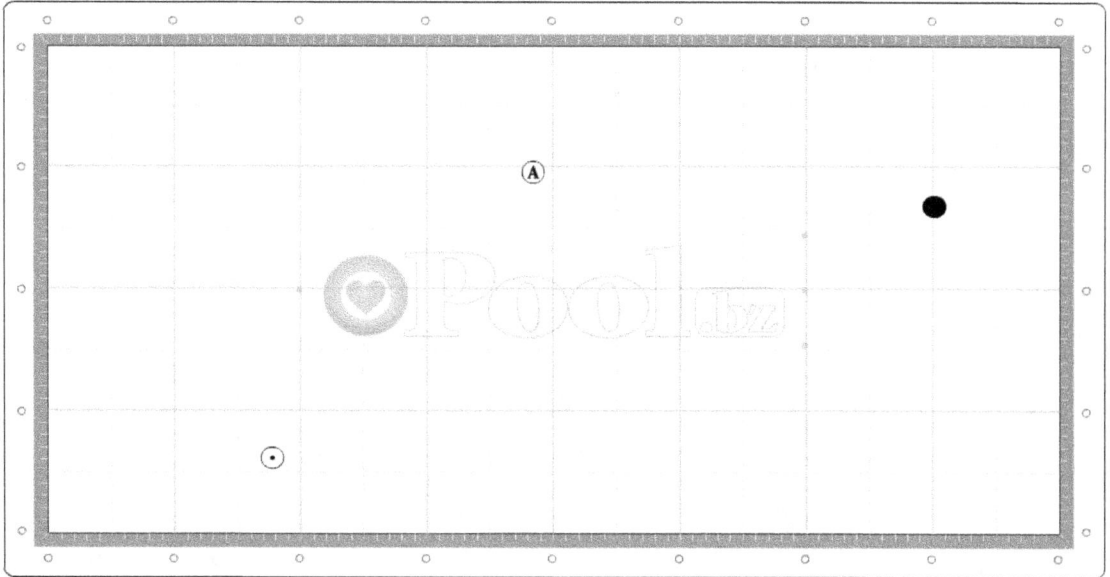

Huomautuksia ja ideoita:

Pallokuviota

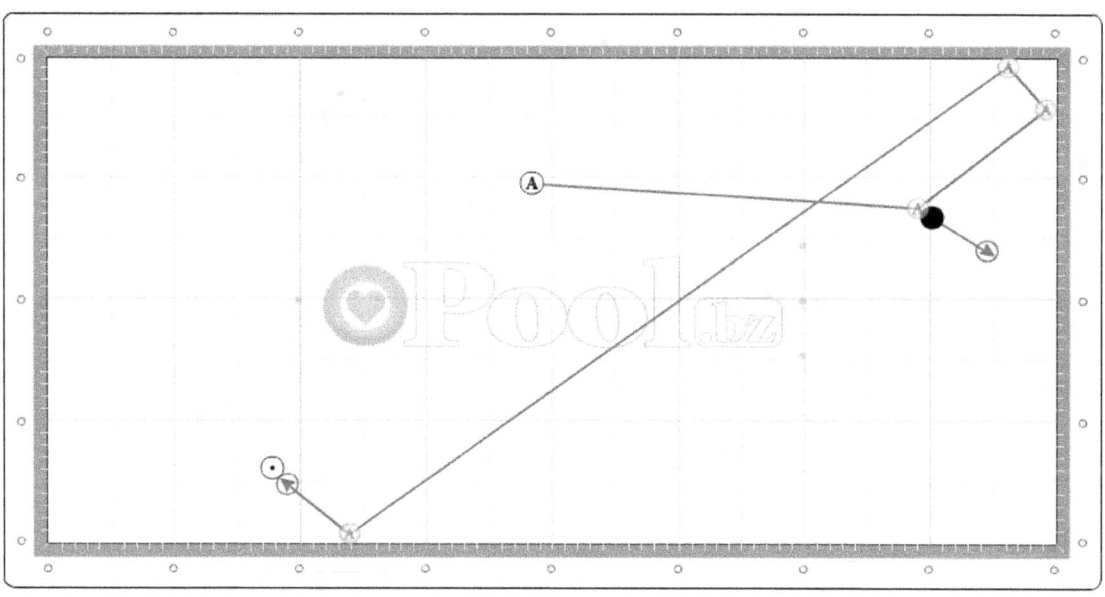

G:3d – Piirustus

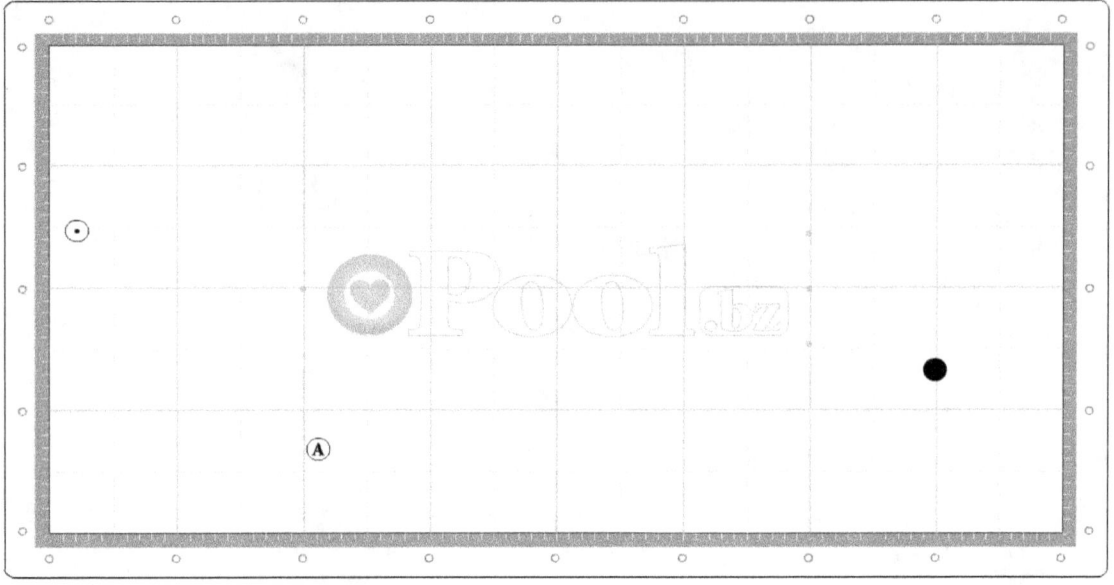

Huomautuksia ja ideoita:

Pallokuviota

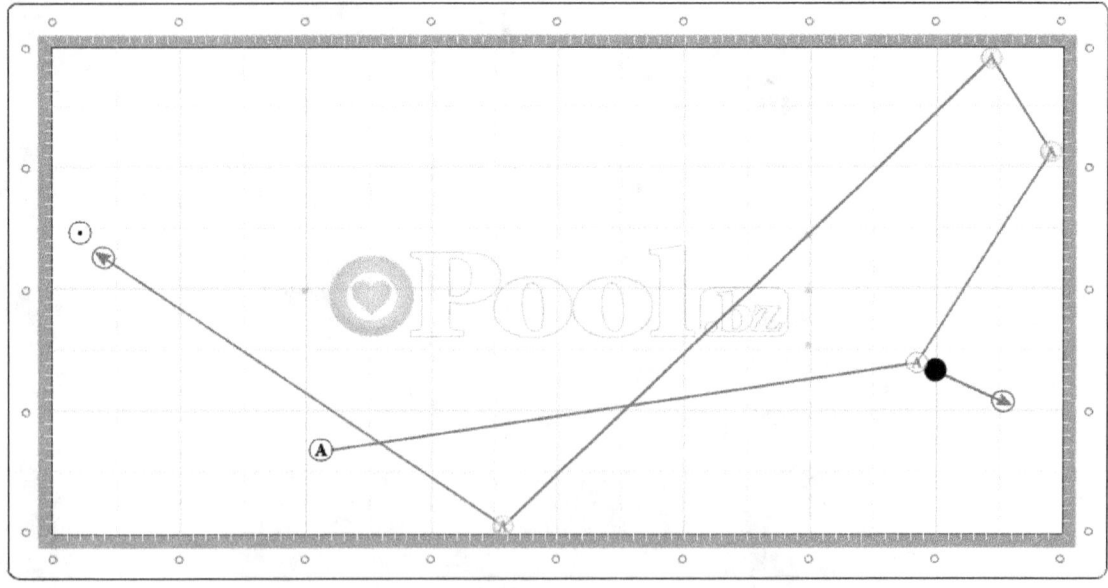

G: Ryhmä 3

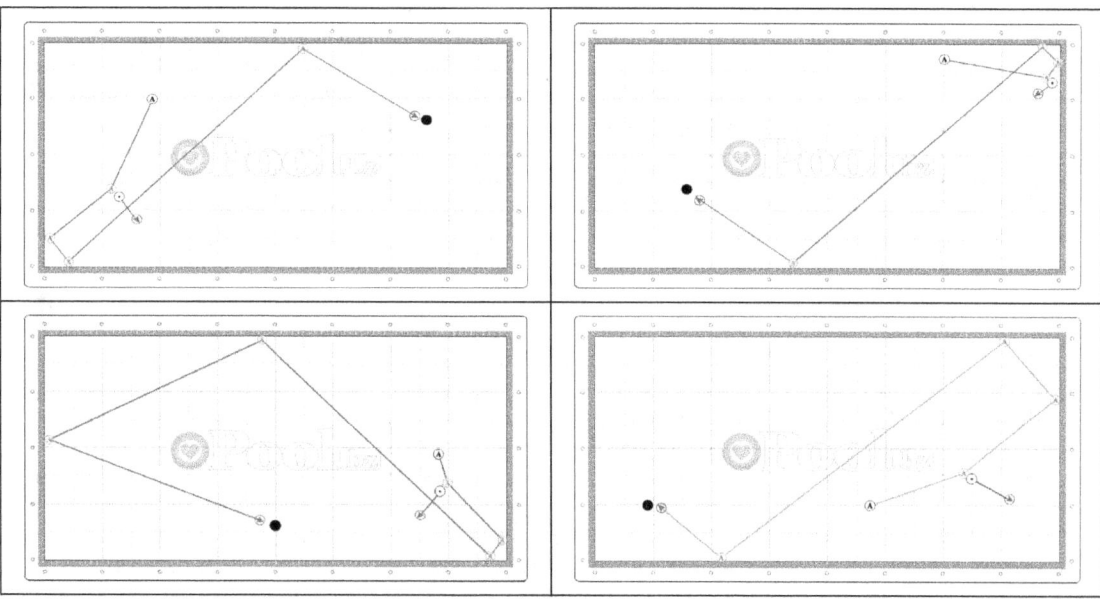

Analyysi:

G:3a. _____

G:3b. _____

G:3c. _____

G:3d. _____

G:3a – Piirustus

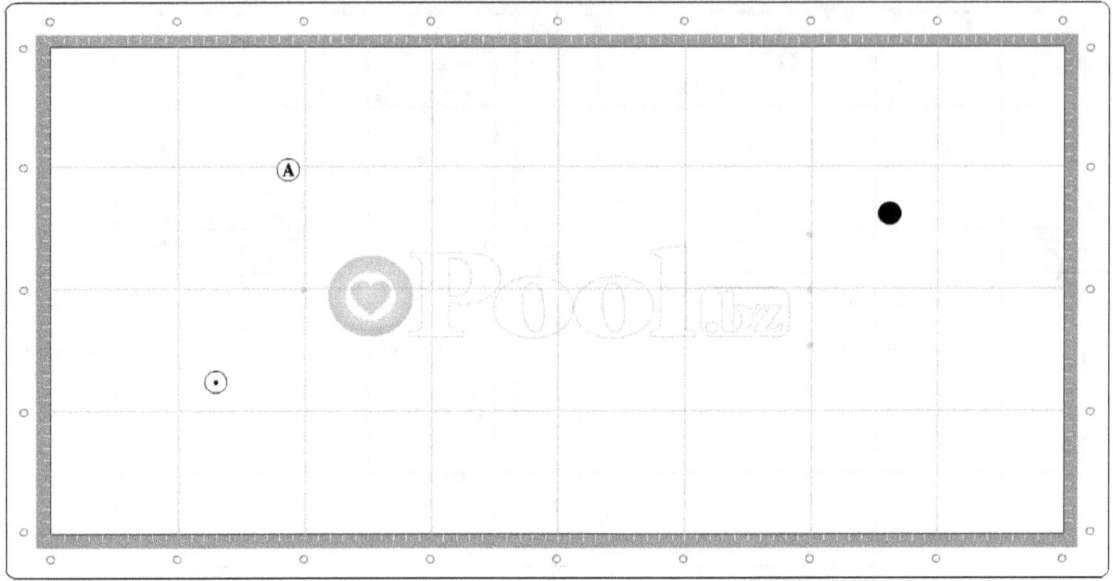

Huomautuksia ja ideoita:

Pallokuviota

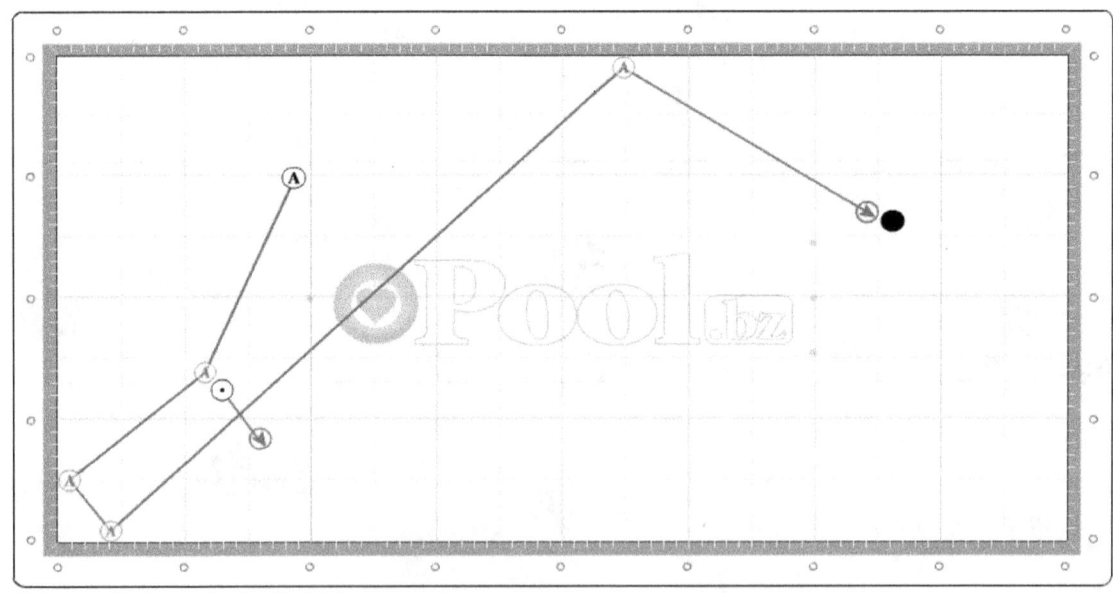

G:3b – Piirustus

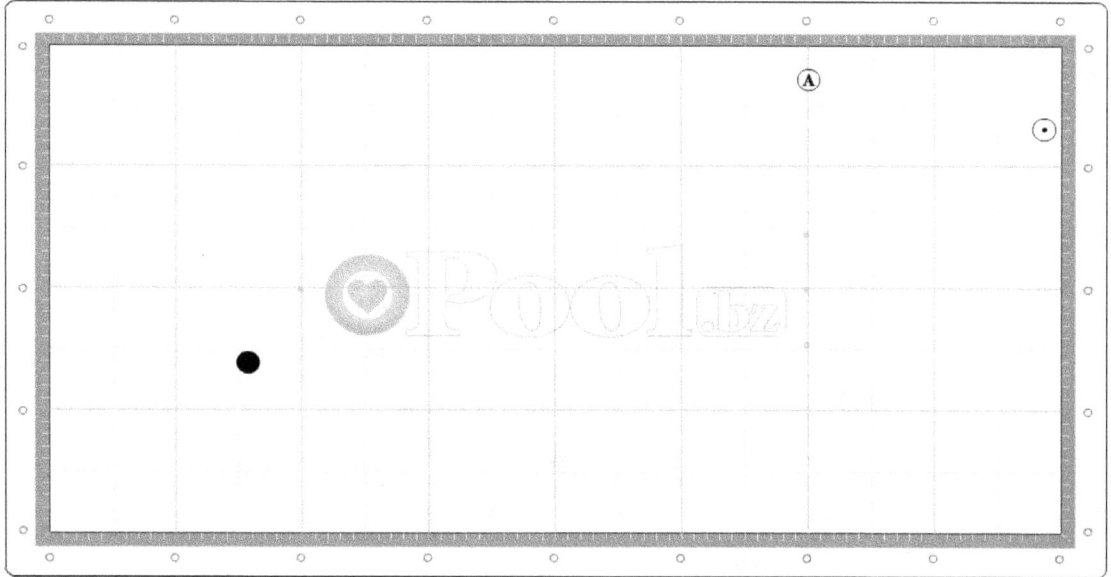

Huomautuksia ja ideoita:

Pallokuviota

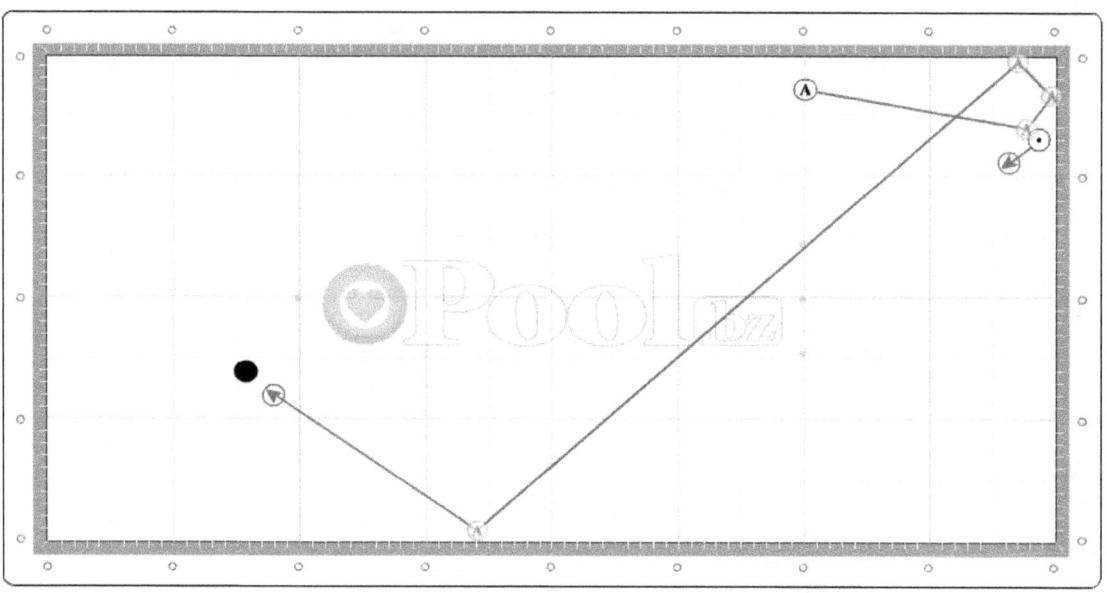

G:3c – Piirustus

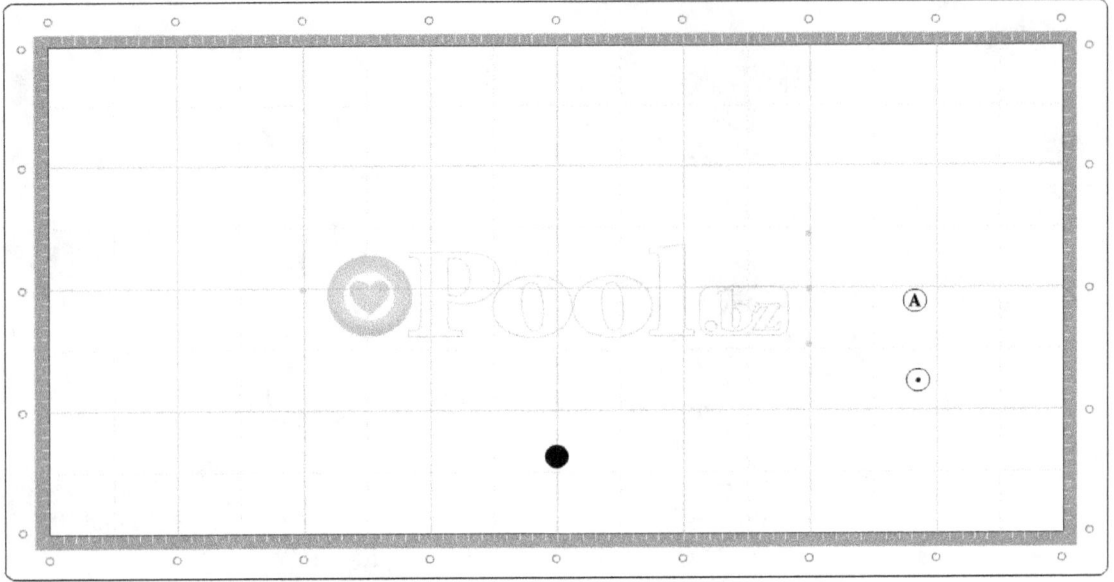

Huomautuksia ja ideoita:

Pallokuviota

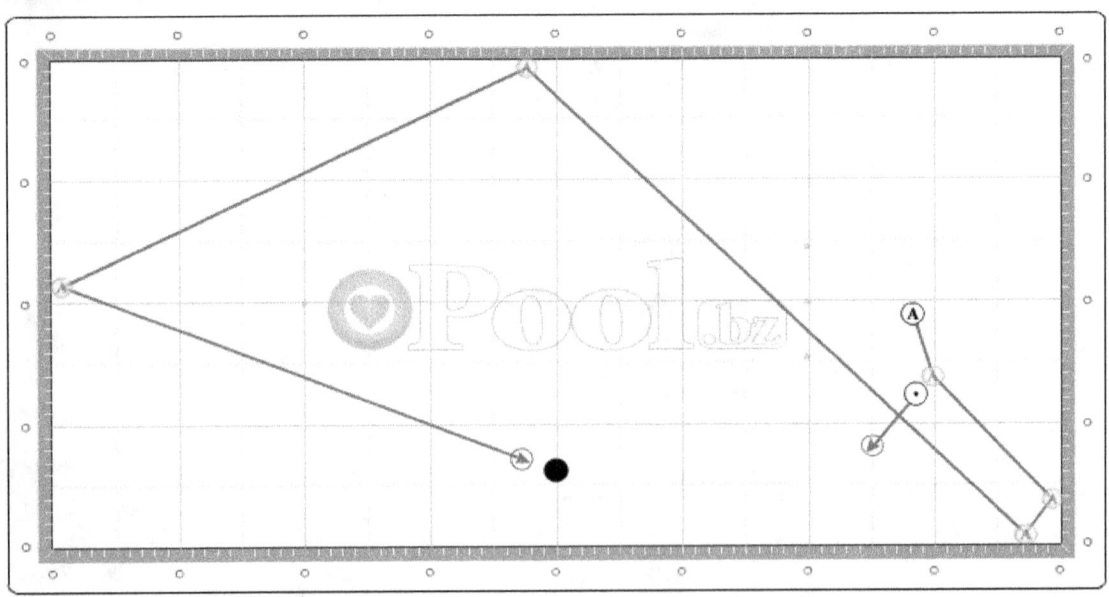

G:3d – Piirustus

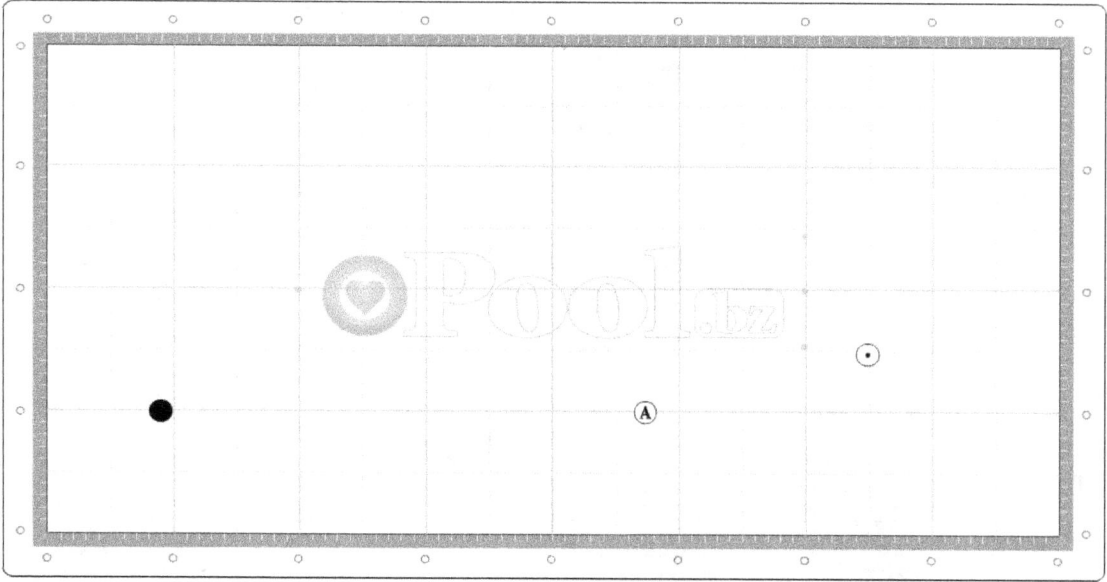

Huomautuksia ja ideoita:

Pallokuviota

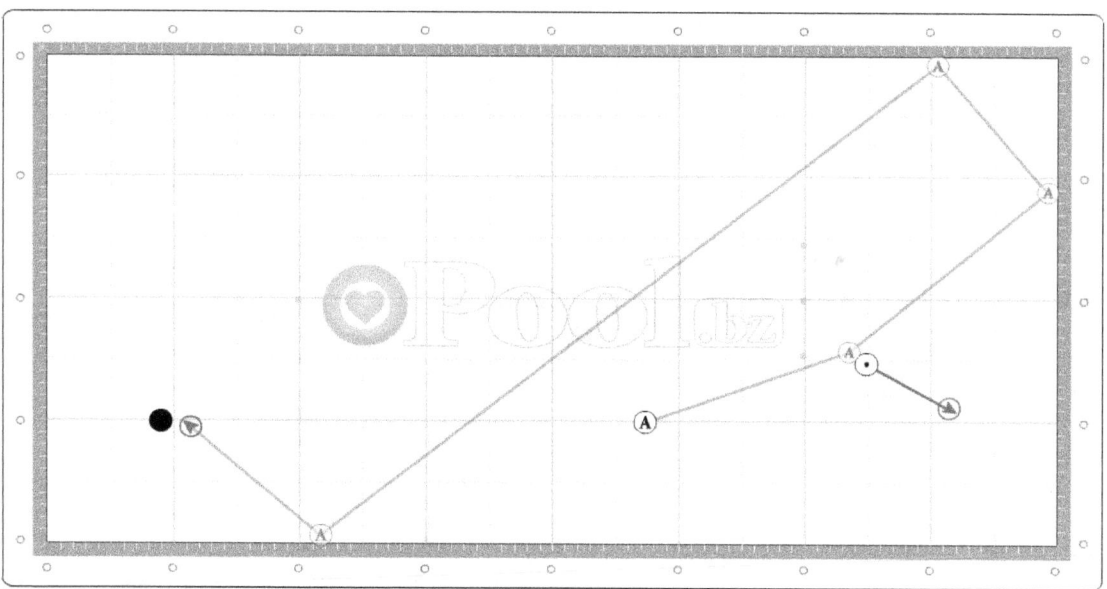

H: Perus kaksinkertainen koukku

Näillä mäenkuvioilla (CB) poistuu ensimmäisestä (OB) kulmikkaasta vallin ensin ja tulee ylös mäkeä pitkin pitkän vallin keskelle. Alas vuoren puolella, (CB) menee sisään ja ulos vastakkaisesta kulmasta - viisi biljardipyykkiä.

Ⓐ (CB) (sinun biljardipallo) – ⊙ (OB) (vastustaja biljardipallo) – ● (OB) (punainen biljardipallo)

H: Ryhmä 1

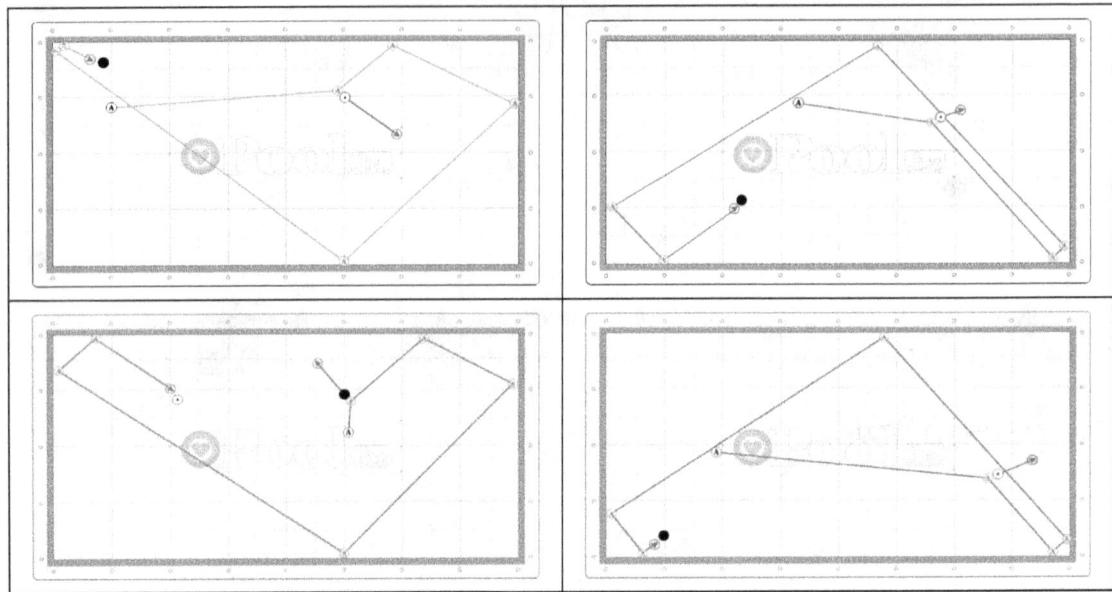

Analyysi:

H:1a. _____

H:1b. _____

H:1c. _____

H:1d. _____

H:1a – Piirustus

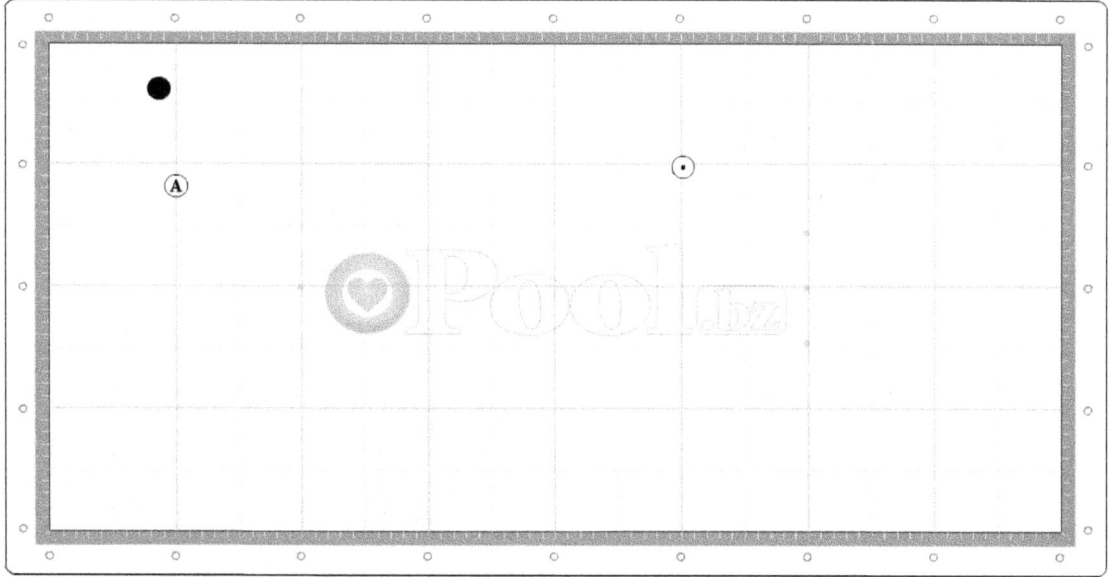

Huomautuksia ja ideoita:

Pallokuviota

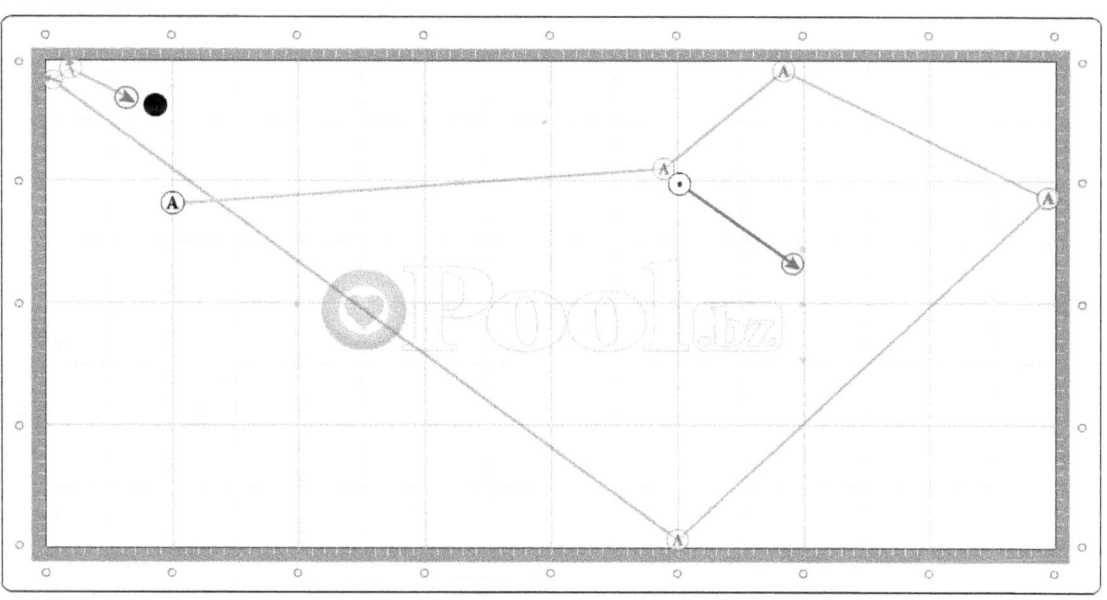

H:1b – Piirustus

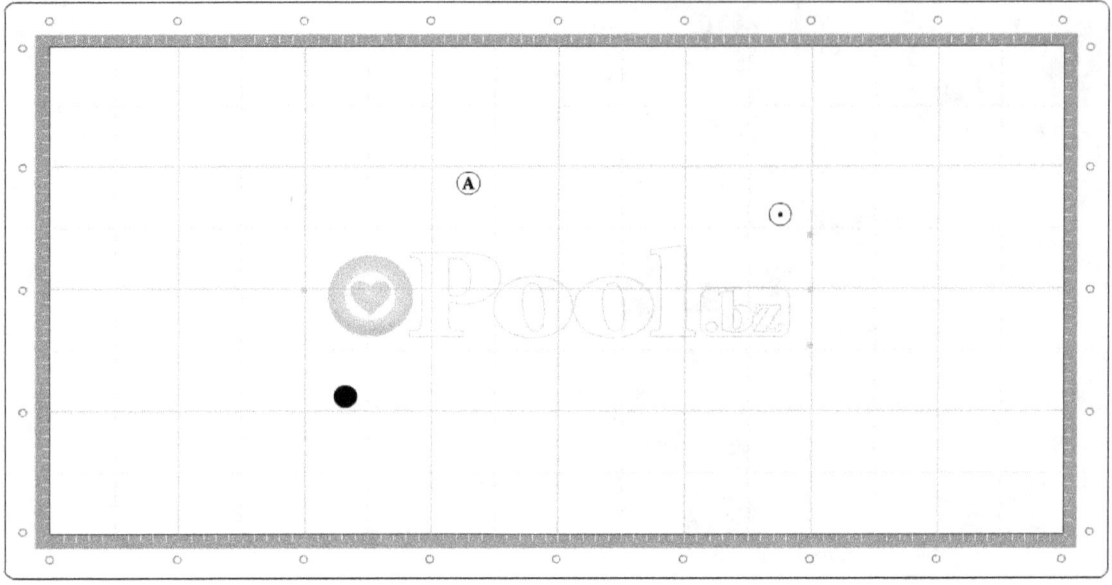

Huomautuksia ja ideoita:

Pallokuviota

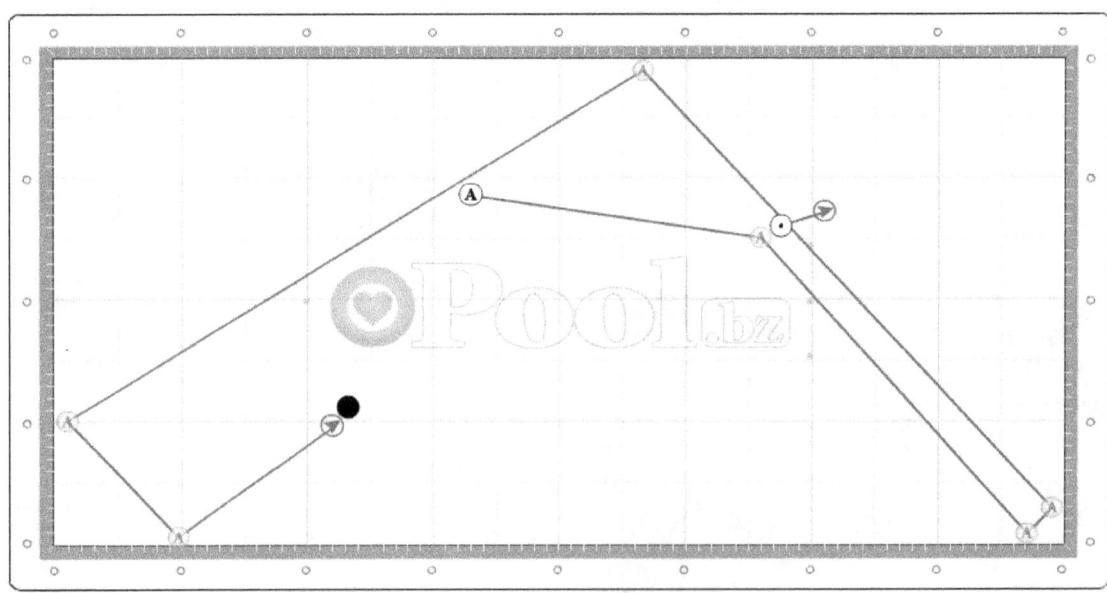

H:1c – Piirustus

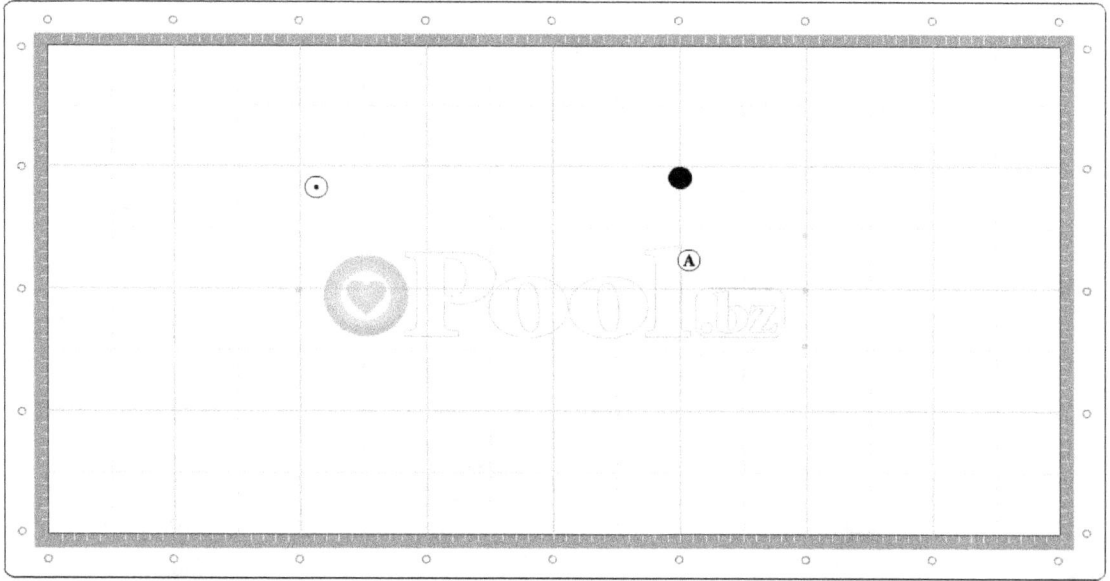

Huomautuksia ja ideoita:

Pallokuviota

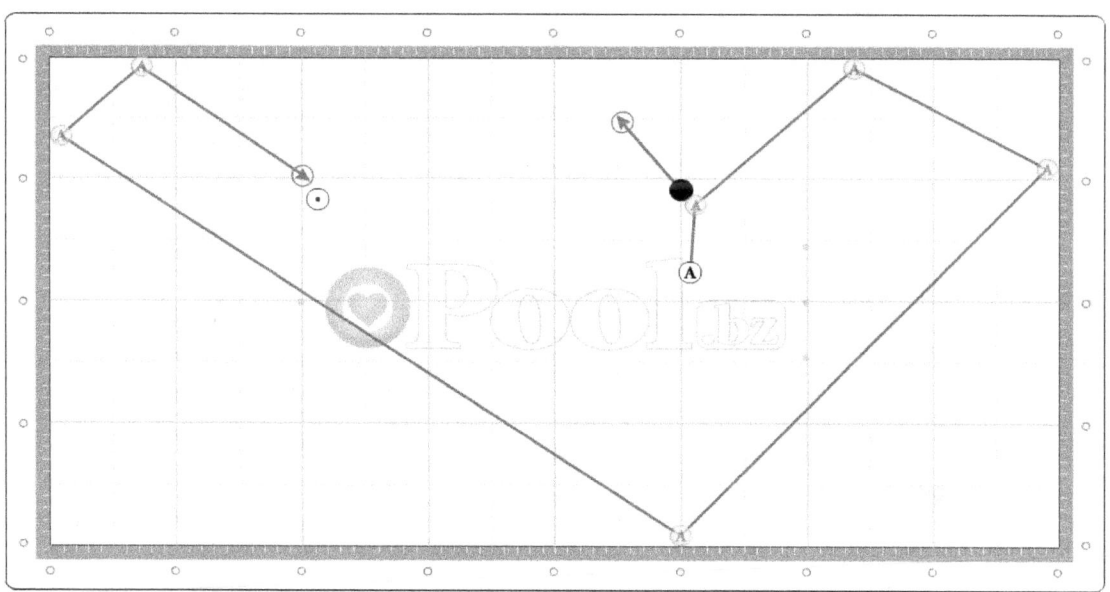

H:1d – Piirustus

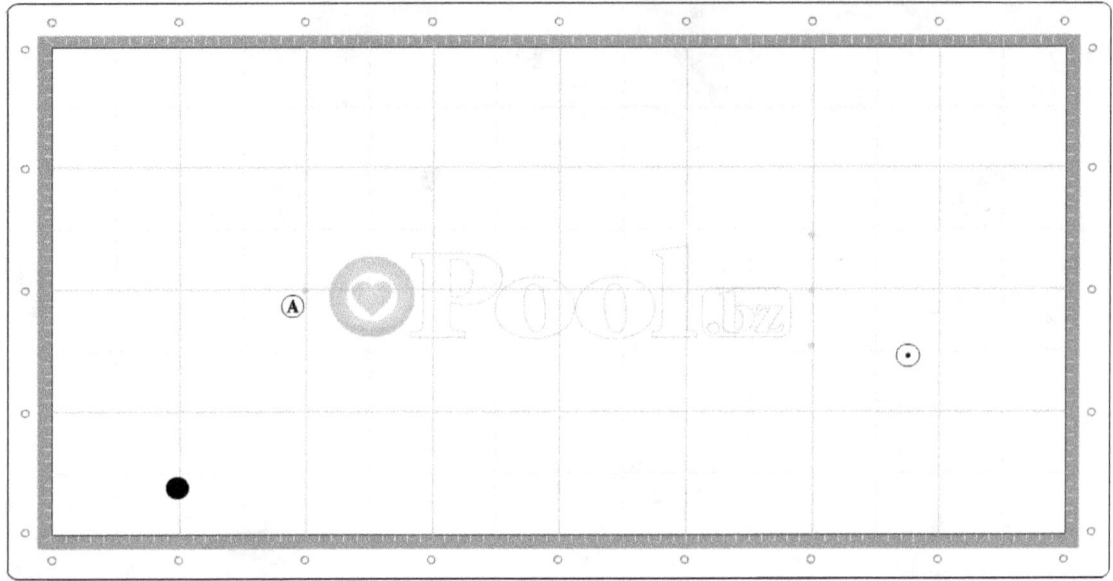

Huomautuksia ja ideoita:

Pallokuviota

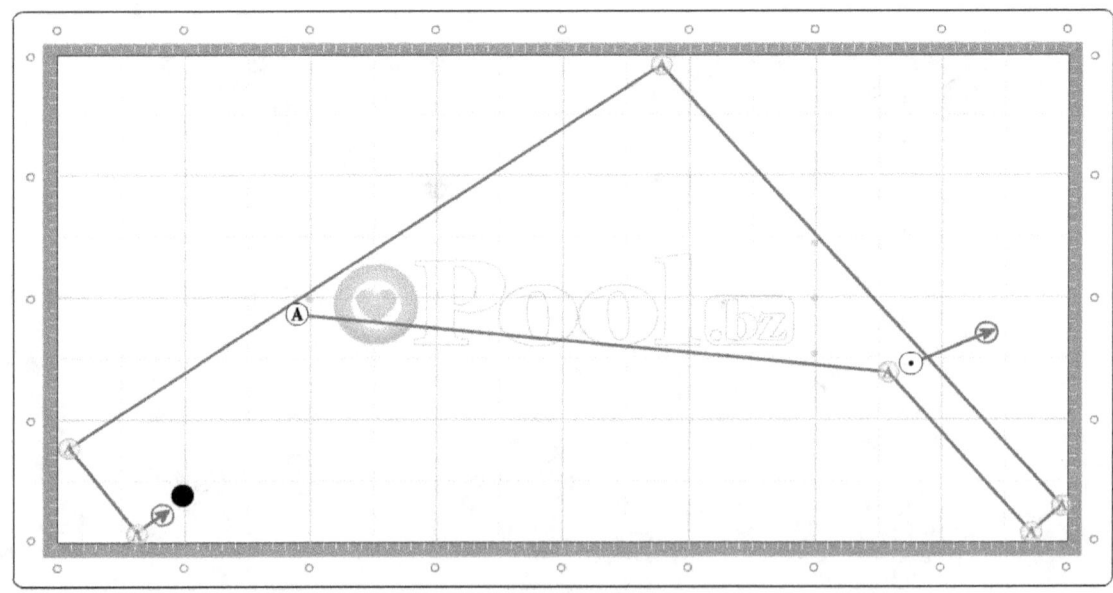

H: Ryhmä 2

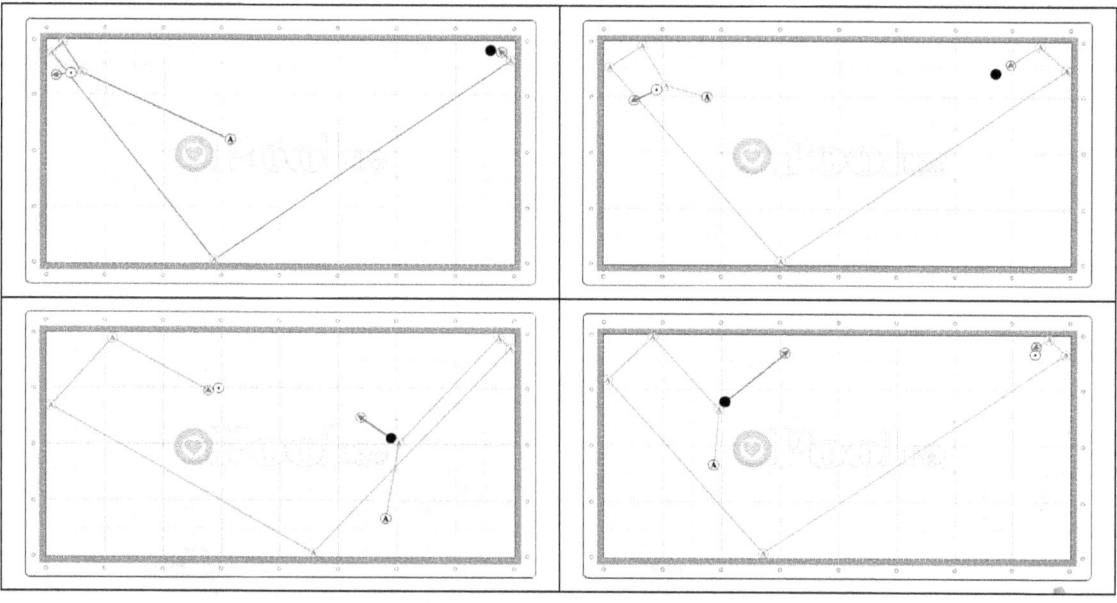

Analyysi:

H:2a. _____

H:2b. _____

H:2c. _____

H:2d. _____

H:2a – Piirustus

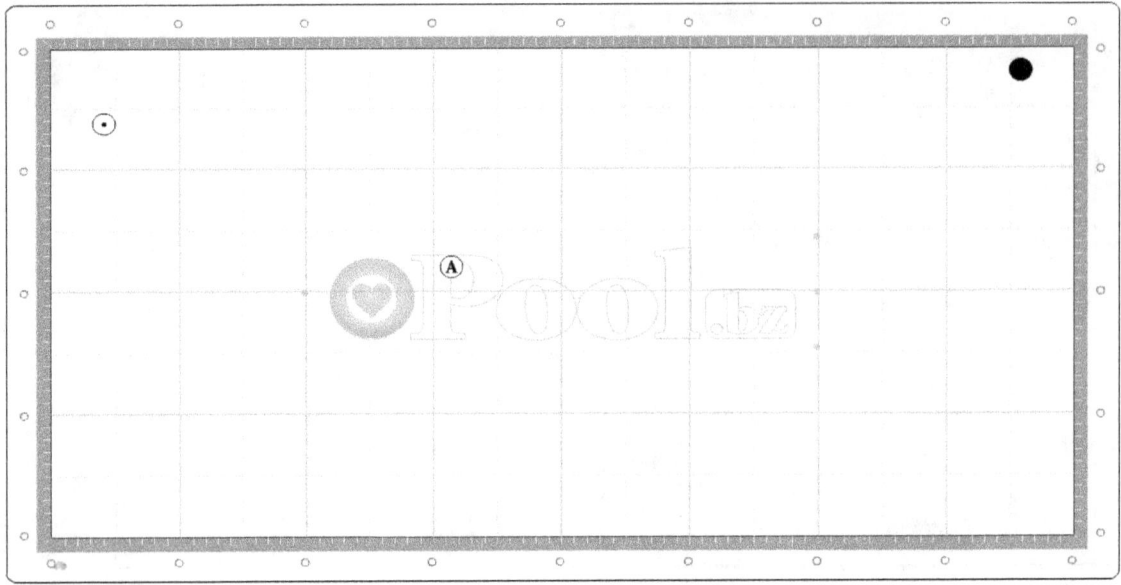

Huomautuksia ja ideoita:

Pallokuviota

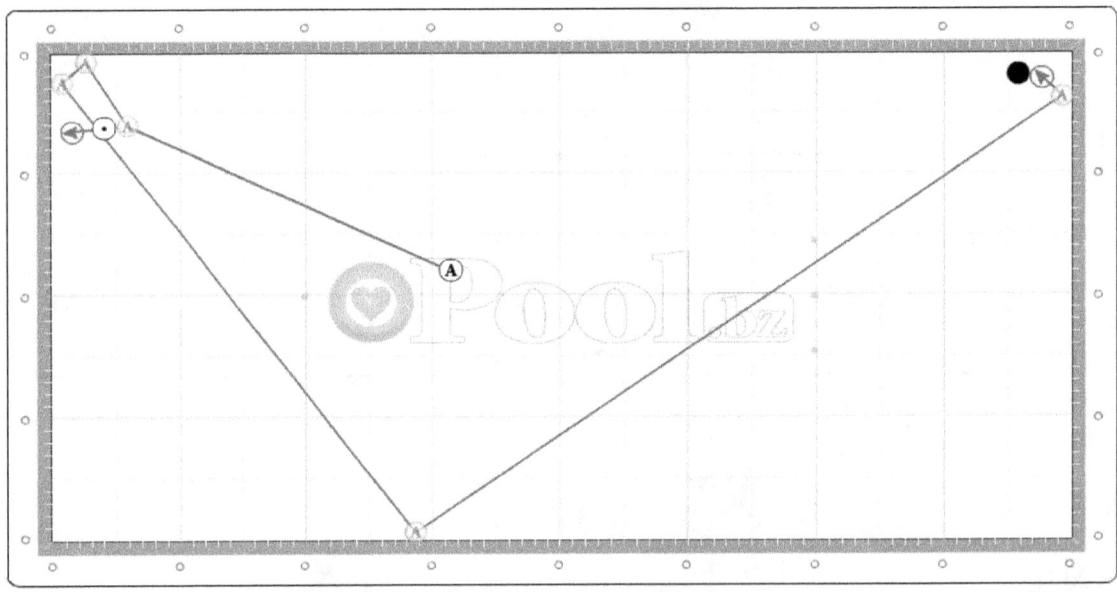

H:2b – Piirustus

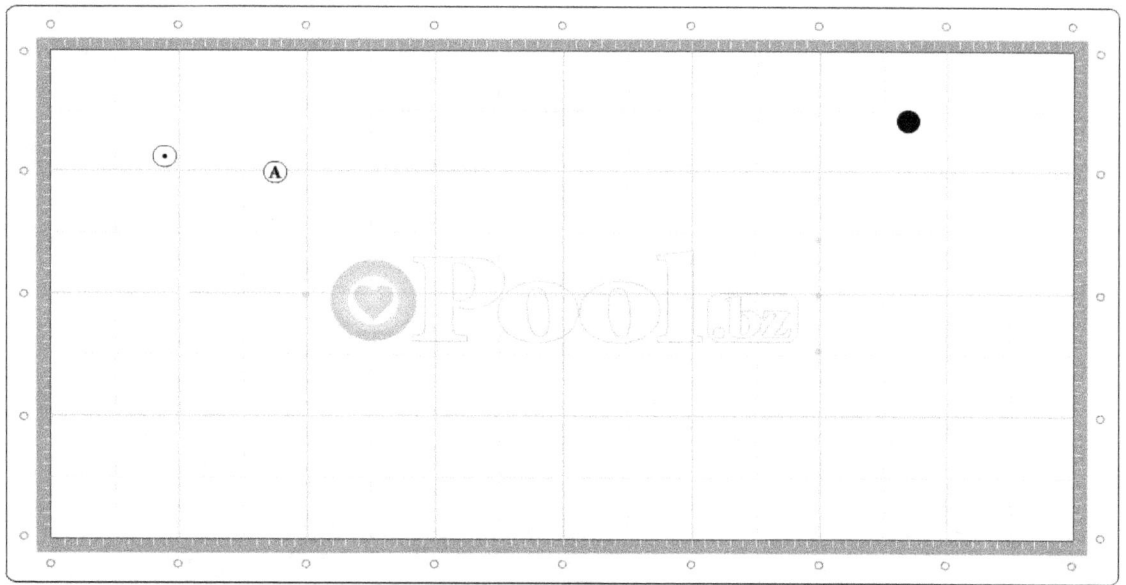

Huomautuksia ja ideoita:

Pallokuviota

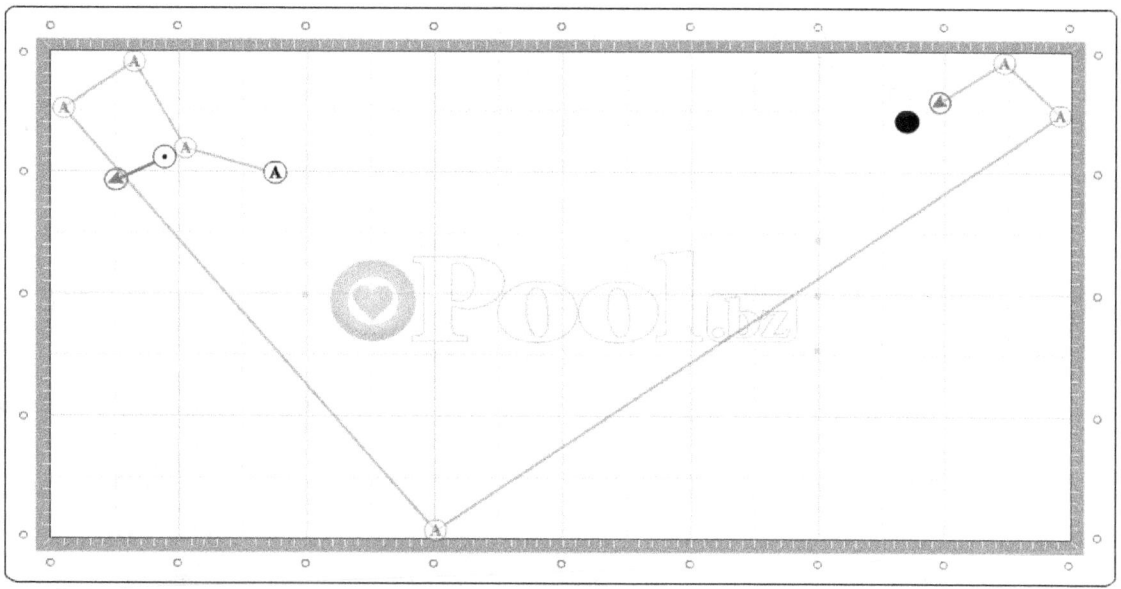

H:2c – Piirustus

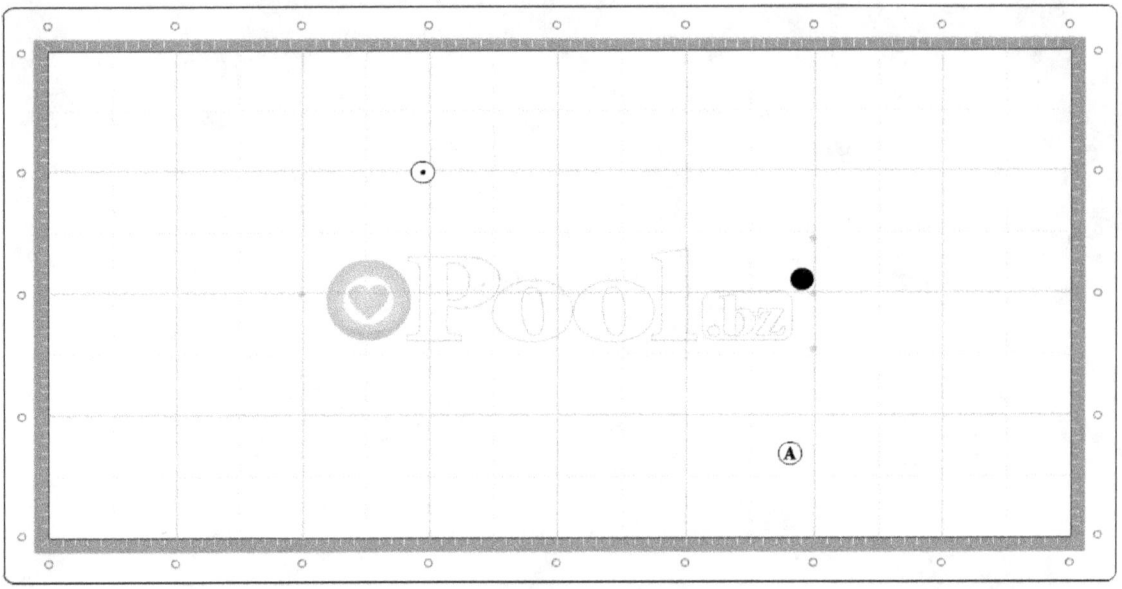

Huomautuksia ja ideoita:

Pallokuviota

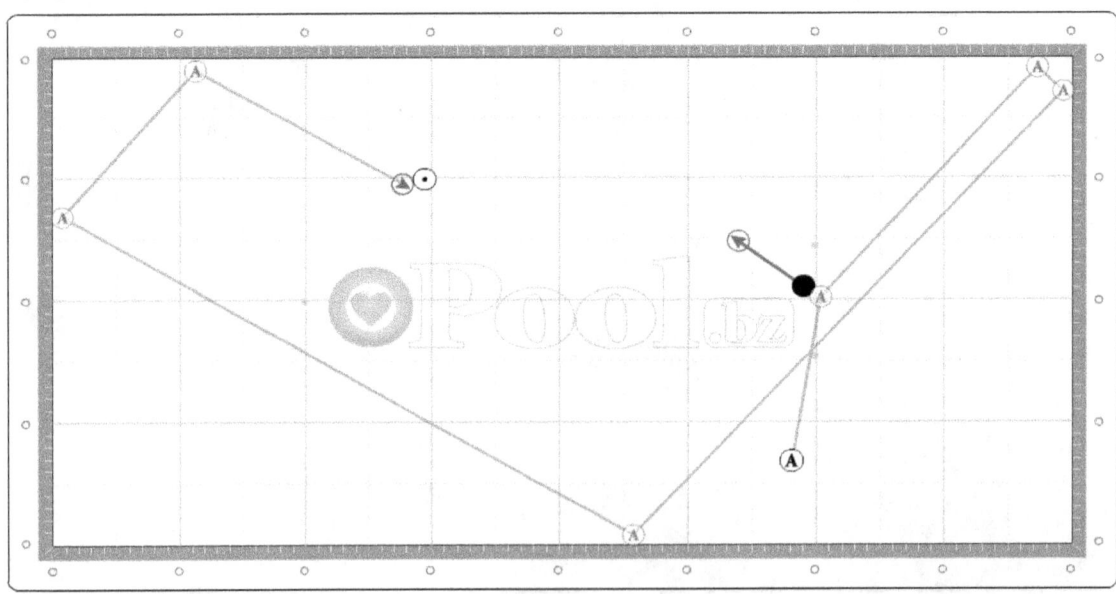

H:2d – Piirustus

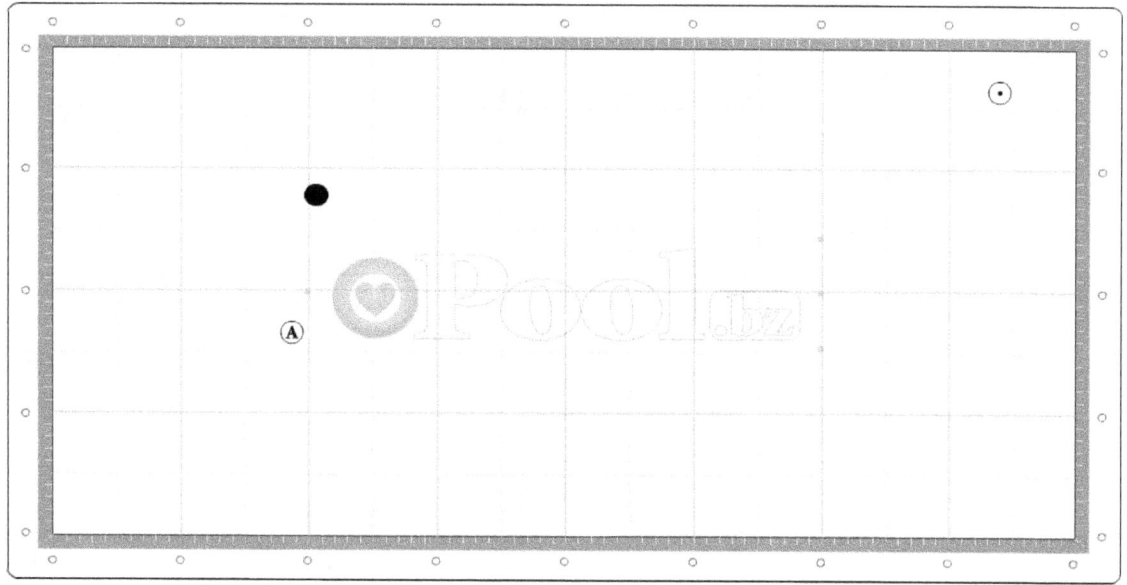

Huomautuksia ja ideoita:

Pallokuviota

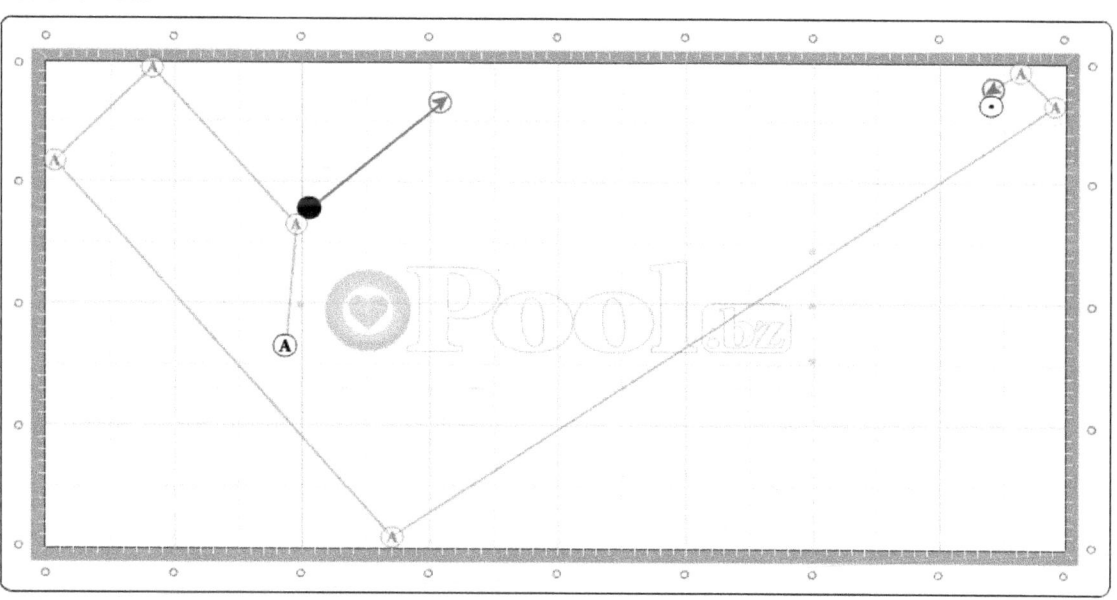

H: Ryhmä 3

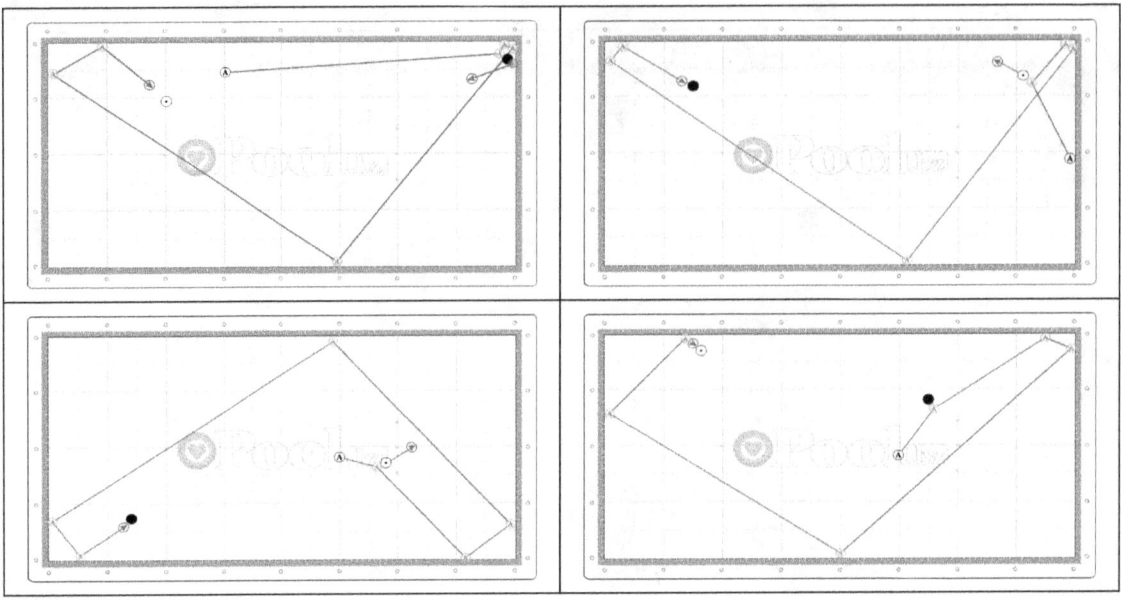

Analyysi:

H:3a. _____

H:3b. _____

H:3c. _____

H:3d. _____

H:3a – Piirustus

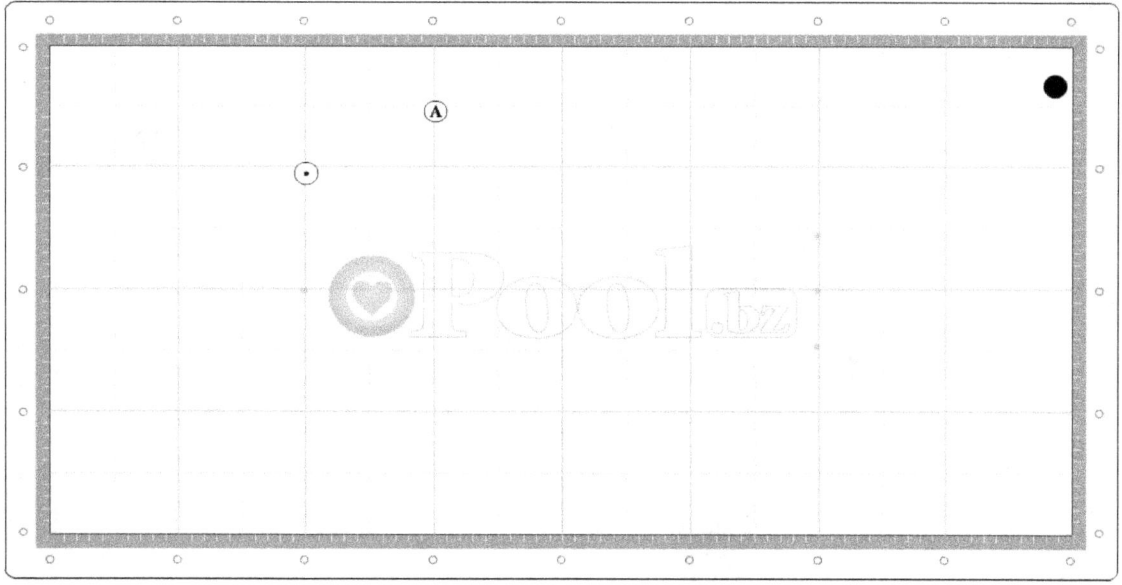

Huomautuksia ja ideoita:

Pallokuviota

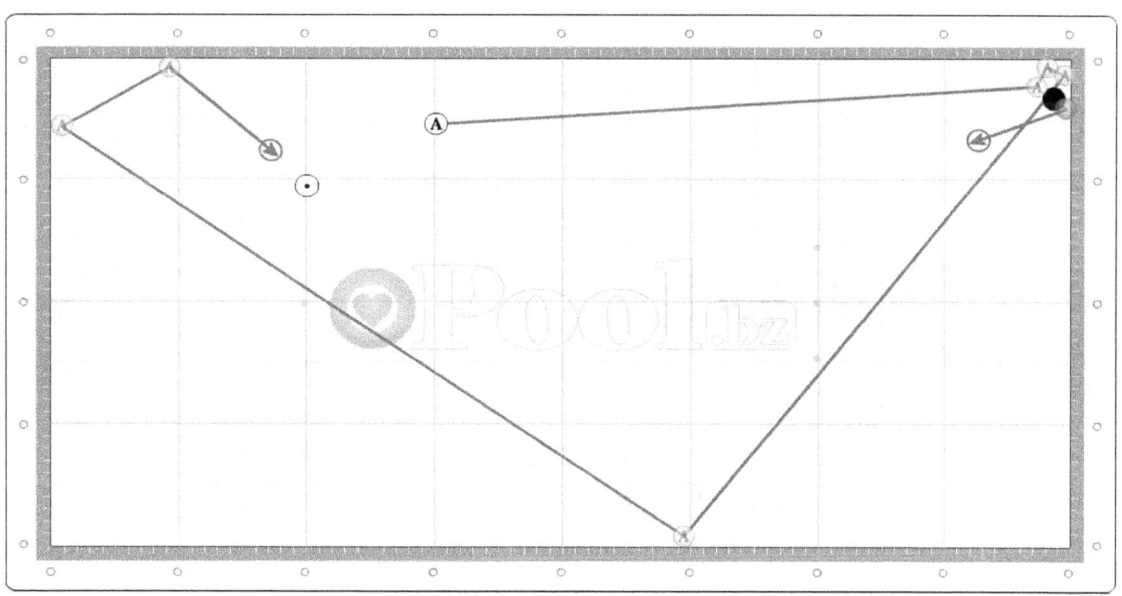

H:3b – Piirustus

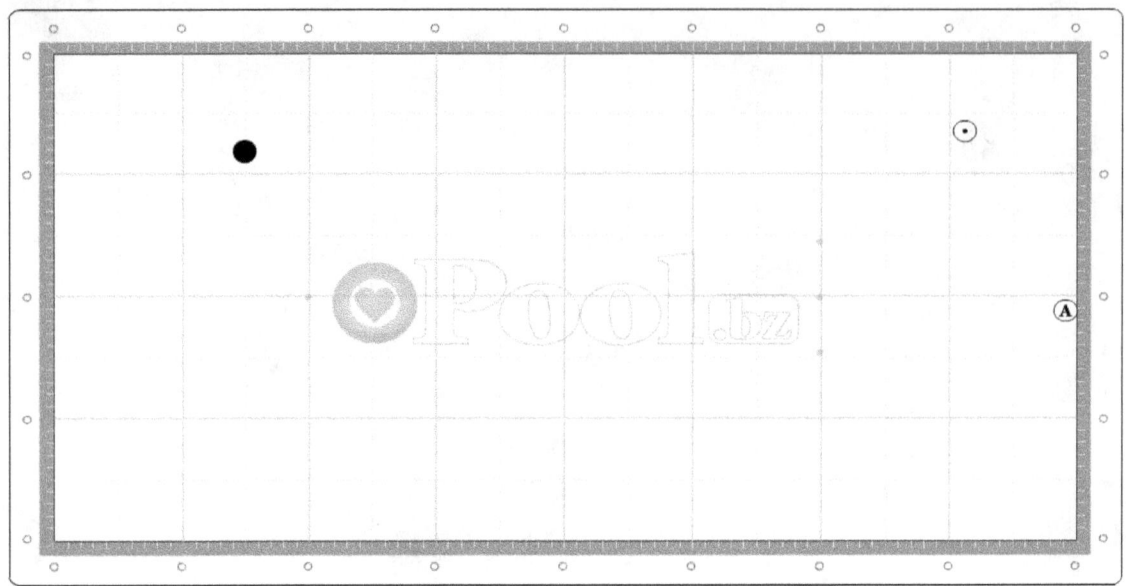

Huomautuksia ja ideoita:

Pallokuviota

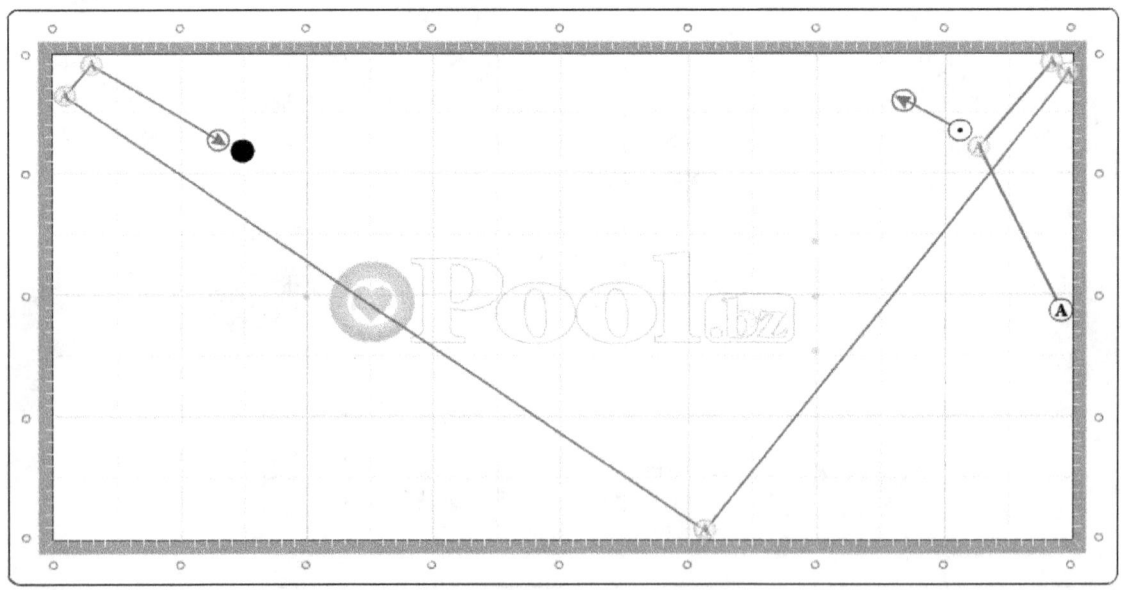

H:3c – Piirustus

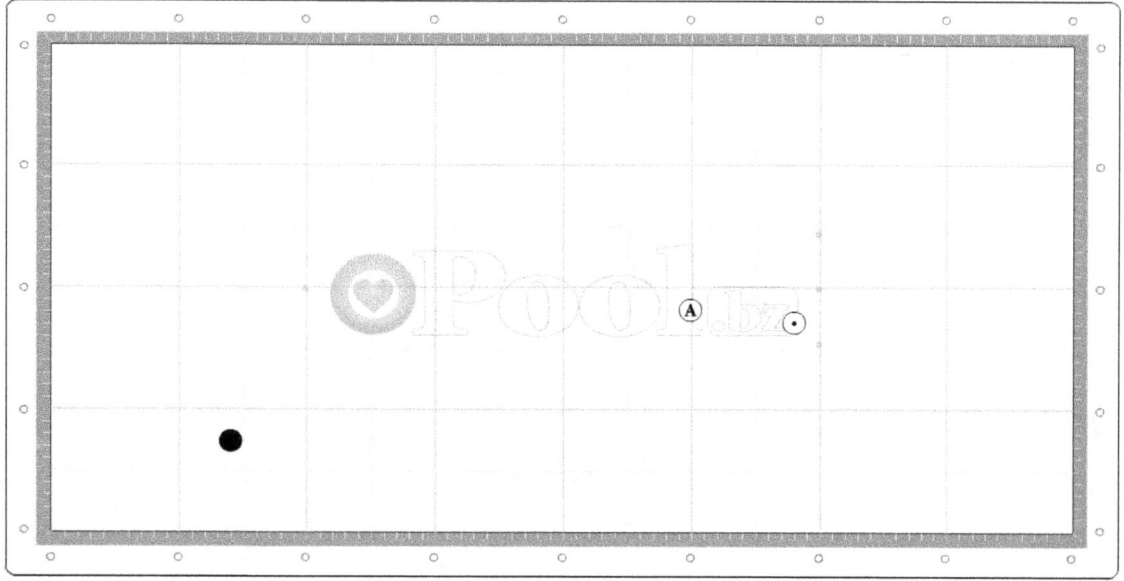

Huomautuksia ja ideoita:

Pallokuviota

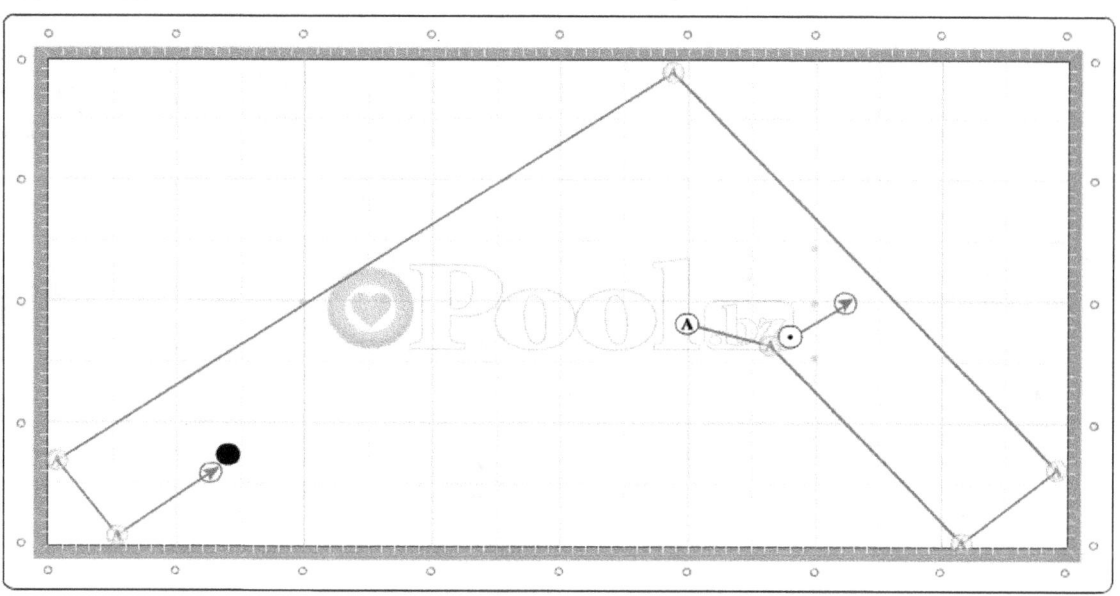

H:3d – Piirustus

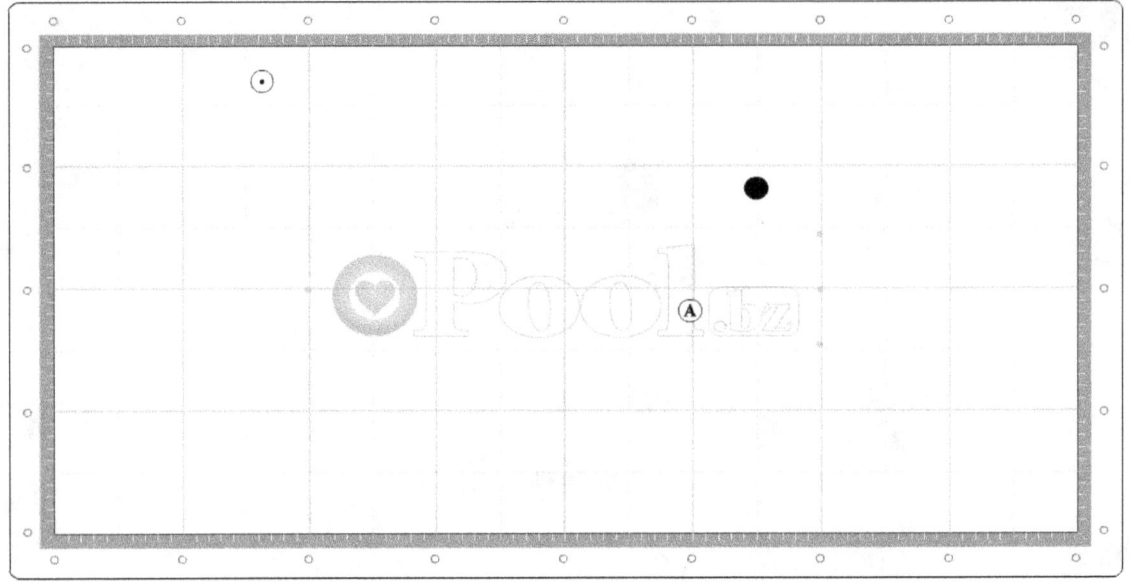

Huomautuksia ja ideoita:

Pallokuviota

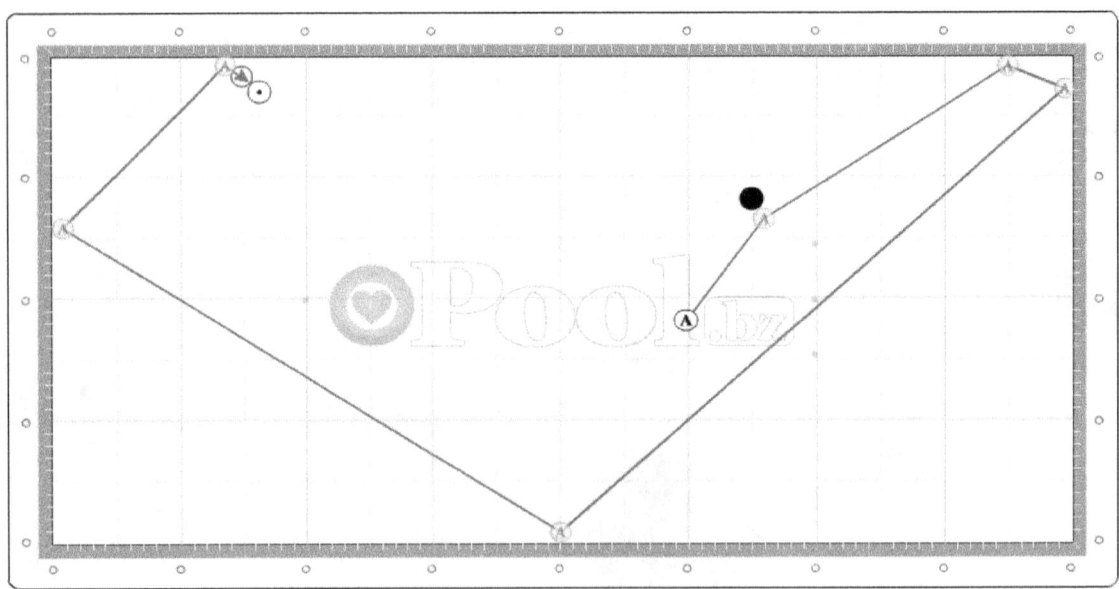

I: Laajennettu kaksinkertainen koukku

Näissä kuvioissa (CB) tulee ensimmäinen (OB) kulmaan umpikujaan ensin. (CB) menee kukkulalle keskelle vastakkaista pitkää vallin. Alamäen puolella, (CB) menee sisään ja ulos vastakkaisesta kulmasta koskettamaan toista (OB).

Ⓐ (CB) (sinun biljardipallo) – ⊙ (OB) (vastustaja biljardipallo) – ● (OB) (punainen biljardipallo)

I: Ryhmä 1

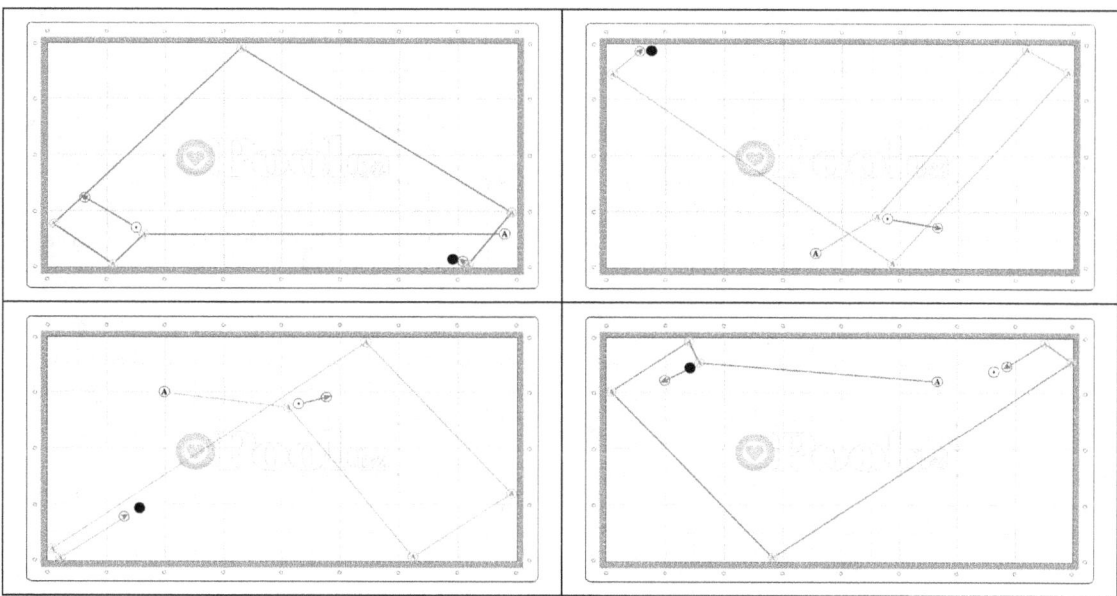

Analyysi:

I:1a. _____

I:1b. _____

I:1c. _____

I:1d. _____

143

I:1a – Piirustus

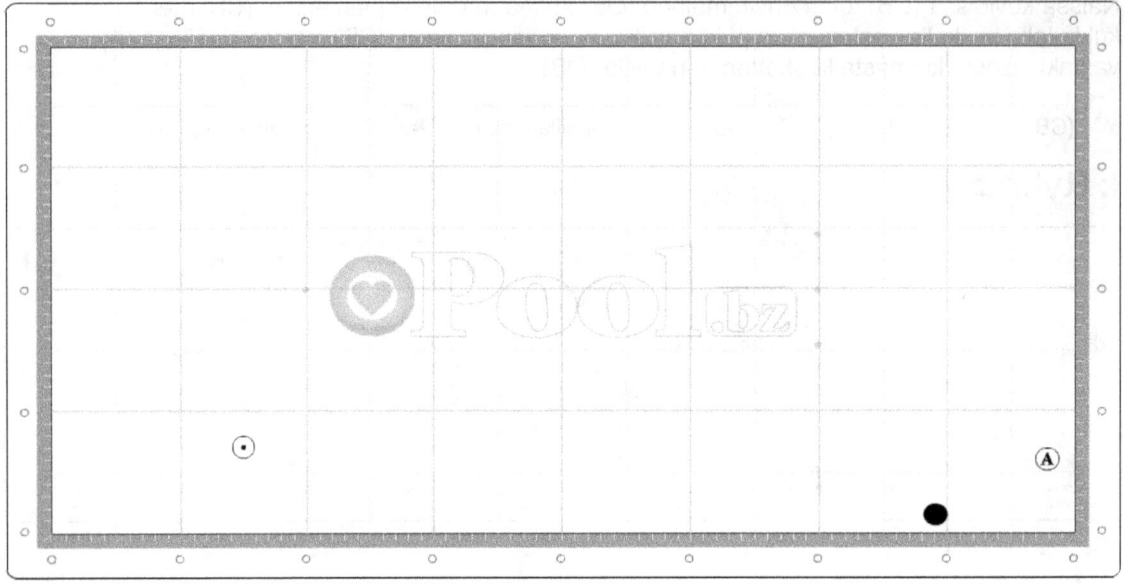

Huomautuksia ja ideoita:

Pallokuviota

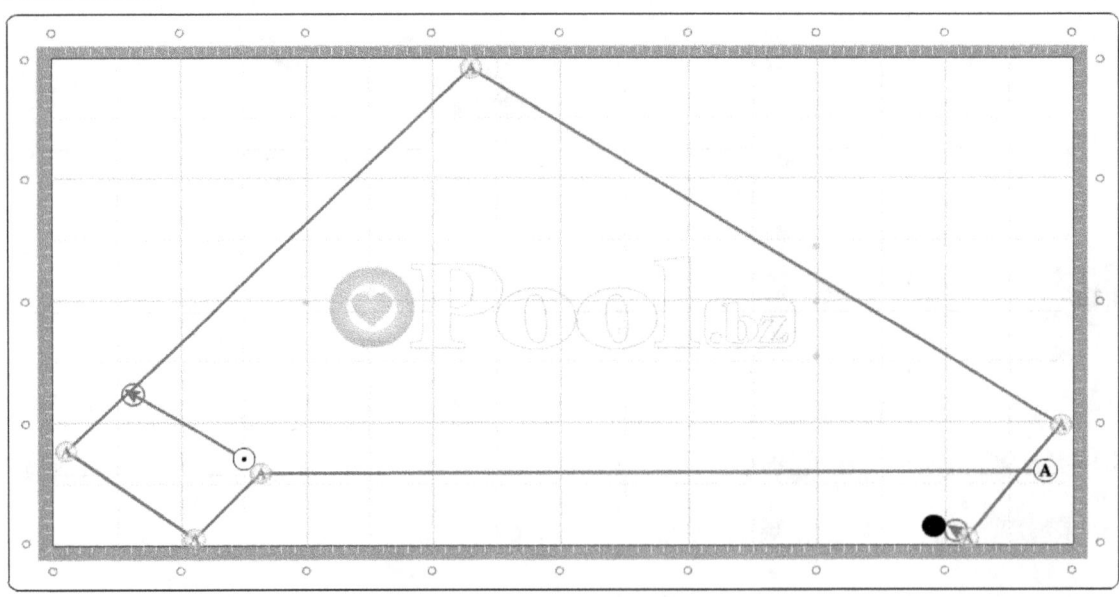

I:1b – Piirustus

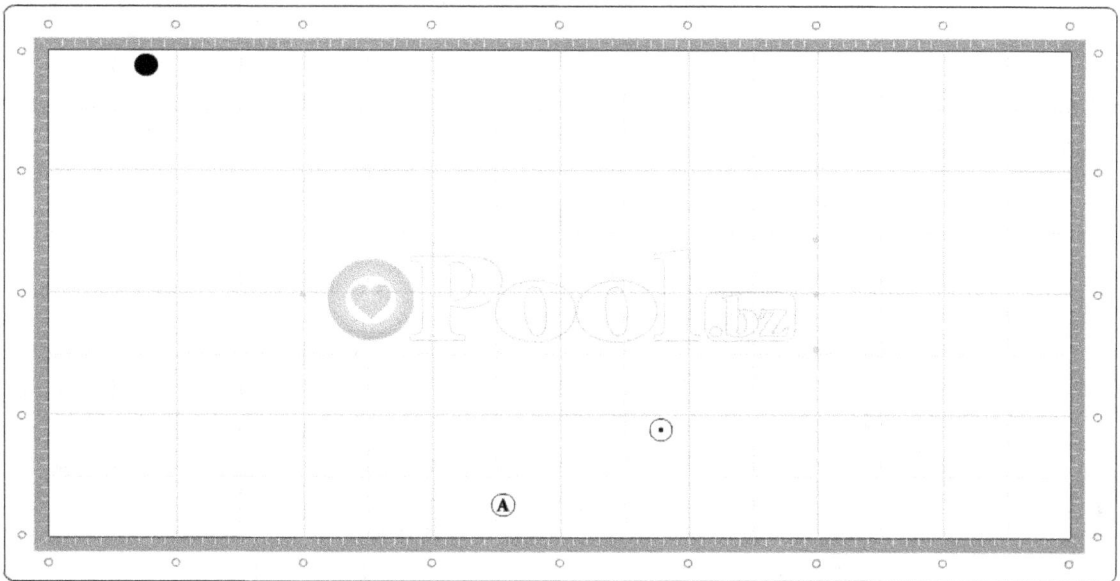

Huomautuksia ja ideoita:

Pallokuviota

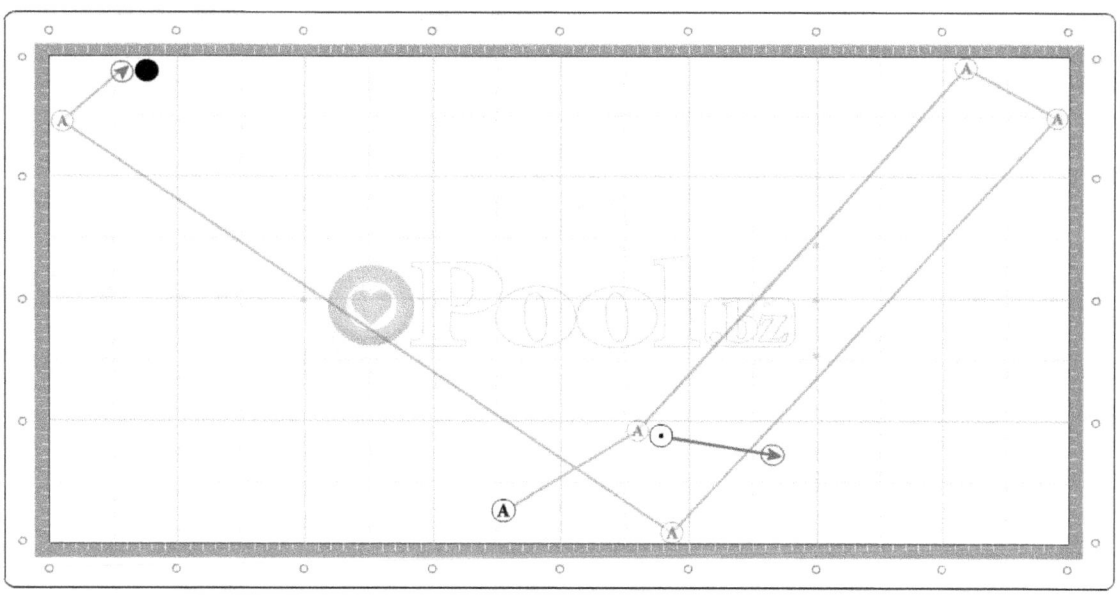

I:1c – Piirustus

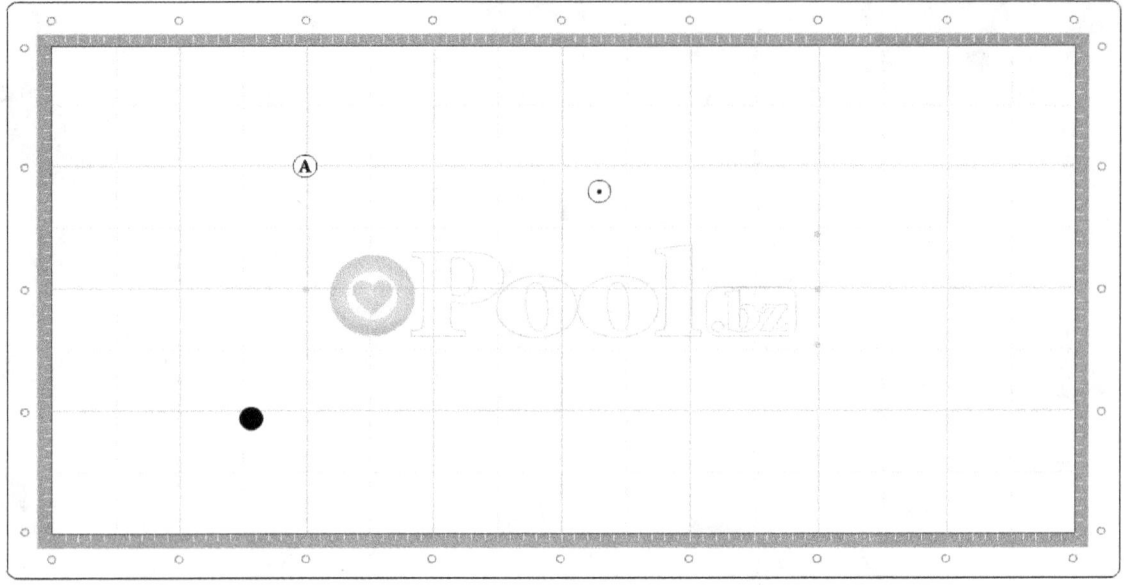

Huomautuksia ja ideoita:

Pallokuviota

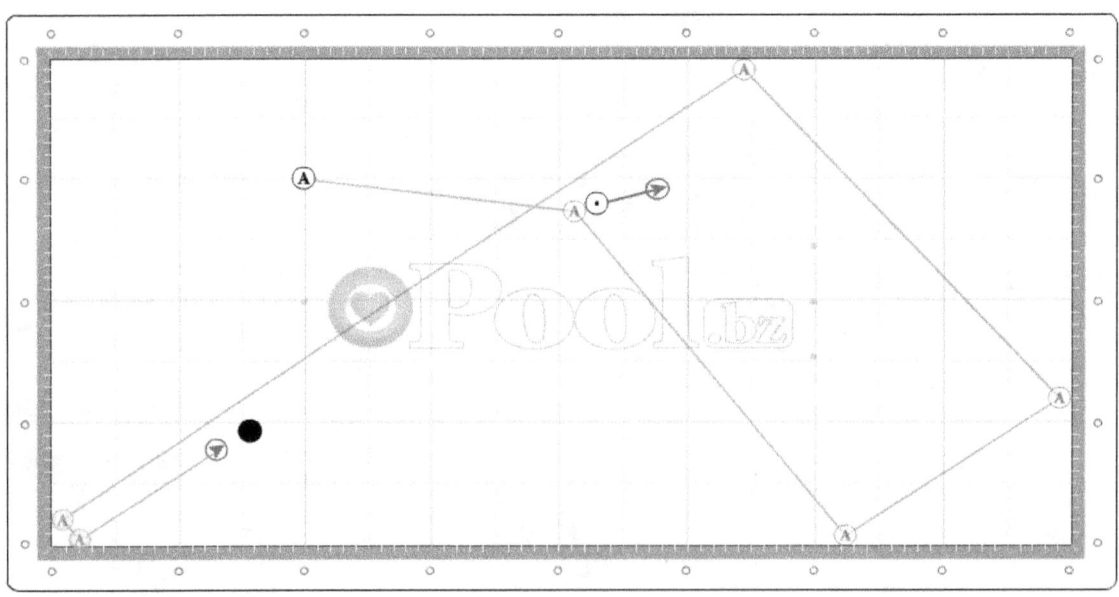

I:1d – Piirustus

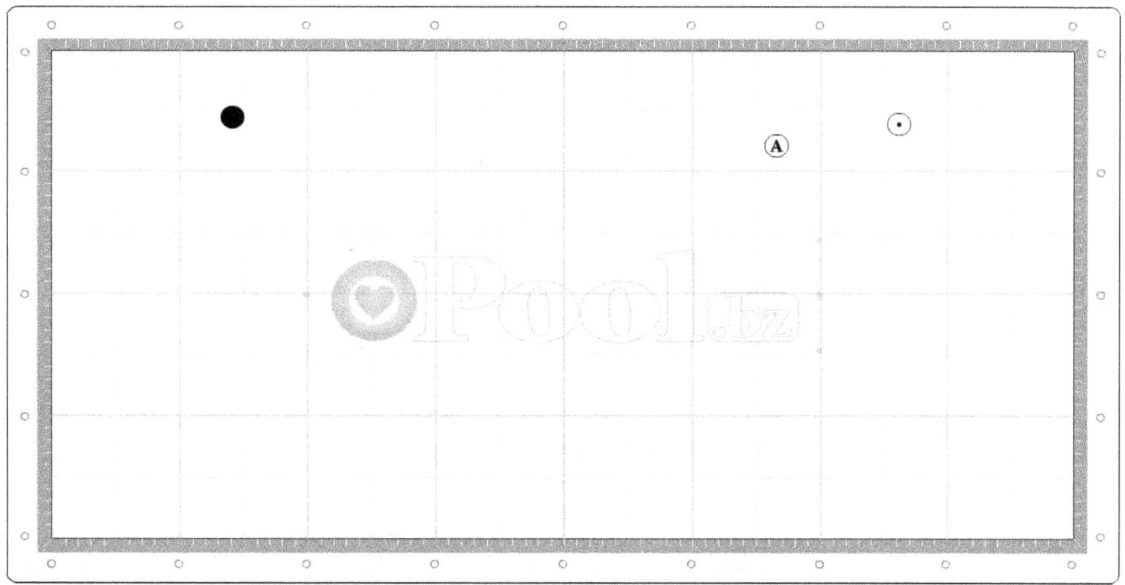

Huomautuksia ja ideoita:

Pallokuviota

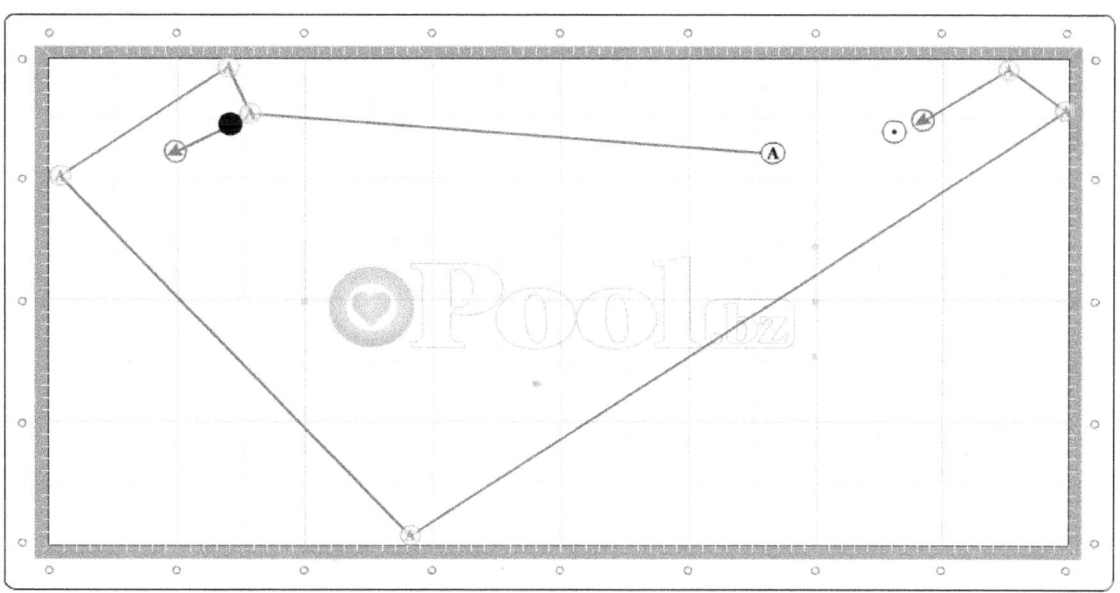

I: Ryhmä 2

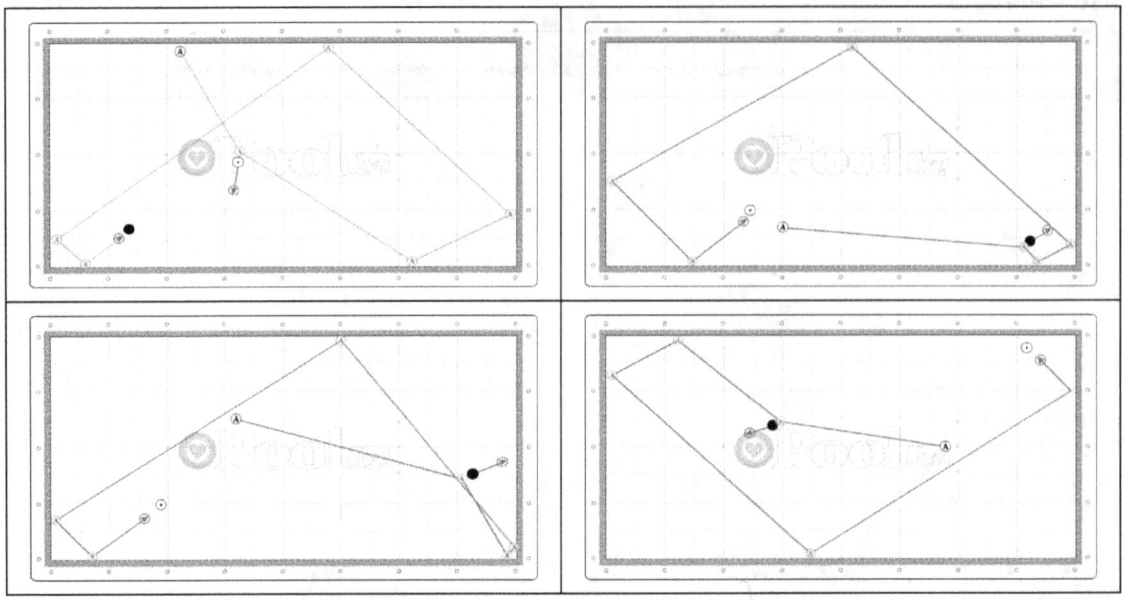

Analyysi:

I:2a. _____

I:2b. _____

I:2c. _____

I:2d. _____

I:2a – Piirustus

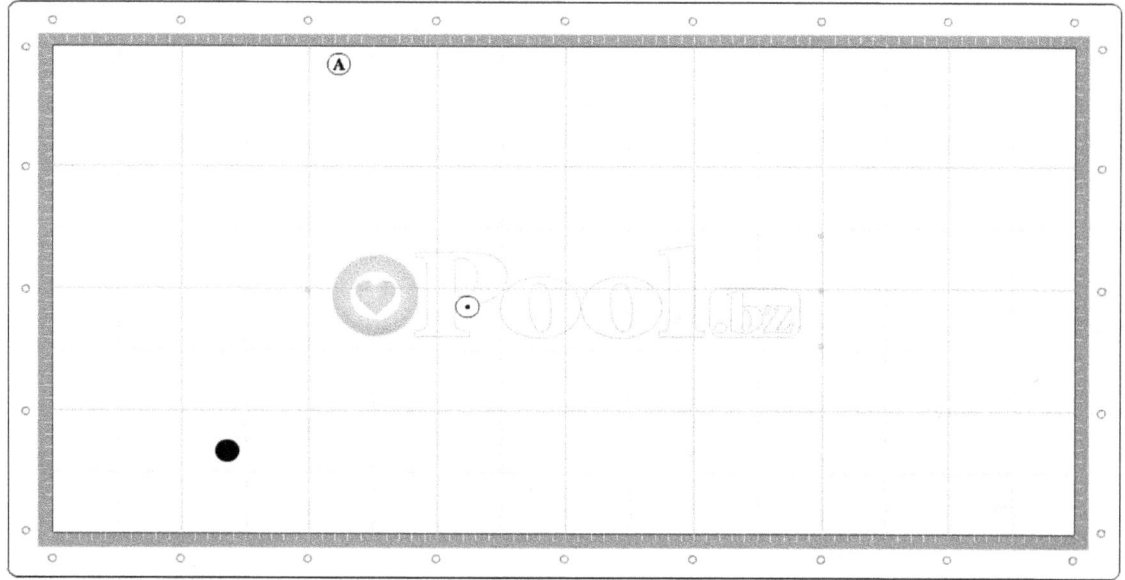

Huomautuksia ja ideoita:

Pallokuviota

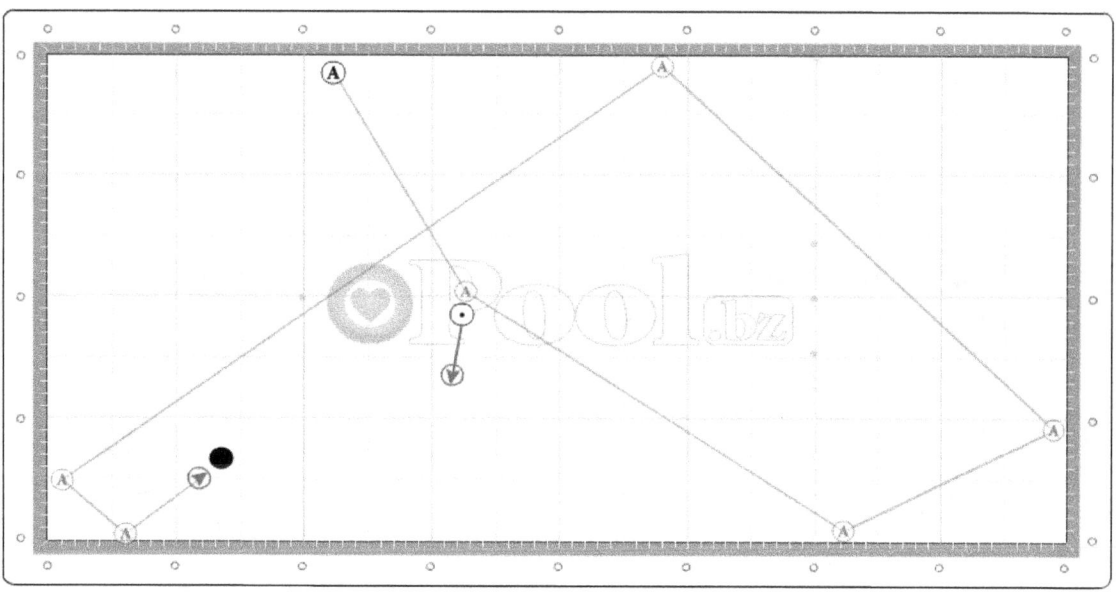

I:2b – Piirustus

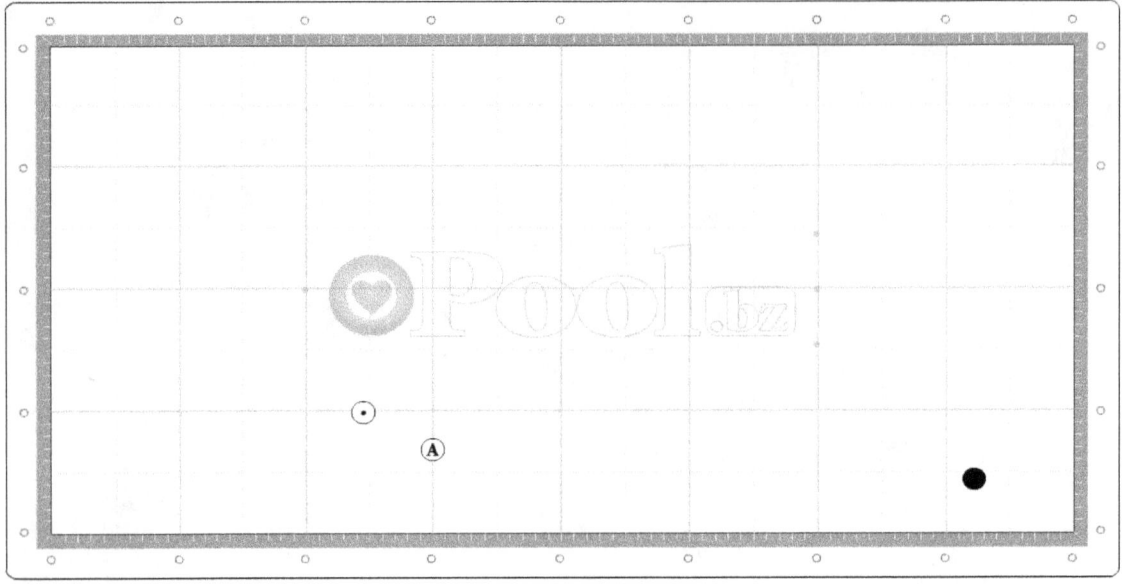

Huomautuksia ja ideoita:

Pallokuviota

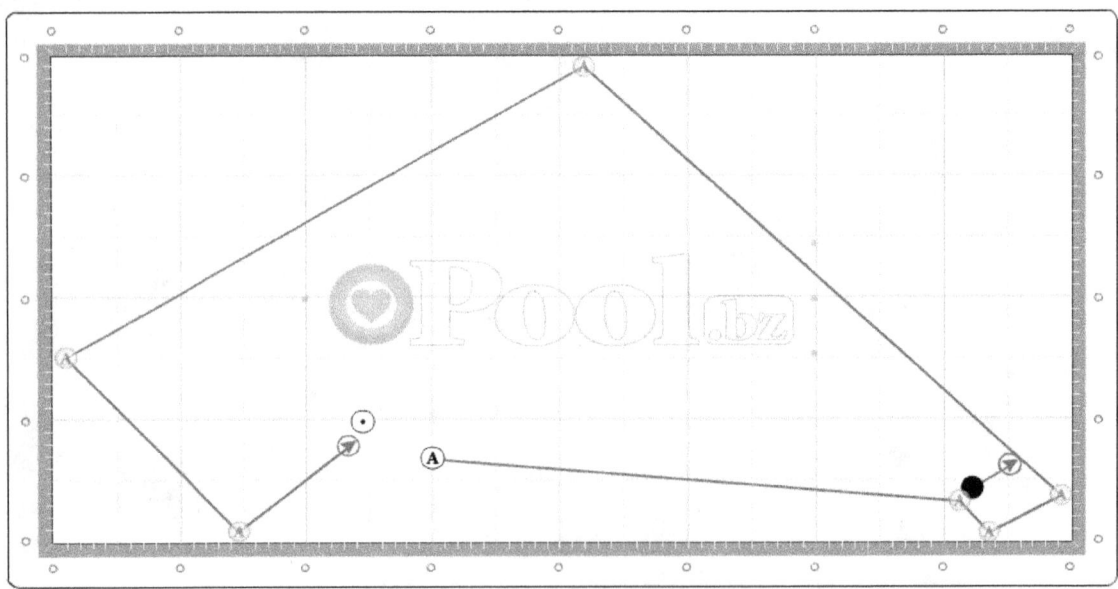

I:2c – Piirustus

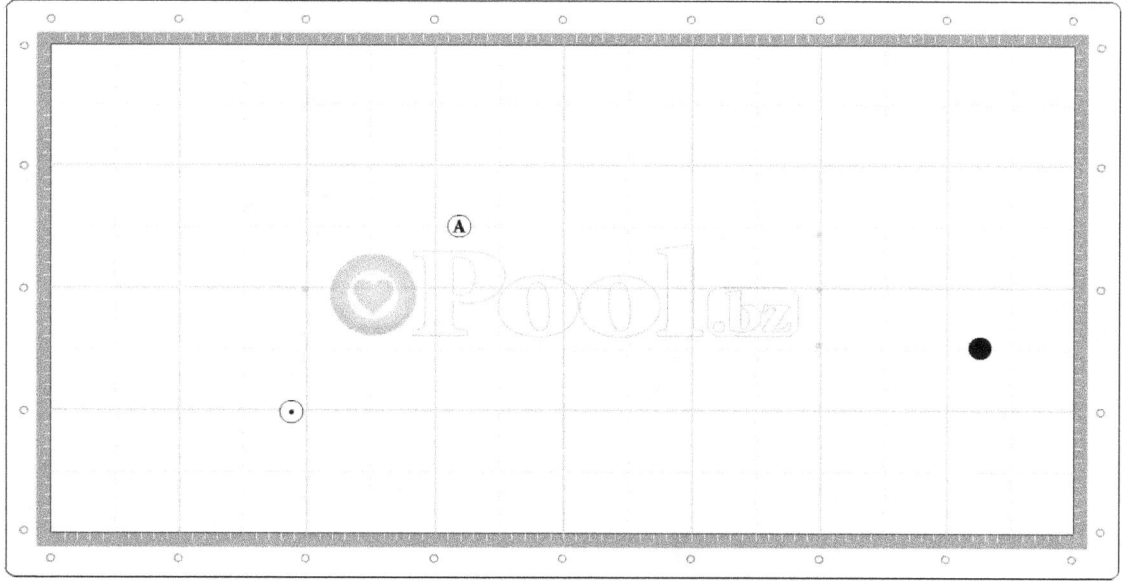

Huomautuksia ja ideoita:

Pallokuviota

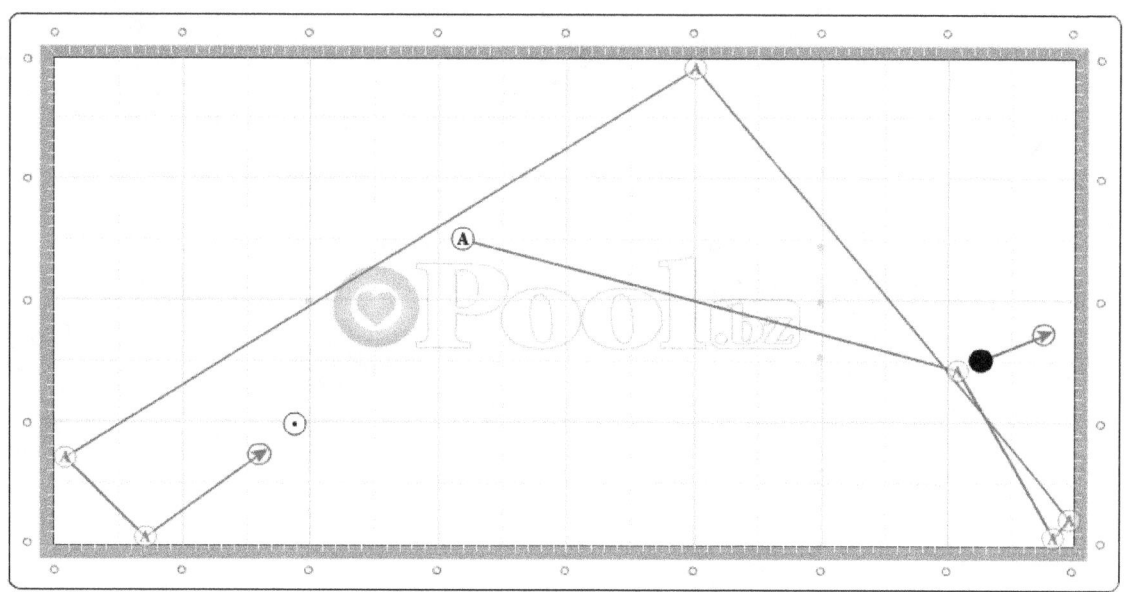

I:2d – Piirustus

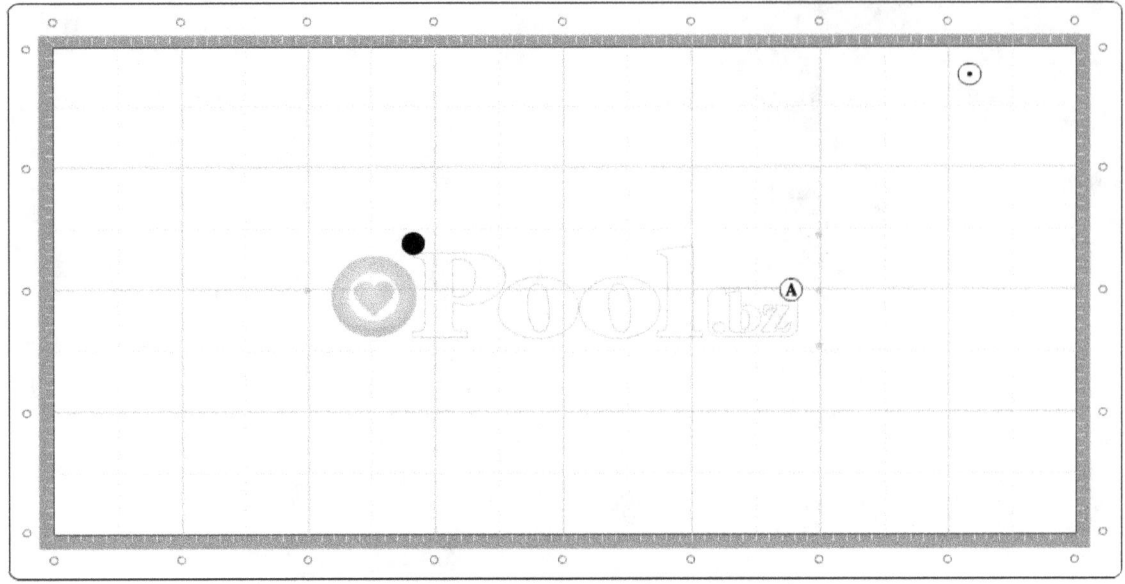

Huomautuksia ja ideoita:

Pallokuviota

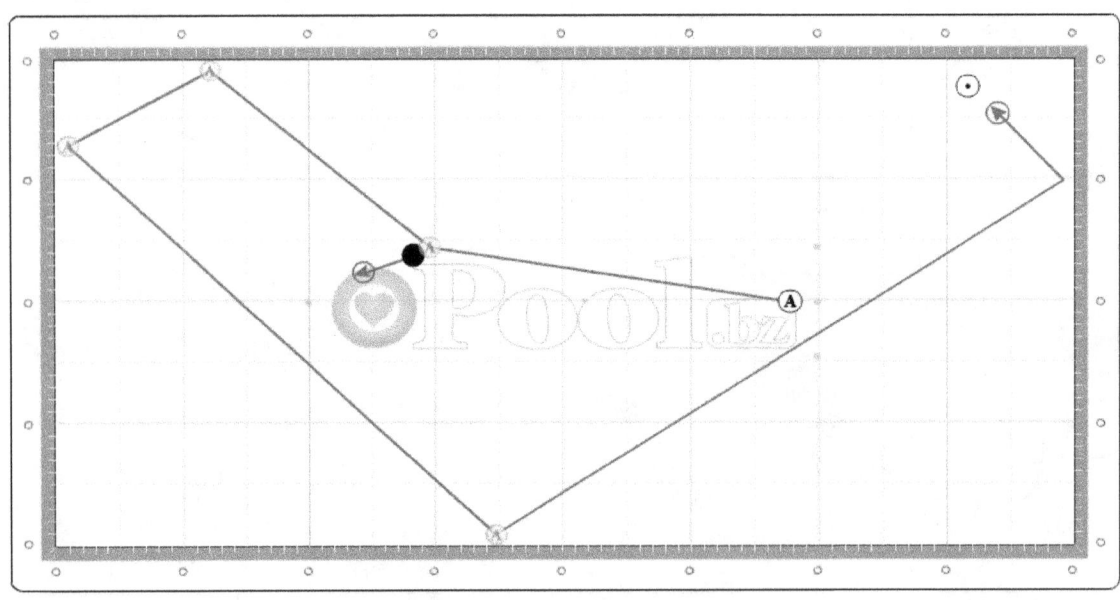

3-vallin kara: Ylä-ja alaspäin vuoren kuvioita

I: Ryhmä 3

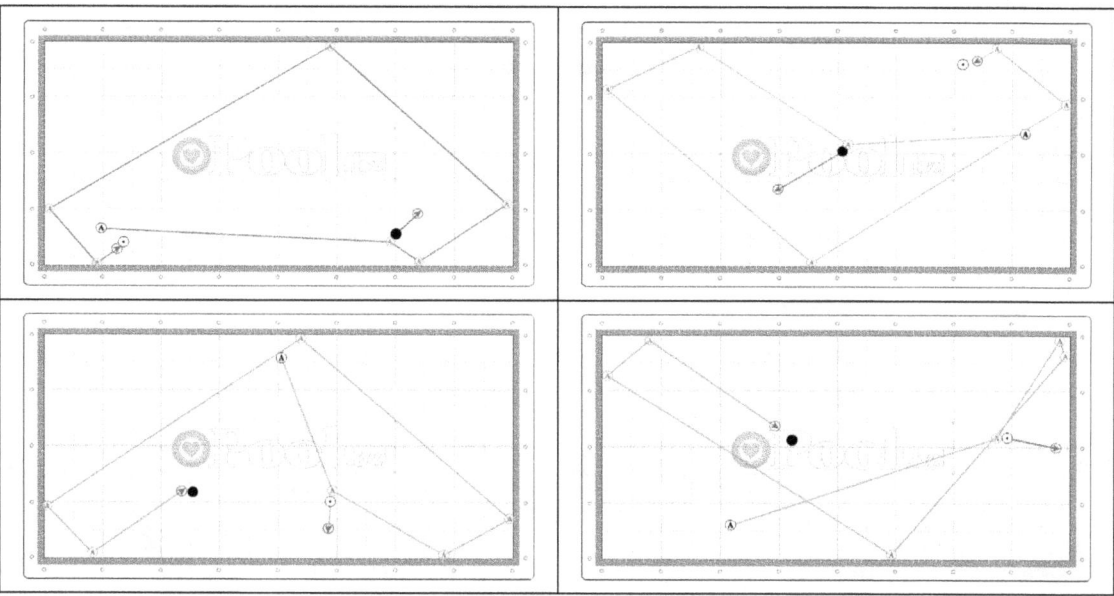

Analyysi:

I:3a. _____

I:3b. _____

I:3c. _____

I:3d. _____

I:3a – Piirustus

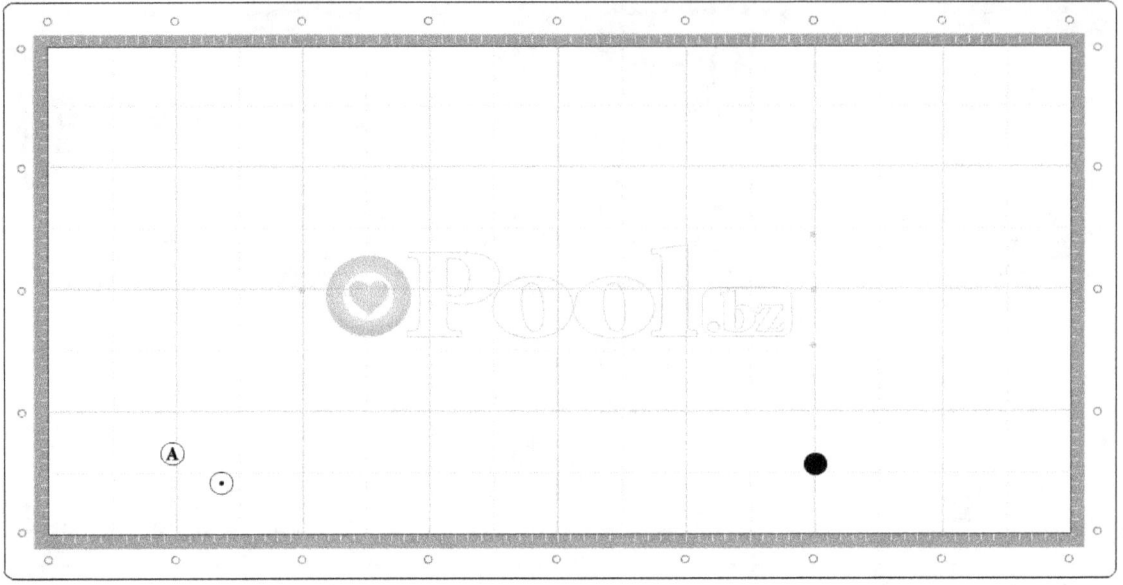

Huomautuksia ja ideoita:

Pallokuviota

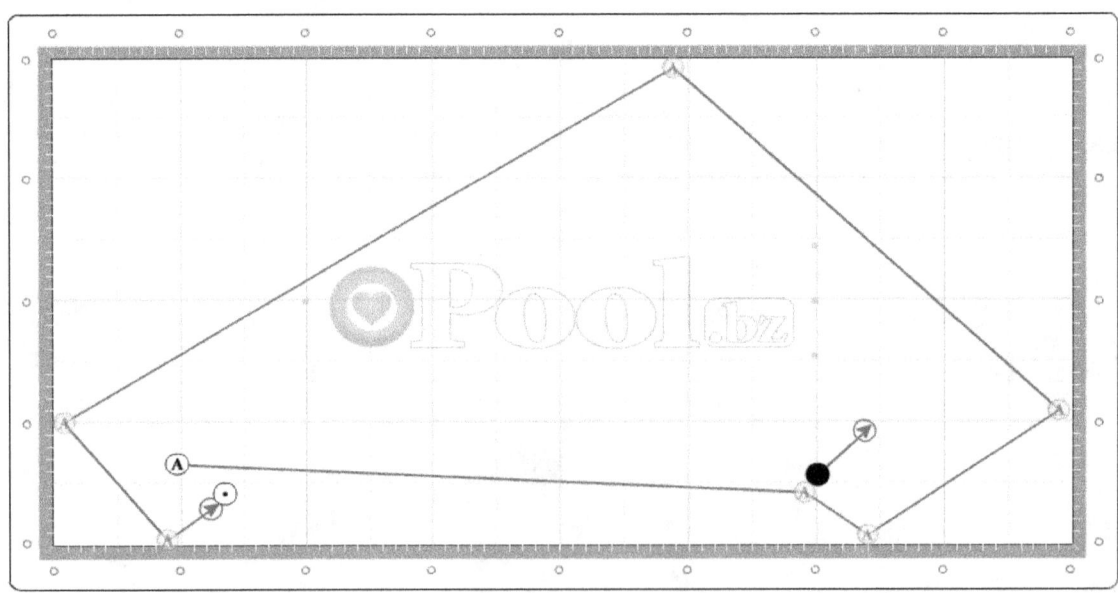

I:3b – Piirustus

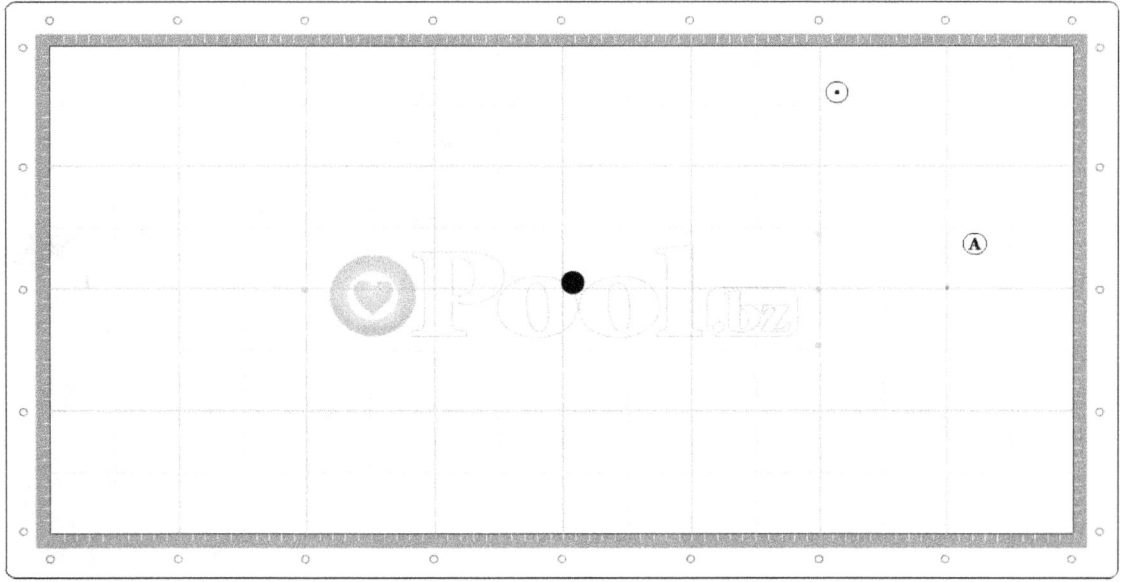

Huomautuksia ja ideoita:

Pallokuviota

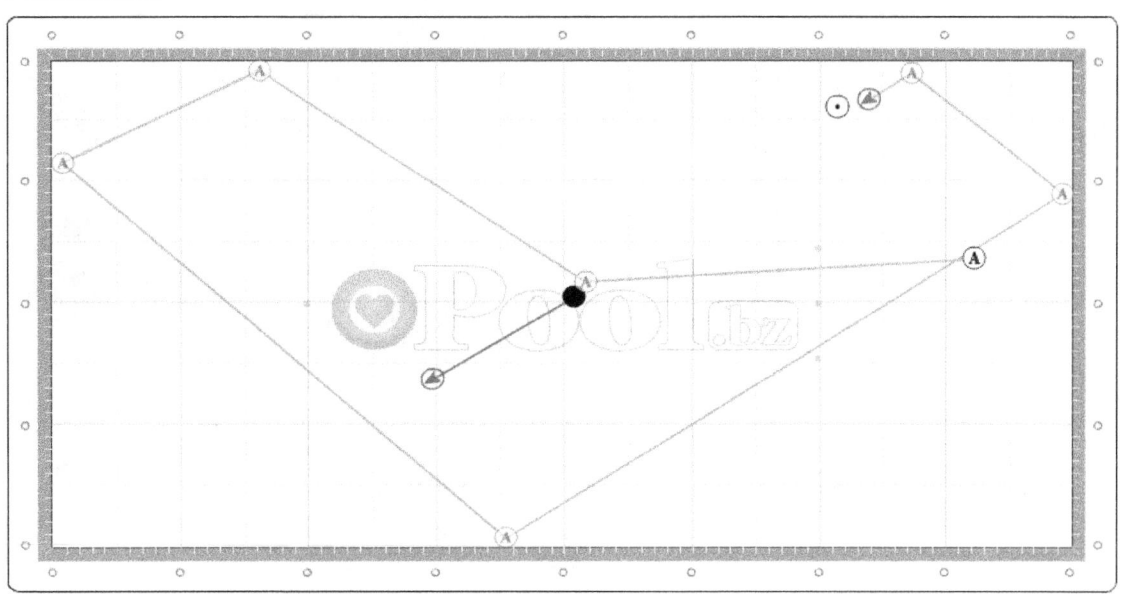

I:3c – Piirustus

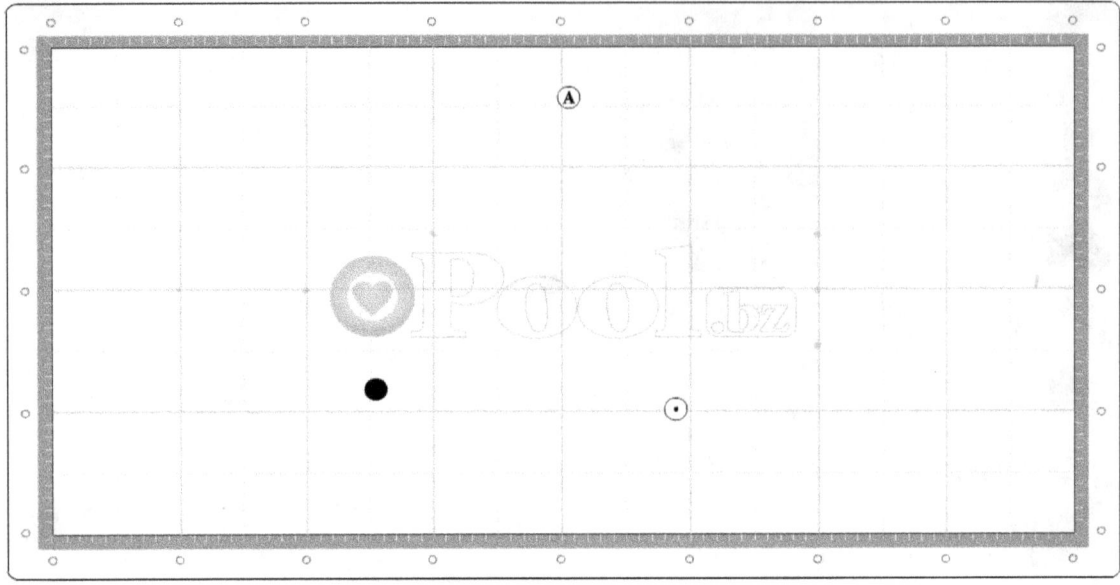

Huomautuksia ja ideoita:

Pallokuviota

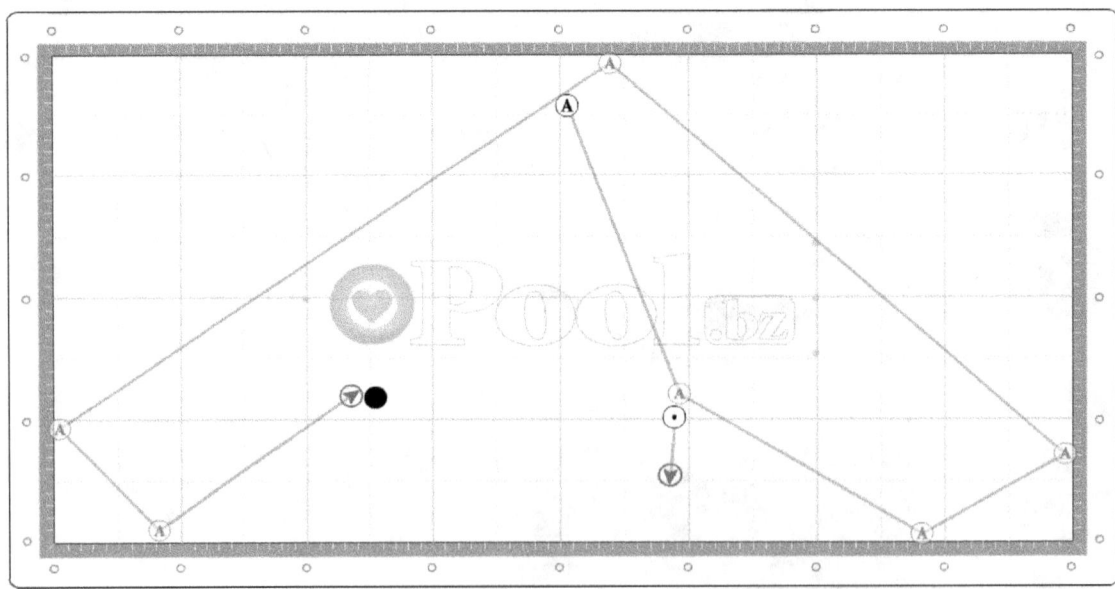

I:3d – Piirustus

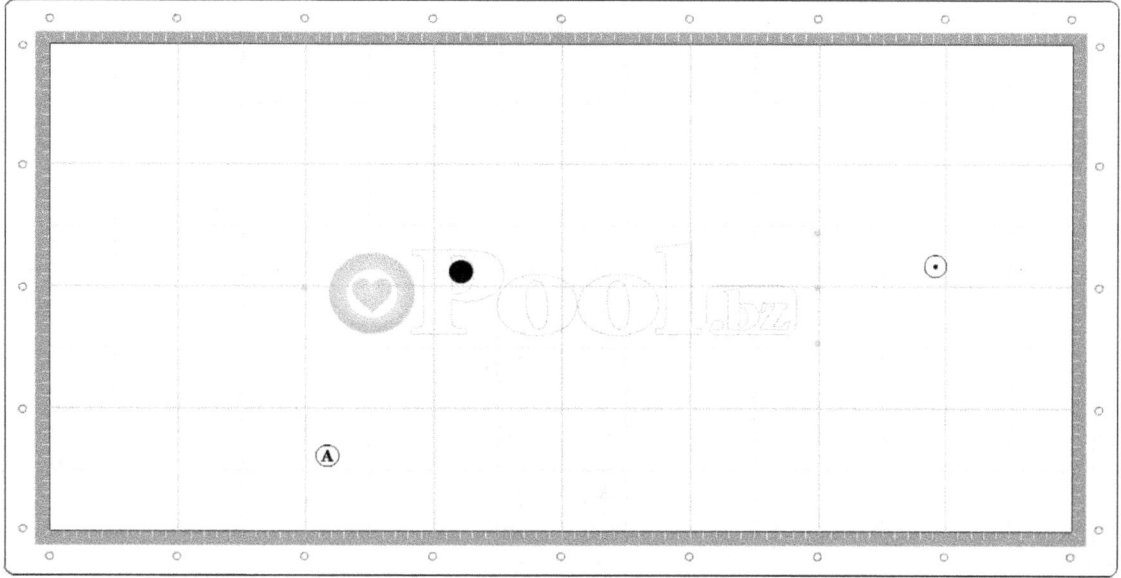

Huomautuksia ja ideoita:

Pallokuviota

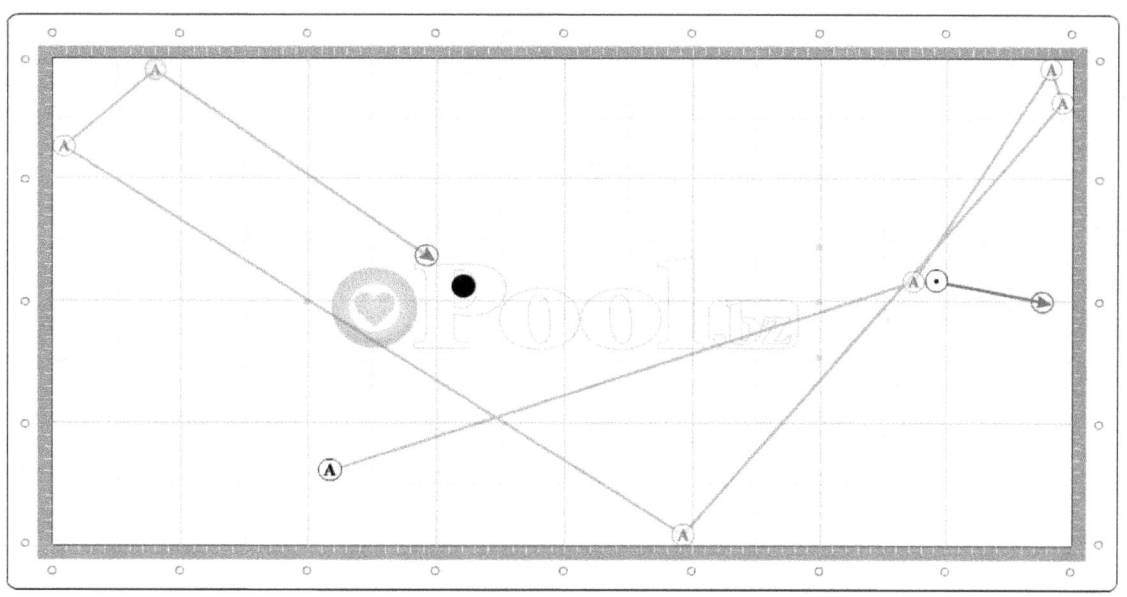

I: Ryhmä 4

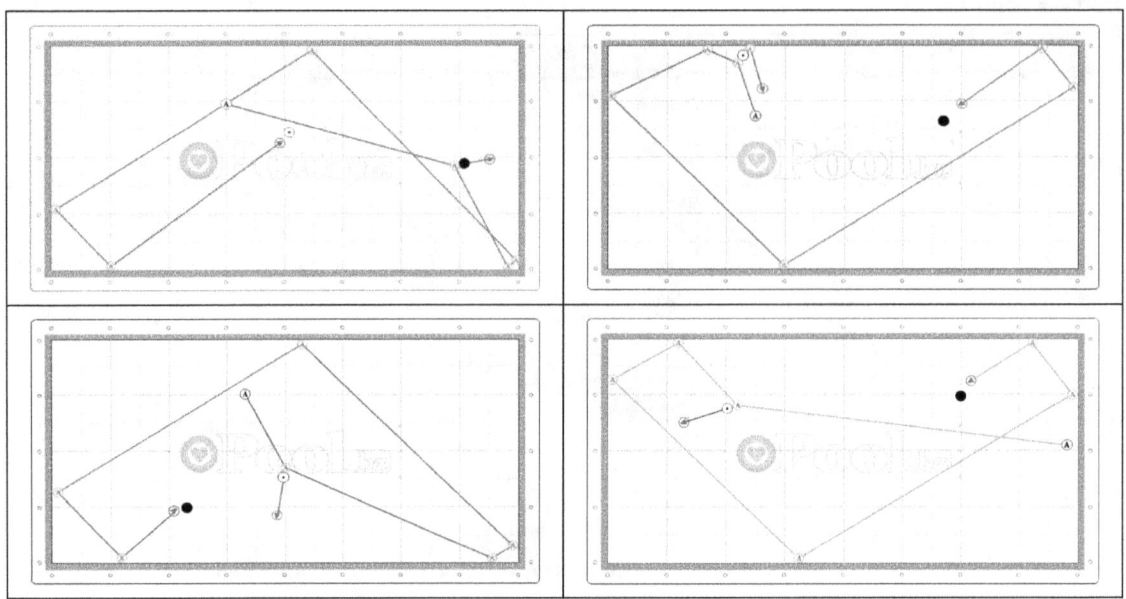

Analyysi:

I:4a. _____

I:4b. _____

I:4c. _____

I:4d. _____

I:4a – Piirustus

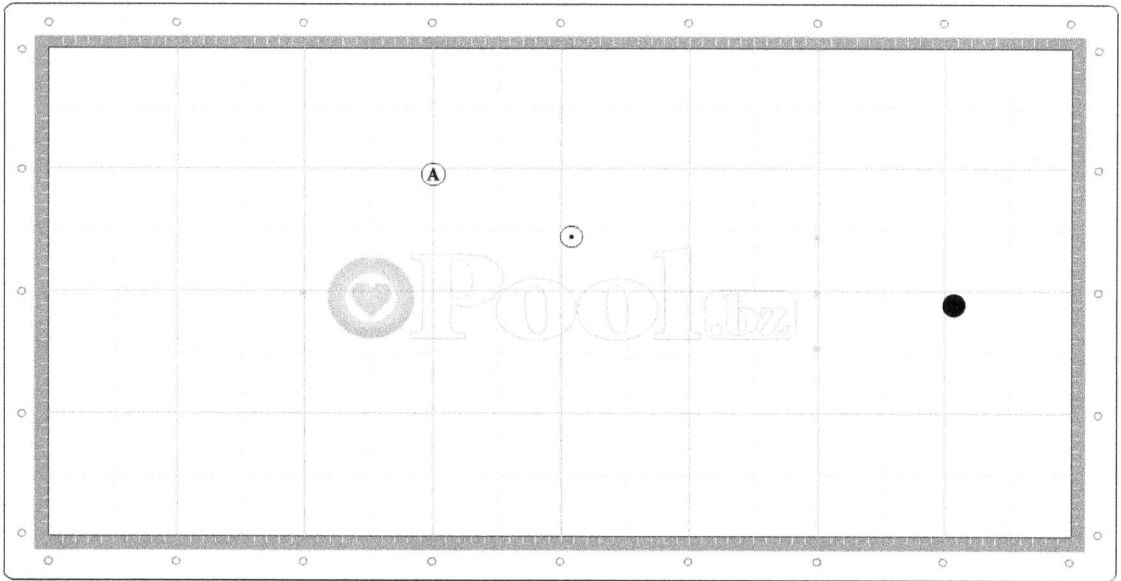

Huomautuksia ja ideoita:

Pallokuviota

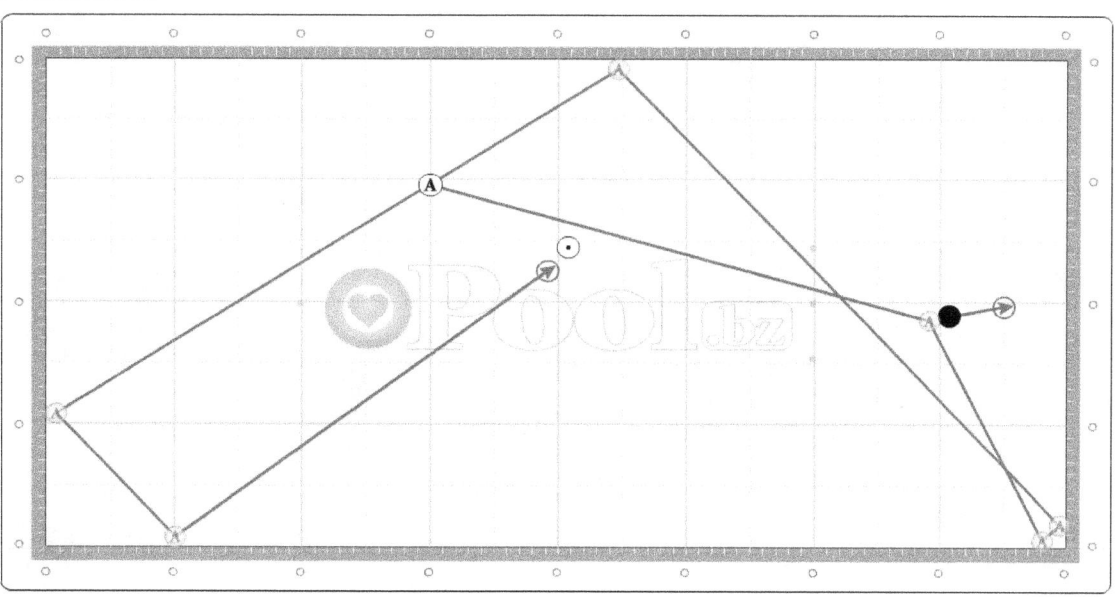

I:4b – Piirustus

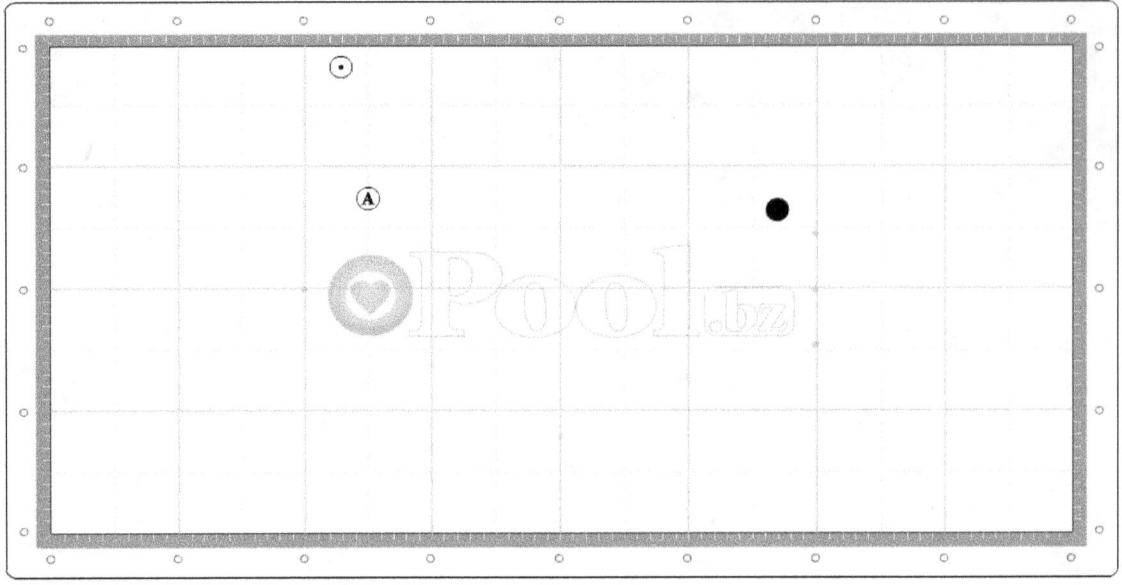

Huomautuksia ja ideoita:

Pallokuviota

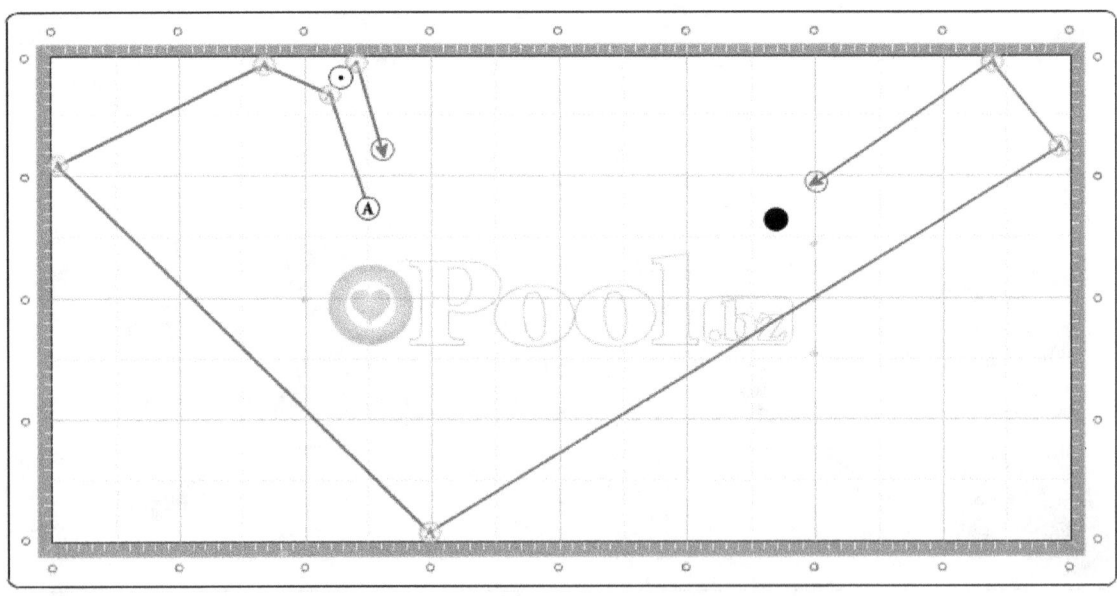

I:4c – Piirustus

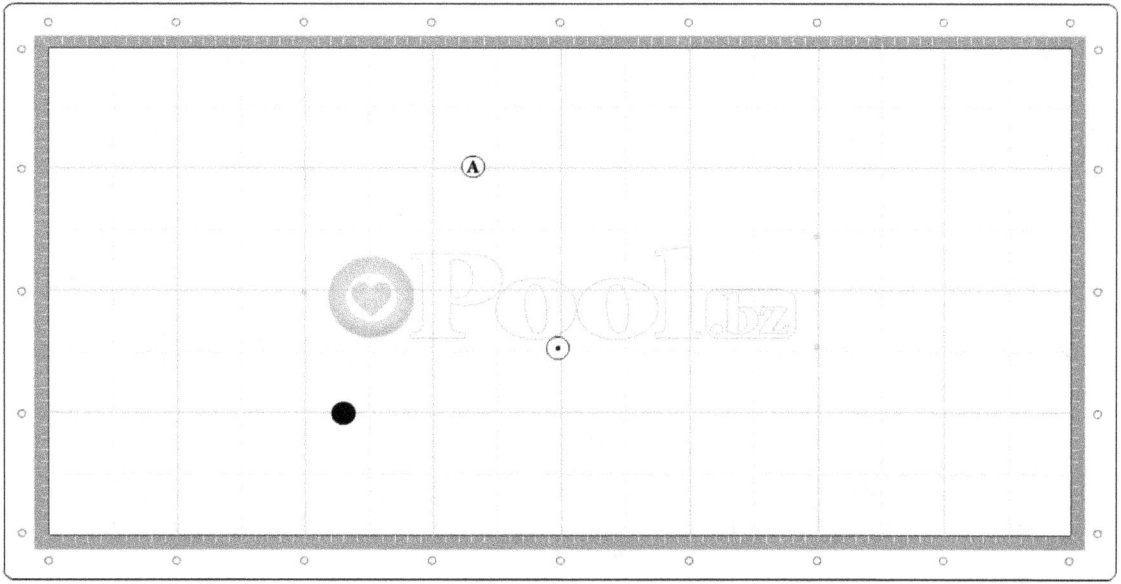

Huomautuksia ja ideoita:

Pallokuviota

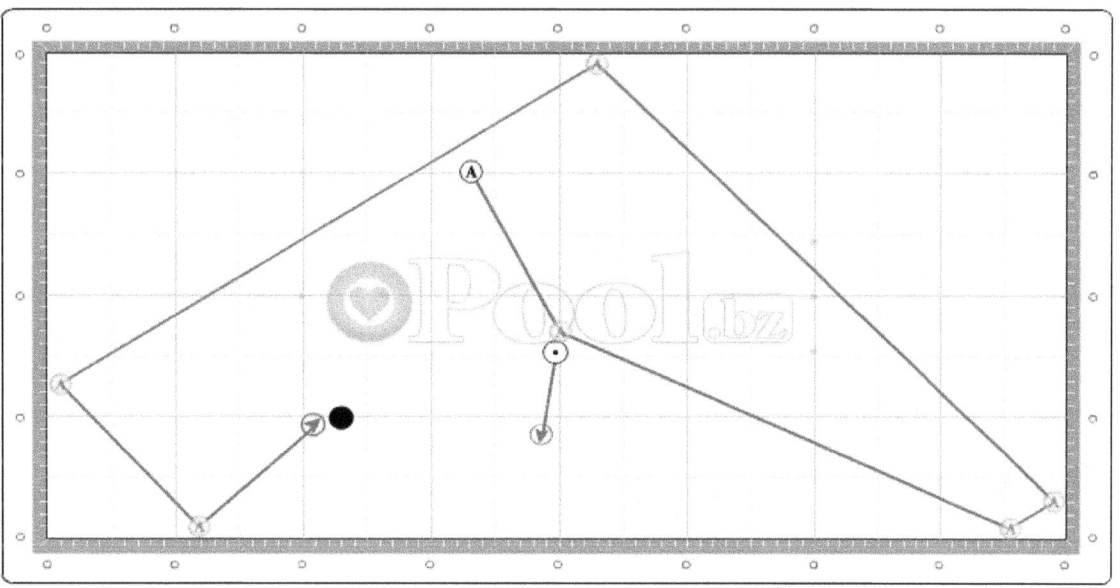

I:4d – Piirustus

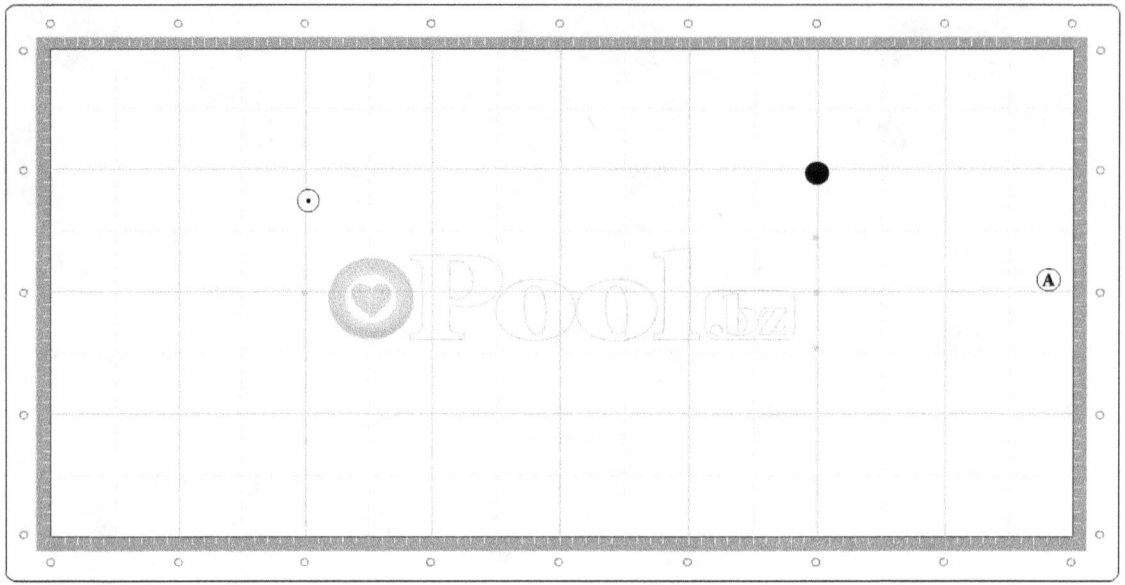

Huomautuksia ja ideoita:

Pallokuviota

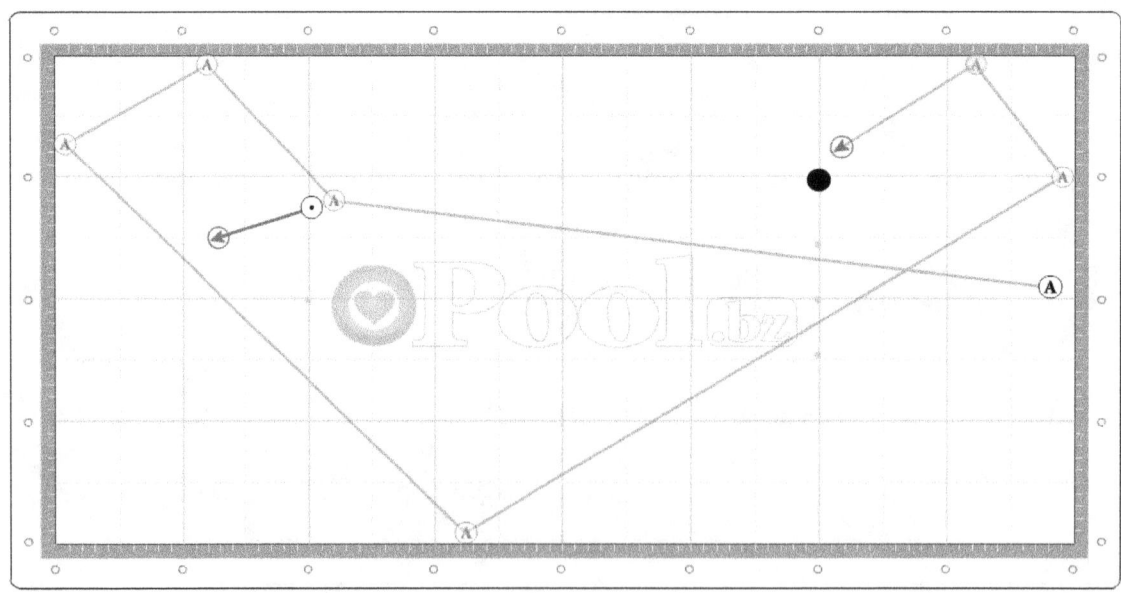

J: Kaksoiskiila (paluuvirtauksella)

Näissä yli-the-hill-malleissa, (CB) tulee ensimmäisestä (OB) kulmista pitkästä vallin ensin. Se menee ylös kukkulalle vastakkaiseen pitkä vallin. Sitten (CB) menee sisään ja ulos vastakkaisesta kulmasta. (CB) kulkee diagonaalisesti pöydän yli toiselle (OB).

Ⓐ (CB) (sinun biljardipallo) – ⊙ (OB) (vastustaja biljardipallo) – ● (OB) (punainen biljardipallo)

J: Ryhmä 1

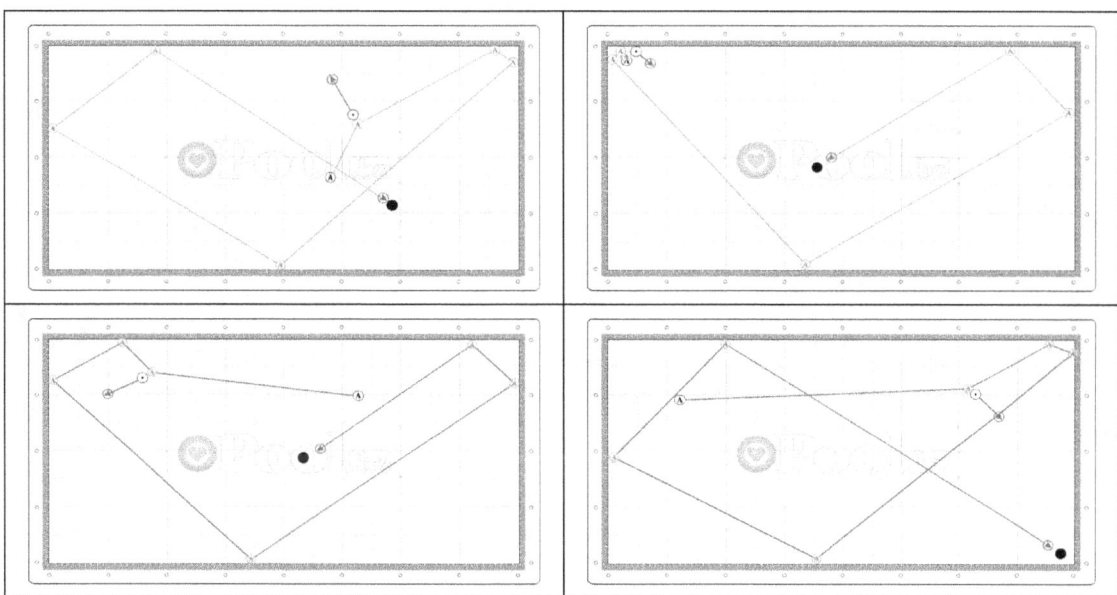

Analyysi:

J:1a. _____

J:1b. _____

J:1c. _____

J:1d. _____

J:1a – Piirustus

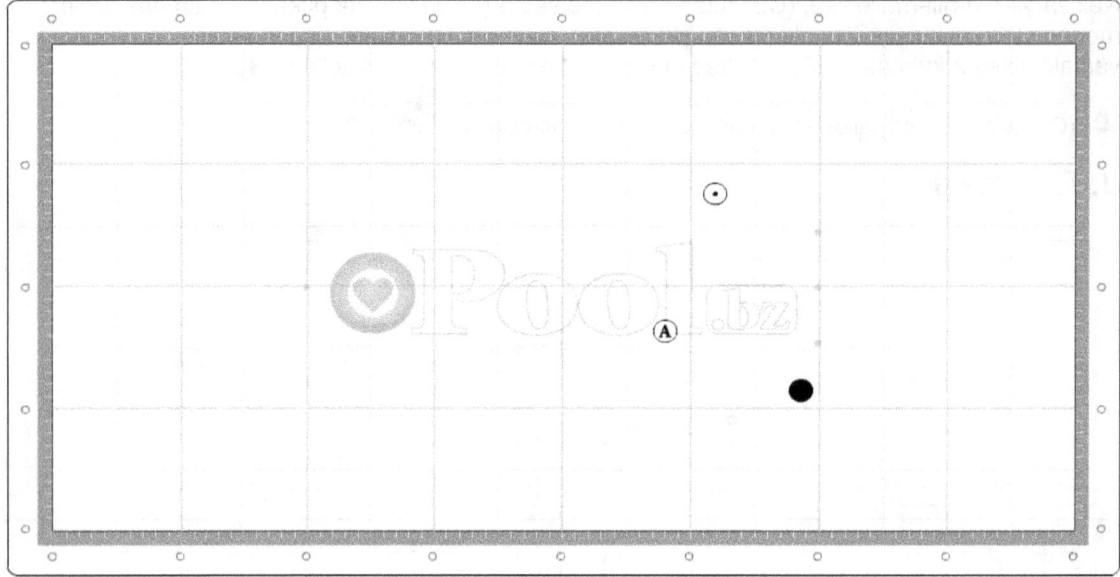

Huomautuksia ja ideoita:

Pallokuviota

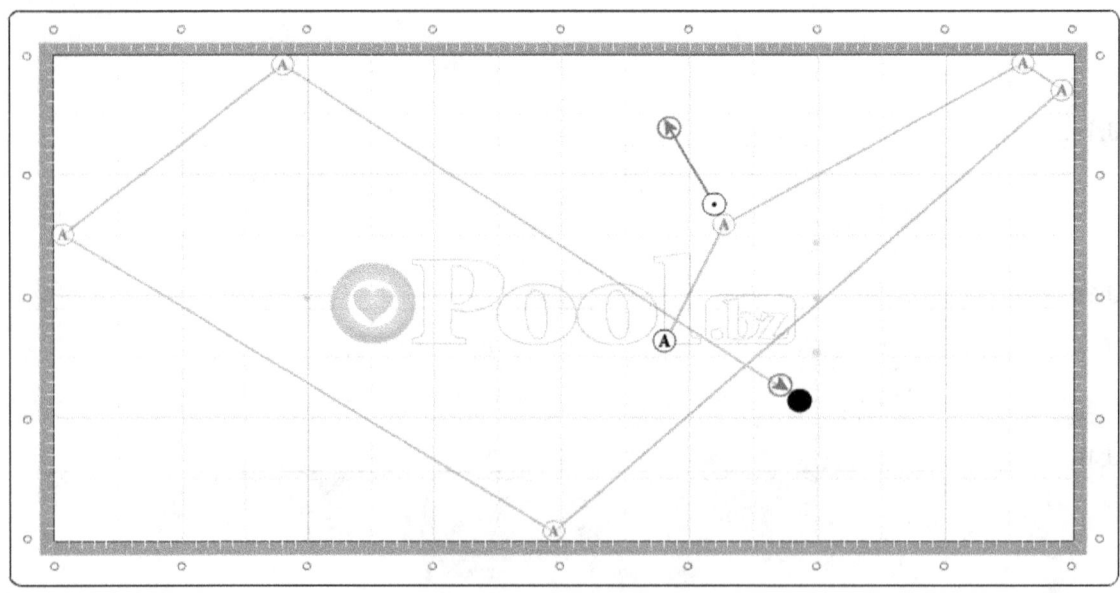

J:1b – Piirustus

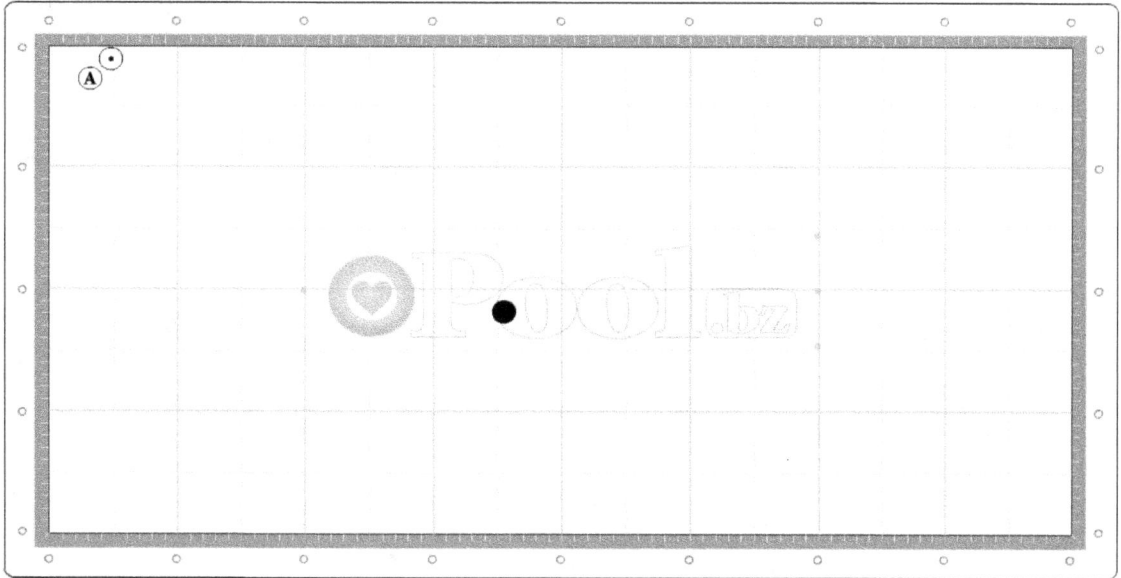

Huomautuksia ja ideoita:

Pallokuviota

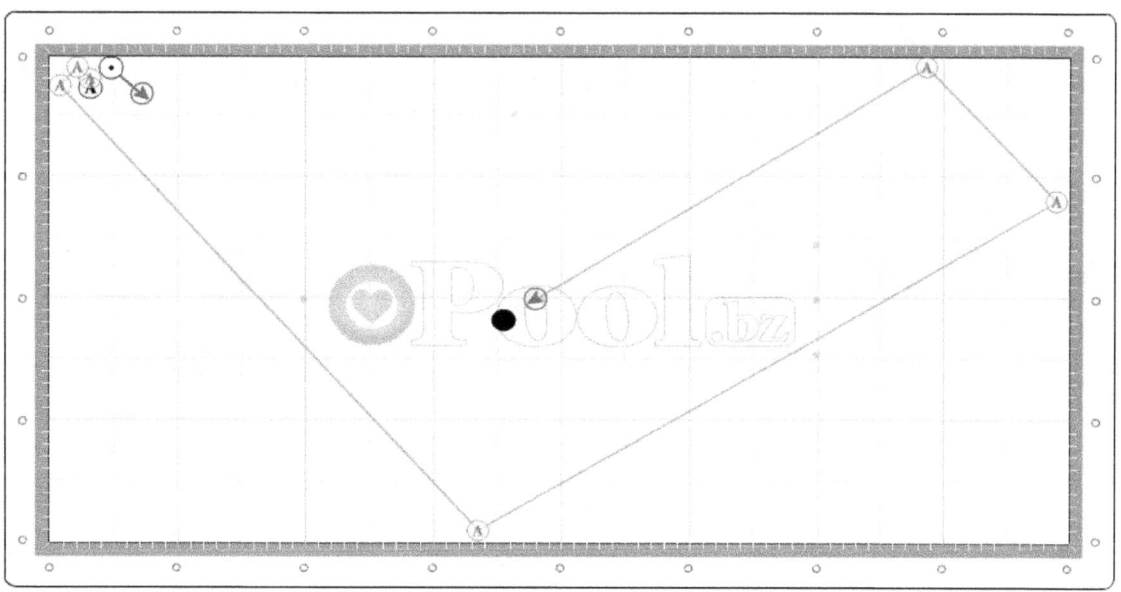

J:1c – Piirustus

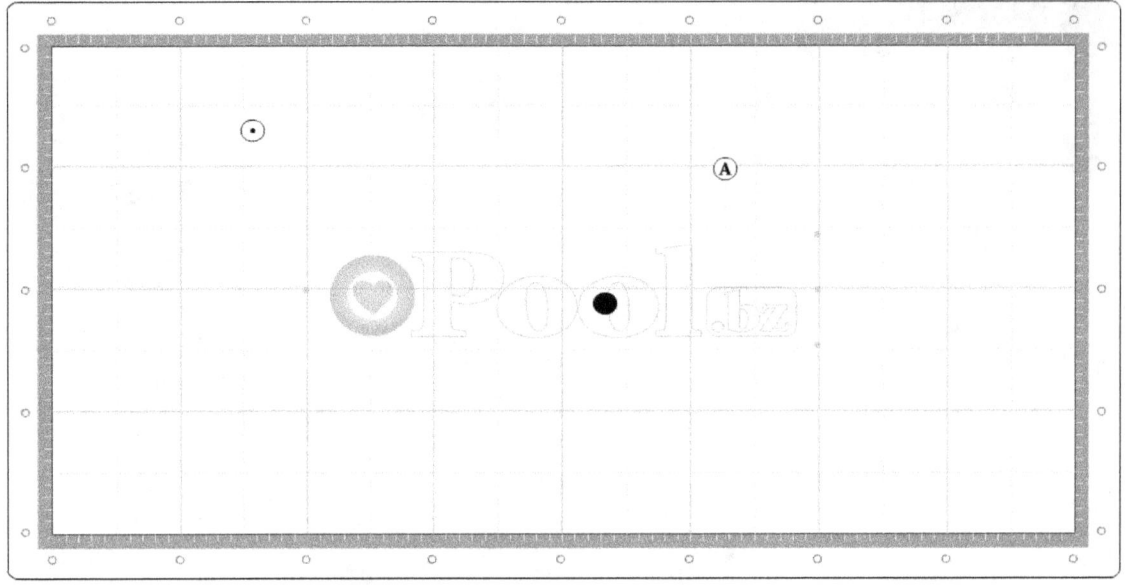

Huomautuksia ja ideoita:

Pallokuviota

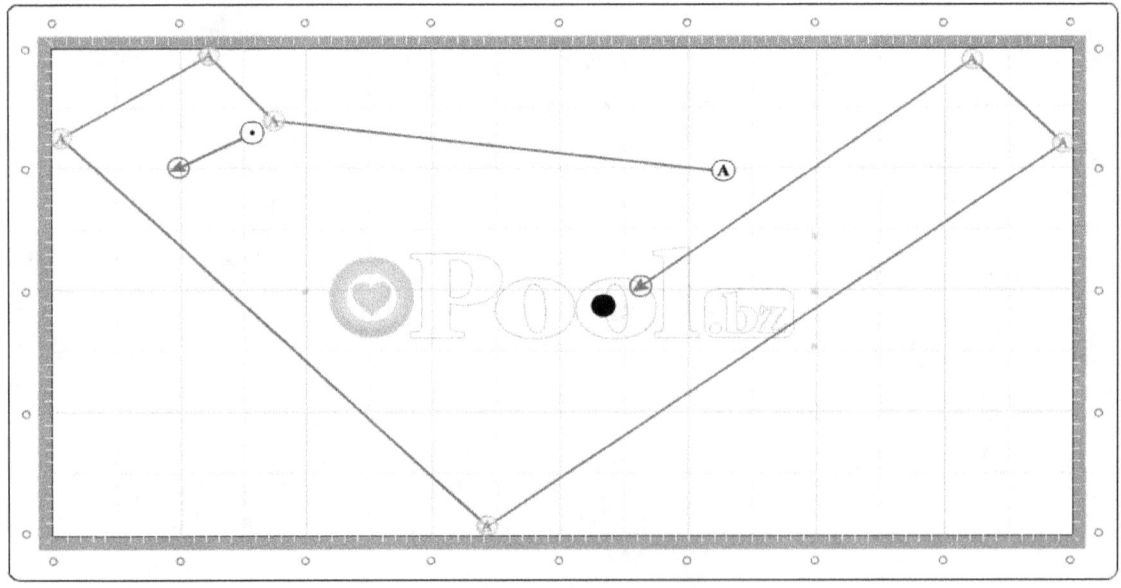

J:1d – Piirustus

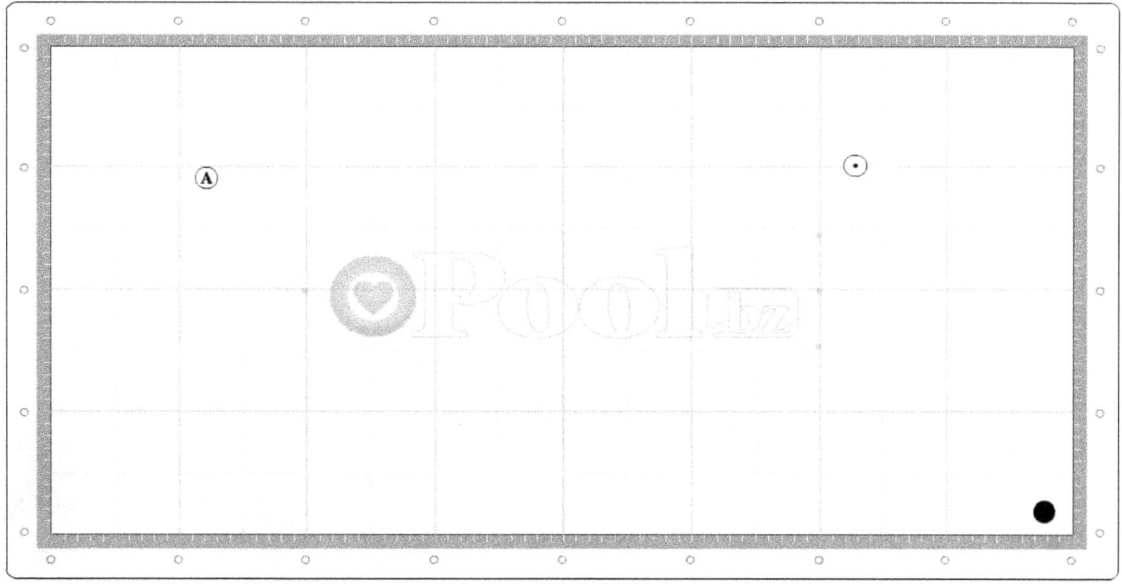

Huomautuksia ja ideoita:

Pallokuviota

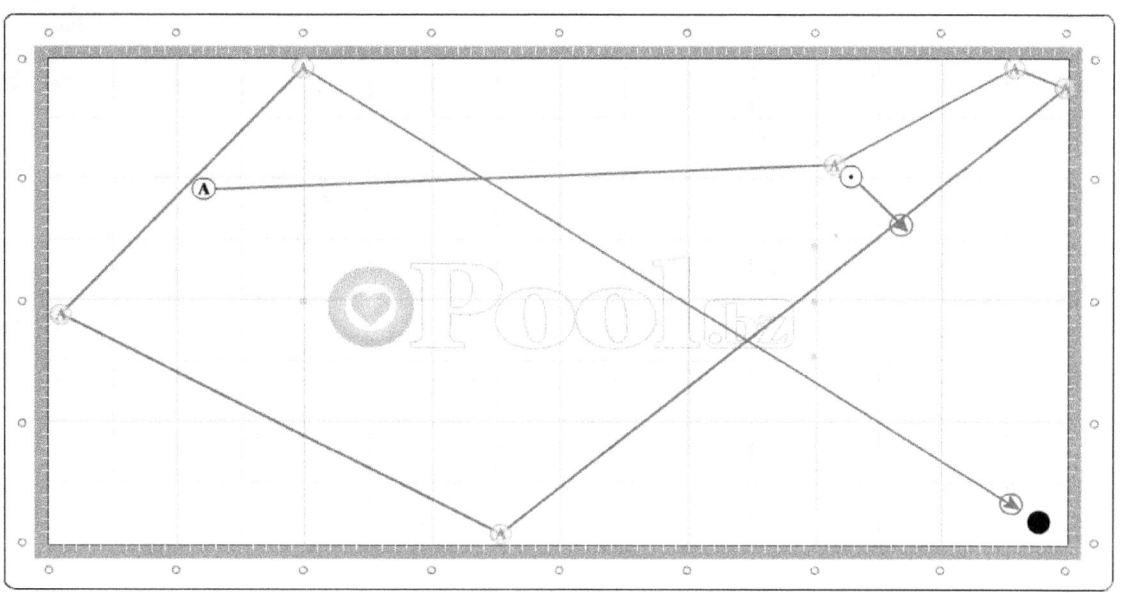

J: Ryhmä 2

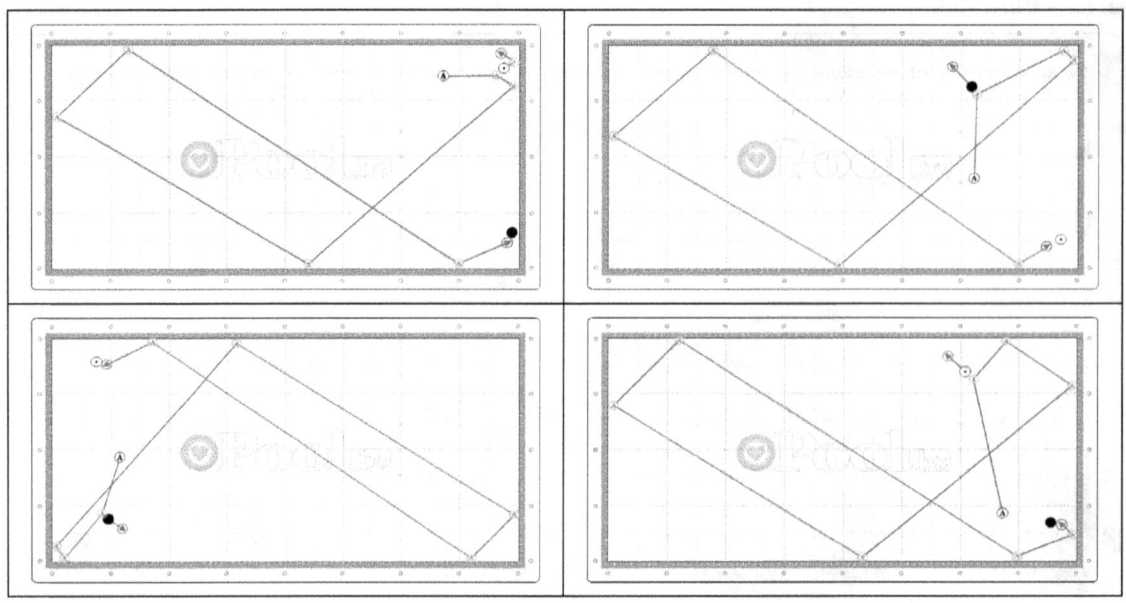

Analyysi:

J:2a. _____

J:2b. _____

J:2c. _____

J:2d. _____

J:2a – Piirustus

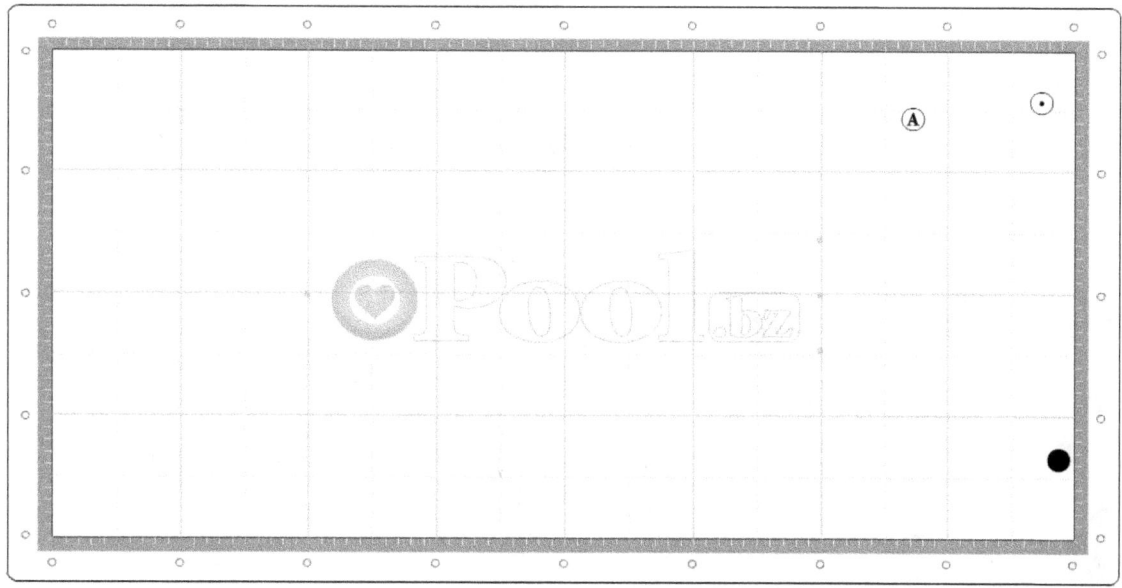

Huomautuksia ja ideoita:

Pallokuviota

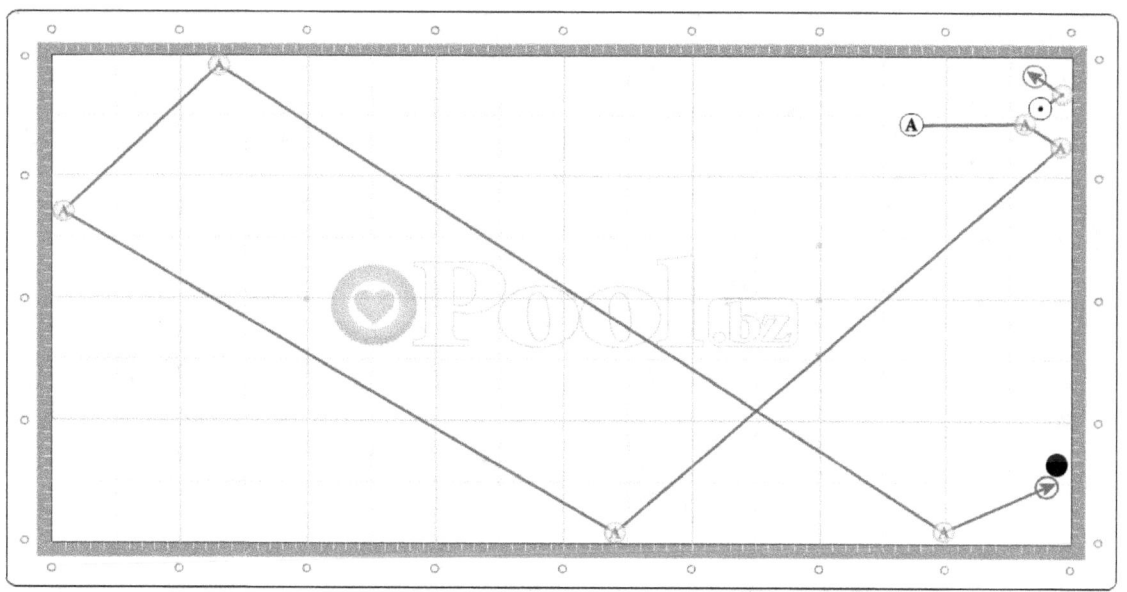

J:2b – Piirustus

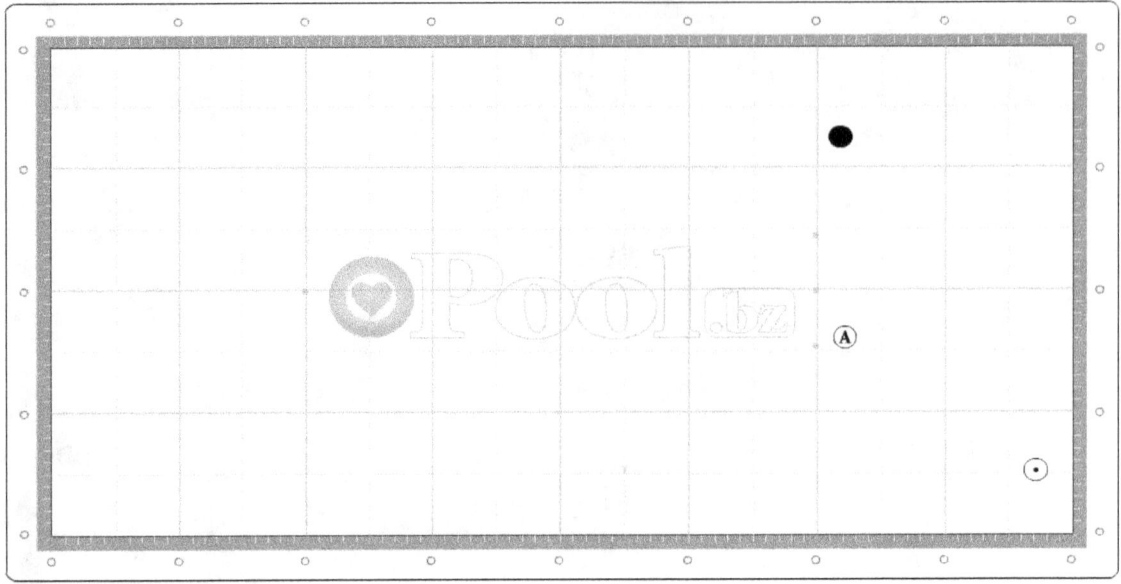

Huomautuksia ja ideoita:

Pallokuviota

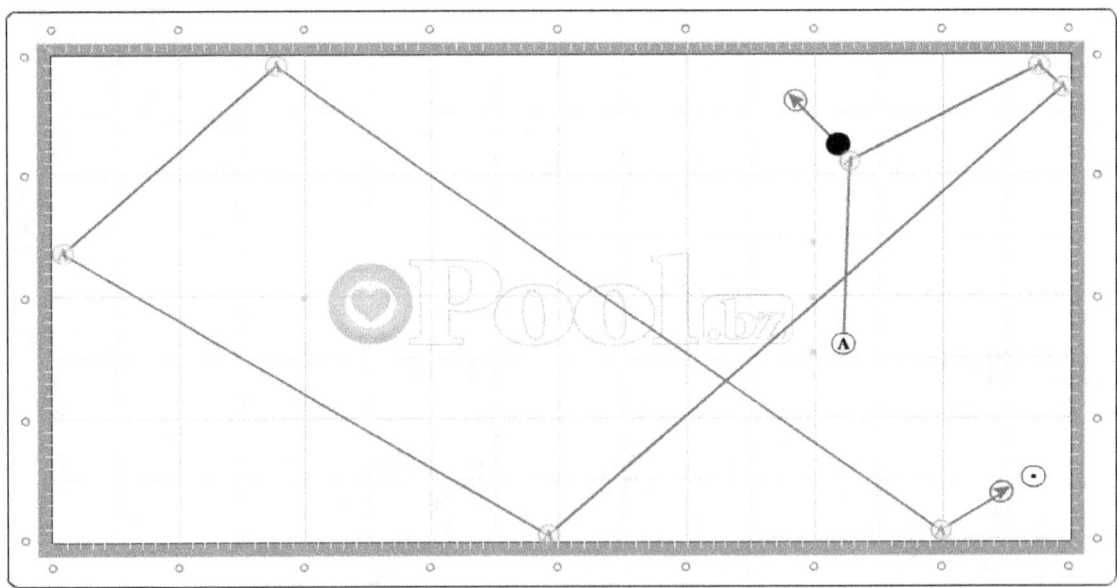

J:2c – Piirustus

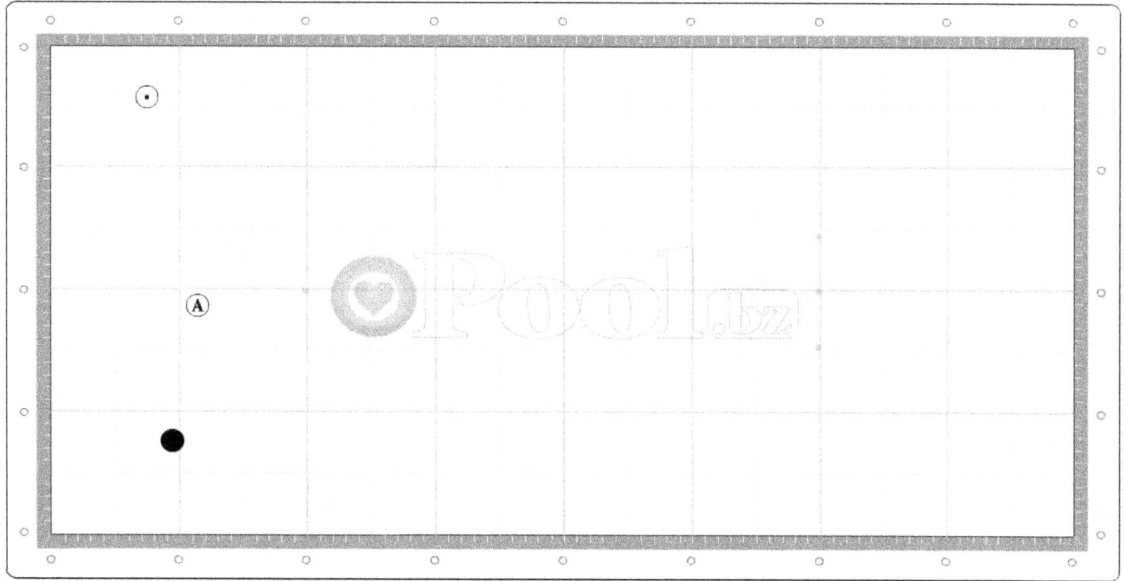

Huomautuksia ja ideoita:

Pallokuviota

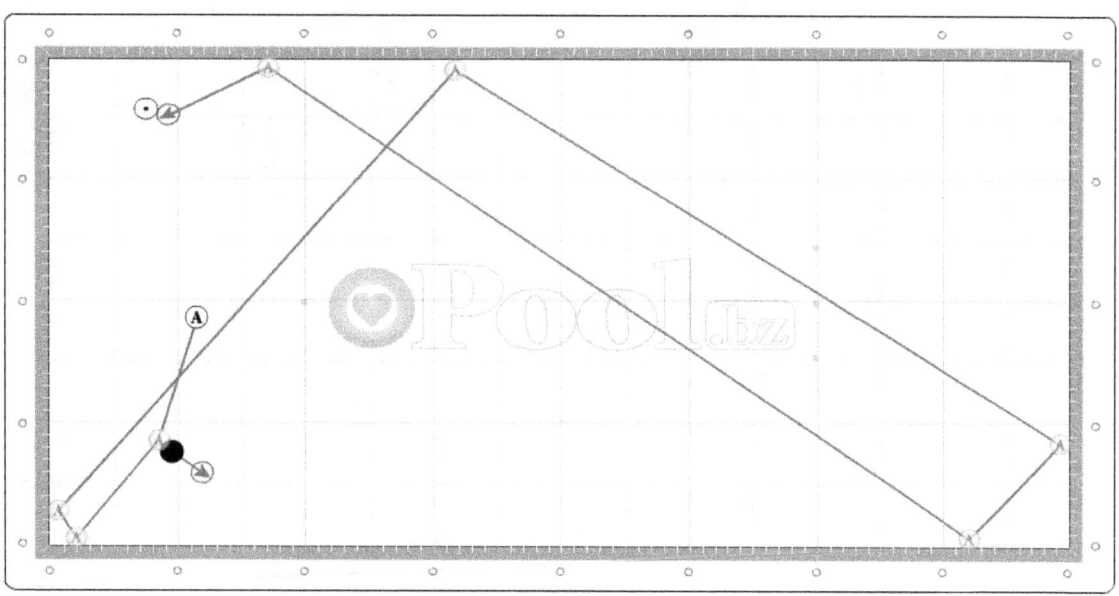

J:2d – Piirustus

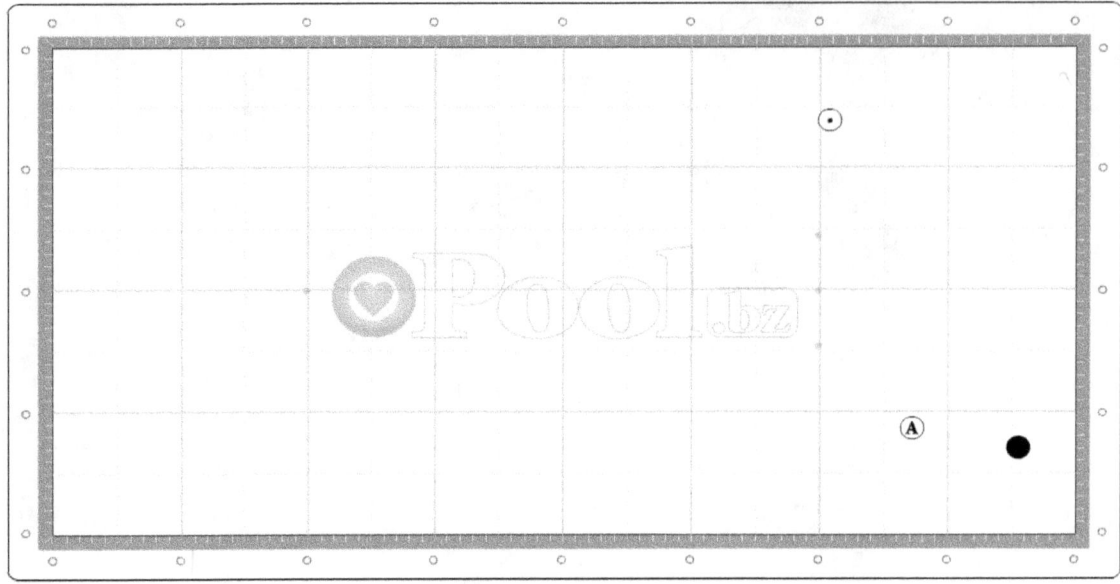

Huomautuksia ja ideoita:

Pallokuviota

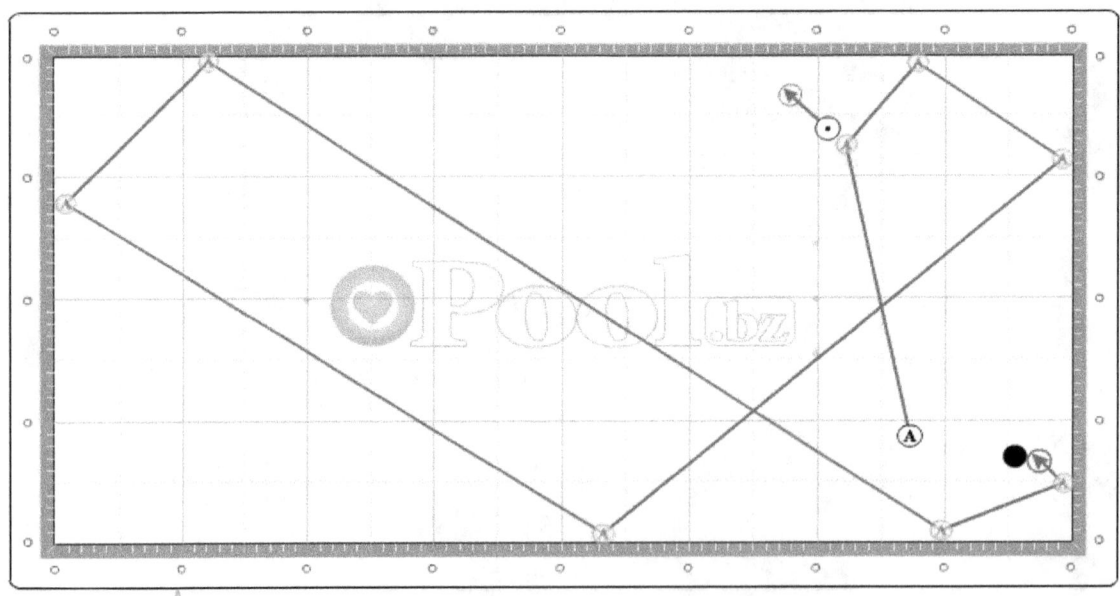

J: Ryhmä 3

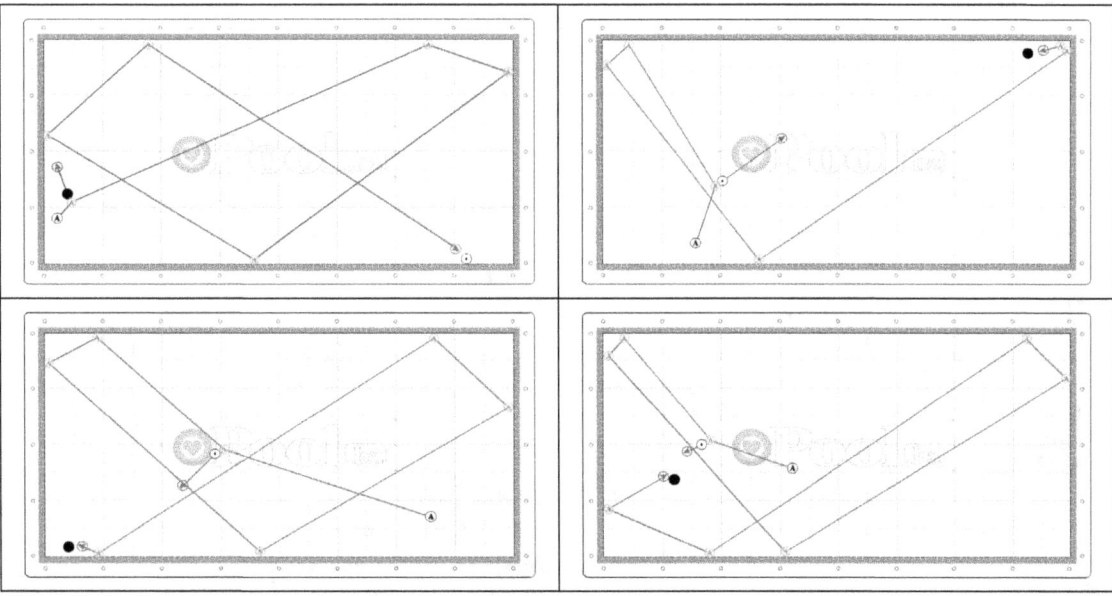

Analyysi:

J:3a. _____

J:3b. _____

J:3c. _____

J:3d. _____

J:3a – Piirustus

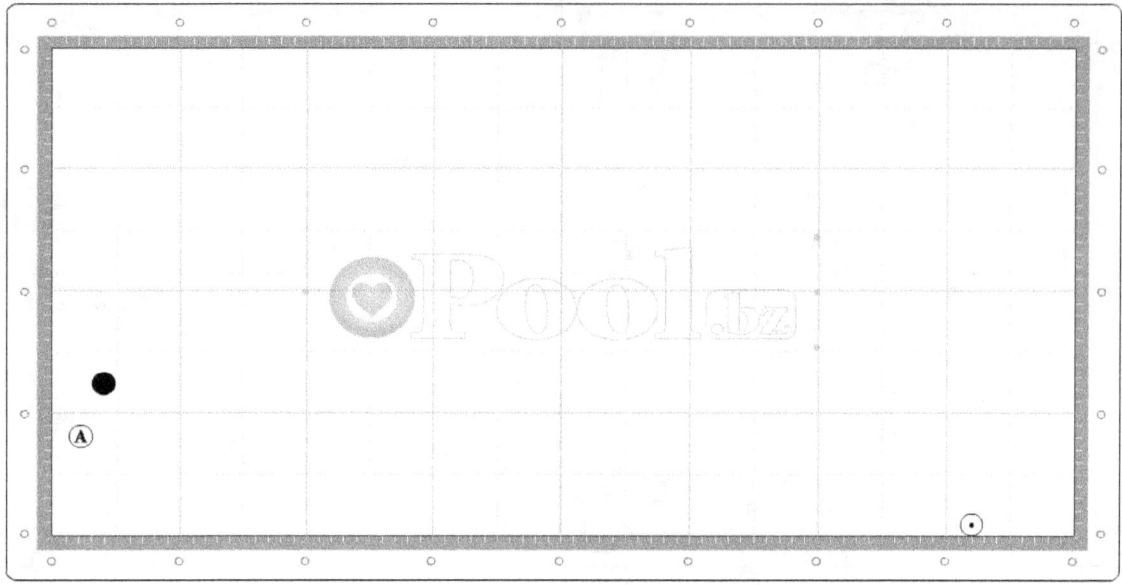

Huomautuksia ja ideoita:

Pallokuviota

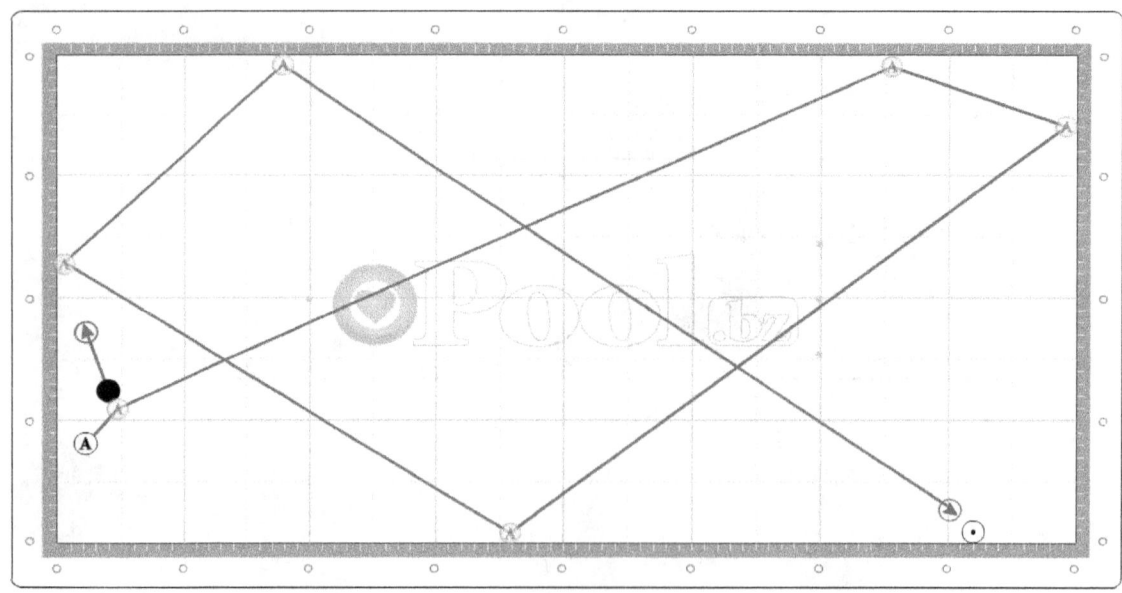

J:3b – Piirustus

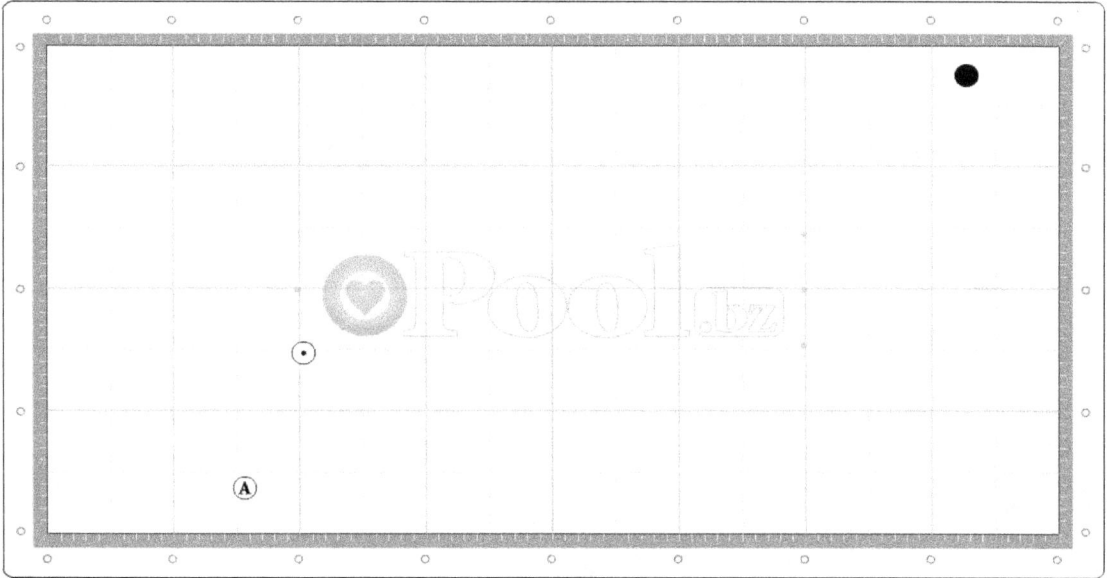

Huomautuksia ja ideoita:

Pallokuviota

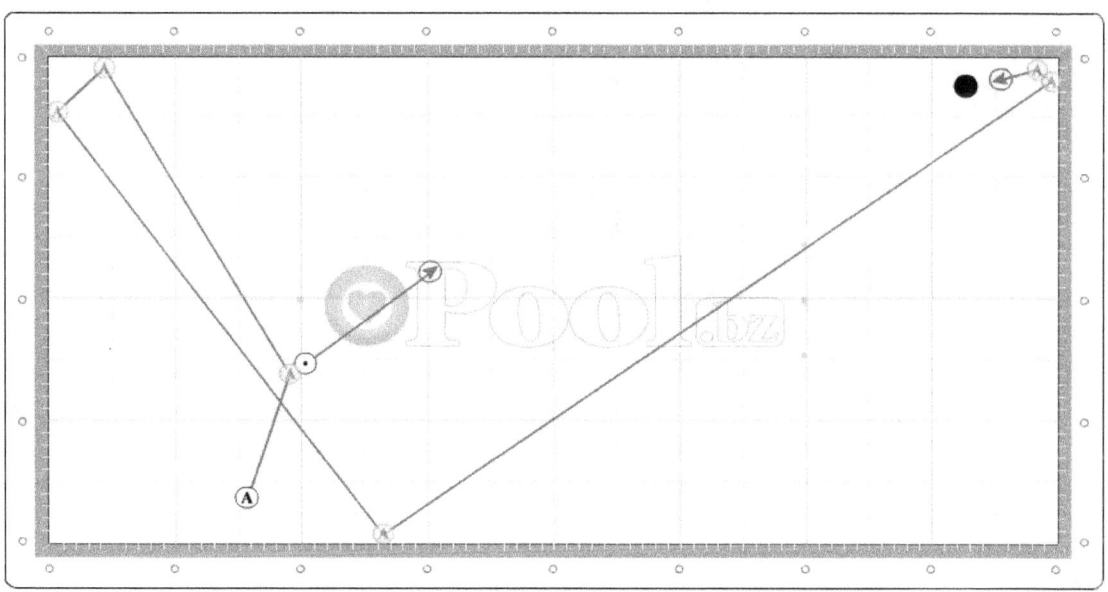

J:3c – Piirustus

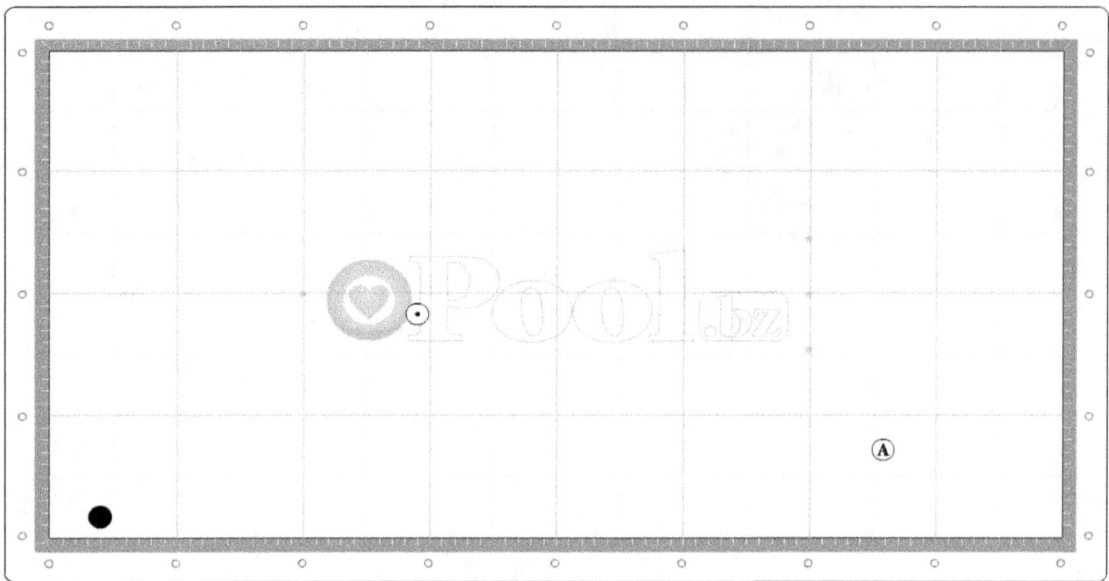

Huomautuksia ja ideoita:

Pallokuviota

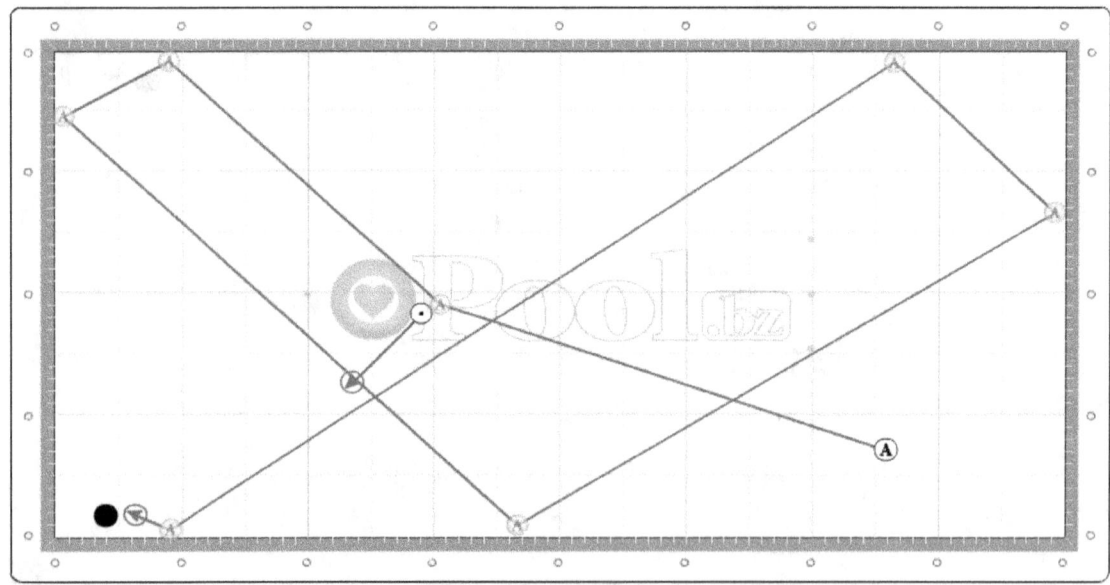

J:3d – Piirustus

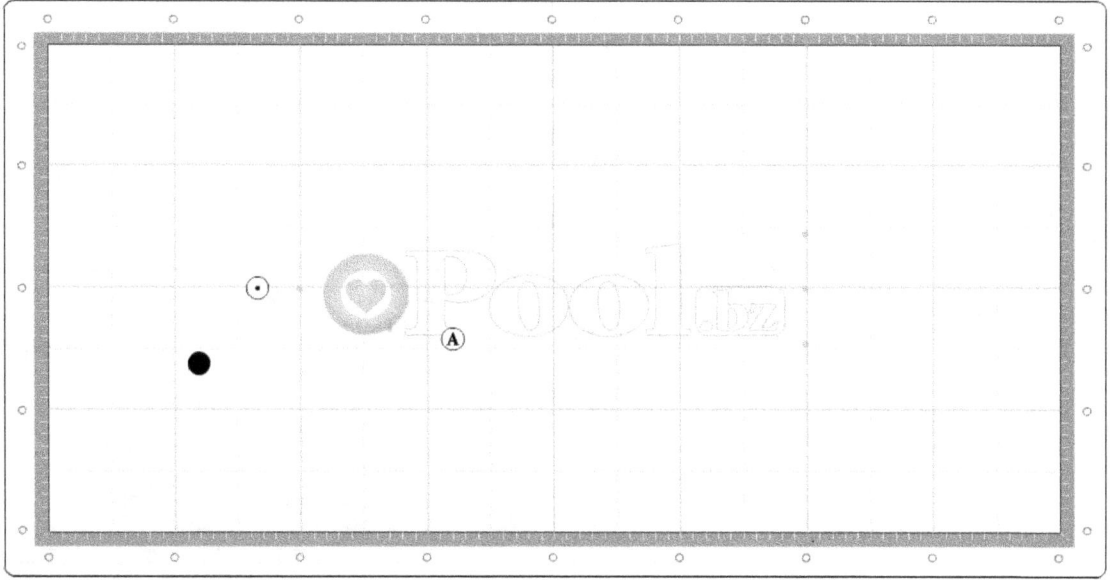

Huomautuksia ja ideoita:

Pallokuviota

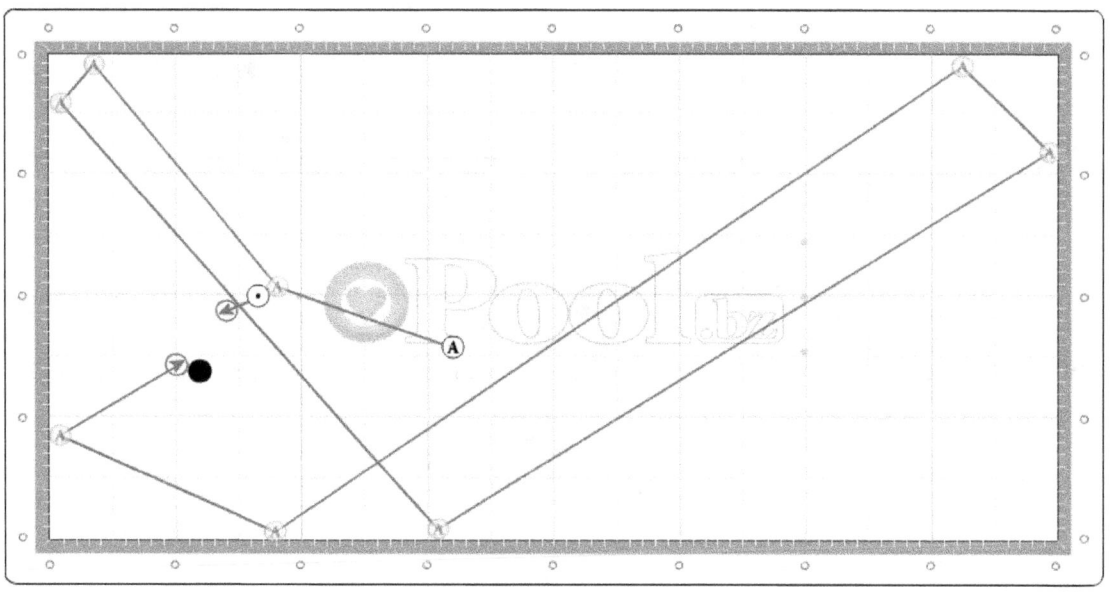

J: Ryhmä 4

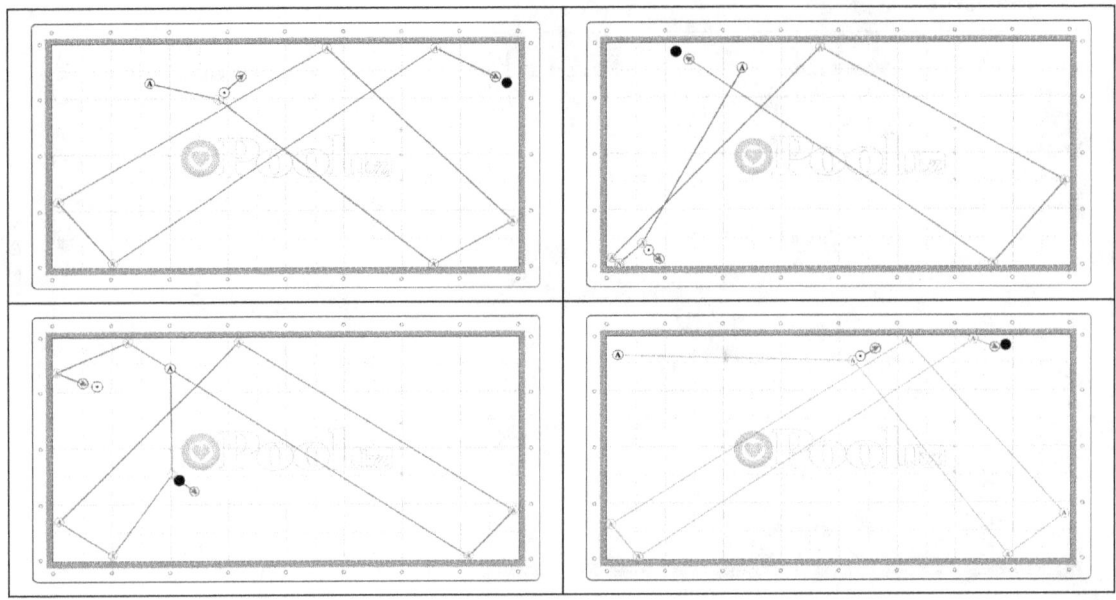

Analyysi:

J:4a. _____

J:4b. _____

J:4c. _____

J:4d. _____

J:4a – Piirustus

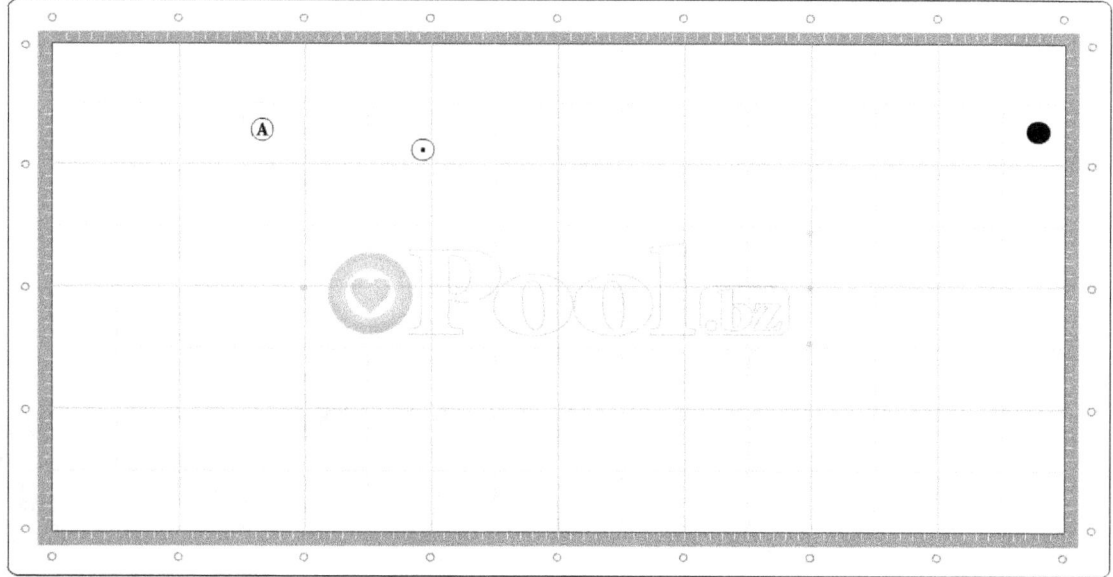

Huomautuksia ja ideoita:

Pallokuviota

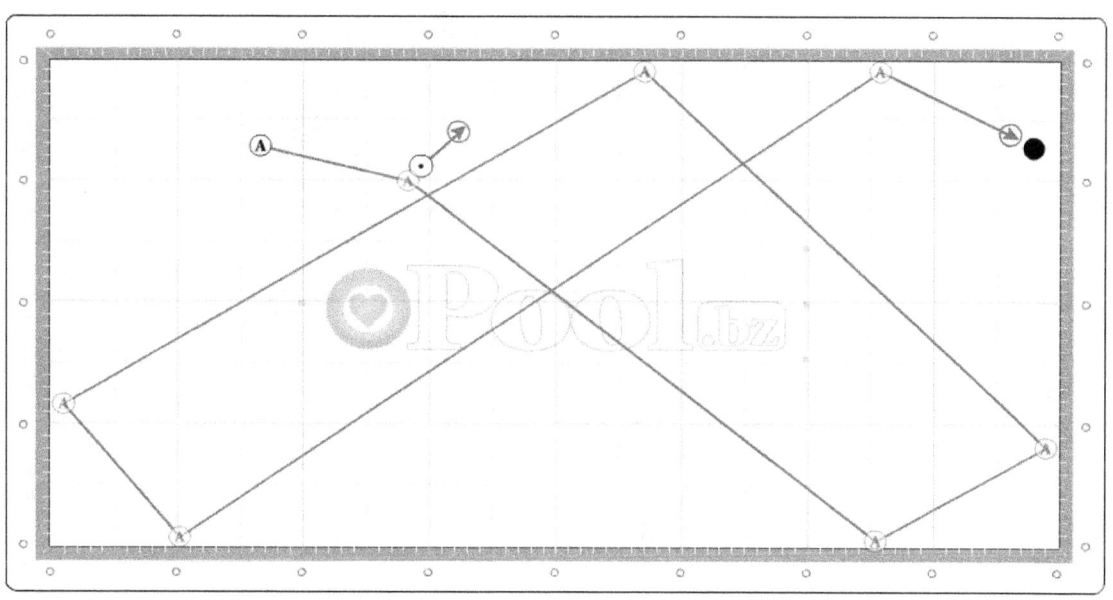

J:4b – Piirustus

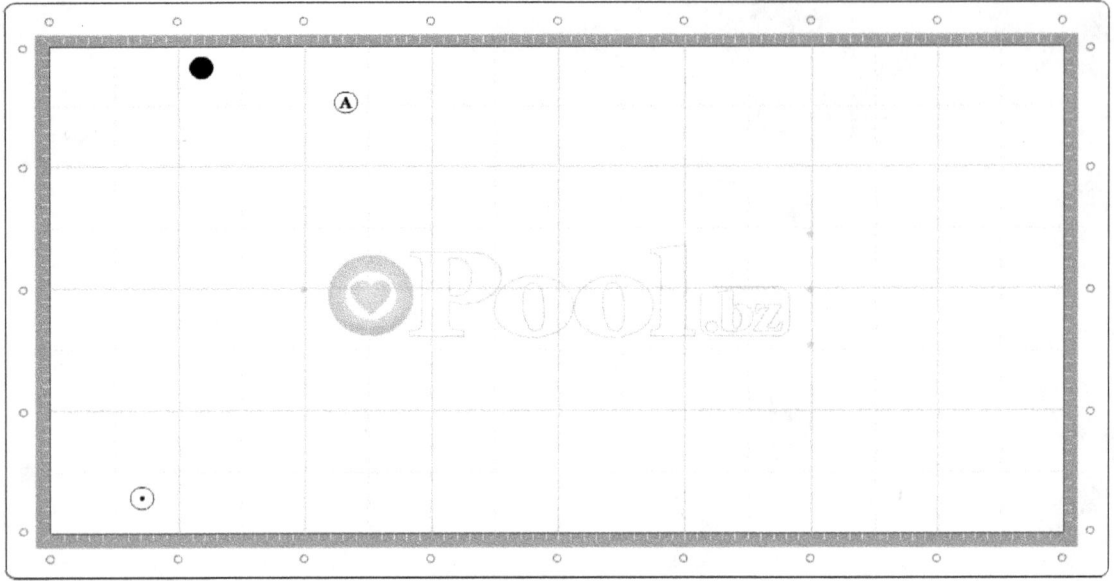

Huomautuksia ja ideoita:

Pallokuviota

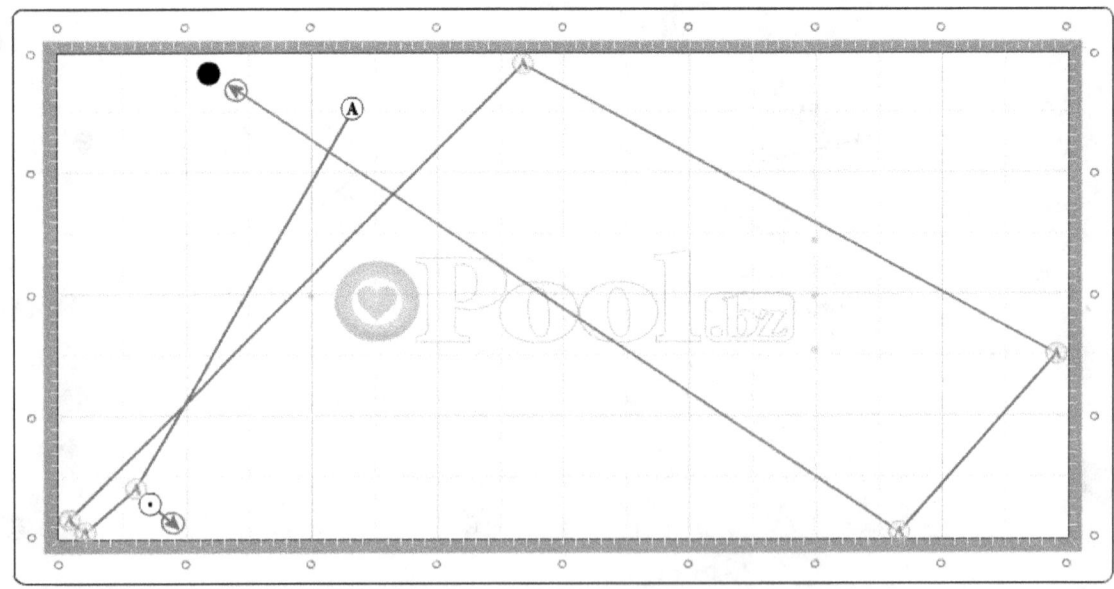

J:4c – Piirustus

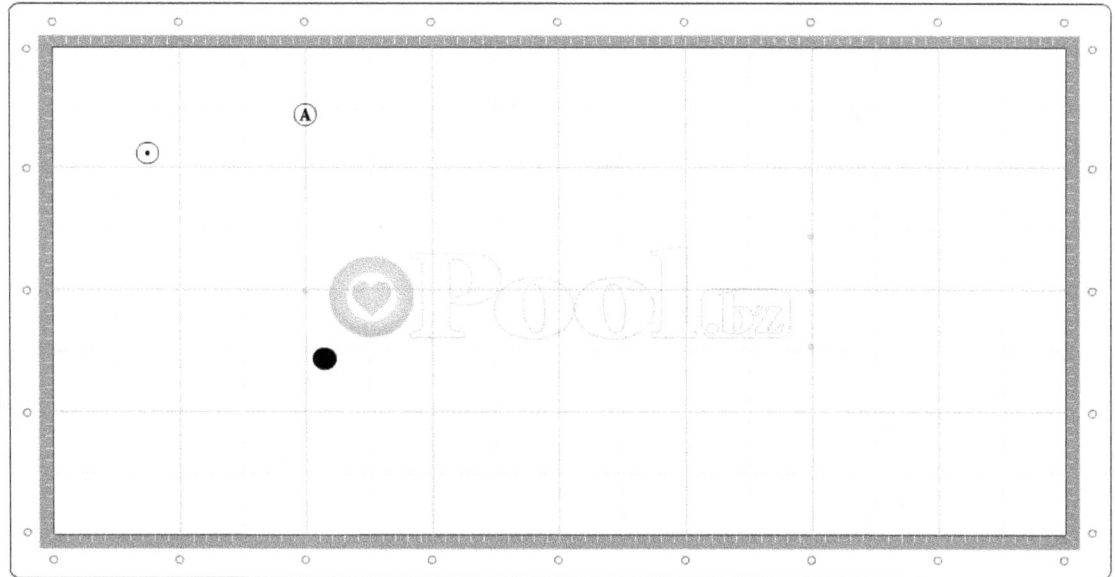

Huomautuksia ja ideoita:

Pallokuviota

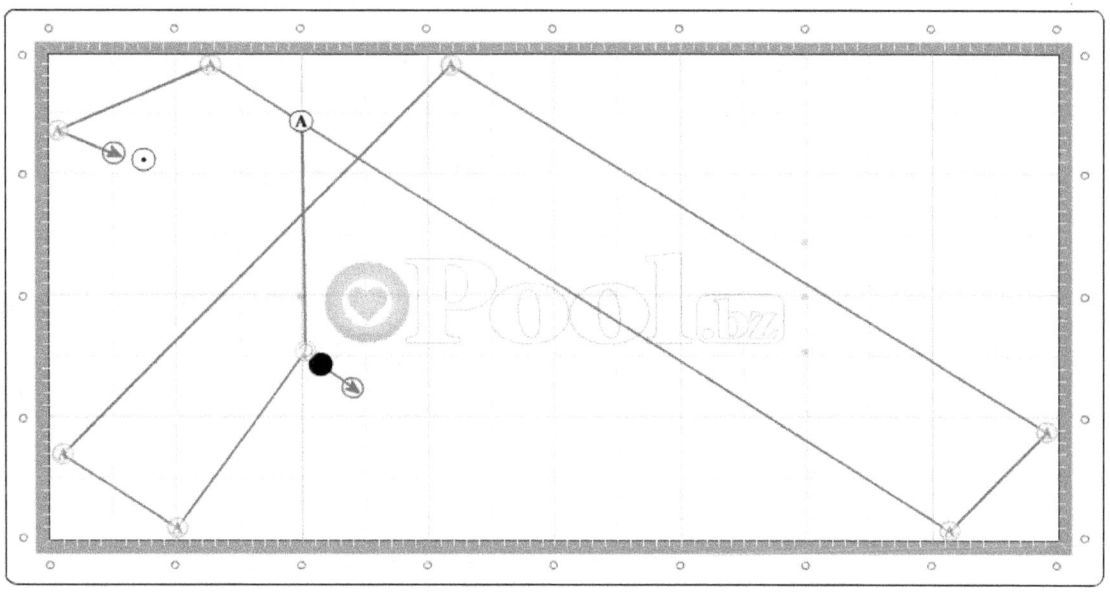

J:4d – Piirustus

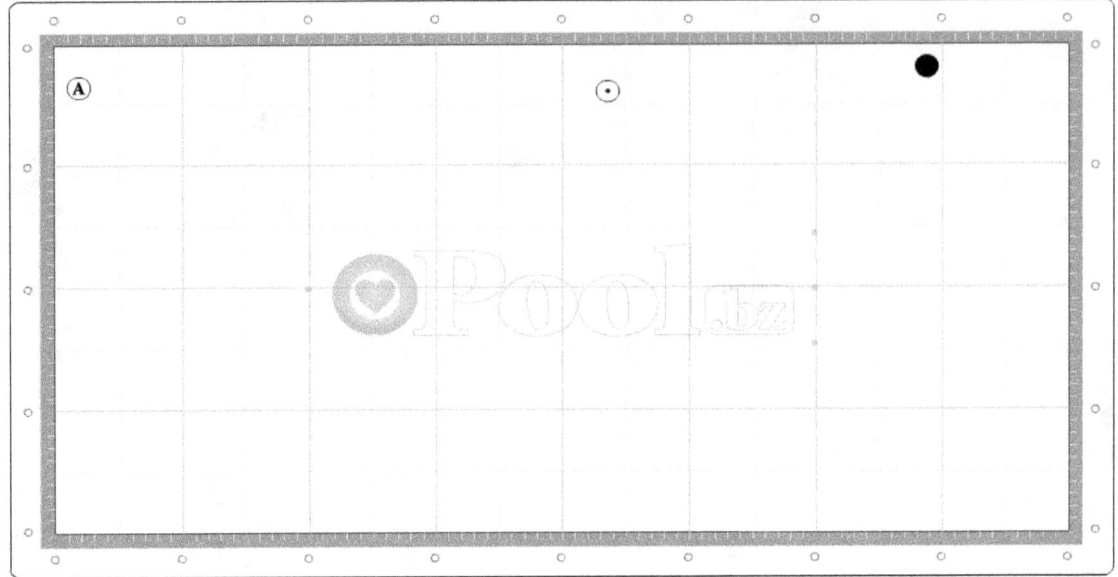

Huomautuksia ja ideoita:

Pallokuviota

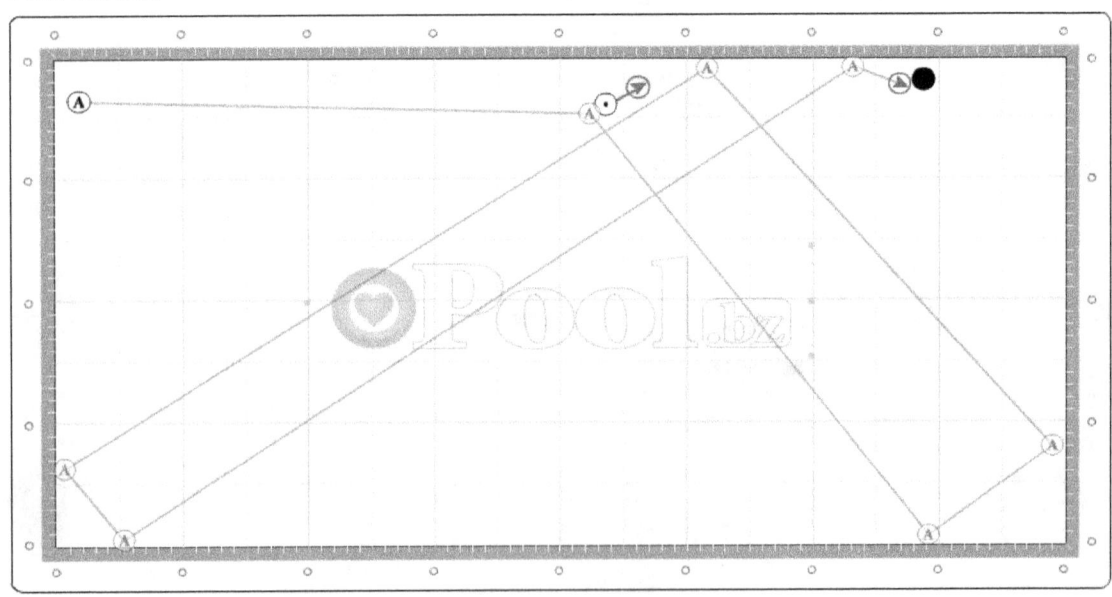

K: Kaksinkertainen mäki

Nämä ovat mielenkiintoisia tilanteita. (CB) kaksinkertaistaa kukkakuvion yli.

Ⓐ (CB) (sinun biljardipallo) – ⊙ (OB) (vastustaja biljardipallo) – ● (OB) (punainen biljardipallo)

K: Ryhmä 1

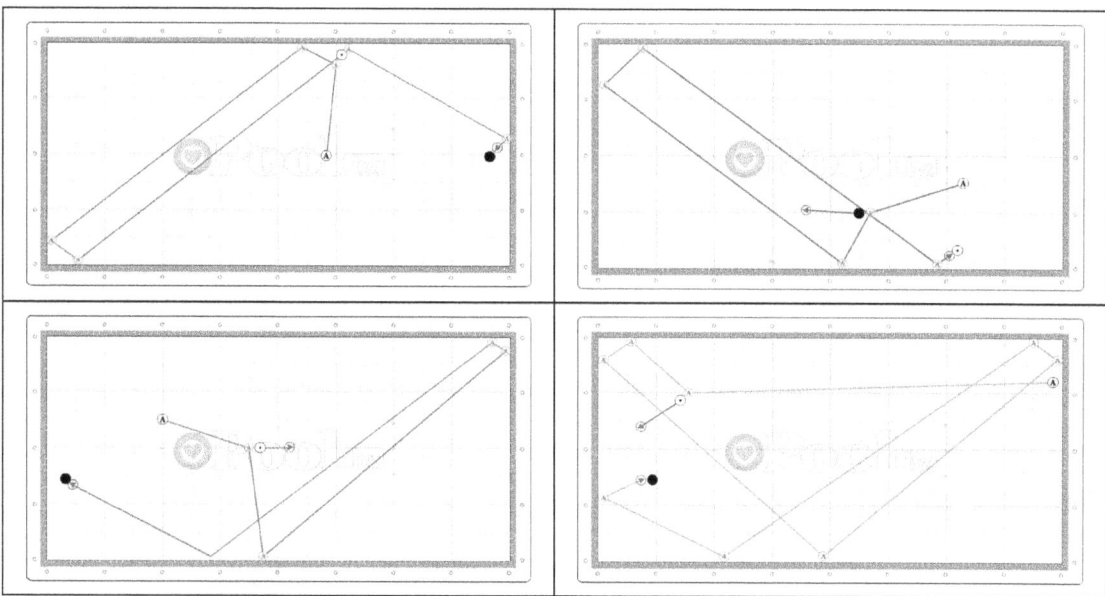

Analyysi:

K:1a. _____

K:1b. _____

K:1c. _____

K:1d. _____

K:1a – Piirustus

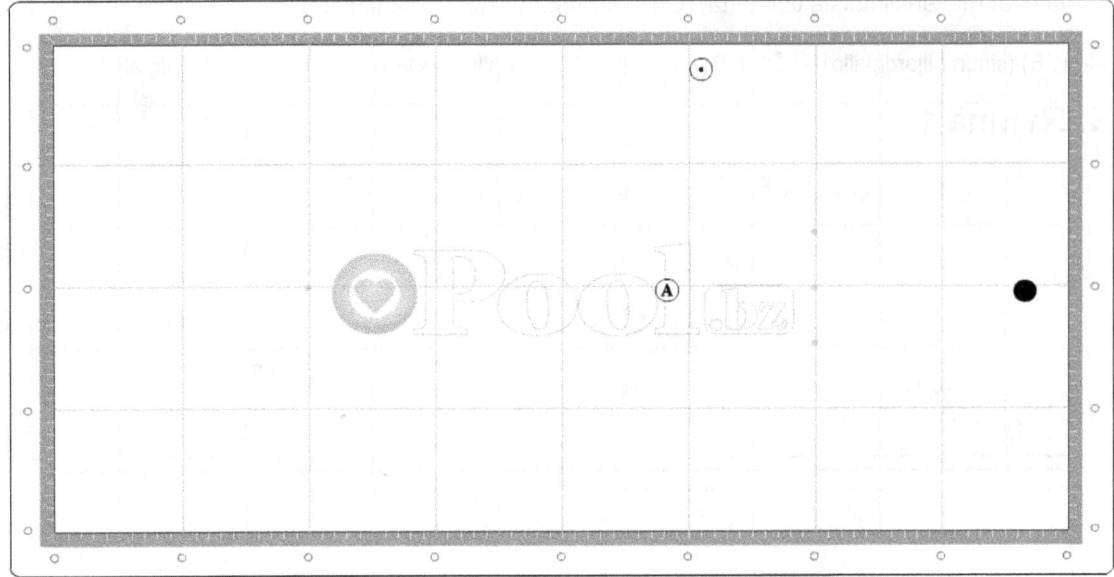

Huomautuksia ja ideoita:

Pallokuviota

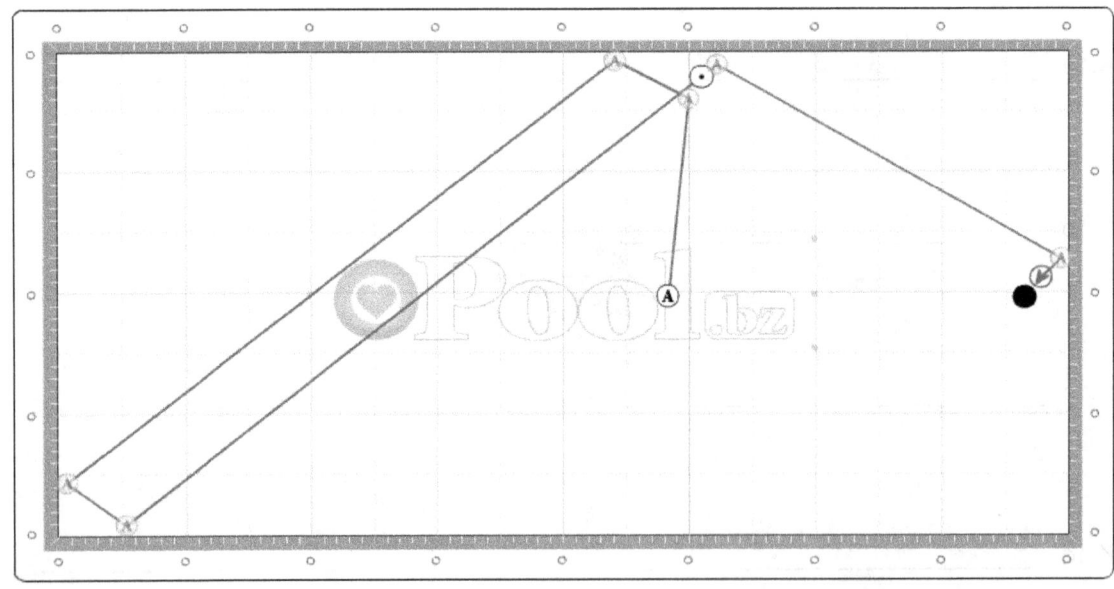

K:1b – Piirustus

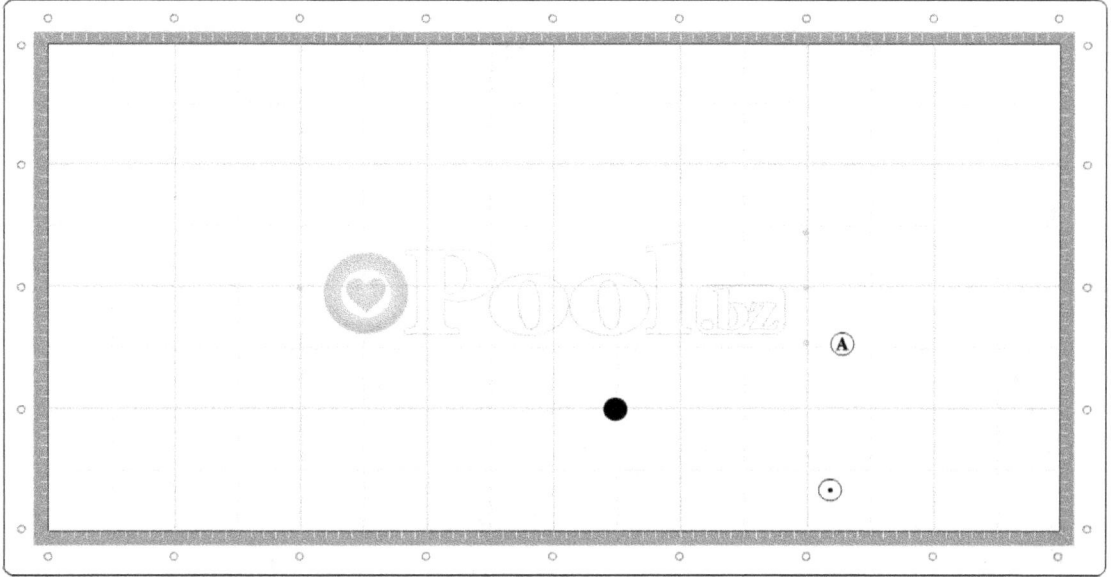

Huomautuksia ja ideoita:

Pallokuviota

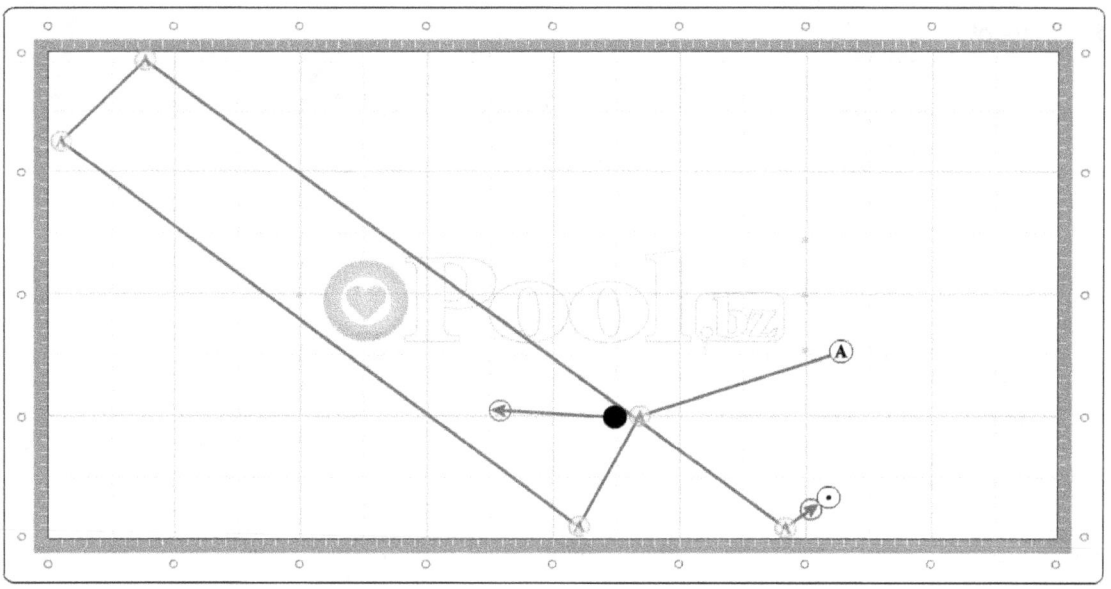

K:1c – Piirustus

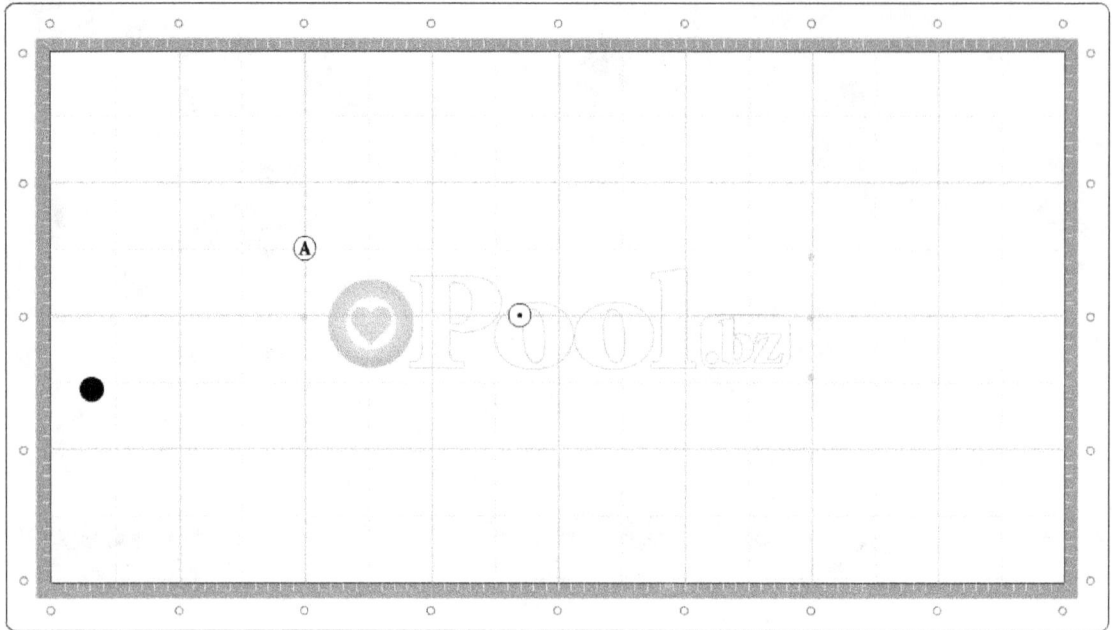

Huomautuksia ja ideoita:

Pallokuviota

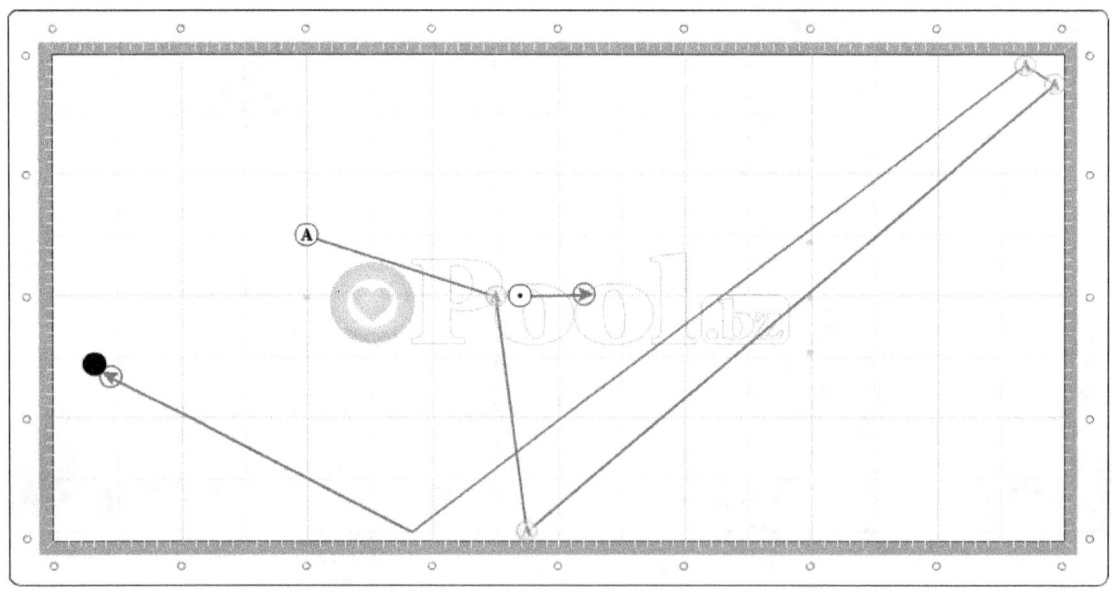

K:1d – Piirustus

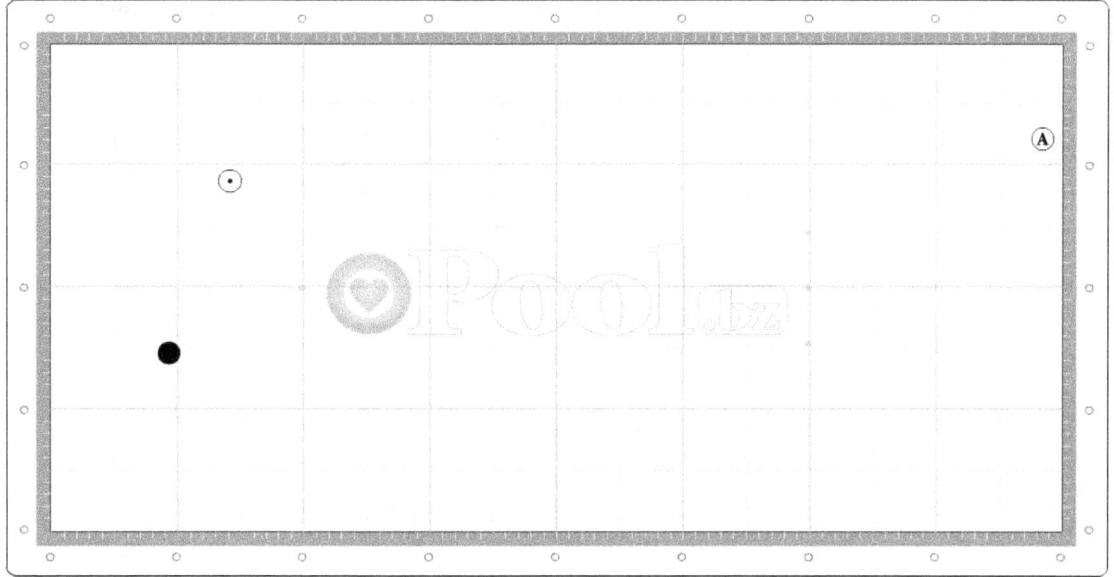

Huomautuksia ja ideoita:

Pallokuviota

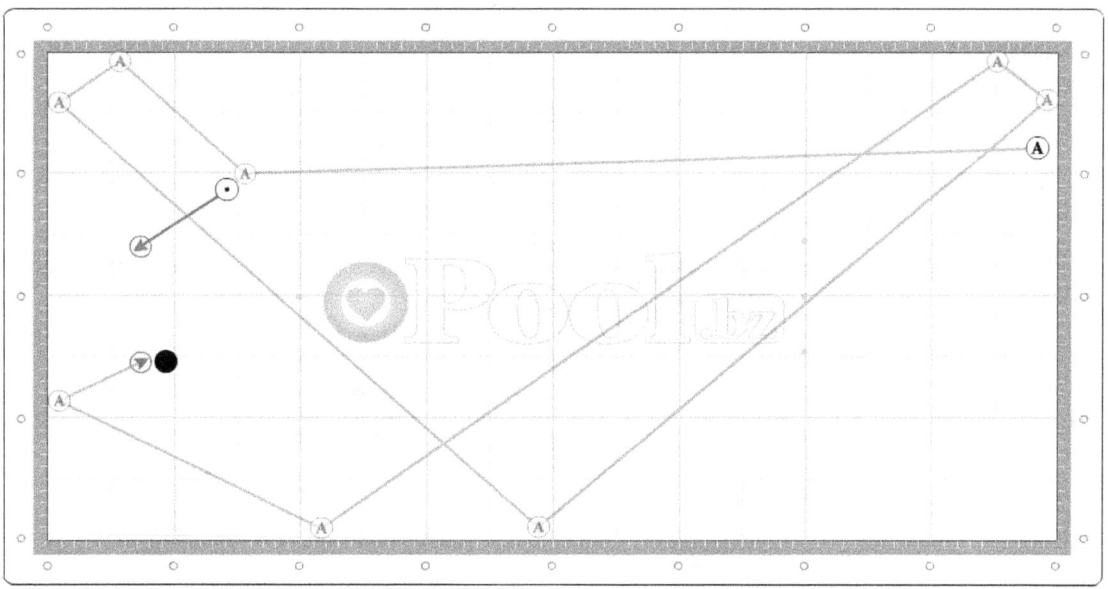

L: Ulkopuolinen koukku

(CB) koskettaa ensimmäistä (OB) ja siirtyy pitkän vallin keskelle. (CB) kulkee sitten nurkkaan, pitkiä vallin ensin. Sitten (CB) koskettaa toista (OB).

Ⓐ (CB) (sinun biljardipallo) – ⊙ (OB) (vastustaja biljardipallo) – ● (OB) (punainen biljardipallo)

L: Ryhmä 1

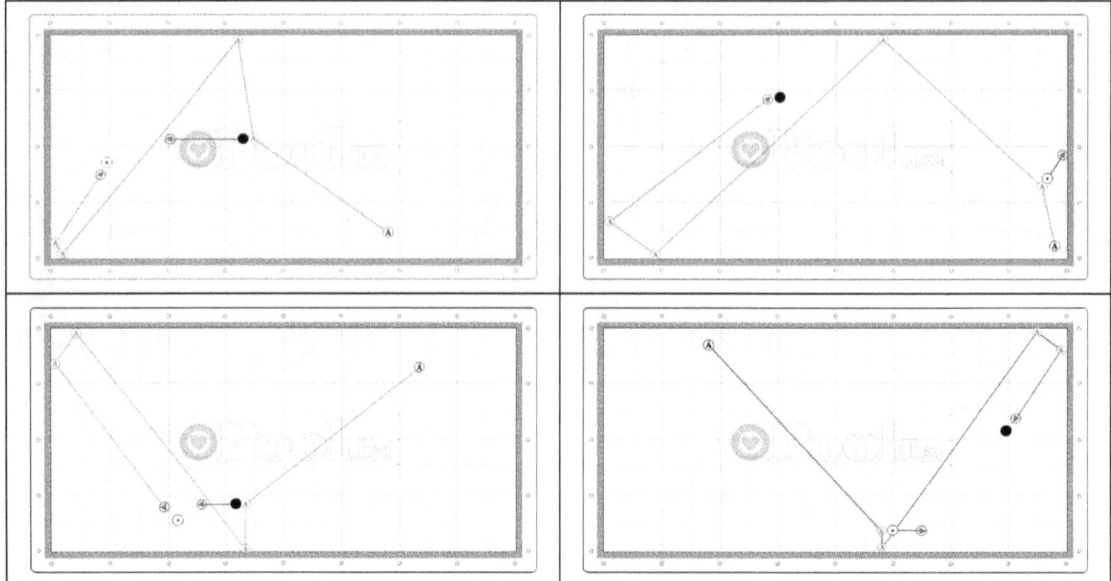

Analyysi:

L:1a. _____

L:1b. _____

L:1c. _____

L:1d. _____

L:1a – Piirustus

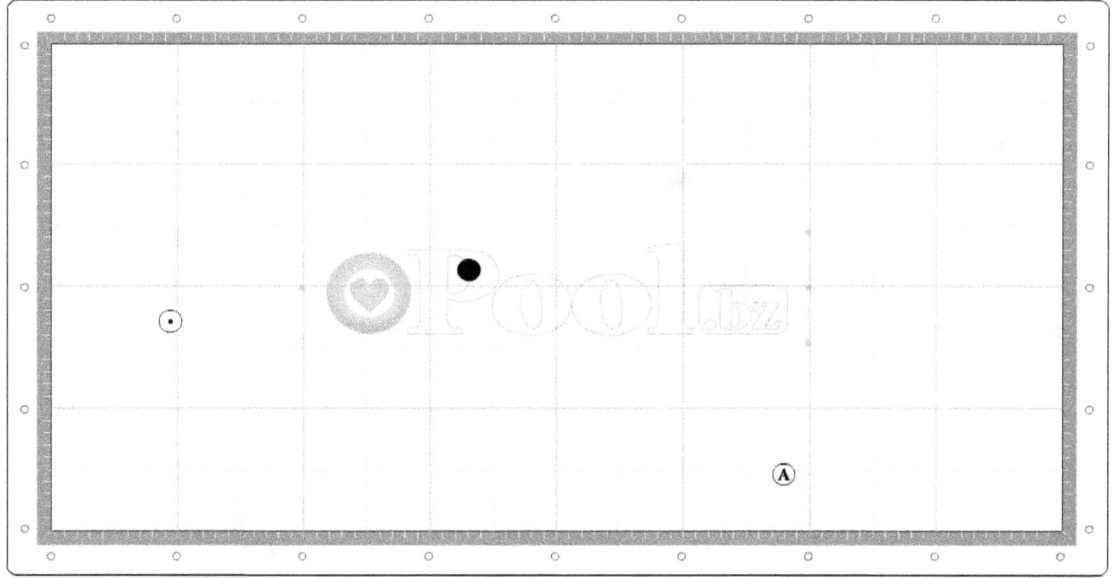

Huomautuksia ja ideoita:

Pallokuviota

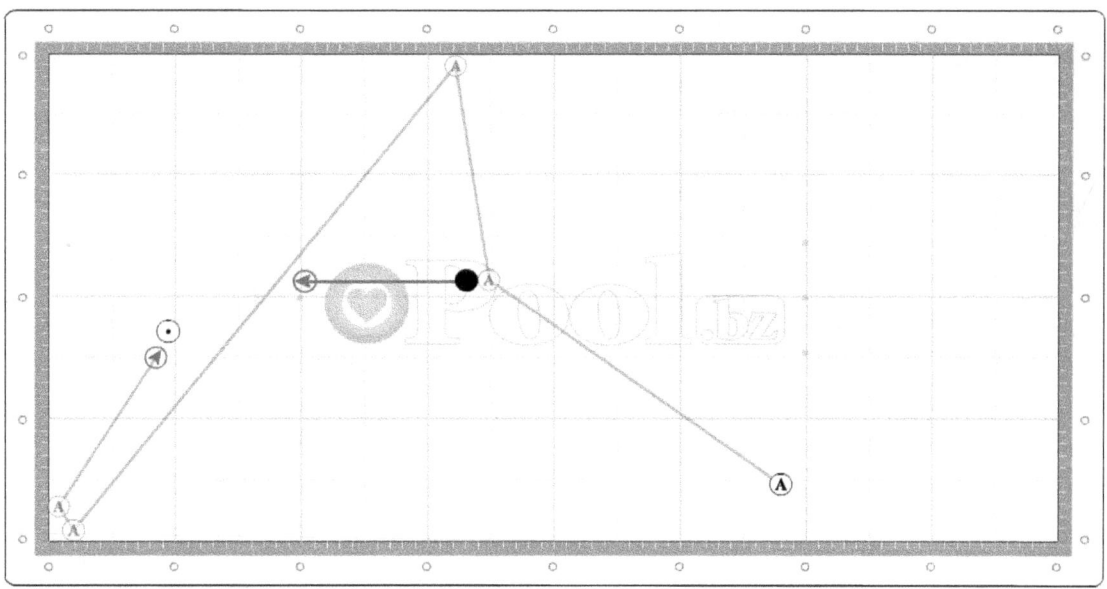

L:1b – Piirustus

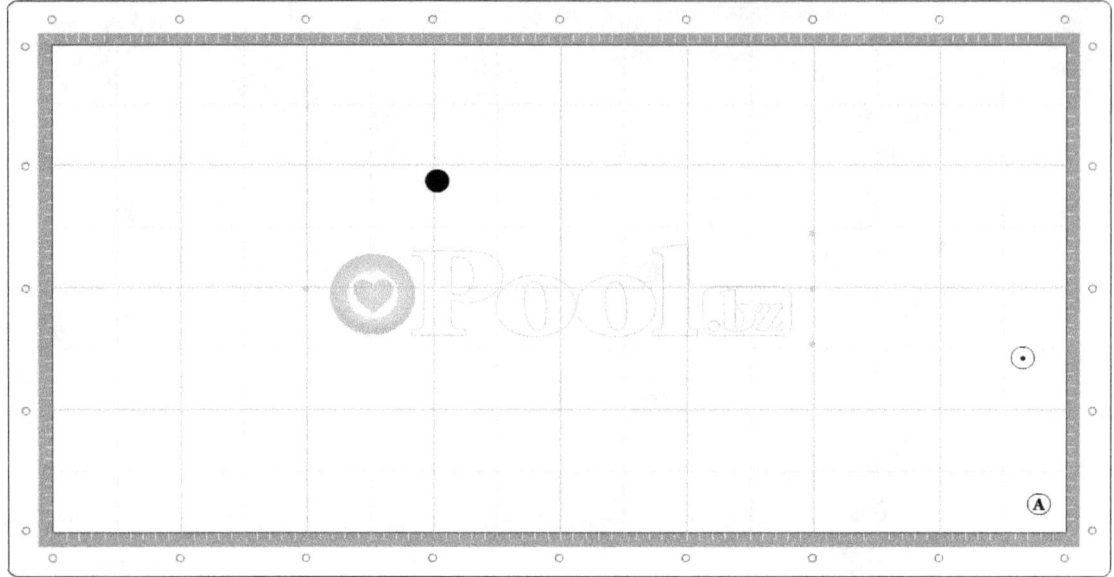

Huomautuksia ja ideoita:

Pallokuviota

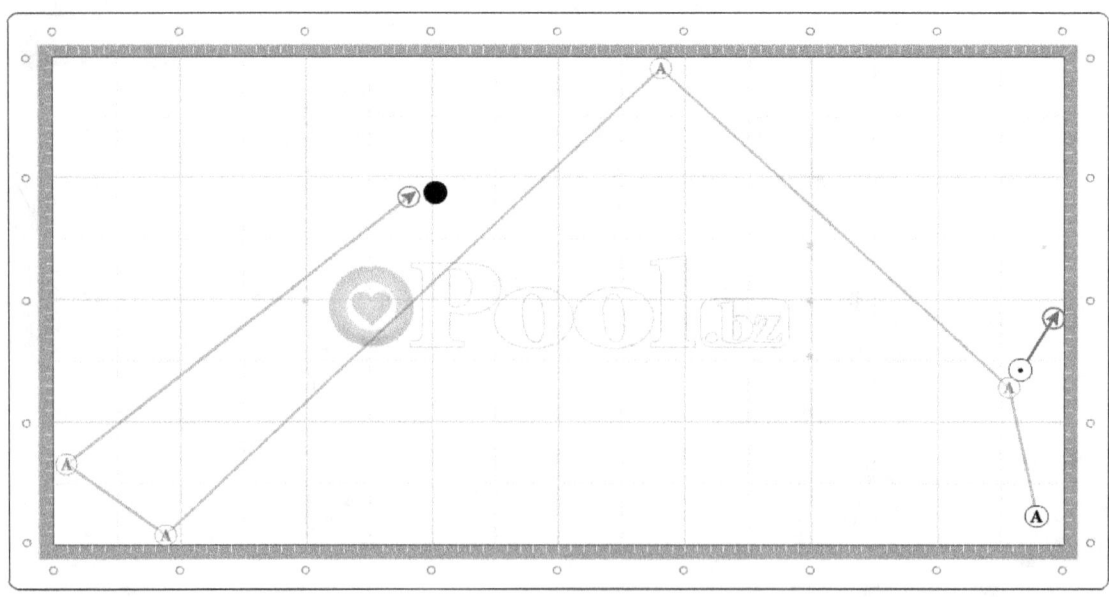

L:1c – Piirustus

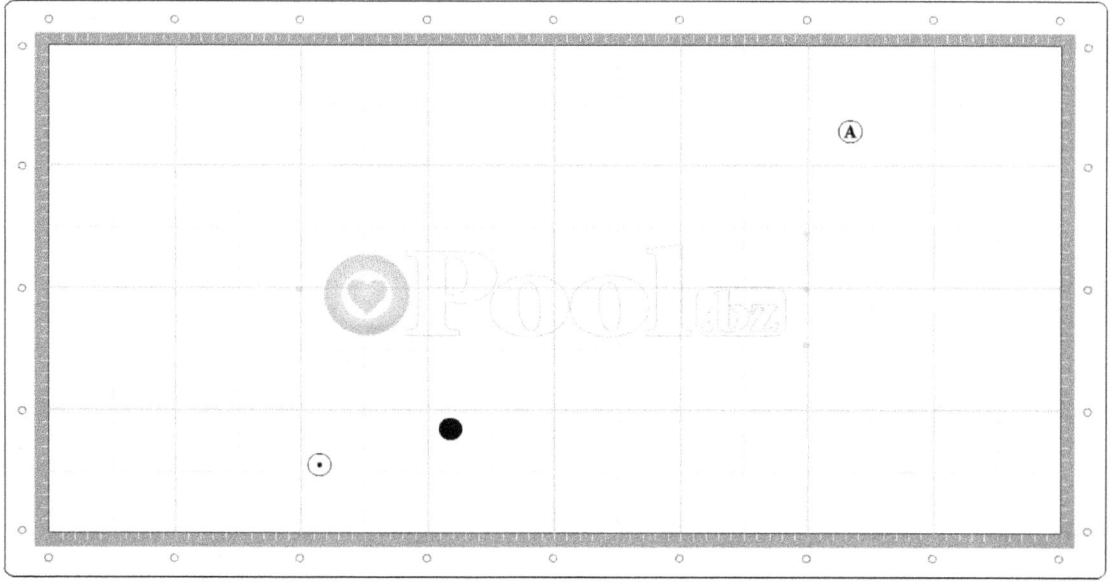

Huomautuksia ja ideoita:

Pallokuviota

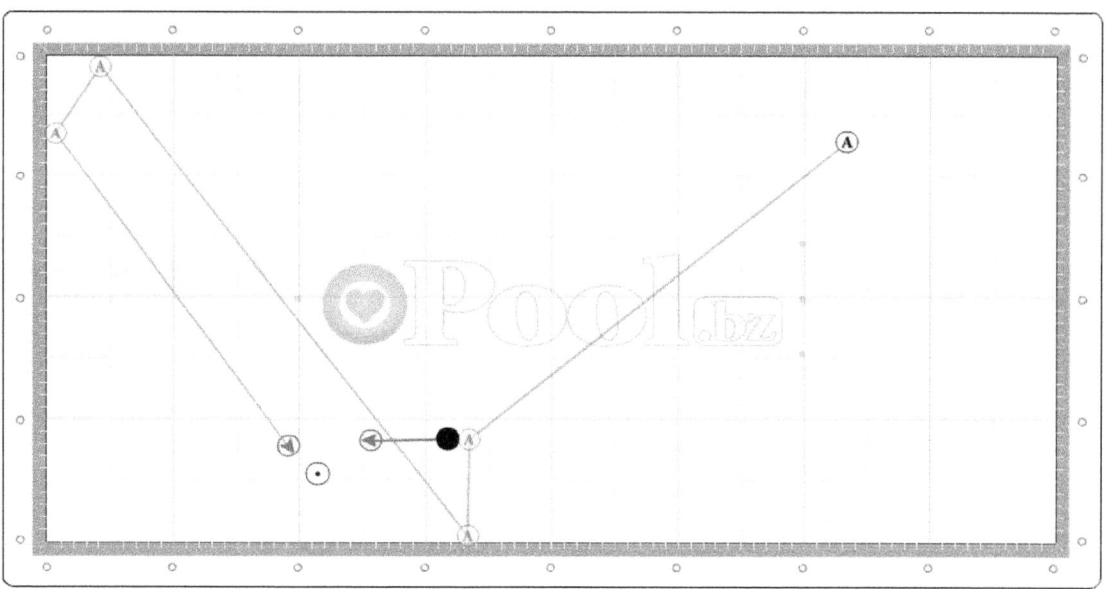

L:1d – Piirustus

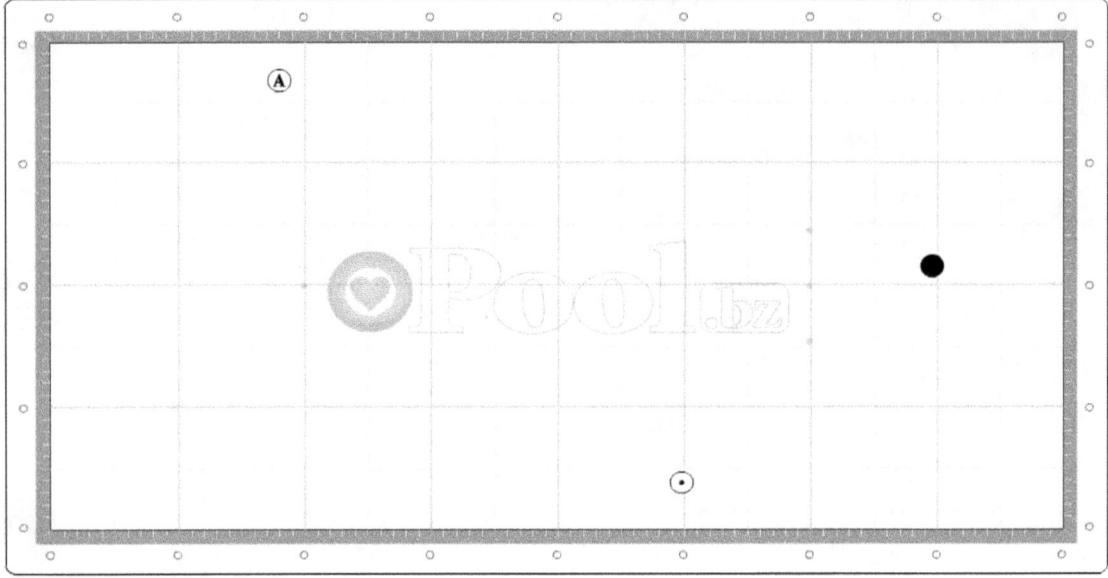

Huomautuksia ja ideoita:

Pallokuviota

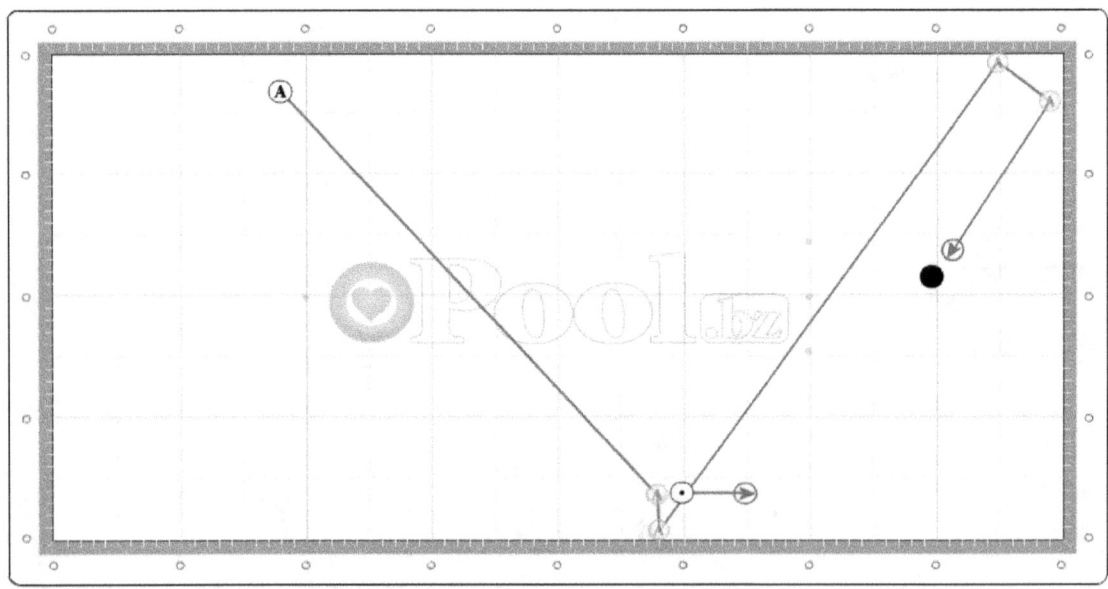

L: Ryhmä 2

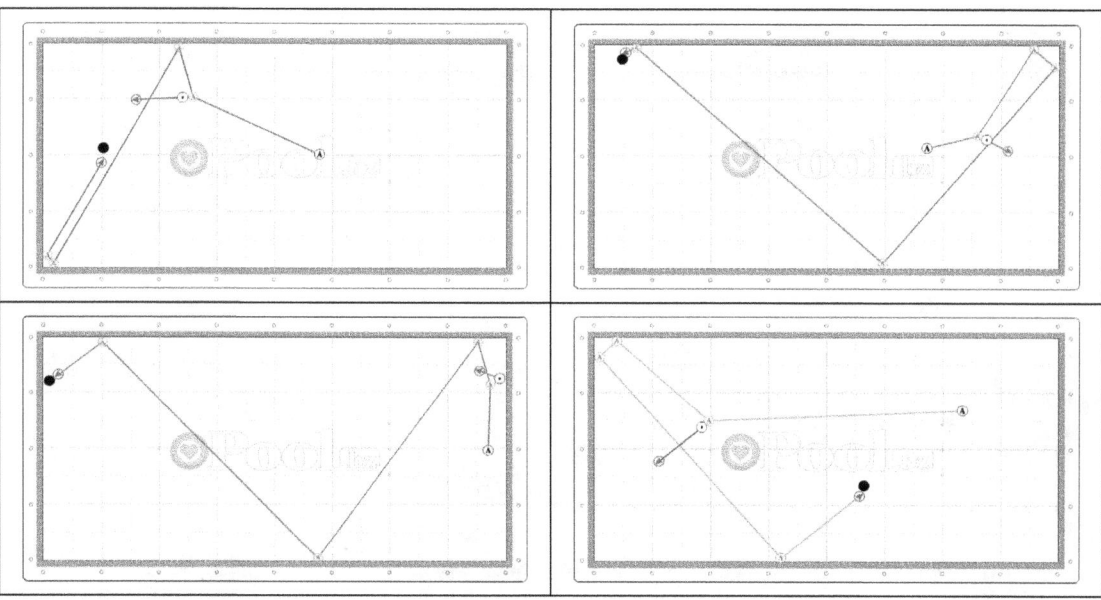

Analyysi:

L:2a. _____

L:2b. _____

L:2c. _____

L:2d. _____

L:2a – Piirustus

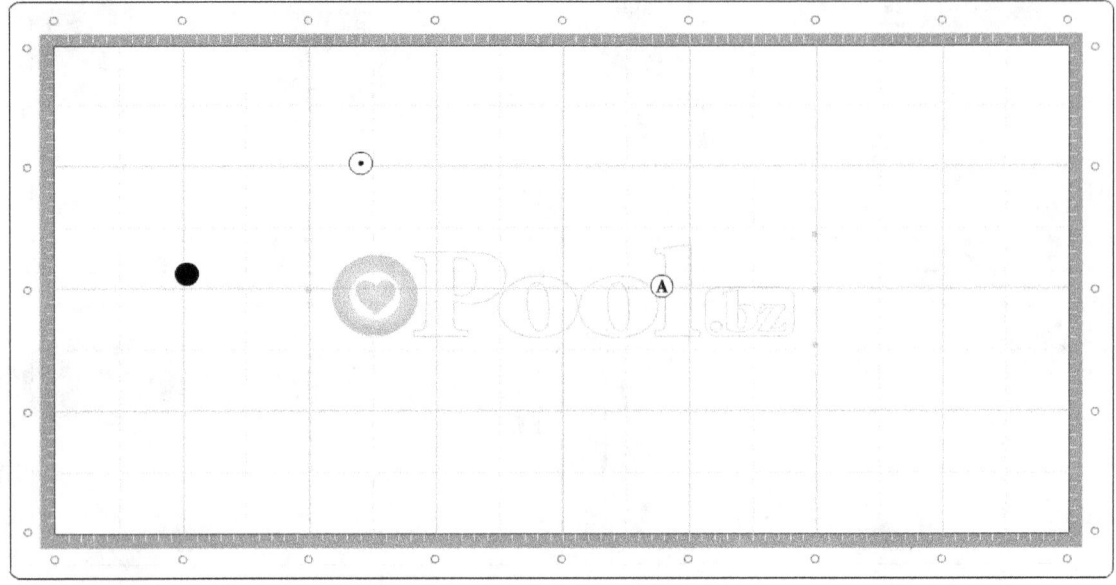

Huomautuksia ja ideoita:

Pallokuviota

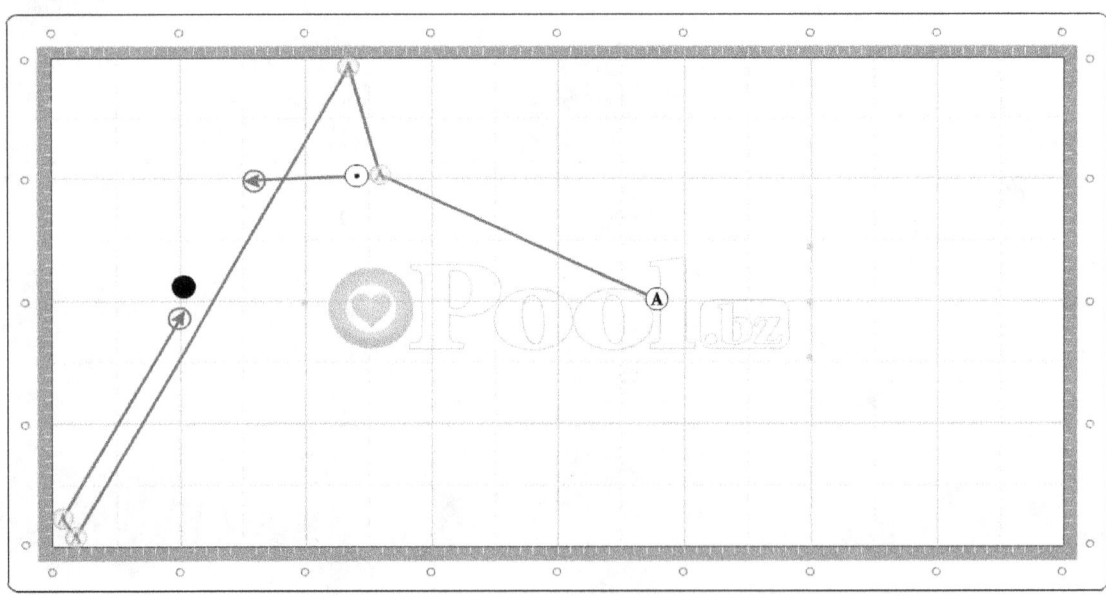

L:2b – Piirustus

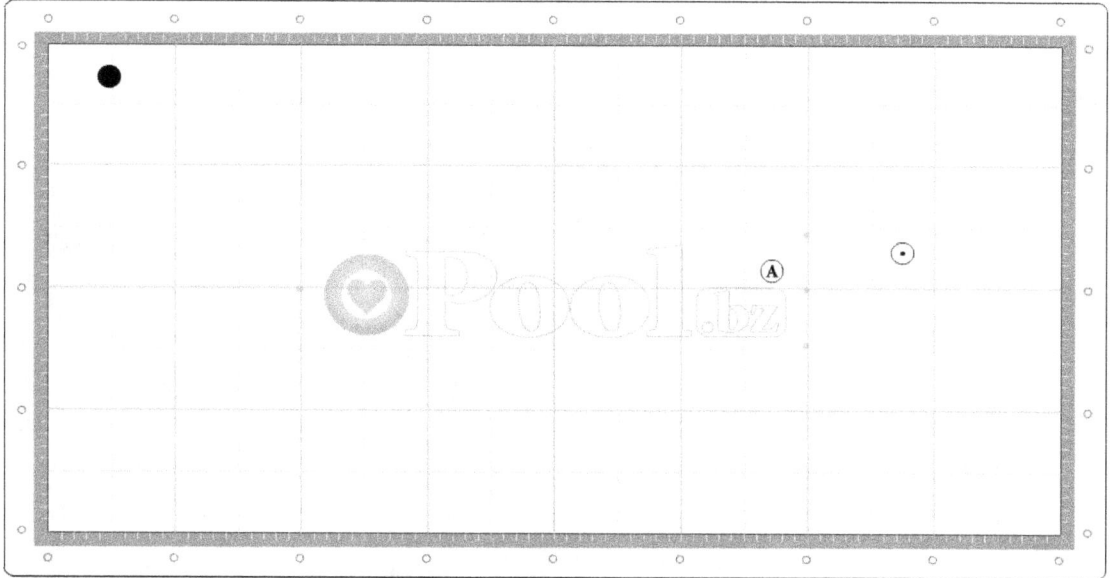

Huomautuksia ja ideoita:

Pallokuviota

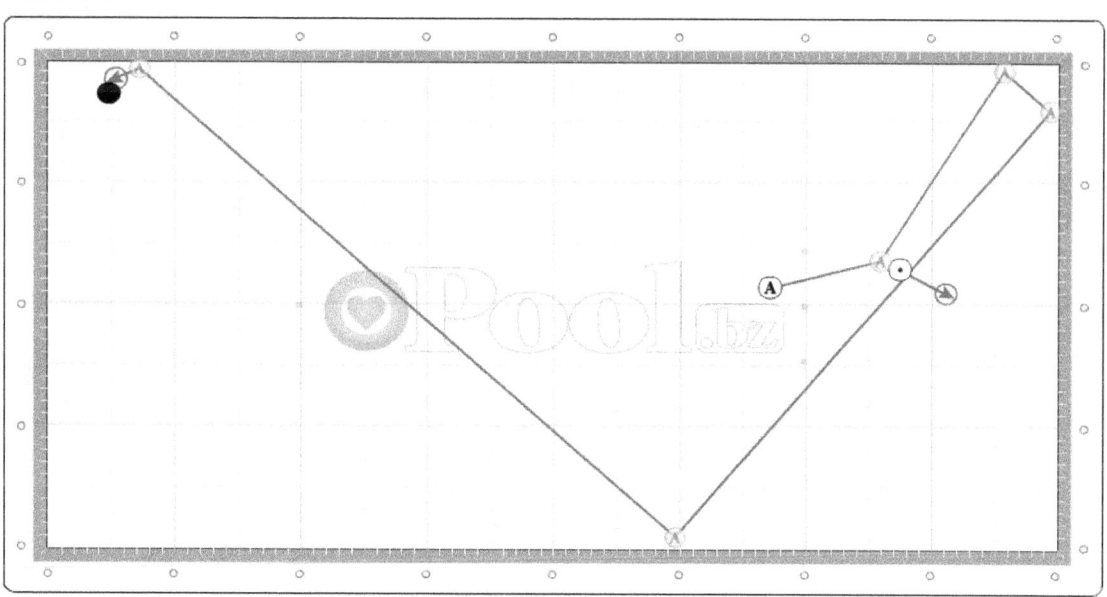

L:1c – Piirustus

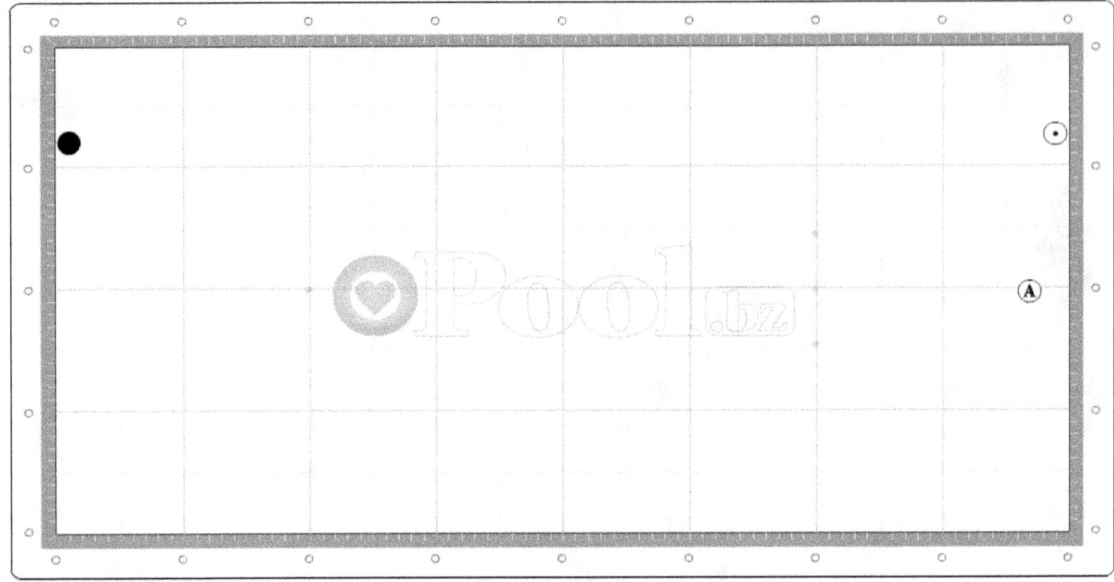

Huomautuksia ja ideoita:

Pallokuviota

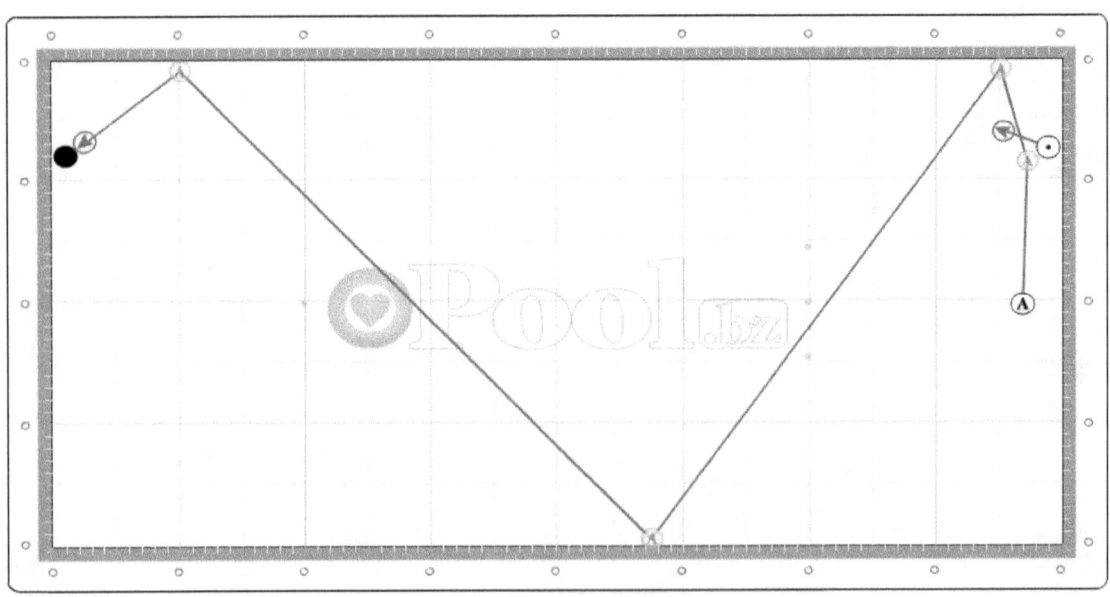

L:2d – Piirustus

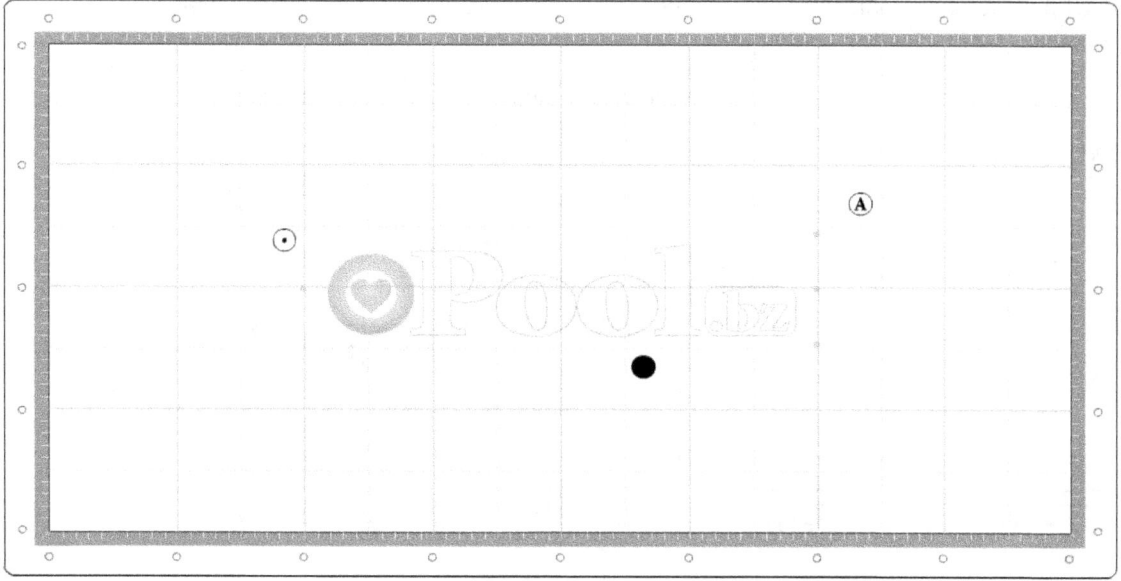

Huomautuksia ja ideoita:

Pallokuviota

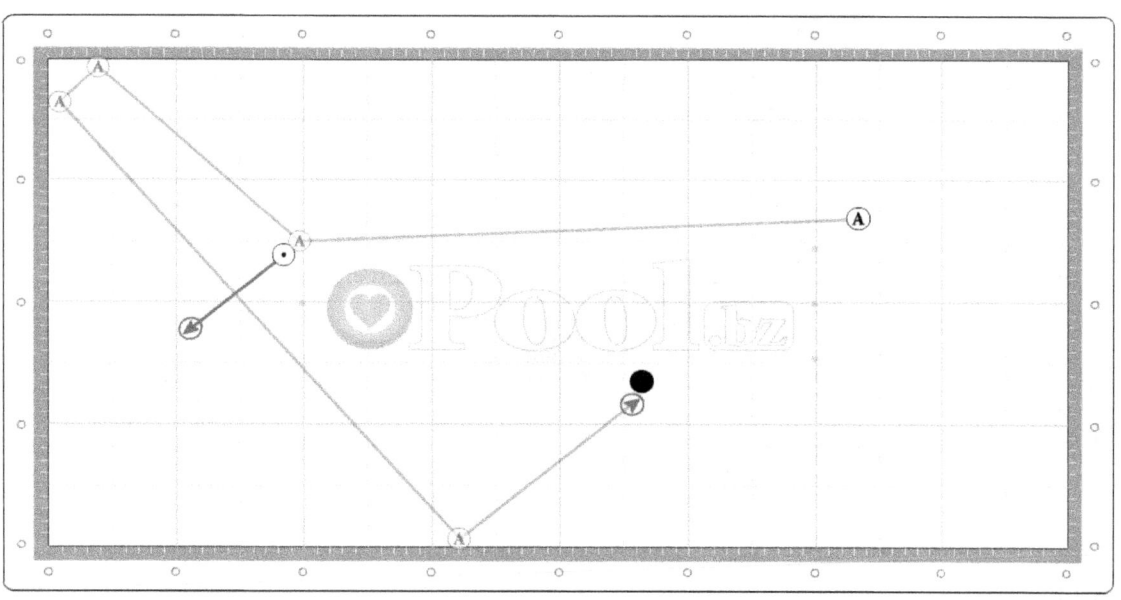

M: Ulkokulman paluu (lyhyt vallin)

(CB) poistuu ensimmäisestä (OB) ja sitten kulmaan, lyhyt vallin ensin. (CB) kiipeää mäkeä. Alaspäin (CB) koskettaa toista (OB).

Ⓐ (CB) (sinun biljardipallo) – ⊙ (OB) (vastustaja biljardipallo) – ● (OB) (punainen biljardipallo)

M: Ryhmä 1

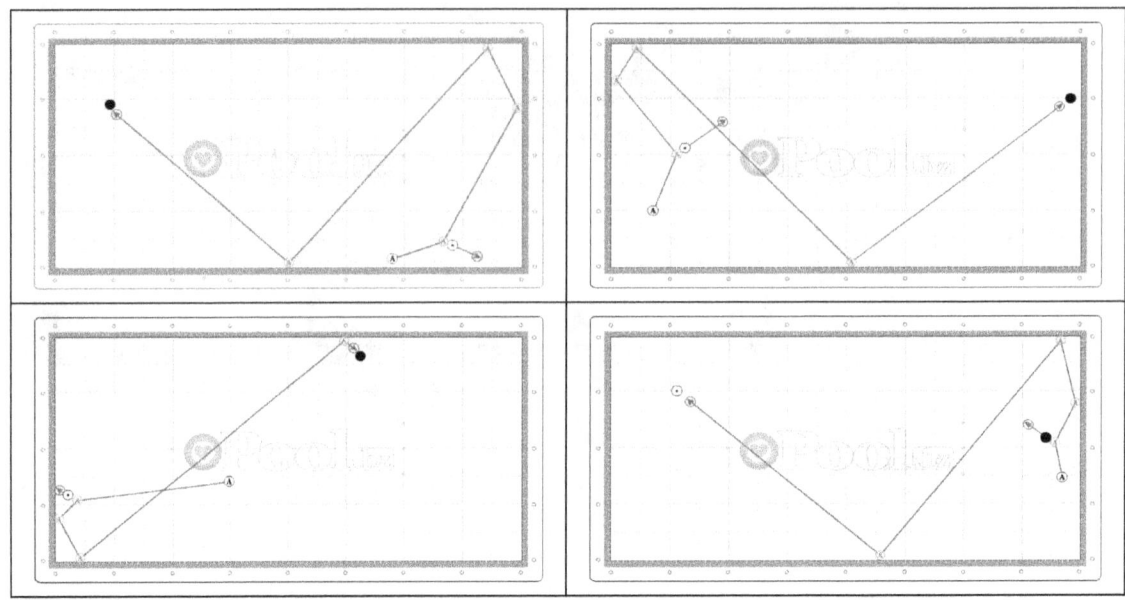

Analyysi:

M:1a. _____

M:1b. _____

M:1c. _____

M:1d. _____

M:1a – Piirustus

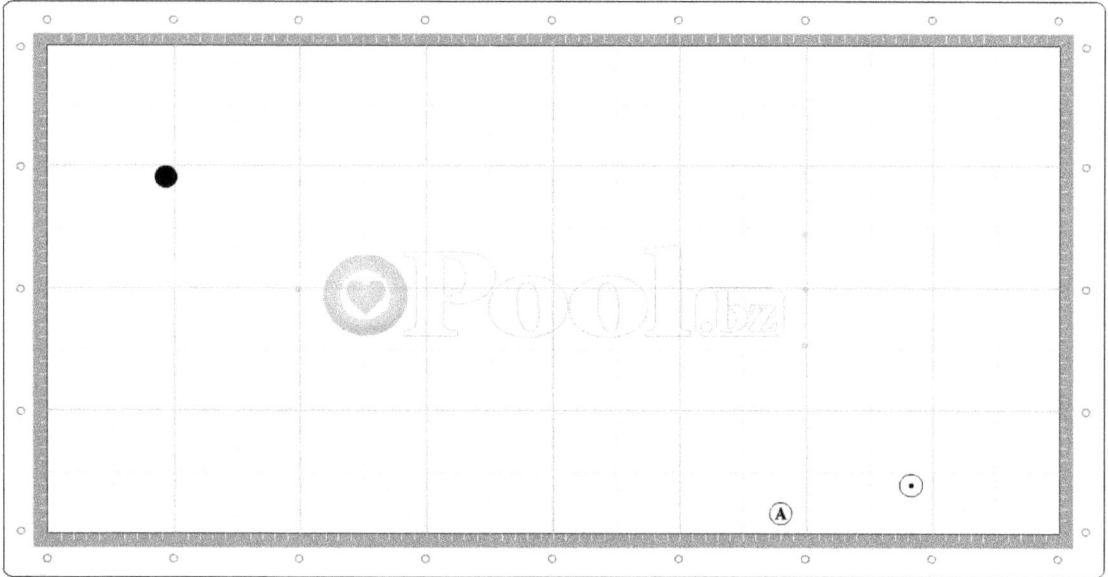

Huomautuksia ja ideoita:

Pallokuviota

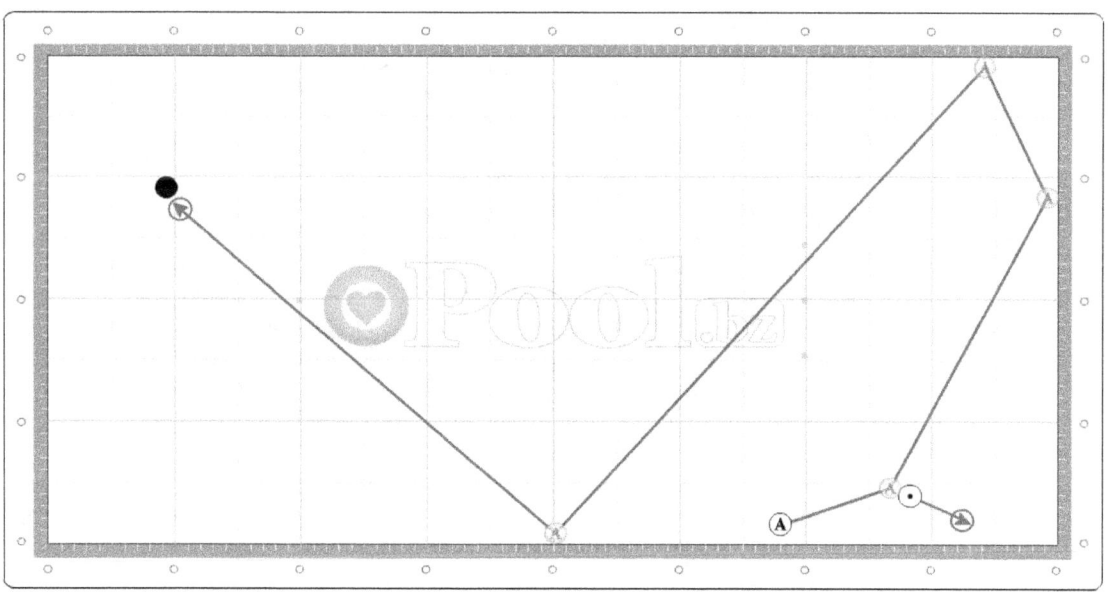

M:1b – Piirustus

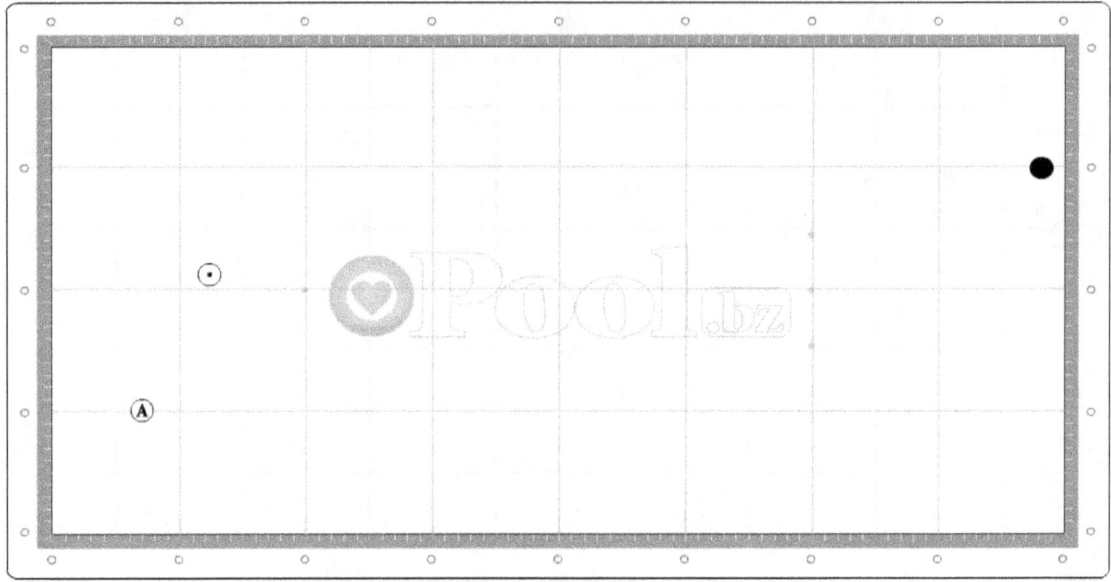

Huomautuksia ja ideoita:

Pallokuviota

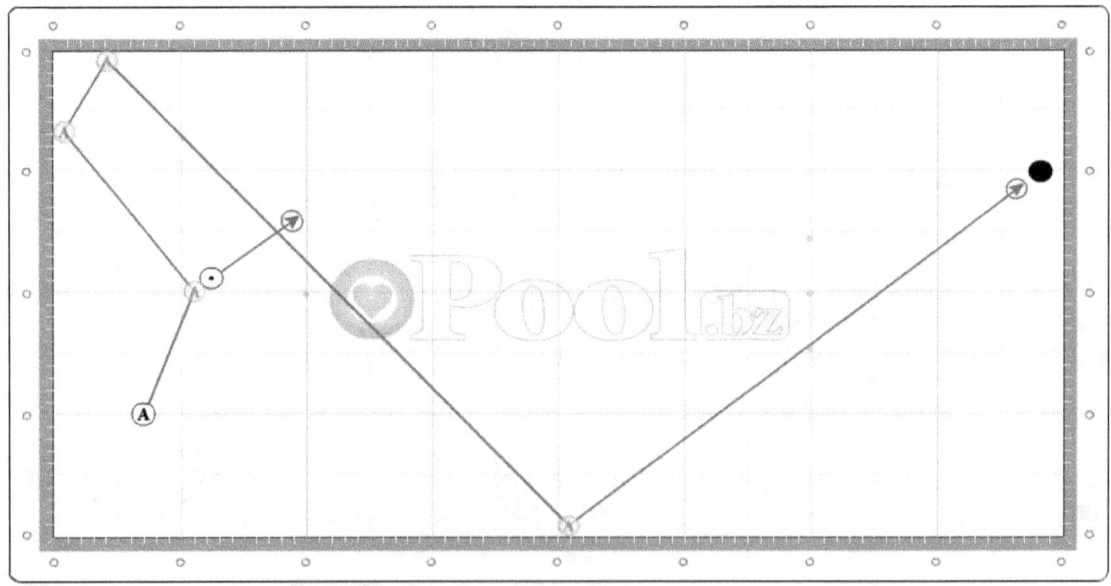

M:1c – Piirustus

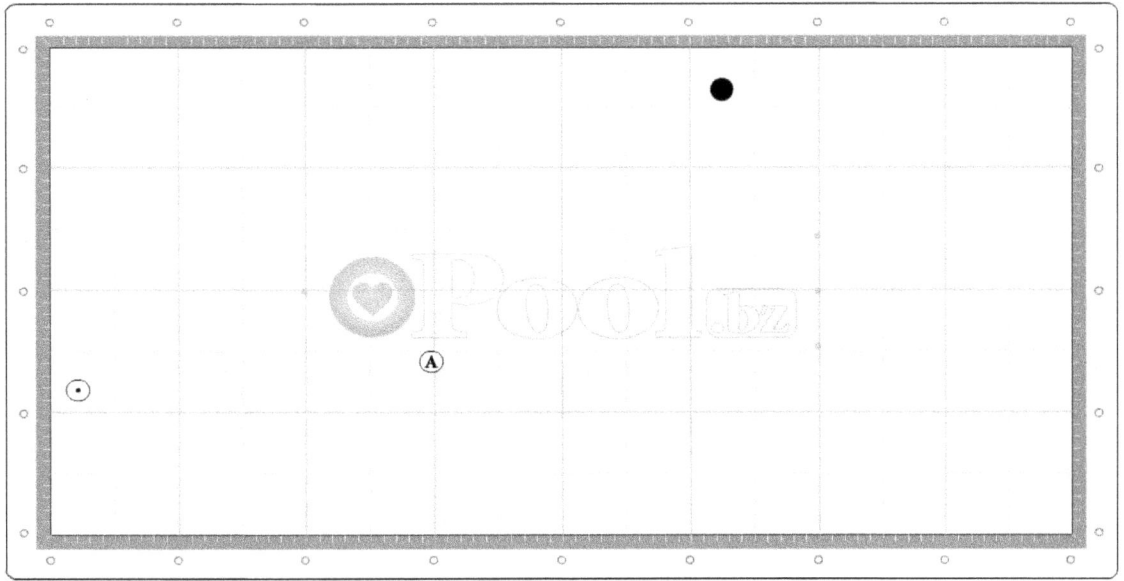

Huomautuksia ja ideoita:

Pallokuviota

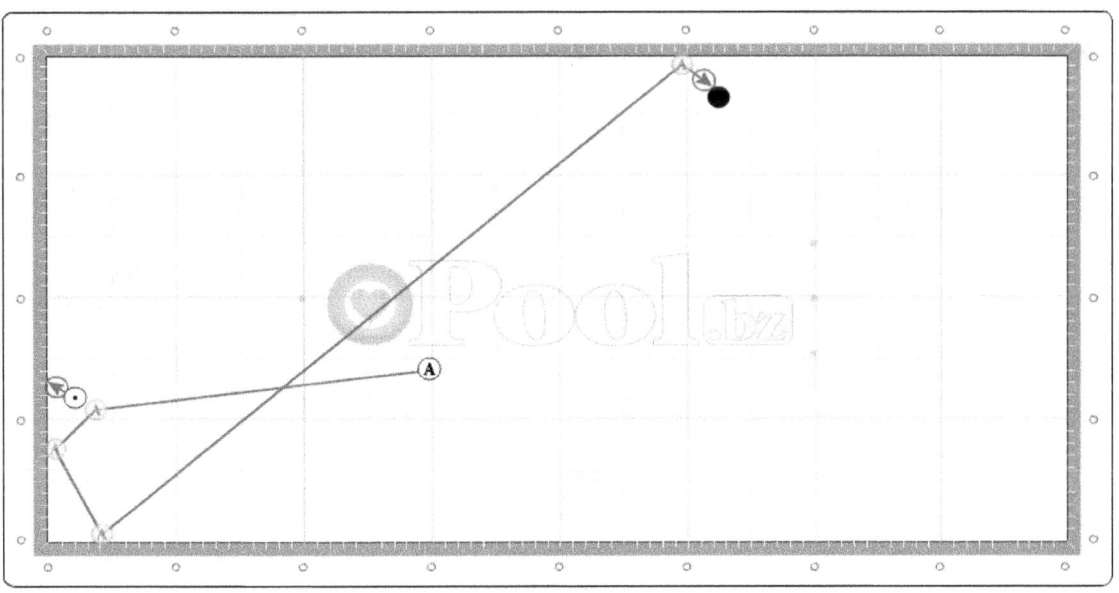

M:1d – Piirustus

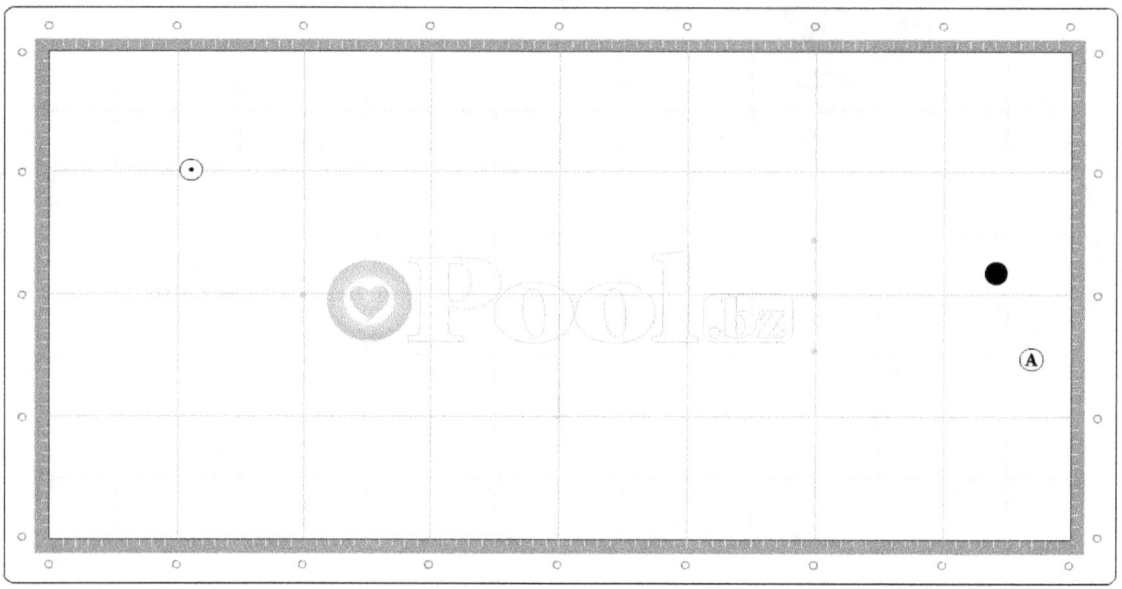

Huomautuksia ja ideoita:

Pallokuviota

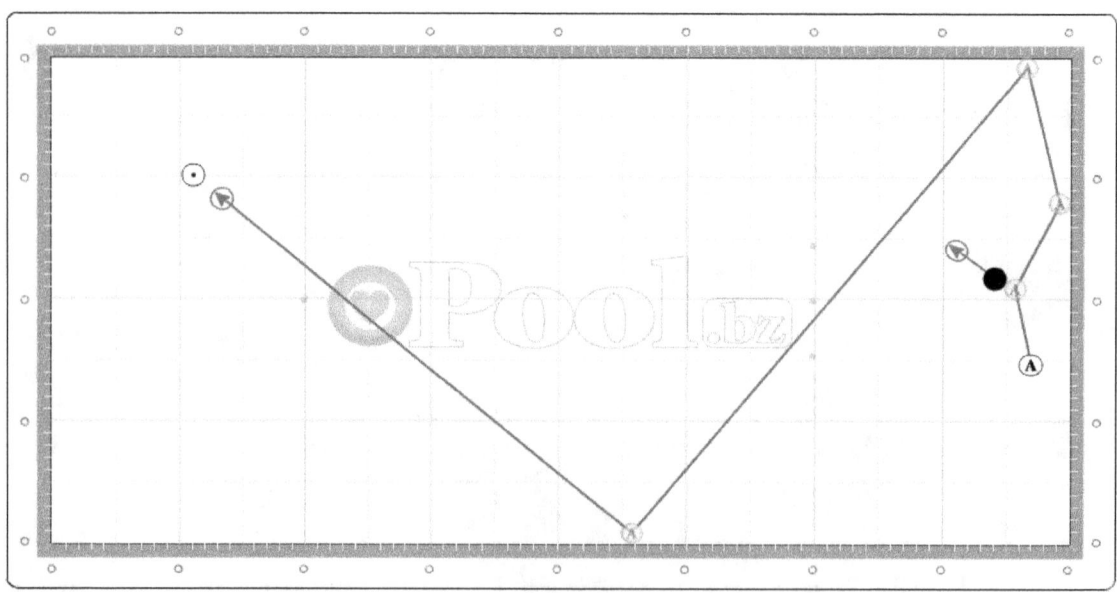

www.ingramcontent.com/pod-product-compliance
Lightning Source LLC
Chambersburg PA
CBHW080336170426
43194CB00014B/2592